U0504485

首都经济贸易大学出版资助项目

北京大学新闻学研究会学术文库

报人**曹聚仁**的
报刊活动与思想研究

贺心颖　著

中国社会科学出版社

图书在版编目（CIP）数据

报人曹聚仁的报刊活动与思想研究 / 贺心颖著 . —北京：中国
社会科学出版社，2021.1
（北京大学新闻学研究会学术文库）
ISBN 978 - 7 - 5203 - 7310 - 4

Ⅰ.①报… Ⅱ.①贺… Ⅲ.①报纸—新闻事业史—研究—
中国—1920 - 1950 Ⅳ.①G219.297

中国版本图书馆 CIP 数据核字（2020）第 185711 号

出 版 人　赵剑英
责任编辑　田　文
责任校对　张爱华
责任印制　王　超

出　　版　中国社会科学出版社
社　　址　北京鼓楼西大街甲 158 号
邮　　编　100720
网　　址　http://www.csspw.cn
发 行 部　010 - 84083685
门 市 部　010 - 84029450
经　　销　新华书店及其他书店

印刷装订　北京君升印刷有限公司
版　　次　2021 年 1 月第 1 版
印　　次　2021 年 1 月第 1 次印刷

开　　本　710×1000　1/16
印　　张　25.75
字　　数　431 千字
定　　价　139.00 元

凡购买中国社会科学出版社图书，如有质量问题请与本社营销中心联系调换
电话：010 - 84083683
版权所有　侵权必究

"北京大学新闻学研究会学术文库"
总　序

程曼丽　　［新加坡］卓南生[*]

经过一番甄选与琢磨，"北京大学新闻学研究会学术文库"即将陆续出版。它既是学会复会六年来所开展的学术研究与学术活动的集萃，也是吾辈向创会前辈敬献的一份厚礼。

历史上的北大新闻学研究会成立于 1918 年 10 月 14 日，由时任校长蔡元培亲自发起并担任会长，他同时聘请留美研习新闻学归国的徐宝璜、《京报》社长邵飘萍担任研究会的导师，这三人也因此被称为北大新闻学研究会的三驾马车。

蔡元培校长亲自起草研究会章程，确立研究会宗旨为"灌输新闻知识，培养新闻人才"。学会拟定的章程、宗旨，学会开设的课程，出版的刊物、教材，成为中国新闻学科建设最初的范本，也使北京大学毫无疑问地成为中国新闻教育和新闻学研究的摇篮。

北大新闻学研究会的会员很多是当时的进步学生，其中的一些后来成为中国最早的马克思主义者，中国共产党的早期领导人，也有一些成为著名的新闻人。据史料记载，在获得证书的 55 人中，就有毛泽东、罗章龙等人的名字。这段往事已经在中国新闻发展史上留下了深刻的印记。

2008 年 4 月 15 日，北京大学新闻学研究会恢复成立，按照惯例，许智宏校长任会长，并聘请首批 10 位海内外学者担任研究会导师。《光明

　　* 程曼丽，北京大学新闻学研究会执行会长、北京大学新闻与传播学院教授、中国新闻史学会会长。

　　卓南生，新加坡旅华学者，北京大学新闻学研究会导师兼副会长、北京大学新闻与传播学院客座教授、日本龍谷大学名誉教授。

日报》用整版篇幅介绍了北京大学新闻学研究会的历史及恢复成立的情况;人民网对导师聘任仪式进行了全程直播报道。

恢复成立后的北京大学新闻学研究会一方面继承和发扬历史传统,另一方面力求开拓进取,创造新的业绩。

复会以来,研究会连续举办了五届年会,主题分别为"纪念五四运动90周年暨五四时期新闻传播专题史研究"、"东亚新闻学与新闻事业的回顾与反思"、"新闻史论教育与研究面临的难题与困惑"、"如何研究新闻史?如何弘扬学术精神——以《新闻春秋》公开发行为契机"、"新闻传播学的本土化与主体性的再思考"。

复会以来,研究会传承历史,连续举办了五届新闻史论师资特训班,截至2013年,毕业学员达到100名。学员来自国内三个新闻机构、一所海外大学和64所国内高校,包括北京大学、清华大学、中国人民大学、复旦大学、中国传媒大学、河南大学、河北大学、湖南大学、厦门大学、广西大学、西北大学、暨南大学、上海大学、华中科技大学,等等。2011年,特训班学员自行成立了同窗会,2012年和2014年又相继成立了两湖分会和东北分会。

复会以来,研究会与北京大学世界华文传媒研究中心联合举办了40多次北大新闻学茶座。光临茶座的有来自美国、英国、加拿大、日本、新加坡以及中国大陆、中国香港、中国台湾的学者和业界人士。茶座讲座的部分内容刊登在《国际新闻界》《世界知识》《参考消息》《新闻春秋》、新加坡《联合早报》等报刊和财团法人卓越新闻基金奖的网站上。近年来,北大新闻学茶座吸引了一批志同道合的中青年学者、学子,形成了一个跨国、跨界、跨校、跨学科的学术共同体。

复会以来,研究会出版《北大新闻学通讯》13期(第14期正在编辑中),并且开设了专门的网站(http://ioj.pku.edu.cn)和专门的公共邮箱(iojpku@126.com)。

在广泛开展学术交流活动的基础上,2013年7月,学会成员首次走出国门,与韩国言论学会联合举办有关两国媒介产业发展的研讨会,搭建起了中韩两国学者可持续交流的平台。

2013年11月9日,在国务院新闻办的支持下,北大新闻学研究会和新闻与传播学院联合举办了"十年再出发——中国新闻发布实践与创新论坛",各部委十数位新闻发言人与会并围绕如何推动新闻发布制度建设等问题进行了探讨。人民网、中国网全程直播,《人民日报》《中国青年报》等作了大篇幅的报道。论坛文集《十年——新闻发言人面对面》已由清华大学出版社出版。

复会以来,北大新闻学研究会开展的一系列学术活动在海内外新闻传播学界产生了较大的影响,获得了广泛的认可。在北京大学新闻与传播学院建院十周年之际,新闻学著名教授、中国新闻史学会创会会长、北大新闻学研究会学术总顾问方汉奇先生对于北大的新闻学教学、研究作出这样的评价:"北大新闻与传播学院建院十周年了。她在新闻学研究和新闻教育方面拥有四个全国第一,加上站在她背后的北大的声望和影响,近年来发展十分迅速,已经后来居上,跻身于中国新闻教育的第一团队。希望她脱颖而出,为中国新闻学研究和新闻教育的发展继续努力,不断作出新的贡献。"(参见方汉奇教授 2011 年 5 月 29 日的微博)2013 年 12 月 21 日,在纪念北京大学新闻学研究会成立 95 周年、复会五周年的学术研讨会上,方汉奇教授作为学会成长的见证者在发言中强调:"从复会到现在,会员们对新闻理论与实践中的众多问题进行了研究和探讨……北大新闻学研究会复会后五年的工作已经为中国新闻传播学研究的发展作出了贡献,我们期待她百尺竿头再进一步,为中国新闻传播学研究的发展,作出更多的贡献。"

"北京大学新闻学研究会学术文库"即是研究会复会六年来所开展的学术研究与学术活动的全面展示。它主要由四个部分组成:经典新闻学著作的再版,研究会导师的研究成果,特训班学员的优秀成果以及研究会学术活动荟萃。我们的初衷和心愿是:通过"文库"的出版,贯通"古今",延续血脉,传承薪火,砥砺来人,让北京大学新闻学研究会的优良传统在新的时代发扬光大。对于吾辈而言,这也是一份历史责任。

2014 年 10 月 14 日

复会六周年纪念

序　一

2011年秋，我招收首都经济贸易大学教师贺心颖为博士研究生，研究方向是国际问题与新闻报道。作为导师，我见证了她十年来的成长之路。

在充分了解贺心颖的学术背景、学术经历和研究兴趣之后，我希望她能对"国际问题与新闻报道"的专业方向有明晰且全面的认知，并围绕这一方向深入思考和研究。我对博士研究生的基本要求是，广泛涉猎世界史、中国近现代史、国际关系学、国际政治、中国外交等专业领域的经典著作，拓宽国际视野，历史地、客观地、横向地去看世界、研究和报道新闻，在广泛阅读的基础上，树立"问题意识"，寻找并探究"真问题"。

鉴于贺心颖对研究民国新闻史甚感兴趣，我向她强调了在历史研究中收集和整理资料的重要性，介绍了一手材料和二手材料的获取途径与方法。曹聚仁研究的这个选题，便是贺心颖在大量收集、阅读和梳理资料之后最终确定的。

在确定选题和确保报刊原件相对充足之后，除了阅读和梳理这些原件，必不可少的是结合时代大背景，尽量还原曹聚仁的思想与行动，挖掘和分析背后的动因及其影响。简言之，在历史研究中，结合历史背景驾驭资料是最见功底的。要达到这一目标，必须熟知当时的国内外政局和政党派系矛盾斗争。经过认真钻研和不懈努力，贺心颖逐一克服了所面对的难题。

《报人曹聚仁的报刊活动与思想研究》一书，即是在贺心颖博士论文的基础上经过充实、修改而成。为了完成这篇论文，贺心颖用了八年时间收集、整理中外文文献资料，包括大量报刊原件以及美国外交档案等。在此基础上，她进行了细致深入地分析、思考与印证，几经修改，最终成文。而在此过程中，给予贺心颖精神支持和学术指导的还有一位令人敬重的学者——北京大学新闻学研究会副会长兼导师、日本龍谷大学名誉教授卓南生先生。借本书出版之际，对他深表谢意。

本书除了绪论和结语，共分九章，围绕曹聚仁一生中的主要报刊活动和思想展开论述。以20世纪的中国与世界为背景，以曹聚仁为研究对象，围绕自由主义知识分子与中国现代化之间关系这一核心展开论证，对曹氏从20世纪20—50年代的报刊实践与思想进行历时性研究，并对与他同时代的"第三势力"予以观照。探索了20世纪的国内外局势以及各界人士对曹聚仁的冲击，描述其心理上的矛盾、思想上的彷徨和行动上的变动，重点在于挖掘引起他的思想和行动不断摇摆与投机的深层动因。

经过考证与分析，作者认为在民国自由报人群像中，曹聚仁是个典型代表。他的一生基本上可以分为两个阶段。第一个阶段是在中国大陆活动时期，即从1900年出生开始至1949年中华人民共和国成立前后为止。第二个阶段是在香港活动时期，即1950年南下香港到1972年去世为止。

作者认为，曹聚仁的思想、言论与行动，彻头彻尾充满了矛盾、彷徨与苦闷。与许多处于半殖民地半封建语境乃至1949年新中国成立前后的自由主义知识分子一样，他选择在政党政治和大国博弈中谋求生存与发展的空间。这源于他们在自由主义的理想与中国现实政治之间的抉择。与其他自由主义知识分子不同的是，曹聚仁的游离性和投机性更为明显。中国政党政治的现实政治压力与利益驱使是曹聚仁调整政治站位的根本出发点。另外，在曹聚仁的言行中，资产阶级民族主义与自由主义之间的矛盾和紧张始终无法消解。在抗日战争时期，曹聚仁的资产阶级民族主义与无产阶级的国际主义基本重合。从抗战至冷战时期，基于维护其所在自由主义者圈子及其靠山的利益，他的民族主义立场不时让位于自由主义，表现出动摇妥协的一面。就思想而言，像曹聚仁这样缺乏西学背景的中国知识分子，与其说是以西方自由主义的框架、理念来设计自己的行动，不如说是在时代思潮的冲击下，逐步明确自己行动的方向，进而推动其独特的自由主义思维的成长。曹聚仁的自由主义思想集中体现在政治观与新闻观两个方面。而这二者呈现出一种互动与互补的关系。

本书的一个重要特色和最大创新之处在于对新材料的发掘与梳理。尤其值得一提的是，作者充分利用前往香港地区参会和赴英国访学半年的机会，不辞辛劳地在香港中文大学、大英图书馆和伦敦大学亚非学院图书馆收集报刊原件。这部分文献，对于研究战后曹聚仁的思想与活动至关重要。另外，本书的四个附录分别梳理了曹聚仁大事年表、主要报刊活动、笔名以及中国自由主义报刊与报人系谱。这部分内容对中国新闻事业发展史形成了鸟瞰图式的认识，对前人研究的部分内容进行了订正，具有一定的史料价值。

紧扣主题、深入思考和反复推敲曹聚仁一生引发的多场论争及其影响，是本书的看点之一。本书的补章以《文坛五十年》《鲁迅评传》为考察重点，研究了20世纪50年代曹聚仁"鲁迅观"引发的论争与影响。对于这一持续至今的争议，作者期待中国学界予以正视与深思。

如今，《报人曹聚仁的报刊活动与思想研究》一书即将出版，看到贺心颖多年的心血又有了新的成果，作为她的导师和同行，我格外开心，并由衷地祝愿和期望贺心颖能在陡峭崎岖的科学山路上，不畏艰难困苦，一步一个脚印地走下去，攀上风光无限的高峰。

何兰（中国传媒大学教授 博士生导师）

2019 年 12 月 26 日

序二　曹聚仁研究的当今意义与路径

——从贺心颖《报人曹聚仁的报刊活动与思想研究》说开去

北京大学新闻学研究会"新闻史论师资特训班"第二届学员贺心颖博士经年累月的心血结晶——《报人曹聚仁的报刊活动与思想研究》即将付梓，作为十年来见证她在这一领域从摸索、苦恼、碰撞到突破并出成果的成长全过程的笔者来说，内心是十分喜悦的。在祝贺此书问世并予以推荐的同时，也想谈谈个人对曹聚仁研究的一点感性认识及鼓励心颖研究此课题的缘由与契机。

一　既熟悉又陌生——南洋文教界眼中的"第三势力"文化人

提起曹聚仁（1900—1972），对于我们在新（新加坡）马（1963年马来西亚成立之前指"马来半岛"或"马来亚"，之后指"马来西亚"）土生土长、接受华文教育的老一辈华族知识分子来说，既熟悉，也很陌生。

说熟悉，因为曹聚仁所撰写的《文坛五十年》和《鲁迅评传》曾在新加坡两大华文报之一的《南洋商报》（另一华文大报为《星洲日报》，两报在1983年合并为《南洋·星洲联合早报》，简称《联合早报》）的著名副刊"商余"版，自1954年至1956年连载了整整三年。在那华文读物十分匮乏、备受排斥的年代里，华文报几乎是我们唯一（至少是主要）的华文读物与精神粮食。因此，不管对文坛往事是否深感兴趣，读报者对每天连载于副刊上的著名作家"曹聚仁"三个字都留有深刻的印象。何况他所写文字还涉及新马华文文化界景仰的文坛巨子鲁迅先生。

说陌生，我们除了知道在 1949 年新中国诞生之后有一批流落于香港，被称为"第三势力"的文人（曹聚仁也是其中的成员）之外，就只能从曹著《采访外记》《采访二记》《采访三记》《北行小语》《北行二语》《北行三语》等中多少领略其思路倾向乃至"转向"的趋势。

针对"第三势力"，新马华文文化界一般上既不看好，也不认可。特别是对于参与战后东南亚各国反对殖民主义、争取独立运动的时代青年来说，"第三势力"几乎与"投机分子"画等号。这不仅因为在战后冷战初期，美国曾有过试图利用这些流落于香港的落魄文人"取代"逃亡至台湾的蒋介石政权的构想与行动，也与此构想被放弃之后英美试图利用这批文人（与原本在东南亚各地的保守文化人汇流）在东南亚建立"反共堡垒"扮演各式各样的"御用文人"记录有关。

也许是因为这个缘故，曹聚仁在《南洋商报》连载其对鲁迅诸多贬义的文章时，即遭到新马文教界，特别是年轻人的强烈不满与讥讽。曹的"鲁迅论"，一时成为当地文化人的谈资话题。

1956 年，一份对青年学子颇有影响的刊物刊载了一首广为同学们传颂的打油诗《乌鸦，闭住你的嘴!》，署名为"曹聚不仁"。①不消说，此诗的作者并不认同曹的观点。而年轻人之所以对此"曹聚不仁"产生共鸣，无非是对"第三势力"文化人的不满与否定。当时的我们（至少是初中一年级的我）并不知道"乌鸦主义"系曹聚仁本身对自己"钟摆式立场"的自我解嘲或自我定论与自我标榜，只是觉得他的"杂音"令人感到厌烦。记得有一位中学的老师在阅读《鲁迅评传》后将书送给我，嘱咐要将之作为"反面教材"阅读，尽管当时的我还欠缺足够理解的能力。

同样的态度也反映在这份刊物较早时发表的另一篇题为《不许歪曲鲁迅——为导师逝世十九周年纪念而作》的文章上。②作者开门见山，指出鲁迅是"一面鲜明的旗帜，一个坚定的方向，一条康庄大道"。

接着，将矛头指向曹著："但是，今天有一种人却狡猾地应用一种偷天换日的手法，尽情歪曲着鲁迅的真正面貌，不断地奏着实质上是反鲁迅的调子。应用这种手法，唯一目的在于使我们的健壮的文艺行列脱离鲁迅

---

① 全文为："乌鸦，你从南飞到北/从北飞到南/你颈上戴着一个白圈/在为谁戴孝？/你从早到晚喳喳叫/歪曲了真理的发展/否定了青年的力量/闭住你的嘴吧/让你的叫声去送你自己的丧!"刊于新加坡《时代报》半月刊 1956 年第 2 卷第 8 期，第 14 页。

② 作者为麦野。见新加坡《时代报》半月刊 1955 年第 2 期，第 15 页。

的方向，引导我们的文艺行列走向十字路口。"①

同名作者还将曹著定位为"世纪末的怪论和自大狂"的作品。②

不仅如此，新加坡的马华新文学史学家、著名报人方修（原名吴之光，另一个常用的笔名为观止，1922—2010）更以《鲁迅为什么被称为圣人》为题（1956 年 8 月 14 日）对曹著《鲁迅评传》予以猛烈抨击，指责他妄图"利用一个人的生活琐事来施展他的曲解诬蔑的技（伎）俩"，系"标新立异""颠倒黑白的手法"。③

在新马乃至港台华文文学界具有巨大影响力的方修对曹著的如上看法，哪怕是到了 20 世纪 70 年代、80 年代也未改变。1972 年，针对"乌鸦文人"在报纸发表的几十篇文章，方修的评语是："多半还是从前那一套'炒冷饭'"；他同时指出："炒冷饭的时候加进一点砒霜去，这个老习惯也似乎始终未改，在涉及文学或思想问题时尤其如此，什么启明老人怎么说，尼采、杜威又怎么说，鲁迅毕竟没有什么了不起，钱某的国史大纲怎样的精深高超等等，大都就属于这一类。"④ 1988 年，在谈到曹聚仁的鲁迅观时，方修仍然保留其如下观点："我也不认为由于曹聚仁晚年在某一方面'好象表现还不错'就应该避开学术思想问题不谈。再说，纵使曹聚仁晚年在某一点上有了些少'表现'，他在鲁迅研究这一方面却始终是一个死硬派，其谬托知己、歪曲鲁迅的作为是至死不变的，需要给予正视的。"⑤

在这里，方修所说的曹聚仁晚年的"表现"，显然是指他在 20 世纪50 年代以后充当"两岸密使"，致力于两岸和平统一工作而获各方高度重视与评价这件事。

换句话说，方修主张将曹聚仁晚年的政治表现或评价与他的鲁迅观分开看待，论者不能因为曹聚仁晚年的政治"转向"就想当然地轻易认可其文学观或鲁迅观。

就事论事，不采取"一刀切"的手法定断历史人物或有争议性的

---

① 作者为麦野。见新加坡《时代报》半月刊 1955 年第 2 期，第 15 页。

② 同上。

③ 详见［新加坡］方修《避席集》，新加坡：文艺出版社 1960 年版，第 77—79 页。

④ ［新加坡］方修：《沉沦集》，新加坡：洪炉文化企业公司 1975 年版，第 18—19 页。

⑤ 详见［新加坡］方修《方修自选集（1955—1977）》，新加坡新天书局、北京现代出版社 1988 年版，第 279 页。

"人"与"事"，方修先生倡议客观论证、具体问题具体分析的态度是正确的。笔者虽不治文学史，但也许是因为早年接触较多香港版中国新文学名家作品和深受师友影响的缘故，对于华文文学史及文艺界的动向还是十分关心的。特别是在1973年结束留学日本生活回返新加坡，加盟《星洲日报》最初的一段日子里，几乎每晚都与方修先生和另一位编辑部同事一起宵夜，倾听方先生论古说今，畅谈报坛掌故和文坛往事，得益匪浅！周树人、周作人两兄弟，以及郭沫若、郁达夫等有留日背景的作家，不消说，是方修先生十分熟悉和经常点评的人物；曹聚仁等旅港"第三势力"作家和报人的动向及其文学观、政局观，也常成为我们三人吃夜宵时热议的话题。

可以这么说，作为五四运动折射下的新马华文文化界，尽管我们对国家效忠的对象和身份认同感已经有了根本的改变，即从落叶归根的"华侨意识"转为落地生根的"华人意识"，但我们对于中国文化界的一举一动还是格外关注的。

之所以说新马文化界是五四运动折射下的产物，以笔者同年代的情况而言，我们的老师或老师的老师有不少是来自中国的"南来文化人"，他们或多或少都直接、间接参与或受到五四运动新精神的影响和冲击；加之20世纪50、60年代东南亚正处于民族主义兴起，反帝反殖、争取独立的运动进入高潮之际，善于思考与行动的华族青年无不以"五四精神继承者"和"鲁迅的子弟兵"自居，参与各所在国争取民族自决的独立运动及其建国事业。换句话说，"五四精神"（1919）与"万隆精神"（1955）是当时东南亚时代青年的两面鲜明旗帜，国民意识与身份认同感的改变并不会影响新一代青年知识分子对这两面旗帜的认同和坚守。

也许是与上述的时代背景有关，笔者虽对奉行"乌鸦主义"的曹聚仁并无太多的好感，但对于这位身处乱世的中国知识分子的生平及其内心世界的变化与其诉诸各种言行的"表现"，是十分感兴趣的。曹聚仁的政局观、文学观与报刊活动，对我们来说，并非有着遥不可及的距离。

二 交流与切磋——见证学员"问题意识"之发掘与学术成长过程

2010年春天，笔者提前从京都龍谷大学退休，转移至北京大学继续从事教学与科研工作。在时任北京大学新闻与传播学院副院长程曼丽教授的倡导与努力下，具有历史意义的北京大学新闻学研究会已于 2008 年复会，并通过"新闻史论师资特训班"等学术活动，吸引了不少青年学子的积极参与。笔者在抵达北京之后，除了继续承担"特训班"的策划重责和学院的部分教学任务之外，更全面参与北京大学新闻学研究会和北京大学世界华文传媒研究中心（同样是由程曼丽教授主持）的会务活动，并以这两个团体为平台，定期举办"北大新闻学茶座"与"北大华文传媒读书会"等小型学术交流会，与青年学子展开坦诚与热烈的论议。

结合 20 年来在北京大学等各大学讲学与考察的经验，笔者深感中国青年学子之求知欲与对中国境外世界想要了解的热忱，远比日本大学生更为强烈。特别是 2000 年笔者首次利用学术年假在北京大学讲学的一年里，更有此感受。当时只要在三角地贴上讲座的海报，吸引三两百名学生出席并热烈讨论并非难事。尤其令笔者震撼的是，在讲座结束之后，经常还有不少同学围绕着主讲者继续长达半个小时乃至一小时的交流。这样热烈的讨论现象在当时的日本校园已不存在。与笔者留学日本的 20 世纪 60、70 年代大学生经常通宵达旦（日本人爱称之为"彻夜"）读书，爱谈哲学，激烈论争的情景相比较，90 年代以后的日本大学生多沉迷于漫画、动漫，不爱说话，不善于与人交流。记得在一次研究生入学面试（东京大学）结束后，一名日本同事不禁发出如下感叹："怎么近年来报考的学生（尤其是男同学）都是那么欠缺活力与生气？"

与日本同年代的学生相比较，中国的大学生是生龙活虎的，尽管不少学生在考研或考博时欠缺明确的问题意识，但在其脑子里其实存有不少想要了解或力图寻求其答案的动力（这其实就是问题意识之所在）。

但与此同时，我也发现不少中国青年学子尽管都很聪明，很好学，但似乎还不适应"讨论课"（Seminar），也不擅长撰写学术论文或学术报告。

在欧美和日本，"讨论课"是十分受到重视的。以笔者在日本各大学的教学经验而言，不少大学在大一就设有必修的"基础讨论课"，目的无非是让学生从单方面接受老师授课的"高中生"，转为师生、同学间相互交流，相互启发的"大学生"思维模式。到了大三和大四，学生更应有明确的"问题意识"，在诸多讨论课老师当中选择报考其指导老师，并在后者的接纳与指导下撰写毕业论文。这个指导毕业论文的讨论课可以说是本科课程里的重中之重。至于硕士班或博士班，讨论课更是课程的核心内容。不少学生的硕士论文与博士论文都是在讨论课上通过不断发表与讨论定调和完成的。

有鉴于此，笔者在参与设置"北大新闻学茶座"和"北大华媒读书会"的小型交流活动时，正如师资特训班一般，十分重视互动环节。在笔者看来，茶座主讲者最重要的任务是向与会者提供一个有意义、有助于大家进一步思考探讨的学术话题。主讲者与其说是高高在上的"嘉宾"，不如说是能和大家坦率交流、激发大家论议，乃至"思想碰撞"的引导者和参与者。

换句话说，茶座的成功与否，除了前半部主讲者的内容是否充实之外，更重要的是取决于后半部的互动，即能否引起与会者的共鸣或热议。笔者倾向于鼓励年轻人，特别是让不爱发言者多思考并提出其成熟或未成熟的意见。因为，只有通过这样热烈和坦诚的对话，才能达到彼此之间"知识的刺激"的作用。至于相关的新闻稿，除了对主讲者内容予以重点简介之外，也要重视对话的部分。论资排辈、礼貌式发言的部分则大可删去。

至于"读书会"的读物选择，个人倾向于先从既有话题性且有争议性和开拓性的入门书籍着手，作为大家共同阅读的"试点"。

在一个聚会上，我向几位"茶座"的常客介绍了在旅游时偶然买到的一本曹聚仁写的《中国近百年史话》（生活·读书·新知三联书店2008年版）。这是一本五六万字的近代史普及读物，由于文笔流畅，简洁生动，观点明确，颇有可读性。

时值辛亥革命100周年，文化界正在掀起民国史研究热，各种重新审视民国的"人"与"事"的文章常见诸报刊与新媒体，其中不乏发人深见的佳文，但也有不少远离史实乃至杜撰的"一家之言"。与市面上流传的一些欠缺依据的"新发现""新见解""新思维"相比较，笔者深感自称为"钟摆式"文人曹聚仁的这部普及读物更有吸引力和说服力。

在征得大家同意之后，我们决定先精读这本小册子，并以此为契机，继续深读当时颇被部分文人高度评价，但同时具有争议性的蒋廷黻的《中国近代史》乃至印度裔美国学者杜赞奇撰写的《从民族国家拯救历史——民族主义话语与中国近代史研究》和日本学者沟口雄三的《作为方法的中国》等名著。

　　结合上述名家的史观与当时不少媒体抛出的标新立异的新论断，不少读书会成员发现原本不被大家看好的"第三势力"报人曹聚仁的近代史观，比起上述主张"近代化一切论""复线历史观"等的海内外专家的论著更有激情和底线。报人曹聚仁的近代史观是怎样形成的？他在不同时期的政局观有何特色？他的一生办了多少报刊？他在报界、文学界乃至政界曾扮演什么角色……引发了大家浓厚的兴趣。

三　告别"民国热"炒作与"一刀切"思维——脚踏实地地回归历史现场

　　当时，已考进中国传媒大学博士研究生的青年教师贺心颖对此课题尤为热心。从其认真发表的报告中，及在读书会上迅速记录并归纳各方面看法投射于教室的银幕供大家参考的认真态度中，可以感受到她对读书会有强烈的认同感。在多次的交流中，我察觉到她对此课题颇感兴趣，但对能否发展为博士论文存有不少疑虑。我的基本看法是：曹聚仁是一个颇具争议性的人物，他身为报人、学人，并与政界和文学界诸多有影响力的人物有密不可分的关系。梳理和研究他一生不同阶段不同角色及其基本思维的变化与不变，是十分有意义的事，这个题目完全可以发展为博士论文。但要写好曹聚仁研究并非易事，这得有心理准备。首先，得对他的一生有个总体的把握，详细占有并仔细阅读他在不同时期的作品和了解他参与的报刊等言论活动。其次，对他所处的时代得有个相对清晰的认识，这等于要恶补并厘清时下众说纷纭的"民国史"，任务不轻。换句话说，先从曹的一生整理其年谱着手及对其时代背景有个相对清晰的鸟瞰图，再结合其作品、报刊活动（尽可能找到原件或准原件并消化其内容与倾向），是人物研究无法绕开的第一步。

　　与此同时，还得对他不同时期的不同主张与理念，交往人物予以追踪与探究，颇费周章。至于要如何盖棺定论，得出相对有说服力的结论，显然不是三五年的工夫就能达成。

　　在充分认识这些困难并决心予以克服，且确认有充分的一手资料可资研究的情况下，我建议心颖学员和其指导教授何兰老师好好商榷，并听取其意见。

　　经过一番思考并对基本资料搜索、接触、梳理且获指导教授同意和支持之后，我知道心颖开始了她大量阅读（"大翻书"、"乱翻书"）、并做笔记的艰苦作业。

在往后几年的日子里，从心颖学员逐篇发表的书稿中，以及她在北大新闻学研究会每年年会和青年论坛诸多虽未完全成型的论文和研究心得（包括苦恼）的发表中，我深深地感受到她正朝着我们期待的如下学术路子走：

其一是，广泛搜集并详细占有相关资料，丝毫不采取投机取巧的"拿来主义"的态度。搜集资料，特别是不易获得的原始资料或者尚未被他人充分使用或发掘的资料，这是一项十分艰苦的工作，但同时也是最能考验学者是否能够沉得住气专注学术研究的起步式。

其二是，在觅得和占有相关资料之后，就全力以赴予以仔细的阅读和分析。这是不少"聪明"的青年学子视为畏途的，但心颖学员面对现实并不绕道而行。

其三是，鉴于报人曹聚仁的政局观、文学观牵涉到不少不易了解的"人"与"事"，心颖学员显然花了不少心血予以恶补。

换句话说，在选定这一课题之后，心颖学员基本上是沿着方汉奇先生倡议的"挖深井"的路子走。她并不跟着时髦的"框架论"公式或虚张声势、虎头蛇尾的"概念论"创作"论文"，而是脚踏实地、一步一个脚印地克服挡在她面前的诸多困难。

在心颖的博士论文完成之后，我有幸得以先睹为快。正如更早时预料一般，鉴于曹聚仁牵涉的"人"与"事"甚多且广，尽管心颖已经倾其全力完成了学业，但要相对完整地展现曹聚仁的诸多面貌，论文还有进一步润色和提升的空间。我建议她在出版之前，再花一些精力予以修改和补充。在当今中国的学界，要年轻老师延后出版专著，无异于要他（她）们延迟职称的评定，不少青年老师都婉转表达不做此"傻事"，心颖学员则欣然同意并决心付出其代价和努力。呈现在读者面前的，正是她在博士论文的基础上几经折腾、查证和修饰的心血作品。

与此同时，我也向她透露了笔者在本文开头部分叙述的有关曹聚仁研究的感性认识，表示如感兴趣，不妨补写一章专论曹聚仁 1954 年至 1956 年先后在《南洋商报》连载的《文坛五十年》和《鲁迅评传》及其反响。要专题另写一章探讨此二书，当然得费更多的时日，还得掌握两书出版时期的社会背景并深入调查各界（包括中国学界不熟悉的东南亚华文文化界）的反响。

对此，心颖倒是愿意接受此挑战。于是乎，从细读两书、整理其论点及各界对曹著"新论"赞否的观点并予以总体的评价，心颖不减当年撰写博士学位论文时的热情。

不过，在完成初稿之后，心颖学员也有其沮丧时刻。事缘她曾将其雏形论文在一两个研讨会上发表，似乎未获得好评与认可。但对我而言，这是十分正常的现象。问题的关键是，这篇初稿未获评价是因为论文本身研究之不足或表达尚欠缺说服力，还是由于论文的核心内容与时下论坛"民国热"的"常识"不吻合，或者是受人物论"一刀切"公式的影响。如果是前者，作者确有加强论据，回答评者质疑之处，这其实也正是出席研讨会，相互交流、切磋之意义所在，学无止境，不足为惧；如果是后者，大可不必为之心烦。因为针对时下某些过热的"民国人物"炒作乃至言过其实的"新定论"发出不同声音，或者纠正学界人物论"一刀切"的传统与偏差，回归历史现场，原本就是治史者的基本任务和使命。观点可以不同，也可以争议，最重要的是要有理有据，而非标新立异或哗众取宠。正是在虚心听取各方的反馈、加强论据和反复思考与细心修饰下，补章堪称作者辛勤劳作的另一收获。

从模糊到清晰、从困惑到逐步掌握新闻史论研究的基本信条与路径，心颖学员的努力及其治学"苦"与"乐"的经验，显然可供年轻同道者分享与借鉴。

是为序。

卓南生（北京大学新闻学研究会导师）

2019 年秋脱稿于京都

目　　录

绪　论

曹聚仁与"第三势力"和自由主义

曹聚仁（1900—1972 年），字挺岫，浙江浦江人，集报人、作家、学者、社会活动家多重身份于一身，在上述领域皆有建树，是一位值得关注和研究的知识分子。

20 世纪国际格局的剧变与国内国共两党的分合交织在一起，深刻地影响了曹聚仁的思想与行动。作为自由主义者，他的一生主要跨越了晚清、北洋、民国和新中国四个时期，见证了国共两党从抗战前的对立到抗战中的合作，再由国共内战到 1949 年后的两党分治。此外，他生前广泛接触过的文坛、政界和新闻界等各方人士也直接或间接地影响了其人生轨迹。在大时代巨变的惊涛骇浪中，在同代知识分子的命运浮沉中，他声称要远离政治，但实际上与政治结下了不解之缘。作为报人，曹聚仁一生以亲历者敏锐的观察和练达的文字，记录了 20 世纪的中国与世界。他生前曾为诸多报刊投稿，后又创办刊物或担任多家报刊的主笔，丰富的报业活动和自成一家的思想确立了他在中国新闻史上的地位。作为与"第三势力"相关的自由游离分子，曹聚仁始终是一个颇具争议性的人物。他自称是动荡年代中"钟摆式"[①] 的人物。不论在生前还是身后，外界对他的评价也是毁誉参半。

近年来，曹聚仁回忆录的出版，各个历史时期与政治人物交往的文献档案的披露，特别是推动两岸和平统一进程的文献，虽仅为曹聚仁参与中国政治的片断史料，但其影响和意义却不容轻视。因为，它涉及对近现代史中许多有着与曹聚仁类似身份或经历之人物的认识和评价问题。如何客观地解读在 20 世纪中国"第三势力"形成、发展、分化、重组过程中曹聚仁的报刊活动与思想演变无疑是对新闻史学界的一个重要挑战。而澄清这一问题也必定会对理解众多自由主义知识分子在面对动荡大时代时的言行，起到一些帮助

---

① 王春翠：《一个虚无主义者》，载《竹叶集》，上海天马书店 1936 年版，第 42 页。

作用。本文试图在这方面作出自己的努力，力求通过对曹聚仁一生言行的爬梳剔抉，切实把握他的主要报刊活动，并厘清其思想演变的脉络。

带着上述问题，本书选取 20 世纪 20 年代至 50 年代曹聚仁的报刊文章原件为主要研究资料，参考大量档案文献及研究成果，对他在不同历史阶段的报业言论活动、经营实践、新闻思想和政治思想进行了剖析。通过个案研究，对与曹聚仁相关的"第三势力"的形成与分化，及其在中国现代化中的历史作用进行细致考察。

自 20 世纪 20 年代，在中国大陆除了执政的国民党及其最强劲的敌党共产党，还存在游离于国共两党之间的大批自由分子。在中国现代史上，他们被称为"第三势力"，或称"中间势力""中间派""中间党派""第三种势力""第三种力量""第三派系"等。目前国内外学界对"第三势力"并无统一界定。

本研究首先将不同历史时期对"第三势力"的定义进行归类，并廓清其范围；其次，将按创刊时间梳理"第三势力"报刊，并厘清"第三势力"报人群体（或自由主义报人群体）；最后，通过分析外界对曹聚仁的既往评价及其自我评价和定位，探析曹聚仁的历史属性和定位。

一　"第三势力"的界定、范畴及属性

关于"第三势力"的界定，较早见于抗战时期中国共产党领导人的讲话。抗日战争进入相持阶段后，毛泽东于 1940 年 3 月 11 日在延安中共高级干部会议上发表讲话，强调抗日战争胜利的基本条件是抗日统一战线的扩大和巩固，因此必须"发展进步势力，争取中间势力，反对顽固势力"。毛泽东将抗日统一战线所要争取的"中间势力"的范畴限定在中等资产阶级、开明绅士和地方实力派。[①] 5 月 4 日，毛泽东在为中共中央起草的给东南局的指示里，又补充说"中间势力"包括"民族资产阶级、开明绅士、杂牌军队、国民党内的中间派、中央军中的中间派、上层小资产阶级和各小党派"七种力量。[②] 由此可见，中共领导人毛泽东在抗日战争进入相持阶段

---

①　毛泽东：《目前抗日统一战线中的策略问题》，载《毛泽东选集》第 2 卷，人民出版社 1991 第 2 版，第 744—748 页。

②　毛泽东：《放手发展抗日力量，抵抗反共顽固派的进攻》，载《毛泽东选集》第 2 卷，人民出版社 1991 年版，第 756—757 页。

后，根据国共斗争需要，较早肯定了"中间势力"在巩固和扩大抗日民族统一战线策略中的重要地位，并将这一势力列为共产党应该努力争取的对象。

抗战胜利在即，无党派人士开始从民主运动的角度重新界定"第三势力"。1945 年 8 月 4 日，无党派人士左行在《民众周刊》创刊号发表了《第三势力与民主运动》一文，将"第三势力"定义为"当时中国国民党与共产党两大势力以外的政治势力"。左行进一步阐述了"第三势力"的广狭二义。广义而言，"第三势力"是指"站在国共两党以外的，任何党派及无党派的势力系统"。狭义而言，"第三势力"是指"国共两党以外，主张抗战建国和民主政治而且实践这种主张的党派"①。可见，左行的界定更加强调"第三势力"在推动中国民主政治中的重要作用。

抗战胜利后，中国的民主宪政运动再掀高潮。此时的自由主义者热衷于参政议政，以中国民主同盟（简称"民盟"）为代表的"第三势力"提出走国共两党之外的"第三条道路"（即"中间路线"）的主张。在国共内战的语境下，民主人士对"第三势力"进行重新界定，并提倡和宣扬"中间路线"。其中尤以中国民主建国会（简称"民建"）② 的早期领导人施复亮的观点最具代表性。

施复亮于 1945 年 12 月在中国职业教育社的机关刊物《国讯旬刊》上发表《论中间派》。他指出，"中间派"具有广大的社会基础，其中包括民族资本家、知识分子、小商人、手工业者以及绝大部分农民在内的民族资产阶级和小资产阶级。③

1946 年政协会议召开前后，施复亮着重强调"第三势力"要求"解除封建的束缚及帝国主义的压迫"，"发展民族资本主义"，因此是一种"进步的势力"。要停止内战，"必须在国共两党以外形成一个进步的民主的中间派的政治力量，其强大达到举足轻重的地位，既可以做双方团结的桥梁，又可以做共同团结的基础"④。

---

① 左行：《第三势力与民主运动》，《民众周报》（上海）1945 年创刊号，第 7—8 页。

② 1945 年 12 月 16 日，由施复亮与黄炎培、章乃器等在重庆参与发起成立。该会成员主要是爱国的民族工商企业家和与他们有联系的知识分子。

③ 施复亮：《论中间派》，《国讯旬刊》1945 年第 405 期，第 12—13 页。

④ 施复亮：《论中间派》，《国讯旬刊》1945 年第 405 期，第 12 页；施复亮：《我的答案》，《新华日报》1946 年 1 月 1 日，载卓兆恒等编《政治协商会议资料》，四川人民出版社 1981 年版，第 105—108 页。

全面内战爆发半年后，施复亮于 1946 年 12 月 25 日在民建中央机关内部刊物《民讯》上发表《今后的第三方面》，开始以"第三方面"指称"第三势力"。此时，他将"第三方面"的范围扩大到"一切有组织的中间党派""一切无组织的反内战的广大人民"以及"国民党内一切民主人士"。①

在概括中间派的思想态度时，施复亮指出，中间派在思想态度上"应当是自由主义（某些个人可能有社会主义的倾向）的，反对任何思想上的统制和清一色"②。

由此可见，为了争取更广大民众的支持，获得战后民主宪政运动胜利和反对国共内战的需要，以施复亮为代表的一部分资产阶级民主人士更加强调"第三势力"具有广泛的社会基础，将手工业者和绝大部分农民纳入其中。此外，他们还不断强调"第三势力"是民主革命中处于国共两党之外的具有进步性和民主性的政治力量。尽管各个民主党派的政纲不尽相同，但从施复亮的论述中可见"第三势力"具有共同的思想主张：以自由主义为主导思想；反对国共内战和暴力革命，主张和平与改良主义；反对帝国主义殖民侵略，主张建立统一的民族国家；反对独裁统治，主张实行民主政治。上述思想主张大多与中国民主革命的基本要求相吻合，体现了中国民族资产阶级的革命性。

20 世纪 70 年代中期，日本学者菊池贵晴开始对中国的"第三势力"展开研究。他在 1975 年指出，"第三势力"是指在国民革命失败时的 1927 年 7 月至 1945 年 8 月抗日战争胜利期间，不与国民党和共产党任何一方合作的，基本上采取中立立场的四十几个党派。"第三势力"发展的社会基础是中国"广大的无党无派民众"，其中包括小市民、知识分子、民族资本家和中农以上的农民阶层。③ 20 世纪 80 年代末，菊池贵晴的遗著《中国第三势力史论》出版后，延续上述论断。而日本学者平野正对菊池的观点发出挑战，认为"第三势力"并非"政党"，"它是为克服民族危机而出现的一股势力，它只可能在 30 年代以后的局势中诞生"。平

---

① 施复亮：《今后的第三方面》，《民讯》1946 年第 2 期，第 1、4 页。

② 施复亮：《何谓中间派》，《文汇报》1946 年 7 月 14 日，载蔡尚思主编《中国现代思想史资料简编》第 5 卷，浙江人民出版社 1983 年版，第 298—301 页。

③ ［日］菊池贵晴：《中国革命时期第三势力的成立与展开》，张惠才、韩凤琴译，载中共中央党史研究室科研局编译处编《国外中共党史中国革命史研究译文集》第 1 集，中共党史出版社 1991 年版，第 263—264 页。原载于日本东京大学出版会 1978 年出版的《中国近现代史讲座》第七卷。

野把 20 世纪 20 年代产生的政治势力排除在"第三势力"之外。①

　　20 世纪 80 年代以后，中国大陆学界将"第三势力"纳入中国共产党统一战线的研究框架之中，称无论是抗日战争时期，还是解放战争时期，对"第三势力"的争取工作始终是中国共产党统一战线工作的重要组成部分，而"第三势力"是共产党可以团结和争取的对象。②

　　20 世纪 80 年代，中国大陆史学界通常认为"第三势力"在抗战时期是介于国共两党之间，代表中国民族资产阶级和上层小资产阶级利益的一定政治组织的总称。他们要求"民主""抗日"，对国内政治局势和抗战形势的发展有着很大的影响。在解放战争时期，"第三势力"是以民族资产阶级和上层小资产阶级及其知识分子为主体的党派或团体，其中以中国民主同盟势力最大。③

　　1989 年，胡绳在历史学研究中首次提出"中间势力"的概念并对此进行了理论分析。他指出，在新民主主义时期始终存在着以民族资产阶级及其知识分子为主体的"第三派系"。这个中间势力是"不稳定的，常常分化"，其中大部分"在发展中逐渐靠拢"到共产党一方的。④ 到 20 世纪 90 年代中后期，胡绳关于"第三势力"的研究日臻成熟。此时，他指出，中间势力应包括"知识分子，工商界，搞工业的，搞教育的，等等"。另外，胡绳将中间势力的特点概括为"动摇、不断分化"，并指出"民族主义"和"发展经济"是决定这一势力分化、变动的两大重要因素。⑤

　　分析以上研究可知，大陆史学界肯定了"第三势力"在新民主主义革命时期所表现出的主要是其反帝反封建的革命性的一面，而不是妥协的

---

① 详见［日］平野正《评菊池贵晴的〈中国第三势力史论〉》，《现代外国哲学社会科学文摘》1990 年第 2 期，第 45 页。

② 参见江抗美、曾支农《试论第二次国内革命战争时期的中间派》，《华中师院学报》（哲学社会科学版）1984 年第 5 期；沙健孙《论全国解放战争时期的中间路线》，《北京大学学报》（哲学社会科学版）1987 年第 2 期；田武恩《试述我国民主党派在解放战争时期的历史贡献》，《史学月刊》1991 年第 3 期；杨奎松《七七事变前部分中间派知识分子抗日救亡主张的异同与变化》，《抗日战争研究》1992 年第 2 期。

③ 参见廖大伟《论抗战时期中间党派政治态度的转变》，《安徽史学》1987 年第 3 期，第 48 页；田武恩《试述第三次国内革命战争时期的中间路线》，《史学月刊》1982 年第 5 期，第 61—67 页；顾关林《论中间派的历史性转折》，《近代史研究》1986 年第 3 期，第 232 页。

④ 胡绳：《党史研究和思想政治工作》，《中共党史研究》1989 年第 5 期，第 6 页。

⑤ "从五四运动到人民共和国成立"课题组：《胡绳论"从五四运动到人民共和国成立"》，社会科学文献出版社 2001 年版，第 4、19 页。

一面。此外，学者们也指出了"第三势力"的"动摇"和"不断分化"的特点，并分析了上述特点的成因。

同样是在 20 世纪 80 年代，中国台湾学者荆知仁在《中国立宪史》一书中，从国民党的立宪历史角度出发，梳理了中国"第三势力"发展历程，将无党无派的社会贤达、青年党、民社党和中国民主同盟归入"第三势力"。他极力赞扬明显带有"反共"特性的青年党和民社党，以及持"超然立场"的社会贤达对国民党的制宪工作所作出的巨大"努力"和"贡献"。与之相对，他认为民盟"甘受中共之操纵，而自弃其独立之立场"，"排挤"青年党和民社党，并迫使两党退盟。他斥责民盟为"中共的忠实外围，不但在政治协商会议中，与中共唱和随声，藉各种问题以阻挠有关制宪问题之协议，且进而共同抵制国大，拒不出席，使制宪国大的民主完整性，受到无比的损害"①。由以上论述可知，荆知仁的著作站在国民党的立场上，为了掩盖国民党立宪意在巩固和加强"一党专政"的历史真相，不惜将反对国民党独裁专制的共产党和部分"第三势力"一起贴上阻碍宪政的标签。换言之，荆书显然是为以"立宪"为名实行"一党专政"之实的国民党及亲蒋的青年党、民社党和社会贤达进行翻案。

从 20 世纪 90 年代开始，国内关于"第三势力"及其所属的自由主义知识分子的研究掀起热潮。闻黎明以"抗日战争时期的第三种力量"为题的研究课题获得了国家社科基金的资助。他在 2004 年出版的专著《第三种力量与抗战时期的中国政治》中，将"第三势力"界定为存在于"国共两极之间"的"政治空间"中的"一个非常广泛的与国民党和共产党在思想观念、意识形态、政治目标乃至国内外政策等方面都有所距离的集团、群体，以及为数众多的以个人身份从事政治活动的无党派人士与自由主义分子，其中也包含国民党内的一些开明分子"②。值得注意的是，闻黎明并未采取毛泽东从统一战线角度对"第三势力"的划分方法，而是将其分为四种类别。由此可见，闻黎明的研究是从中国政治史的角度出发，对"第三势力"在抗战时期的发展轨迹及其与中国政治发展的关系展开论述。

---

① 荆知仁：《中国立宪史》，台北：联经出版社事业公司 1984 年版，第 367—378 页。
② 闻黎明：《第三种力量与抗战时期的中国政治》，上海书店出版社 2004 年版，第 2—5 页。

20 世纪 90 年代初以来，中国台湾学者陈正茂从曾琦的个案①开始，一直致力于"第三势力"的研究。② 在对 20 世纪 50 年代香港"第三势力运动"相关史料的搜集和研究中，陈正茂将中国"第三势力"出现的时间推迟到 1947 年 1 月马歇尔调处国共党争失败后离华返美发表声明之时。③ 除了指出"第三势力"所持"反共兼反蒋"的政治立场和"民主与自由"的政治主张皆为其"表象"外，陈正茂在进一步剖析该势力"始终诉求"的自由和民主的底蕴时称：

> "第三势力"是个争取自由与民主的运动，它代表着一个孕育中的自由传统，不仅反对国、共两党的专制政治，更代表着中国自由主义知识分子的一种政治文化。此股势力试图在政治上保持独立，思想上希冀提供中国政治另一条路向——即民主自由的政治选择。④

陈正茂和其他学者的显著差异在于，他将"第三势力"界定为一种政治运动，并强调其与中国自由主义知识分子的政治文化相辅相成，互为表里。此势力希望在政治上独立于国共两党，在资本主义制度和社会主义制度之外，选择走"第三条道路"。

新世纪以来，海峡两岸学子对"第三势力"及其报刊展开了研究。台湾大学高郁雅的博士论文以储安平的《观察》为中心，分析了"第三势力"报刊的兴起和转变。她将"第三势力"界定为国共内战初期，主要在 1946 年政治协商会议前后国共两党之外的势力，既不满于国民党的独裁统治，又反对中共实行人民民主专政，企图在中国实行英美式的民主政治，在政治上自称"第三方面"，主张走"第三条道路"，报章杂志是他们的阵地。⑤

---

① 详见陈正茂《曾琦与民国政治》，载"中研院"近代史研究所编《近代中国历史人物论文集》，台北："中研院"近代史研究所 1993 年版，第 65—112 页。

② 陈正茂围绕"第三势力"，先后编撰《曾琦先生文集》（1993）、《左舜生先生晚期言论集》（1996）、《曾琦先生年谱》（1996）、《醒狮精神》（2008）、《台湾早期政党史略（1900—1960）》（2009）、《敝帚自珍陈正茂教授论文自选集》（2009）、《新路周刊合订本》（2010）、《逝去的虹影——现代人物述评》（2011）、《五〇年代香港第三势力运动史料搜秘》（2011）等多部著作。

③ 参见陈正茂编著《五〇年代香港第三势力运动史料搜秘》，台北：秀威资讯科技股份有限公司 2011 年版，代序第 i 页。

④ 同上书，第 14—15 页。

⑤ 参见高郁雅《国民党的新闻宣传与战后中国政局变动（1945—1949）》，博士学位论文，台湾大学，2002 年，第 211 页。

吉林大学叶兴艺在博士论文《现代中国第三势力宪政设计研究》中指出，"第三势力"是形成于 1927 年大革命失败到 1947 年国共两党彻底决裂、全面内战爆发前夕，活跃在中国社会和政治舞台上，既反对国民党的一党专政及其保守性，又批评共产党的暴力革命及其激进政策，以众多性质相近的政治党派和社会团体为依托，以民族资产阶级、上层小资产阶级以及自由知识分子为主体，追求自由、民主、宪政，并试图走"第三条道路"的政治势力。他特别强调"第三势力"比民主党派范围更大。[①]在诸多研究成果中，叶兴艺对"第三势力"从 1927 年到 1947 年的渊源流变梳理得最为系统。

综上所述，"第三势力"的成分复杂，且随着历史演进不断分化和重组，但主要以众多性质相近的政治党派和社会团体为依托，以民族资产阶级、上层小资产阶级以及自由知识分子为主体。根据海内外既有研究，可将中国"第三势力"发展大致分为两个阶段：第一阶段为 20 世纪 20 年代到 20 世纪 40 年代"第三势力"在中国大陆产生和形成时期；第二阶段是 20 世纪 50 年代以香港为大本营的"第三势力运动"。其中第二阶段与全球的冷战格局密切相关。限于阶级属性，"第三势力"具有革命性和妥协性的双重特点：在国民党"一党专政"时期，"第三势力"倡导自由、民主与宪政，在反帝爱国运动，推动民族独立、国家统一的事业中选择与共产党合作，并发挥了积极作用。然而，某些"第三势力"党派、团体或个人也暴露出软弱、动摇和投机的一面，在国民党统治时期选择投靠、依附国民党，而在战后接受美国扶植，主张反蒋反共，鼓吹"第三条道路"，成为美国冷战的一环。

二　自由主义报刊与报人

作为"第三势力"研究的重要组成部分，"第三势力"的机关刊物或与自由主义相关的报刊与报人也逐渐成为研究的焦点。

20 世纪 90 年代以来，海内外关于近代中国自由主义思潮以及自由主义学人的研究著作不绝如缕。学者们关注的基本问题包括：近代自由主义的

---

① 详见叶兴艺《现代中国第三势力宪政设计研究》，博士学位论文，吉林大学，2016 年，第 1—6 页。

意义、核心价值及特征，近代自由主义的发端与发展阶段，近代自由主义的类型、流派与主流，近代自由主义者，近代自由主义失败的原因等。①

"第三势力"的机关刊物或与自由主义相关的报刊与报人也逐渐成为大陆学界的研究焦点。尤其是随着报刊原件、档案、日记等一手材料日益丰富，国内学者对自由主义报人与报刊，如张季鸾、胡政之、萧乾、王芸生与《大公报》②、成舍我与"成氏报系"③、储安平与《观察》④ 等展开个案研究，并不断有新的研究发现。其中吴廷俊的《新记大公报史稿》可称是有关新记《大公报》的资料翔实、体例完备、高水平的通史性著作。后来学者俞凡运用第一手的档案文献使对新记《大公报》的研究又上了一个新台阶。

此外，张育仁系统回顾了自由主义新闻思想史，分析了自由主义报人的悲剧源头：即工具理性与价值理性间的矛盾与冲突，保守主义与激进主义间的两难选择，以及观念人物与行动人物的困扰与冲突。⑤ 卫春回将20世纪40年代后期中国自由主义学人群体作为研究对象，剖析和解读他们特有的思想状态和政治活动方式。她认为思想层面的自由主义者颇具自主性和创造力。舆论议政的自由主义者极具批判精神。政治实践中的自由主义者表现最为软弱和无奈。⑥ 杨奎松关于知识分子个人史的研究，将张东

---

① 参见俞祖华、赵慧峰《离合之间：中国现代三大思潮及其相互关系》，人民出版社2015年版，第15页。

② 例如，吴廷俊《新记〈大公报〉史稿》，武汉出版社1994年版；方汉奇《再论〈大公报〉的历史地位》，载《方汉奇文集》，汕头大学出版社2003年版；王润泽《张季鸾与〈大公报〉》，中华书局2008年版；刘宪阁《报人张季鸾研究：历史、现状与展望》，载《首届中国人物传播家大会暨第二届中国人物传播学研讨会论文集》，陕西省传播学会2010年版；刘宪阁《报人张季鸾研究——一个学术史的回顾》，载《新闻学论集》编辑部《新闻学论集》（第25辑），经济日报出版社2010年版；杨奎松《忍不住的"关怀"：1949年前后的书生与政治》，广西师范大学出版社2013年版；俞凡《新记〈大公报〉再研究》，中国社会科学出版社2016年版。

③ 详见方汉奇《一代报人成舍我》，载《方汉奇先生文集》，汕头大学出版社2003年版，第454—475页；唐志宏《成舍我先生年谱简编》，载《成舍我先生文集》港台篇，台北：世新大学舍我纪念馆暨新闻史研究中心2007年版，第567—580页；李磊《成舍我"二元化"办报思想初探——对上海〈立报〉发刊辞的解读》，《现代传播》2009年第5期；蒋晓丽《成舍我报刊社会责任思想研究》，硕士学位论文，湖南大学，2014年。

④ 例如，韩成《储安平传》，香港：牛津大学出版社2015年版。

⑤ 详见张育仁《自由的历险——中国自由主义新闻思想史》，云南人民出版社2002年版，第6—13页。

⑥ 详见卫春回《理想与现实的抉择：中国自由主义学人与"中间道路"研究（1945—1949）》，中国社会科学出版社2010年版，第3—4页。

苏、潘光旦和王芸生置于 1949 年以后整个中国大环境以及周遭的小环境变化中，意图考察并理解他们从个人的角度对于世道之变是如何去认识、去适应，以及为何会有不同的适应方法及其不同结果。① 张忠指出，民国自由报人兼具新闻职业者、自由主义者、民族主义者三种社会角色。他探析了三种角色之间存在的矛盾与冲突。他认为，民国自由报人无法摆脱追求"新闻自由"与新闻统制之间的矛盾、追求"经济独立"与民国时期脆弱的经济基础和畸形市场秩序之间的矛盾，以及对自由民主的政治追求与专制独裁的社会制度之间的矛盾。②

在中国台湾学界，高郁雅的博士论文为研究"第三势力"报刊的兴起和转向提供了一种思路。而陈正茂编著的《五〇年代香港第三势力运动史料搜秘》为研究 20 世纪 50 年代香港"第三势力运动"、海外"第三势力"报人与报刊研究提供了诸多线索和启发。③ 在香港方面，李金铨以萧乾、陆铿、刘宾雁三位记者的生命史作为研究个案，分析中国近代史上国共政局变化、报纸与记者的互动关系，揭示了中国知识分子的命运与时代精神。④

综上所述，除各种政治组织和团体之外，"第三势力"中还活跃着众多自由主义知识分子。这些摇摆于各党派和势力之间的自由主义者表面上保持游离、中立的身份，而实际却在不同历史时期创办、加入、依附或倾向于不同党派，为其鼓吹宣传。作为自由知识分子，他们所创办或编刊的自由主义报刊与"第三势力"的机关报一起共同构成自由主义报刊。胡适、张季鸾、储安平、成舍我、王芸生、李微尘⑤等都是自由主义报人群

---

① 详见杨奎松《忍不住的"关怀"：1949 年前后的书生与政治》，广西师范大学出版社 2013 年版，前言第 XX—XXI 页。

② 详见张忠《民国自由报人的社会角色探析》，《云南社会科学》2010 年第 2 期，第 152—156 页。

③ 详见陈正茂编著《五〇年代香港第三势力运动史料搜秘》，台北：秀威资讯科技股份有限公司 2011 年版。

④ 详见李金铨《记者与时代相遇：以萧乾、陆铿、刘宾雁为个案》，载李金铨编《报人报国：中国新闻史的另一种读法》，香港：香港中文大学出版社 2013 年版，第 403—463 页。

⑤ 李微尘（1902—1977），字惟诚，广东香山人，康有为"拜门弟子"。20 世纪 30 年代曾任陈友仁秘书。20 世纪 30 年代末至 20 世纪 40 年代初，寓居香港，担任《中国晚报》主笔。20 世纪 50 年代初，曾先后主编"第三势力"刊物《中国之声》，主持香港创垦出版社，主编《热风》半月刊。1956 年赴新加坡，先后主持《南洋商报》笔政及电视广播新闻部门。1966 年，出任李光耀总理公署新闻秘书，至 1975 年退休为止。参见高伯雨《李微尘在香港的一段日子》，《大成》（香港）1978 年第 50 期，第 36—38 页；陈汉才《康门弟子述略》，广东高等教育出版社 1991 年版，第 107—108 页。

体中的代表人物。既有研究成果均为厘清"第三势力"报刊的系谱图（详见附录Ⅳ　中国自由主义报刊与报人），探析"第三势力"报人（或自由主义报人）在理想与现实之间的抉择的深层动因，提供了宝贵的线索和有效的分析路径。

三　有关曹聚仁研究学术史的回顾

到目前为止，有关曹聚仁报刊活动与思想的研究才刚起步。不仅某些基本史实有待确认，有关评价更值得商榷。①

首先来看民国期间有关曹聚仁的评价。

曹聚仁投身上海报界之后，特别是创办《涛声》周刊之后，以其言论特色逐渐为论者所注意。阿秦从曹的谈话和演讲出发，深觉曹是个"诚笃深思"的学者。他对曹聚仁的为人和为学给予高度评价。② 束阳回忆称，曹聚仁在上海编辑《涛声》杂志时，以"乌鸦主义"相标榜，极尽讽刺讥诮之能事，不仅鲁迅先生非常赞赏，读者也颇为称许。③ 就 1932 年 1 月《涛声》被迫停刊一事，有人于 1934 年撰文指责曹专门欢喜给赤色人物捧场，一再献媚共党，将《涛声》渲染成粉红色，因此遭受停刊三个月的制裁。④ 有人以"左"倾投机主义者目曹，也有人说他好虚荣与瞎出风头。⑤

1937 年全面抗战爆发，曹聚仁带笔从戎，任中央通讯社战地特派记者，写下大量战地新闻通讯。曾为《申报·自由谈》撰稿的吴紫金在该副刊上赞扬曹"决不躲一点懒""屹立在现实中推动时代的前进的车轮，始终保持着坚强的韧性，不折不挠"⑥。

1947 年年初，《野草》杂志刊登了左翼作家和报人聂绀弩撰写的《论乌鸦》一文。聂氏抨击曹聚仁"投机取巧"，借章太炎、顾颉刚和鲁迅的

---

① 刘宪阁对民国报人张季鸾的研究对本文极具启发意义。参见刘宪阁《报人张季鸾研究：历史、现状与展望》，载《首届中国人物传播家大会暨第二届中国人物传播学研讨会论文集》，陕西省传播学会 2010 年版，第 6—16 页；刘宪阁《报人张季鸾研究——一个学术史的回顾》，载《新闻学论集》编辑部编《新闻学论集》第 25 辑，经济日报出版社 2010 年版，第 286—305 页。

② 阿秦：《文坛画虎录：曹聚仁》，《十日谈》1934 年第 23 期，第 9 页。

③ 束阳：《由文人打入记者圈，适然史观曹聚仁》，《飘》1946 年第 5 期，第 6 页。

④ 斗：《曹聚仁重振旗鼓》，《社会新闻》1934 年第 6 卷第 10 期，第 139 页。

⑤ 汉黎：《曹聚仁在历史前面站住了》，《新垒》1934 年第 4 卷第 3、4 期，第 157 页。

⑥ 吴紫金：《记曹聚仁先生（下）》，《申报·自由谈》1939 年 3 月 16 日。

名气以宣传自己。例如，曹聚仁曾于 1922 年 4—6 月笔录章太炎在上海发表的国学演讲，并将其整理成《国学概论》一书出版。聂绀弩称，曹聚仁在此书上"骂章太炎反对白话，思想落伍"，以此证明他自己是"前进的"。据聂绀弩观察，他在 1946 年 11 月发现《文汇报》上有一则新书广告，为曹聚仁所编《鲁迅》作宣传。曹称此书中收录了鲁迅自传，还有作家张定璜、鲁迅夫人许广平以及他自己回忆鲁迅的文章。聂绀弩认为，曹编此书有借鲁迅"宣传自己"之嫌。此外，聂绀弩指出，由于曹聚仁明知左翼文学刊物《海燕》的实际主持人就是鲁迅，还向国民党当局告密，致使该刊仅出版两期就遭受查禁。聂绀弩欲以《海燕》停刊的事实证明曹并非如他所言那样尊敬鲁迅或与鲁迅有很好的私人关系。聂绀弩指出，曹聚仁和鲁迅丝毫没有共同点，曹聚仁"正在用一切方法打击中国的新生力量"，而鲁迅先生"却是竭尽毕生之力反对一切旧势力的人"①。

1948 年 8 月，曹聚仁为香港《星岛日报》写了一篇《十年观变杂话》。左翼作家孟超指责曹聚仁是最会看最高主子（指美帝国主义）的眼色、也会揣度其意向的"奴才渣子"。孟超还揭穿了曹对全国人民玩的一套骗术，称曹所提出的"人民路线"不过是"民贼路线"。②

从 1954 年年初到 1956 年上半年，曹聚仁在著述方面集中更多时间和精力，并向新加坡《南洋商报》副刊"商余"投稿，先后连载其著作《文坛五十年》和《鲁迅评传》。1956 年 8 月中旬，新加坡的马华新文学史家方修撰文对曹聚仁的专栏文章《鲁迅评传》批评道：

> 标新立异，胡说八道（中略）充满着对于一些新文学史著以及有关鲁迅的研究文章的作者（如王士菁、王瑶、蔡仪、朱彤等）的诋毁，对于一些赞扬鲁迅的文字的曲解，对于敬仰鲁迅的青年们的诬蔑，以及对于鲁迅本人的歪曲和侮辱。那一连串的肤浅的见解，荒谬的论调，我们正应该尽量地加以揭发出来，让大家看看这位所谓"史人"的颠倒黑白的手法。③

---

① 聂绀弩：《论乌鸦》，《野草》1947 年第 3 期，第 20—24 页。

② 孟超：《谈奴才渣子的伎俩》，《野草文丛》（香港）1948 年第 11 期，第 5—8 页。

③ ［新加坡］方修：《鲁迅为什么被称为新中国的圣人?》，载《评论五试》，辽宁教育出版社 1997 年版，第 16—19 页。

与方修观点形成鲜明对比的是，1958 年 5 月 20 日周作人致信曹聚仁，对他的《鲁迅评传》给予高度评价称：

> 与一般的单调者不同，其中特见尤为不少，以谈文艺观及政治观为尤佳，云其意见根本是虚无的，正是十分正确。①

进入中华人民共和国时期，尤其是 1949 年至 1978 年间，大陆对曹聚仁的评价进一步推向否定方面。

1949 年 2 月，公刘在香港出版的中国共产党领导的爱国统一战线报纸《华商报》② 增刊上批判曹聚仁用"不投机"的形式来"投机"，是国民党的"帮凶文人"③。当月，金辰批评曹的"乌鸦主义"是中国文坛上畸形的变态中的一种，他称曹是"骨子里奴性十足，专诚为统治阶级服务效忠""不折不扣的帮闲和帮凶"。在分析 1949 年年初曹的言行后，金辰指出：

> 曹聚仁丢不了中产阶级士大夫的帮闲的大包袱，仍在舞笔弄墨，想替自己辩护，而在字里行间对当时中国的人民力量和革命做了非常巧妙的侮辱和诬蔑。（自然，要这样他才会更取宠于他没落的主子。）④

20 世纪 50 年代，曹聚仁离开大陆来到香港，他的观点受到了左右两派的夹攻。据冯英子回忆，香港的左翼报纸《周末报》与曹聚仁进行了近两年的论战，其中针对曹所撰《南来篇》《听涛室杂笔》《门外谈兵》的批评最多。⑤ 右翼文人与曹的激烈论争则集中在政治、文学、哲学等各方面。他们都强烈攻击曹投靠共产党，并有"剧秦美新"之嫌，即曹聚仁批判败落的国民政府，而歌颂新生的共产党政权。⑥ 1957 年 3 月 16 日，

---

① 曹聚仁：《知堂老人的晚年》，《文教资料》1999 年第 3 期，第 16 页。

② 参见程曼丽、乔云霞主编《新闻传播学辞典》，新华出版社 2013 年版，第 84 页。

③ 公刘：《论曹聚仁》，《华商报刊》（香港）1949 年 2 月 20 日。

④ 金辰：《曹聚仁，你可以休了！》，《真善美》（广州）1949 年第 16 期，第 3—4 页。

⑤ 参见冯英子《我所知道的曹聚仁先生》，《艺谭》1983 年第 3 期，第 84 页；冯英子《复曹聚仁》，《周末报》（香港）1951 年 1 月 6 日。

⑥ 详见寒梅《大时代的烙印——〈与曹聚仁论战〉序文》，载马儿等《与曹聚仁论战》，香港：自由世界书局 1952 年版，第 3—4 页。

身在美国的胡适收到曹聚仁邀他回大陆考察的信件。胡适在当天的日记中称曹为"妄人"①。

20 世纪 60 年代，中国台湾岛内视曹聚仁为毒蛇猛兽，将其著作列为禁书。② 20 世纪 70 年代至 80 年代初，曹著遭到大陆海关查禁，国内对他的情况也知者寥寥。甚至直到 1979 年，大陆学界还有人称他为"反动文人"。曾在文学月刊《野草》任责任编辑的秦似回忆称，当反动文人曹聚仁的真面目尚未充分暴露之时，该刊曾刊登过他的文章，秦似因此"悔之莫及"③。据曹聚仁的侄女曹景滇回忆，直到 20 世纪 80 年代，海内外陆续重版了曹聚仁的著作，出版了他的自传《我与我的世界》。④

1978 年以后，特别是 20 世纪 80 年代，有关曹聚仁的研究进入新的历史时期。

20 世纪 80 年代初，《新文学史料》以极大的篇幅开始选载曹聚仁的自传《我与我的世界》。⑤ 经过分析可知，曹聚仁虽然善于考证和叙事，但其自传难免存在夸大和矫饰的成分。

老报人任嘉尧是曹聚仁的旧友。1980—1985 年，他为曹聚仁撰写了多篇纪念文章。1980 年，《新文学史料》刊登了任嘉尧所撰《曹聚仁先生二三事》，概述了曹的生平，其中最有价值的是对曹所参与报刊活动的介绍。他称赞曹聚仁晚年在文学上是爱国的，并提及曹曾为早日实现祖国统一大业所作的努力。此文后由香港的《新晚报》转载。⑥ 在此文基础上，任嘉尧以上海社会科学院特约研究人员身份为曹聚仁写了小传。次年，此传被收入《中华民国史资料丛稿·人物传记》第 10 辑。这篇传记涉及曹

---

①　胡适：《胡适全集》第 34 卷，安徽教育出版社 2003 年版，第 462 页。

②　参见江南《念聚公》，《新晚报》（香港）1980 年 8 月 12 日。

③　参见秦似《回忆〈野草〉》，《新文学史料》1979 年第 2 期，第 174 页。

④　曹景滇：《拂去历史的烟尘——让真实的曹聚仁从后台走出来》，《传记文学》（香港）2000 年第 8 期，第 23 页。

⑤　详见曹聚仁《我与我的世界（选载一）》，《新文学史料》1981 年第 1 期；曹聚仁《我与我的世界（选载二）》，《新文学史料》1981 年第 2 期；曹聚仁《我与我的世界（选载三）》，《新文学史料》1981 年第 3 期；曹聚仁《我与我的世界（选载四）》，《新文学史料》1981 年第 4 期；曹聚仁《我与我的世界（选载五）》，《新文学史料》1982 年第 1 期。

⑥　详见任嘉尧《曹聚仁先生二三事》，《新文学史料》1980 年第 2 期，第 190—192 页；任嘉尧《曹聚仁在港时及其他（上）》，《新晚报》（香港）1980 年 6 月 5 日；任嘉尧《曹聚仁在港时及其他（下）》，《新晚报》（香港）1980 年 6 月 6 日。

聚仁的家世、教育和文化生涯等。① 此文虽有一定参考价值，但并非严格意义上的学术研究。特别是其中有些材料并不可靠，有关曹的早期报刊活动更是如此。② 为纪念曹聚仁逝世十三周年，任嘉尧在回忆文章中指出，曹老去世后，外界对他的评价毁誉不一，有褒有贬，竟然有人说他是"反动文人"。他认为这是对曹老一生缺乏全面了解的缘故，而曹老的言行和著述是最有说服力的证明。③ 2011 年，任嘉尧为曹聚仁写的小传被收入《中华民国史人物传》一书。④ 任嘉尧的上述文章激发了后来人对曹聚仁一生的经历、著述、报刊活动和思想的研究兴趣，以便更全面、客观地评价这位颇具争议的自由报人。

　　1980 年以后，曹聚仁亲属的回忆文章开始涌现，其中包括曹聚仁之妻邓珂云、胞弟曹艺、女儿曹雷、儿子曹景行以及四弟曹艺之女曹景滇的文字。

　　1980 年 7 月 22 日，为纪念曹聚仁逝世八周年，曹雷在香港《新晚报》发文回忆称，父亲临终时还念念不忘统一祖国的大业。她还简要介绍了曹聚仁文稿的整理工作，并相信随着父亲遗稿的陆续刊出，他的"赤诚的爱国之心终会换得更多的人们对他的怀念"⑤。

　　此后两天，曹聚仁的胞弟曹艺也在该报发表纪念文章称，兄长离世已八年，"棺将朽而论未定"，至今在海内外还是"谜样的人物"。他转引曹聚仁的自我评价称：

　　　　（我）是一个不敢和现实政治太接近的人，却又是个不甘寂寞的人。⑥

---

　　①　详见任嘉尧《曹聚仁》，载上海市政协文史资料工作委员会、中国社会科学院近代史研究所中华民国史研究室合编《中华民国史资料丛稿·人物传记》第 10 辑，中华书局 1981 年版，第 55—58 页。

　　②　将曹聚仁主编的《涛声》杂志创刊时间 1931 年 8 月错记为 1932 年 8 月。又将 1937 年"八·一三"淞沪抗战期间曹聚仁撰稿的报纸《大晚报》误记为《申报》。

　　③　嘉尧：《我所知道的曹聚仁——纪念曹老逝世十三周年》，《华人月刊》（香港）1985 年第 9 期，第 61—62 页。

　　④　详见任嘉尧《曹聚仁》，载李新、孙思白、朱信泉等主编；中国社会科学院近代史研究所中华民国史研究室编《中华民国史人物传》第 1 卷，中华书局 2011 年版，第 109—113 页。

　　⑤　曹雷：《深深的怀念——回忆父亲曹聚仁》，《新晚报》（香港）1980 年 7 月 22 日。

　　⑥　曹艺：《无限绮思忆不真——哥哥曹聚仁八十周岁纪念》，《新晚报》（香港）1980 年 7 月 23 日。

曹艺评价兄长曹聚仁称：

> 他是个胆子最小而又是胆子最大的人；是个优柔寡断而又是个极有定见的人；是个自己不信仰什么主义而不反对别人尊崇什么主义的人。①

邓珂云为亡夫曹聚仁未完成的自传《我与我的世界》（人民文学出版社，1983 年）所作的后记大量引用曹的著作，代曹作了叙述。此文最有价值的部分是邓珂云所编"曹聚仁编著目录初辑"。此目录虽不完整，但足以使研究者按图索骥，挖掘曹在不同时期的作品，以便更好地鸟瞰和理解曹的活动主线和思想变迁。②

1981 年，胡风指出由于 1936 年曹聚仁向国民党告密，致使左翼文学刊物《海燕》仅出版两期就遭受查禁。③

1983 年，与曹聚仁相识多年的老报人冯英子发表了一篇具有史料价值的文章。一方面，他肯定了曹聚仁在晚年"为社会主义的新中国做了不少必要的工作"；另一方面，他指出对历史人物的评价应本着历史唯物主义的原则：

> 但倘说曹聚仁先生在他的人生道路上，没有走过弯路，没有写过反动文章，没有攻击过共产党，恐怕也算不得实事求是，恐怕就是一种违心之论。历史唯物主义者是不回避历史的真实的，对一个人的评论，不应看他的一时一事，而应看他的全部。这才是一种知人论世的方法。④

此外，冯英子还在本文中为曹聚仁研究提供了不少重要史料。⑤

---

① 曹艺：《无限绮思忆不真——哥哥曹聚仁八十周岁纪念》，《新晚报》（香港）1980 年 7 月 24 日。

② 详见邓珂云《他与他的世界——〈我与我的世界〉后记》，《新文学史料》1982 年第 4 期。

③ 胡风：《鲁迅书信注释——涉及我和与我有关的情况》，《新文学史料》1981 年第 3 期，第 79 页。

④ 冯英子：《我所知道的曹聚仁先生》，《艺谭》1983 年第 3 期，第 78—84 页。

⑤ 同上。

1985 年，夏衍对曹氏作了如下评价：

> 他是一个爱国主义者、民主主义者，他的骨头是硬的，他的晚节是好的。海关把他在香港出的书作反动书籍而扣检，是不恰当的。①

1987 年，黄药眠在自传中回忆，20 世纪 20 年代末他曾在暨南大学附中教书。时任暨大高中部主任的曹聚仁充当国民党政府的暗探，不断指名道姓向国民党特务揭发他在暨大组织的共产党员秘密活动，致使共产党失去了在暨大的宣传据点。②

20 世纪 80 年代以来，曹聚仁报刊活动及思想的源流、形成及其影响，越来越成为研究者们关注的对象。

黄曼君、唐弢、李何林、刘家鸣、姜德明等国内鲁迅研究者曾撰文批驳曹聚仁的《鲁迅评传》，称曹聚仁的《鲁迅评传》是"自我吹捧，自我标榜"，周作人与曹聚仁"相互吹捧"，一同"歪曲"鲁迅形象。③

但唐弢也指出，对曹聚仁的评价应该本着如下原则：

> （曹聚仁）还是在香港做了一些好事。我们不能说好就一切都好，说坏就一切都坏，要实事求是，具体分析。④

值得注意的是，李勇从 20 世纪 80 年代就开始从事有关曹聚仁的研究和相关资料的搜集工作。他的成果《曹聚仁研究》提供了不少有益的史

---

① 夏衍：《懒寻旧梦录》，生活·读书·新知三联书店 1985 年版，第 363 页。
② 黄药眠：《动荡：我所经历的半个世纪》，上海文艺出版社 1987 年版，第 101 页。
③ 详见黄曼君《对鲁迅精神应作实事求是的科学评价——评曹聚仁先生的〈鲁迅评传〉和〈鲁迅年谱〉》，《华中师院学报》（哲学社会科学版）1981 年第 4 期，第 56—69 页；唐弢《从香港"中国现代文学研讨会"谈到我的一点看法》，载《唐弢文集》第 9 卷，社会科学文献出版社 1995 年版，第 359—360 页；李何林《清除鲁迅研究中普及与提高的思想障碍》，载《李何林全集》第 1 卷，河北教育出版社 2003 年版，第 141—147 页；刘家鸣《评曹聚仁的〈鲁迅评传〉》，载北京鲁迅博物馆鲁迅研究室编《鲁迅研究资料》第 10 册，天津人民出版社 1982 年版，第 394—410 页；姜德明《周作人晚年书信》，载《活的鲁迅》，上海文艺出版社 1986 年版，第 274—279 页。
④ 唐弢：《从香港"中国现代文学研讨会"谈到我的一点看法》，载《唐弢文集》第 9 卷，社会科学文献出版社 1995 年版，第 360 页。

料。① 李书有助于读者更深入地了解曹聚仁其人，推动有关曹聚仁的研究，对近现代新闻史编写工作也有重要参考价值，但深入研究不足。如李勇对报刊原件的挖掘不够，且忽略了一些重要文献。

1990 年，中国新闻史权威方汉奇先生在为李勇的《曹聚仁研究》作序时对曹聚仁作了如下评价：

> 对曹聚仁的一生和他的一些作品和活动，历来众说纷纭，毁誉参半。十一届三中全会以前，受"左"的思想影响，对曹聚仁似乎贬多于褒。他的身上，被无端的泼了不少污水；头上被戴了不少并不合适的帽子。三中全会以后，学风趋于端正，实事求是的思想占了上风，一些被歪曲了的史实，逐渐地被澄清，一些误解，逐渐地被解释清楚，对他的评价，也越来越符合他的实际。尽管他的认识和道路有过曲折，应该承认，他是一个追求真理，勇于探索，心口如一的正直的爱国者；是一个"决意收起自由主义的旗帜""听从先觉者的领导"的，社会主义祖国伟大成就的热情的鼓吹者；是一个为海峡两岸的统一，为开掘和发扬中华民族的优秀历史文化遗产，为进步的文学和新闻事业作出过杰出贡献和作过许多有益的事情的人。他是不应该被忘却的。②

1993 年南京大学出版社刊行的《曹聚仁传》（李伟著）成为国内首部关于曹聚仁的传记。该书对传主的一生作了较为全面的介绍，期望让曹从历史的帷幕中走出来。此后李伟又发表了多篇关于曹聚仁的文章。③ 李伟自称从年轻时就对曹聚仁崇拜有加。为了给曹聚仁立传，他曾与曹聚仁的夫人邓珂云和四弟曹艺有过交往，也因此收集到曹聚仁的手稿、书信等第一手资料，并就各种疑问采访过曹的直系亲属。④ 然而，由于对曹的崇拜，李书难免带有先入为主的主观色彩。另外，除了上述史料，李伟主要

---

① 李勇：《曹聚仁研究》，贵州人民出版社 1991 年版，第 5—8、130—139 页。

② 方汉奇：《序》，载李勇《曹聚仁研究》，序第 1—2 页。

③ 详见李伟《曹聚仁传》，南京大学出版社 1993 年版，第 1—8 页；李伟《首本〈曹聚仁传〉问世始末》，《钟山风雨》2012 年第 6 期；李伟《曹聚仁研究的回顾》，《世界华文文学论坛》1996 年第 4 期；李伟《曹聚仁的最后岁月》，《传记文学》（香港）1997 年第 11 期；李伟《曹聚仁身后余波》，《传记文学》（香港）2005 年第 2 期。

④ 详见李伟《曹聚仁传》，河南人民出版社 2004 年版，第 368—371 页。

参考了曹聚仁的自传和采访手记，但缺乏对报刊原件的搜集和分析。

在众多研究者中，还有三位值得注意。传记文学作家叶永烈自 1993 年发表的多篇文章提及曹聚仁的"两岸密使"工作。2015 年，叶永烈又跨越海峡到国民党党史馆，追踪"两岸密使"曹聚仁的相关档案。① 台湾问题专家、作家李立采访了曾经见证曹聚仁沟通国共高层的徐淡庐，解密曹聚仁大陆行的幕后故事。② 历史学家杨天石以蒋介石日记和曹聚仁与台湾当局的往来函件等为依据，探究了曹聚仁在蒋介石统治台湾时期担任两岸"密使"的经历。③

1997 年 5 月，中央文献出版社出版了《周恩来年谱（1949—1976）》。曹雷以此为契机，于 1998 年撰写长文，梳理了曹聚仁于 20 世纪五六十年代担任海峡两岸"国共密使"，为国家统一奔走的史实。④ 此文主要以《周恩来年谱（1949—1976）》和曹聚仁传记为依据，为后人研究曹聚仁在那一时期的"两岸密使"身份及其发表的相关报道提供了有价值的线索。

1999 年，曹聚仁去世 27 周年，人们纷纷追忆。柳哲以筹办"中国曹聚仁研究资料中心"为名，通过写信、电话或登门拜访等方式，采访了曹艺、曹雷、曹景行等曹氏亲属，以及程思远、季羡林、童小鹏、马树礼、郑子瑜等曹氏旧交，并将大家的叙述整理成文字发表。⑤ 上述文章虽难免有"为亲者隐""为逝者讳"的成分，但对后人研究仍具有重要的参考价值。例如，作家章克标称：

> 他（指曹聚仁）的一生与中国现代的变化发展各方面都有关系，也是了解和认识目前中国情况的一把钥匙也。⑥

---

① 详见叶永烈《毛泽东和金门炮战》，《南风窗》1993 年第 11 期；叶永烈《穿梭海峡两岸的国共秘使》，《法苑》1993 年第 12 期；叶永烈《跨过海峡查档案》，《同舟共进》2015 年第 6 期。

② 详见李立《台海风云：20 多位部长级领导口述海峡两岸重大事件纪实》，九州出版社 2011 年版，第 222—259 页。

③ 详见杨天石《蒋介石日记中的"两岸密使"》，《同舟共进》2018 年第 9 期。

④ 详见曹雷《女儿忆"国共密使"曹聚仁》，《世纪》1998 年第 4 期。

⑤ 详见柳哲《回忆曹聚仁——纪念曹聚仁先生在澳门逝世 27 周年》，《华文文学》1999 年第 4 期。

⑥ 同上书，第 62 页。

　　章克标的观点恰恰提示了曹聚仁研究的重要性与必要性。

　　1999 年，丁言昭为曹聚仁所作传记侧重写了传主在沪二十余年的活动。全书从家庭、故乡和亲朋的影响入手，认为上述外界因素决定了曹的一生命运。随后重点论述了曹作为记者、编辑、学者、教授、社会活动家的多重身份及其众多作品在中国现代文化史上的重要地位。作者将曹定位为"一介爱国书生"①。

　　同年，古远清聚焦于 20 世纪 50 年代曹聚仁在香港引发的论战。他评价那时的曹聚仁"形中实左"。他认为，当时曹以"中立派"面目出现，但在宣传中华人民共和国成立后的新气象时，"有时过于天真和书生气，有些言论现在看来不是右而是过左"②。

　　2000 年以后，有关曹聚仁思想与活动的研究进入了新阶段。

　　在曹聚仁诞辰 100 周年之际，曹景滇在《新文学史料》刊发长文，简要介绍了 20 世纪 80 年代以来国内外重版曹著的情况，挖掘了近年来曹聚仁研究不断升温的成因，并希望藉此让真实的伯父从后台走出来。他详细回顾了伯父在 20 世纪五六十年代为推进两岸和平统一所付出的努力。③陈振平则对曹聚仁的自由主义思想及其报业活动进行了研究，用事实证明曹聚仁在不同历史时期始终站在爱国的立场上。④

　　2003 年，卢敦基和周静为"自由报人"曹聚仁立了一个较为完整的传记，特别强调了 20 世纪 50 年代这段。他们认为曹一生集学者、作家、报人身份于一身，其中报人应为其主色调。⑤同样，二人并未对曹聚仁的报刊文章等一手材料作深入的梳理和分析。

　　以上多部传记虽然没有深刻的学术性，但可以相为印证，为了解曹聚仁的社会关系、活动与思想等提供参考。

---

　　① 丁言昭：《曹聚仁：微生有笔月如刀》，上海教育出版社 1999 年版，第 1—2 页。

　　② 古远清：《在左右夹攻中的曹聚仁——香港五十年代发生的一场论战》，《黄石教育学院学报》1996 年第 2 期，第 30—33 页；古远清：《香港当代文学批评史》，湖北教育出版社 1997 年版，第 93 页。

　　③ 详见曹景滇《拂去历史的烟尘——让真实的曹聚仁从后台走出来》，《新文学史料》2000 年第 4 期。

　　④ 详见陈振平《曹聚仁的自由主义思想及其报业活动》，载上海市政协文史资料委员会、上海鲁迅纪念馆编《曹聚仁先生纪念集》，上海市政协文史资料编辑部 2000 年版，第 135—151 页。

　　⑤ 详见卢敦基、周静《自由报人——曹聚仁传》，浙江人民出版社 2003 年版，第 275—340 页。

20 世纪 90 年代以来，国内出现若干以曹聚仁报刊活动与思想为主题的学术论文，但目前除了夏庶琪对 20 世纪 30 年代曹聚仁所创办的《涛声》周刊进行了个案研究①外，其余研究主要还集中在曹聚仁抗战期间所撰采访手记、战地通讯或在赣南《正气日报》担任主笔期间的编务改革，以及战后曹聚仁南下香港作为自由报人的经历。

例如，王龙志对赣南《正气日报》作了个案研究，对曹聚仁 1942—1943 年从担任主笔到离开该报的原因和结果进行了较为深入的分析。②

黄志辉分析了曹聚仁走出书斋成为战地记者的原因，剖析了他探索出的侧面采写军事新闻的模式以及战地记者应具备的基本素质。③ 然而，黄仅以曹聚仁的采访手记及传记为主要文献，难免受到其主观性的影响。

王丽、奚萌萌和艾华的硕士论文将曹聚仁在抗战八年中所写的战地通讯《大江南线》列为研究文本，对其记者生涯进行探讨，并将重点放在抗战记者阶段。王丽对曹聚仁新闻思想的挖掘聚焦于抗战期间的截面研究。④ 但是，她仅从战地通讯集《大江南线》总结出曹聚仁的新闻思想，有过度推论之嫌。她对曹聚仁思想的挖掘仍停留在新闻操作层面，深度挖掘不够。奚萌萌更多分析探讨了曹聚仁史传式写作风格的复杂成因。⑤ 艾华则从内容视角、报道态度和表达风格三个层面出发，对曹聚仁的战地通讯集《大江南线》进行分析。⑥ 然而，此研究对于《大江南线》之外的报道与评论关注较少。

陈建云聚焦于身处新中国成立前后的中国历史大变局中，一度寻求"第三条道路"的民间报人，如果不愿意离开祖国，就必须在国共之间做出抉择。他从四个方面分析了自由主义知识分子曹聚仁南下香港的原因。⑦

香港方面有关曹聚仁的评价和研究情况也值得重视。1972 年曹聚仁去

---

① 详见夏庶琪《〈涛声〉研究》，硕士学位论文，浙江工业大学，2014 年，第 12—23 页。
② 详见王龙志《赣南〈正气日报〉研究》，硕士学位论文，南昌大学，2010 年，第 16—22 页。
③ 详见黄志辉《战地记者曹聚仁探微》，《国际新闻界》2013 年第 6 期。
④ 详见王丽《曹聚仁报刊活动研究》，硕士学位论文，安徽大学，2012 年，第 46—53 页。
⑤ 详见奚萌萌《抗战时期曹聚仁战地通讯史传风格研究》，硕士学位论文，黑龙江大学，2013 年，第 36—44 页。
⑥ 详见艾华《曹聚仁〈大江南线〉研究》，硕士学位论文，南京大学，2016 年，第 52 页。
⑦ 详见陈建云《向左走　向右走：一九四九年前后民间报人的出路抉择》，福建教育出版社 2010 年版，第 145—148 页。

世后，香港先后有多位曹的旧交写了悼念与研究曹聚仁的文章。曾与曹聚仁一起编刊《热风》的徐讦称，曹在性格上有明显的矛盾。例如，1950 年曹聚仁移居香港，却主张年轻人回大陆去。子春认为曹聚仁是新闻记者，也是"五四运动以后的文化战士"，"虽然为新社会吹嘘，至少没有八股气，也决不是一个附和主义者，他的报道是客观的，求实的"。但曹"只不过是一个文化人，而不是一个政治家"。曹聚仁在港时的老友李雨生评价他是"一个在动乱中政治边缘上打滚的中国知识分子的典型"，而"骑墙望风"确实是曹的"独到之处"。与曹聚仁于 20 世纪 40 年代在《前线日报》共事多年的报人圆慧认为曹聚仁在解放前"热衷于政治的活动"，且已在 1949 年 10 月流露出要南下香港的意愿。老报人罗孚指出，曹聚仁从 20 世纪 50 年代中期起，"是努力宣传新中国的新气象的。在今天看来，由于当时主客观的局限，他也还有过过左的议论呢。他笔下可能有无心之失，却没有恶意诬蔑"。余力文称赞曹聚仁"卓然独立、立场超然，置身在新闻界奋斗长达半个世纪……甘守士君子节操，从不取巧躲避，以文章报国，靠学问立身，不偏不倚，独往独来……堪称'书生本色，报人楷模'"。郑子瑜称赞曹氏"为人诚恳，待人勤恳"。司马璐对曹聚仁的评价是："他是文人，对政治有兴趣，又害怕政治，介入政治，左右摇摆"。姚士彦赞扬曹聚仁"热爱祖国，文名盖世……总以祖国、人民为重"。张耀杰认为曹聚仁"反复无常无所不可"。彦火则称曹为"性情中人，有赤子之心，也有很率真的一面"，"文人玩政治，肯定不会有好下场。这也是中国传统文人的悲哀"①。

① 徐讦：《悼曹聚仁先生》，载璧华编著《曹聚仁作品评论集》，香港：香港文学评论出版社2009 年版，第 30 页；子春：《纪念曹聚仁兄》，《南北极》（香港）1972 年第 8 期，第 43—44 页；李雨生：《哀曹聚仁》，《新闻天地》（香港）1972 年第 8 期，第 15 页；圆慧：《我与曹聚仁》，《大人》（香港）1972 年第 29 期，第 14—15 页；王方：《记一次中国统一的秘密谈判》，《七十年代》（香港）1978 年第 6 期，第 34 页；赵家欣：《记曹聚仁先生》，《新晚报》（香港）1981 年 7 月 22日；吴其敏：《曹聚仁故事琐忆》，《大公报》（香港）1982 年 1 月 4 日；刘季伯：《曹聚仁在香港当记者的日子——感旧录》，《争鸣》（香港）1983 年第 9 期，第 71 页；罗孚：《曹聚仁在香港的日子》，《读书》1986 年第 12 期，第 145 页；汀雨：《曹聚仁与香港报纸》（上），《新晚报》（香港）1996 年 3 月 4 日；汀雨：《曹聚仁与香港报纸》（下），《新晚报》（香港）1996 年 3 月 5 日；余力文：《事业宗奉儒家，生活力行墨家——书生老报人曹聚仁》，载邓珂云、曹雷编《香港文丛·曹聚仁卷》，香港：三联书店（香港）有限公司 1998 年版，第 271—274 页；郑子瑜：《我和曹聚仁的交往》，《文教资料》1999 年第 3 期，第 9 页；司马璐：《曹聚仁，一些不为人知的故事》，《前哨月刊》（香港）2001 年第 2 期，第 128 页；姚士彦：《曹聚仁印象》，《观察与思考》2000 年第 3 期，第 16 页；张耀杰：《曹聚仁的"南来"与"北行"》，《传记文学》（香港）2007 年第 7 期，第 35页；彦火：《我们的老师——曹聚仁先生》，《香江文坛》2003 年第 7 期，第 7 页。

1971 年，美国中央情报局的情报报告对曹聚仁评价如下：

> 1955 年，当他成为"密使"时，他是个自谋机会主义者和亲共分子，但也就某些事件对北京进行批评。（中略）无疑中国共产党把曹聚仁与蒋经国之间的关系视为对中华民国展开心理攻势的有用工具。①

这篇报告提供了如下信息，美国认为 1955 年以后的曹聚仁是个投机主义者，而且曹并非一个不偏不倚的中间派，而是倾向于中国共产党的。因此，曹聚仁是共产党对台心理攻势的一部分。

据目前所见，国外有关曹聚仁的研究成果不多。马来西亚作家温梓川早年负笈广州中山大学及上海暨南大学时，与曹聚仁交谊颇笃，其文坛回忆录记录了曹的行迹。② 曾在《台湾日报》任职、1967 年定居美国的报人、作家江南（刘宜良）虽与曹公并无一面之缘，但却是有书信往来的忘年交。他简要介绍了 20 世纪 60 年代台湾当局对曹聚仁著作的查禁，以及二人始于 1968 年的书信往来情况。③ 定居加拿大的鲍耀明是曹聚仁在香港时的旧交。20 世纪 50 年代初，他曾与李微尘、曹聚仁等香港"第三势力"一起编刊《热风》杂志。他保存了 1956—1970 年间与曹通信若干。1956 年 9 月，曹聚仁第一次"北行"大陆时，曾致信邀约鲍氏前往北京观光。④ 以鲍耀明的看法，曹聚仁是"极爱自己国家的自由主义者"，曹的见解是中间略为偏左。⑤ 马来西亚籍华人刘子政曾和曹先后通信数十封，并保存手迹甚多。他所撰《敬悼曹聚仁先生》一文被编入《曹聚仁先生纪念集》。此文透露了曹聚仁的晚年境遇及著述等。⑥ 这些都有助于

---

① Peking-Taipei Contacts: The Question of a Possible "Chinese Solution". *CIA Intelligence Report*, RSS No. 0055/71, December 1971, p. 3.

② ［马来西亚］温梓川著；钦鸿编：《文人的另一面——民国风景之一》，广西师范大学出版社 2004 年版，第 336—337 页。

③ 江南：《念聚公》，《新晚报》（香港）1980 年 8 月 12 日。

④ 详见鲍耀明《"有人视他为圣人（如鲍耀明）"吗?》，《鲁迅研究月刊》2008 年第 3 期；鲍耀明《曹聚仁早年来信五封》，《香港文学》（香港）1999 年第 7 期；鲍耀明《曹聚仁给我的第一封信与一篇未发表的序文》，载上海市政协文史资料委员会、上海鲁迅纪念馆编《曹聚仁先生纪念集》，上海市政协文史资料编辑部 2000 年版，第 65—69 页。

⑤ 鲍耀明：《曹聚仁与我》，《鲁迅研究月刊》2008 年第 12 期，第 86 页。

⑥ 刘子政：《敬悼曹聚仁先生》，载上海市政协文史资料委员会、上海鲁迅纪念馆编《曹聚仁先生纪念集》，上海市政协文史资料编辑部 2000 年版，第 54—64 页。

增加对曹聚仁的交往圈子及人生际遇的了解和认识。

综上所述，可以得知：

第一，迄今对曹聚仁一生新闻生涯进行较为系统研究的成果对他在某个历史阶段的报刊活动和思想变迁，并未深入探讨和辨析。这就为本研究留下了可以开拓的空间。

第二，目前有关曹聚仁思想的研究，主要仍以他在报刊上公开发表的文章为主要依据。有些研究已开始利用档案文献；但总体而言，在史料运用方面有待进一步拓展。譬如，时人日记、回忆录、函电、年谱等，都可资参照和利用。只有将各种史料进行比较，才可能更准确、更完整地理解和把握曹聚仁的思想变化。

第三，目前历史学、政治学和新闻传播学领域有关曹聚仁的研究日渐丰富，但存在盲点。既有成果主要集中于他在抗日战争时期担任战地记者以及战后担任自由报人和"两岸密使"的经历。虽然这是他一生中最辉煌、最成功的时光，但如果对他的成长经历、教育背景、报业生涯、自由主义思想、与"第三势力"的关系等缺少必要的考察，对理解他其后的言行显然会产生一定困难。上述盲点正是日后研究的创新点所在。

第四，既有研究主要以报刊为依据；但即便如此，对报刊的运用也十分有限。譬如，已有研究大多提及曹聚仁早期服务过的《民国日报》副刊《觉悟》、《涛声》周刊、《社会日报》以及晚期撰稿的香港《星岛日报》和新加坡《南洋商报》，但未结合国内外时局的变动以及"第三势力"的演变对上述报刊原件进行深入梳理和解读。这也是本研究可以深入挖掘的。

第五，"第三势力"的概念随着时代发生变迁：从对呼吁中国民主宪政的具有进步意义人士的指称转变为冷战时期反蒋反共势力和运动的代名词。与其说曹聚仁是摇摆于国共两党之间的"中间派"，不如说他是游离于"第三势力"党派和团体之外的自由游离分子。

四　研究旨趣、方法及思路

由于研究对象的复杂性，本研究拟从历史学、政治学和新闻学多维度进行深入细致的探析。之所以选择上述三个维度，是因为曹聚仁曾活跃于文学界、新闻界和政治圈，并阐发过独特的文学思想、新闻思想、政治观和历史观。其中政治是无法回避的一个要素，它看似一条伏线，但通过研究发现政治才是贯穿曹聚仁一生的主线。上述三个维度都是客观存在的，任一维度的缺失都可能导致在认识人物时出现视野偏狭，甚至是在对其作出历史评价时产生偏见。

至于研究的时间跨度，以往关于曹聚仁的研究有的选取小跨度（某一历史阶段），也有的选取大跨度（人物的一生）。但前者无法廓清历史人物思想与行为随时代的变迁，而后者难免因时间跨度较大而面面俱到，流于表面。因此，本研究主要选取 20 世纪 20—50 年代作为研究时段。这四十年既是曹聚仁活跃于中国社会的时段，也是中国与世界经历大变动的时代。从曹聚仁的行止可以窥见，中国的自由主义知识分子在大时代中的不甘寂寞、无奈与摇摆。

本研究采用个案研究法、实证研究法和文本分析法，以 20 世纪的中国与世界为背景，以"自由派"报人曹聚仁为研究对象，围绕自由主义知识分子与中国现代化之间关系这一核心展开论证，对曹氏从 20 世纪 20—50 年代的报刊实践与思想进行历时性研究，并对与他同时代的"第三势力"予以共时观照。试图探索 20 世纪的国内外局势以及各界人士对曹聚仁的冲击，描述其心理上的矛盾、思想上的彷徨和行动上的变动，重点在于挖掘引起他的思想和行动不断摇摆与投机的深层动因，进而将研究拓展到对中国自由知识分子的主体性和独立性问题的探讨。总而言之，本研究的旨趣在于：一方面，对曹聚仁在半殖民地半封建的历史语境以及新中国政权下的报刊活动进行立体、全景式的展示；另一方面，从上述活动透视曹聚仁在西方自由主义思潮冲击下思想的产生机理，试图抽取和提炼出他的自由主义政治思想与自由主义新闻思想，并阐明二者之间的关系。

本研究最大创新之处在于对新材料的发掘与梳理。通过大陆、港台地区和大英图书馆、各类电子数据库和互联网，收集到较为丰富的关于曹聚仁的材料。各类材料包括：

1. 曹聚仁不同时期著作（杂文集、战地通讯集、采访手记、回忆录、人物传记等）；

2. 曹聚仁发表的报刊文章原件；

3. 关于曹聚仁的研究专著、纪念文集、传记、学位论文；

4. 关于曹聚仁的中外档案、研究文章、回忆录、书信、日记等。

通过对一手材料的收集和解读，修正曹聚仁传记（自传或他人撰写）中夸张矫饰的部分，并期待对前人的相关研究提出有待商榷之处。

本书除了绪论和结语，共分九章，围绕曹氏一生中的主要报刊活动和思想展开论述。

第一章从曹聚仁的家世、家学、求学与初涉报界的经历入手，探寻其思想和行为的源头。

第二章通过回顾近代中国的内政与外交，了解曹聚仁在20世纪30年代初之处境，探究他创办《涛声》的动机以及所谓的"乌鸦主义"与"虚无主义"的内涵，分析他在该刊上的言论倾向。

第三章由曹聚仁对小型报革新所作的贡献为切入点，关注他于1933—1937年间在《社会日报》发表的抗日言论，并分析他的自由主义政治思想在此时期初步形成的原因及表现。

第四章以曹聚仁的战地记者生涯为研究对象。首先以他在1937年"八·一三"淞沪会战期间的战地报道为个案，管窥其在全面抗战初期的新闻思想与新闻实践；其次，探究他与国民党新闻机构中央通讯社的渊源，系统地分析他进入中央社后在战地新闻实践方面的变动，及其报刊言论在战略防御和相持阶段所呈现的走向。

第五章聚焦于曹聚仁应国民党政治新人蒋经国之邀，于1942年主持"新赣南运动"宣传机构《正气日报》工作前后，在经营管理和新闻业务方面的作为。从曹接办《正气日报》到离开该报一年间的思想变化，洞悉他如何成为蒋经国的幕僚，逐渐卷入政治的风暴眼之中，又为何最终做出离开该报的抉择。

作为前述各章的延续，第六章试图探究曹在战后走向政治前线的原因，描摹其战后政治观点的形成过程，剖析他对战后中国重塑和国共内战所作的评论，以及所表达的自由主义政治诉求。

第七章首先考察20世纪50年代曹聚仁离沪赴港的动因；其次，描述他在香港《星岛日报》专栏中的涉华持论及其引发的论争，并归纳他所发表国际时评的特征；最后，分析造成他南下香港后自由主义政治观演化的原因，并阐明其政治观的具体表现。

第八章将重点探究曹聚仁为何将视线从香港移向新加坡，如何拥有自由报人和国共密使的双重身份，分析他如何在1956年以后凭借新加坡《南洋商报》对外宣传社会主义中国，以及所采取的对外宣传策略。另外，还对其晚年工作进行概览。

　　第九章通过对报刊原件的梳理，考察曹聚仁的自由主义新闻思想的起源与嬗变。

　　此外，将《1950 年代曹聚仁"鲁迅观"引发的论争与影响——以曹著〈文坛五十年〉〈鲁迅评传〉为考察重点》一章补录于正文之后。

第一章

初涉报界及结交国共师友
（1900—1927 年）

　　曹聚仁，字挺岫，浙江浦江人，集报人、作家、学者、社会活动家等多重身份于一身。1922—1928 年，他向邵力子主编的《民国日报》副刊《觉悟》投稿，并结识了国共两党众多师友，这影响了他日后的人生轨迹。

第一节　家世与早年经历

　　曹聚仁出生成长在清末民初时期，和其他同代人经历了中国的现代化过程。无论是半殖民地半封建社会的内忧外患，还是传统与现代思想的碰撞激荡，都给青少年时期的曹聚仁带来了本土的民族主义和外来的自由主义。

一　中国现代化进程的影响

　　19 世纪中叶，率先开始现代化的西方资本主义国家将中国卷入其殖民体系。正如胡绳所言，在中国近代史中，现代化也就是工业化和与工业化相伴随着的经济、政治和文化等各方面的变化。从 19 世纪后期到 20 世纪初期的中国，现代化就是资本主义化。[①] 随着中国的现代化，资本主义进入中国，一些西方思潮也随之进入。与中国的现代化历程息息相关的是自由主义、民族主义和社会主义三大社会思潮。

　　自 19 世纪末 20 世纪初，处于内忧外患时代的严复、梁启超等晚清士人将西方的自由主义和民族主义学说作为救亡图存的工具引介至中国，为

---

　　① 胡绳：《从鸦片战争到五四运动》上册，人民出版社 2010 年版，再版序言第 8 页。

近代中国思想启蒙运动的兴起做出了贡献。

经过 1905—1907 年的论战，中国资产阶级革命派和改良派最终在建立怎样一个民族国家问题上达成共识，确认建立一个独立、民主和统一的多民族国家。这就标志着中国近代民族主义的最终形成。①

自 1905 年俄国资产阶级民主革命始至十月革命前，列宁撰写了《论民族自决权》等一系列文章阐明"民族自决权"理论。他在继承前人思想成果的基础上进一步明确了马克思主义民族自决权的定义。② 1913 年，列宁又从马克思主义者角度对资产阶级的民族主义的实质及其表现进行了剖析，认为资产阶级的民族主义和无产阶级的国际主义是完全对立的，资本主义国家的民族主义实质上维护的是其本民族资产阶级的特权和利益。③

从 1918 年年底宣传十月革命至 1920 年年初，李大钊吸收和借鉴列宁主义中民族自决、民族解放等思想，形成了独具特色的民族主义思想，逐渐由民主主义者转变为马克思主义者。④

由于五四新文化运动倡导民主与科学，因此民族主义与自由主义两大思潮在这一时期具有正面价值和进步意义。五四运动带来了各种启蒙思想的碰撞和重组。中国知识分子结合中国社会实际展开了各种论争。例如，李大钊与胡适的"问题与主义"之争就是一场改良与革命之争。陈望道、李达、邵力子、陈独秀等人与张东荪之间的"社会主义论战"是马克思主义者对社会改良思想的批判。

根据许纪霖的研究，从"五四"时期到 20 世纪 30 年代中期，自由主义在中国知识分子的现代化探索中演化出两大流派和趋向。一是胡适、傅斯年等英美留学生所倡导的新自由主义。胡适等人在"五四"时期深

---

① 郑大华：《论中国近代民族主义的思想来源及形成》，《浙江学刊》2007 年第 1 期，第 15 页。

② 1914 年春，列宁指出："所谓民族自决，就是民族脱离异族集合体的国家分离，就是成立独立的民族国家"；"从历史—经济的观点看来，马克思主义者的纲领中所谈的'民族自决'，除政治自决，即国家独立、建立民族国家以外，不可能有什么别的意义"。详见列宁《论民族自决权》，载《列宁全集》第 25 卷，人民出版社 1988 年第 2 版，第 225、228 页。1916 年年初，列宁进一步强调，"民族自决权只是一种政治意义上的独立权，即在政治上从压迫民族自由分离的权利"。详见列宁《社会主义革命和民族自决权》，载《列宁全集》第 27 卷，人民出版社 1990 年第 2 版，第 257 页。

③ 详见列宁《关于民族问题的批评意见》（节选），载中国社会科学院民族研究所编《列宁论民族问题》上册，民族出版社 1987 年版，第 229 页；列宁《再论按民族划分学校事业》，载中国社会科学院民族研究所编《列宁论民族问题》上册，民族出版社 1987 年版，第 275 页。

④ 参见吴汉全《李大钊与中国社会现代化新道路》，吉林人民出版社 2011 年版，第 557 页。

受美国思想家约翰·杜威（John Dewey）的实验主义影响，到 20 世纪 40 年代则以美国总统罗斯福（Franklin D. Roosvelt）为旗帜。另一个是研究系一脉的张君劢和张东荪所倡导的社会民主主义。他们师法英国工党理论家哈罗德·J. 拉斯基（Harold Joseph Laski）和英国哲学家、基尔特社会主义者①贝特兰·罗素（Bertrand Russell），以 20 世纪二三十年代魏玛时期的德国社会民主党和 20 世纪 40 年代在战后执政的英国工党作为实践的榜样。其后还有罗隆基、储安平、潘光旦、萧乾等大批自由知识分子。中国自由主义的两大流派拥有诸多共同的理论预设，如个人自由、民主政治、法治秩序等，其区别在于处理自由与平等的不同方式、比重、各自师从的思想流派以及对苏联计划经济的评价等。② 此外，中国自由主义学人以创办同人报刊汇聚在一起。

青少年时期的曹聚仁恰恰受到中国现代化进程的深刻影响，受到了自由主义、民族主义和社会主义三大思潮的共同冲击。

二　家学与师承

1900 年，曹聚仁出生在浙江浦江县蒋畈村一户耕读人家。其父曹梦歧（1875—1929）自幼种田，后来中了秀才。高中秀才第二年，曹梦歧赴杭州参加乡试，虽然不第，却带回了康梁维新变法的新思想。光绪二十八年（1902），曹梦歧办起了育才小学。幼年时的曹聚仁刚从私塾接受了《大学》《中庸》的启蒙教育，立即转到育才小学去读新式的小学课本。这正是其父着手维新运动中"办新学"的实践。由于曹梦歧笃信宋明程朱理学和儒家思想，而排斥佛道各派思想，曹聚仁自然在理学空气中成长。父亲已把圣经贤传根深蒂固地栽植在曹聚仁的心底。③

---

① 20 世纪初叶，在英国又兴起了一股基尔特社会主义的思潮。基尔特是英文行会（Guild）一词的音译。这种在经济上实行互助，在政治上实行自治的同业团体，曾在欧洲中世纪广泛存在过。现代基尔特社会主义是英国特有的产物。它企图把"革命的"工团主义和自由资产阶级的费边主义、把无政府的地方分权和国家资本主义的中央集权、把中世纪行会手工业的狭隘性和现代的资本主义生产糅合在一起的、带有伦理色彩的小资产阶级政治幻想，是一种特殊的、具有工联主义特征的乌托邦社会主义。参见蓝瑛主编《社会主义政治学说史》上编，上海人民出版社 2014 年版，第 563—564 页。

② 参见许纪霖《在自由与公正之间：社会民主主义在中国》，载许纪霖编选《现代中国思想史论》下册，上海人民出版社 2014 年版，第 756 页。

③ 曹聚仁：《我与我的世界：曹聚仁回忆录（修订版）浮过了生命海》，生活·读书·新知三联书店 2011 年版，第 13、33、73 页；曹聚仁：《"帮凶"余论》，《前线日报》1946 年 10 月 29 日。

1913 年，曹聚仁离开家乡到金华浙江省立第七中学就读。第二年夏，曹却被该校除名。[1] 1916 年秋，他考入地处杭州的浙江省立第一师范学校（简称"杭州一师"）。在杭州一师就读期间，他受业于单不庵、夏丏尊、陈望道、刘大白、朱自清诸师。在单师的引导下，他学习了清代朴学家的考证，在学术上产生了怀疑。这为他日后形成所谓的"虚无主义"埋下了伏笔。[2]

第二节　与报刊结缘

据曹聚仁回忆，他少年时期就酷爱读报、剪报，常把报纸称为"报友"。1914 年，他开始对上海《申报》副刊——《自由谈》发生兴趣，并制作剪报书册。杭州的地方报《之江日报》有一段时间也很流行，因为上面登载家乡兰溪的消息，曹聚仁读来觉得格外亲切有味。等到开始自觉地读报，他对《申报》这位"报纸老友"已经厌倦极了，并称它为"老爷报"[3]。

虽说民国初年就读师范基本免费，但是一年的伙食费、路费和零用却让身为农民的曹家人难以支撑。于是，曹聚仁决心摆脱这种经济上的窘境。在杭州一师就读期间，他结识了《之江日报》编辑查猛济。在查猛济的建议下，他决定利用课余时间为该报撰写新闻。[4]

由于杭州一师对学生出入校园管理严格，学生几乎与社会完全隔绝，到何处寻找新闻成了曹聚仁遇到的一大难题。曹灵机一动，先与兰溪的《兰江日报》取得联系，答应替他们写杭州通讯，不收稿酬，但能得到报社赠送的一份报纸。随后，他便从这份报纸上寻找金华地区的地方新闻，重新改写后转投《之江日报》。依照此法，曹聚仁每月能有四五块钱的收入作为零用。他称，这是他"做新闻记者的开始"[5]。

据曹聚仁回忆，1917 年正月，他从浙江小城兰溪乘船下杭州，在船

---

①　曹聚仁：《我与我的世界：曹聚仁回忆录（修订版）浮过了生命海》，生活·读书·新知三联书店 2011 年版，第 89、96 页。

②　曹聚仁：《"帮凶"余论》，《前线日报》1946 年 10 月 29 日；曹聚仁：《我与我的世界：曹聚仁回忆录（修订版）浮过了生命海》，生活·读书·新知三联书店 2011 年版，第 108—110 页。

③　曹聚仁：《自我看报以来（上）》，《正气日报》1942 年 10 月 1 日。

④　曹聚仁：《我与我的世界：曹聚仁回忆录（修订版）浮过了生命海》，生活·读书·新知三联书店 2011 年版，第 107—108 页。

⑤　同上书，第 108 页。

上偶遇杭州一师同学施存统①。通过施存统，曹聚仁第一次接触到《新青年》杂志。此后，曹变成了《新青年》的读者，进而成为该杂志的信徒。②曹聚仁进入杭州一师的第三年（1919年），五四运动爆发了。杭州一师成为宣传新文化运动的大本营。③"五四"以后，杭州一师学生就开始在国文课上讨论社会问题了。那时，学生中最流行的口号是："思想自由！"这是《新青年》所传播的主张之一。④

1919年秋，杭州一师学生自治会成立。曹聚仁和同学一起编刊《钱江评论》，着重讨论"女子剪发""男女同学"等主题。⑤曹聚仁称，他在主编该刊时的文稿概不署名，便是受了五四运动时期《杭州潮》主编沈仲九所倡导的无政府主义的影响。⑥

当年11月，一师学生施存统在其创办的《浙江新潮》上发表《非孝》一文，引起一场轩然大波。浙江省教育厅捏造出"非圣、蔑经、公妻、共产"四大罪状，准备弹劾一师校长经亨颐。此外，教育当局还要撤换该校陈望道、李次九、刘大白、夏丏尊四位传播新思想的国文教师。当局此举意在解散一师。⑦

自1920年2月始，杭州一师学生举行了抗议浙江省教育厅罢免经亨颐的"留经运动"。时任该校学生自治会主席的曹聚仁成为学潮的组织宣传者之一。同年3月29日，警察包围了杭州一师，强行押送学生出校。曹围绕这场风暴撰写的新闻电讯先后分电上海《申报》《新闻报》和《民国日报》，次日均见诸报端。⑧"留经运动"过后，曹聚仁主编了名为《浙潮第一声》的小册子，收录了关于上述运动的种种文件、记载和评论。刘大白曾为这本小册子作

---

①　又名施复亮（1899—1970），1919年在杭州参加五四运动，发起创办《浙江新潮》杂志。

②　曹聚仁：《文坛五十年：新青年（上）》，《南洋商报》1954年11月8日。

③　诊痴：《随感录：浙潮第一声》，《民国日报·觉悟》1920年第9卷第23期。

④　曹聚仁：《文坛五十年：新青年（中）》，《南洋商报》1954年11月11日。

⑤　曹聚仁：《我与我的世界：曹聚仁回忆录（修订版）浮过了生命海》，生活·读书·新知三联书店2011年版，第119页。

⑥　同上书，第160页。

⑦　参见《浙江省新闻志》编纂委员会编《浙江省新闻志》，浙江人民出版社2007年版，第1051—1052页。

⑧　参见曹雷编订《曹聚仁年谱》，载上海市政协文史资料委员会、上海鲁迅纪念馆编《曹聚仁先生纪念集》，上海市政协文史资料编辑部2000年版，第363页。

序。① 1920 年秋，曹聚仁与范尧生开始主持学生自治会工作。②

第三节　笔耕《民国日报》副刊《觉悟》

20 世纪 20 年代，曹聚仁初涉上海报界，成为《民国日报》副刊《觉悟》的撰稿人。下面对曹聚仁如何涉足报界，《觉悟》副刊的社会影响，以及曹聚仁在此时期的文风和稿件内容予以分析。

一　初涉上海报界

据曹聚仁回忆，1920—1921 年间，他对上海《民国日报》和《时事新报》产生了浓厚的兴趣。当上海小市民每天捧读周瘦鹃的《申报·自由谈》和严独鹤的《新闻报·快活林》时，他和其他年轻人已经为《民国日报·觉悟》和《时事新报·学灯》所疯魔，天天高谈社会问题，说要进行社会革命、家庭革命和思想革命。③

1921 年夏天，曹聚仁从杭州一师毕业。他先投考国立南京高等师范学堂失败，本要踏上归程，但又抱着希望投考了武昌高等师范学校。谁知一场疟疾让他的愿望再次落空。返乡途中，他到上海时发现盘缠用尽。此时举目无亲的曹聚仁想到了杭州一师的国文老师陈望道。于是，他在法租界三益里的陈师家暂住下来。一进上海，他一脚踏到的是文坛，又一脚踏到的是报界。④ 后来的许多事实证明，曹聚仁在困境中的这次选择竟成为他青年时期重要的转折点。

那时，曹聚仁是个满怀壮志的年轻人，好似对天下兴亡，依旧颇有信心。可是，他觉得自己的浮萍前途渺茫得很。在上海，他只认识陈望道，不可能指望老师照顾他的生活。在他心头，有一个光明的去处，那便是全国学生联合会；他初以为可以在"学联"日报做编辑工作。哪知"学联"会所早已在 5 月间被封闭，日报也被当局禁止出版了。

---

① 国立复旦大学反美帝抗日抢救民族危机大会编印：《不屈的行列》，国立复旦大学反美帝抗日抢救民族危机大会 1948 年版，第 1 页。

② 曹聚仁：《我与我的世界：曹聚仁回忆录（修订版）浮过了生命海》，生活·读书·新知三联书店 2011 年版，第 118 页。

③ 曹聚仁：《自我看报以来（上）》，《正气日报》1942 年 10 月 1 日。

④ 曹聚仁：《我与我的世界：曹聚仁回忆录（修订版）浮过了生命海》，生活·读书·新知三联书店 2011 年版，第 186 页。

当时，陈望道任《新青年》编辑和中共上海地方委员会书记，在时任上海《民国日报》副刊《觉悟》主编的邵力子家借宿，并协助《觉悟》编辑工作。① 曹聚仁自然而然结识了邵氏。五四运动前后，作为国民党机关报的《民国日报》从国民党立场积极支持学生运动，学生时代的曹聚仁对该报的印象十分深刻。邵氏主编的副刊《觉悟》成为当时学生运动的灯塔。② 1920 年 3 月至 4 月间杭州一师闹学潮时，曹聚仁关于学潮的长篇通讯在上海发表，曾引起邵氏的注意。③ 据曹聚仁之妻回忆，邵氏还专门撰文支援杭州的学生运动。④ 这次两人见面后，邵力子非常赏识这位年轻人。时值 9 月初，各地中小学都已开学，曹聚仁想去教书也没有机会了。偏巧 1921 年情形特殊，上海正在闹交易所狂热，把附近的小学教师都吸引到了交易所，各地闹起了"教师荒"。9 月中旬，邵力子介绍曹聚仁到浦东川沙县立小学任高小一年级的主任。1921 年冬，曹聚仁在邵力子主编的《觉悟》连载了长篇记叙文《失望的旅行》，颇有转向新闻界的意念。⑤

曹聚仁回忆称，1922 年年初他由川沙返回上海市区，长期住留下来。邵力子又介绍他到一位陕西盐商家去做了三年家庭教师。这给了他读书写稿的自学机会。⑥ 三年间，曹聚仁迅速而顺利地在上海学界和报界站稳脚跟。自从在川沙教书开始，他便成为《觉悟》的长期兼职撰稿人。

二 笔耕《觉悟》园地

曹聚仁刚到上海时，作为国民党宣传机构的《民国日报》报馆开在

① 上海《民国日报》创刊于 1915 年，是上海资产阶级报刊中比较进步的一种。在五四运动的直接影响下，该报于 1919 年 6 月 16 日创办副刊《觉悟》。由邵力子主编，陈望道协助。《觉悟》创刊初期，基本上是站在资产阶级民主主义立场的进步刊物，在反对封建主义，揭露军阀黑暗统治，提倡新文化、新思潮，主张妇女解放、男女平等，宣传和报道文化运动、学生运动、工人运动，以及介绍俄国革命和建设等方面，都起了一定的作用，但同时也表现出对帝国主义的软弱性。参见李景田主编《中国共产党历史大辞典 1921—2011 新民主主义革命时期》，中共中央党校出版社 2011 年版，第 103 页。

② 五四时期，《民国日报》副刊《觉悟》、《时事新报》副刊《学灯》与《晨报》副刊同被称为"新文化运动的三大副刊"。参见王大龙编《红色报刊集萃》，同心出版社 2010 年版，第 13 页；曹聚仁《文坛五十年〈觉悟〉与〈学灯〉》，《南洋商报》1954 年 12 月 9 日。

③ 李伟：《曹聚仁传》，河南人民出版社 2004 年版，第 45 页。

④ 邓珂云：《终身之师——记聚仁和邵力子先生的交往》，载上海市政协文史资料委员会、上海鲁迅纪念馆编《曹聚仁先生纪念集》，上海市政协文史资料编辑部 2000 年版，第 296 页。

⑤ 曹聚仁：《我与我的世界：曹聚仁回忆录（修订版）浮过了生命海》，生活·读书·新知三联书店 2011 年版，第 183—184 页。

⑥ 同上书，第 184—185 页。

上海河南路口。1923 年，该报报馆才移到山东路，即望平街的东首，与研究系①的机关报《时事新报》相邻。

据曹聚仁的记述，国民党与研究系在政治上一直是冤家对头。《民国日报》和《时事新报》也就针锋相对。《民国日报》代表"当时最急进的社会文化思想路向"（指"革命趋向"），呼吁"反帝""反封建""反宗教"。《时事新报》则属于北京《晨报》的系统，"以梁启超中心的社会改良思想为准则"，其言论主张"缓进的改良主义"。《民国日报》的叶楚伧、邵力子与《时事新报》的梁启超、张东荪不时展开激烈论战。邵氏把曹聚仁带进革命旋风的"风眼"。曹聚仁用笔为新文化推波助澜，也观察政局的风云变幻。曹聚仁自认为，他的思想"一部分可以说是《觉悟》的儿子"，邵氏乃是他所"终身师事"的一人。②

上海报刊在中国新闻史上可谓占有重要地位。上海报界一贯重评论而轻新闻，相比之下有"报屁股"③之称的副刊则显得无足轻重。然而，据曹聚仁称，《民国日报》副刊《觉悟》和《时事新报》副刊《学灯》并驾齐驱，成为指导东南新文化运动的两大柱石，对于青年影响之大，只有后来《申报》副刊《自由谈》④可与之比肩。⑤

由于《觉悟》是新文化运动的主要营垒，因而受到北洋军阀当局的压迫干涉，经济上也十分困难。有时，新闻都已排好版，却没有印报所需

---

①　研究系即"宪法研究会"，北洋政府时期的政治集团。1916 年袁世凯死后，黎元洪继任总统。段祺瑞以国务总理的名义，凭借北洋军阀势力，控制北京政府，和黎元洪发生"府院之争"。旧进步党首领梁启超、汤化龙等，组织宪法研究会，以研究宪法相标榜，积极支持段祺瑞，并被段任命为财政总长等要职，时称"研究系"。1920 年直皖战争后，段失败下台，梁启超等声称不再过问政治，转而从事学术研究，对新的思潮多抱对抗态度。北京《晨报》及上海《时事新报》长期成为研究系的机关报。1926 年后，研究系反对国民革命军的北伐。1934 年，研究系的重要人物张君劢和张东荪共同创办了中国国家社会党（简称"国社党"）。参见尚海等主编《民国史大辞典》，中国广播电视出版社 1991 年版，第 121 页。

②　曹聚仁：《我与我的世界：曹聚仁回忆录（修订版）浮过了生命海》，生活·读书·新知三联书店 2011 年版，第 262—263 页。

③　《申报》开始刊登文艺作品时，将其放在报纸最后一版的末尾。此种排版方式取得成功后被各报仿效。后来便把报纸最后一版末尾刊登的文艺作品戏称为"报屁股"。参见孙树松、林人主编《中国现代编辑学辞典》，黑龙江人民出版社 1991 年版，第 387—388 页。

④　《申报·自由谈》是中国历史最悠久的副刊之一，创刊于 1922 年 8 月 24 日。20 世纪 30 年代，在民族矛盾尖锐的背景下，进步知识分子黎烈文主持的《自由谈》改革产生了深远的影响。在 1933—1935 年间，该刊不仅为鲁迅为首的左翼作家发表杂文，锻造"投枪"和"匕首"的主要阵地，并且是进步副刊的一面旗帜。参见冯并《中国文艺副刊史》，华文出版社 2001 年版，第 154、296 页。

⑤　曹聚仁：《我与我的世界：曹聚仁回忆录（修订版）浮过了生命海》，生活·读书·新知三联书店 2011 年版，第 262—263 页。

的纸张。邵力子等人艰难支撑，有时甚至典当皮袍才能买纸印报。包括曹聚仁在内的许多撰稿人都不曾拿过该报一文稿费，却不辞劳苦地写作。[①]这是曹聚仁一生从事写作和治学的真正起点。曹聚仁曾经说过："邵先生是提携我的人，他把《觉悟》园地给我一个发表的机会，虽说没有稿费，在当时，正满足了我的发表欲。"[②]

　　曹聚仁初期的文字大多在《觉悟》上发表，其文风和内容还是沿着五四运动的新文化、新文艺路子发展，重社会而轻个人，宣传意味非常浓重。据曹聚仁回忆，他在 1923 年至 1926 年的四年中差不多为该副刊写了150 万字。[③]

三　关注国内外政局

　　1922 年 2 月，曹聚仁在《觉悟》的谈话栏目中发文指出，人的思想随环境变迁而变化。他认为，思想变迁原本有"好的"或"坏的"两种倾向。而"思想"有变迁，总站在"好"的方面。只有固定不变的思想才会阻碍人类的进化。[④]

　　此时曹聚仁的思想因外界环境刺激已有很大变动。他对于教育的兴趣日渐淡薄，而研究"政治"的兴味愈加浓起来了。他引述曾于 20 世纪 20 年代初来华讲学的英国哲学家罗素[⑤]的两句话：第一句是"政治目的，当在力谋个人生活之良好"；第二句是"政治问题，是要调节人类的关系，使得人人于他生存时间中，皆有充量的好"。曹聚仁自称以前很怀疑这话，因为他认为政治上产生的现象，只有摧残个人的生命，离间人类的爱

---

　　①　曹聚仁：《我与我的世界：曹聚仁回忆录（修订版）浮过了生命海》，生活·读书·新知三联书店 2011 年版，第 186 页。

　　②　邓珂云：《终身之师——记聚仁和邵力子先生的交往》，载上海市政协文史资料委员会、上海鲁迅纪念馆编《曹聚仁先生纪念集》，上海市政协文史资料编辑部 2000 年版，第 296 页。

　　③　曹聚仁：《我与我的世界：曹聚仁回忆录（修订版）浮过了生命海》，生活·读书·新知三联书店 2011 年版，第 263 页。

　　④　曹聚仁：《思想上的一个变迁》，《民国日报·觉悟》1922 年 2 月 28 日。

　　⑤　1920 年 10 月 12 日，罗素应梁启超和蔡元培之邀来华讲学。次日在上海发表演讲《社会改造原理》。11 月 19 日，罗素到达北京。此后，罗素的讲学地点主要被安排在北京大学。1920—1921 年，罗素曾在该校任客座教授。在此期间，罗素的《哲学问题》《社会改造之原理》《社会结构学》《政治理想》等著作相继被译介到中国。参见［英］艾耶尔《二十世纪哲学》，李步楼、俞宣孟、苑利均等译，上海译文出版社 2015 年版，第 24 页；丁子江《罗素与中华文化：东西方思想的一场直接对话》，北京大学出版社 2015 年版，第 75—78、340 页。

情，减少人生生存的乐趣。此时，他又表示绝对承认这话很合理。在他看来，"'坏'的使用政治，可以扰乱社会；'好'的使用政治，也可以增进社会底幸福的"。他在表达对政治的兴趣时说："政治现象，虽是坏到这地步；我仍认改造社会底第一步，是从政治着手。"①

20 世纪 20 年代，英、美、日等帝国主义国家不仅各自支持一派中国军阀互相争夺，引发连年内战，而且还对中国人民进行残酷的经济剥削。他们在华投资，开办工厂，搜刮财富。上海是帝国主义进行经济侵略的重要据点，日本在上海开设了十几家纱厂。英国巡捕镇压示威学生，打死打伤数十人，制造了震惊中外的"五卅"惨案。惨案发生后，以上海为中心的"五卅"运动迅速波及全国，形成了一场全国规模的反帝运动。

面对全国的反帝声浪，曹聚仁于 6 月 30 日和 7 月 1 日在《觉悟》的"评论"栏目中连载了题为《读幸德秋水的帝国主义》的书评。他在开篇揭露了帝国主义的丑恶，并提及撰写此文的缘起：

> 南京路的枪弹，已经揭穿西方文明国的假面具；猩红的鲜血，已经点点洒在全民众的心头，唤起全民众的自觉。在我们的意识线里浮出狰狞丑恶的帝国主义，人人都在切齿痛心。可是在中国贫乏的学术界很难找到一册解释帝国主义的书籍。所以一般人对于帝国主义的观念是笼统模糊的。②

由此，曹聚仁自称突然想起了日本社会主义思想家幸德秋水于 1901年所著《二十世纪之怪物帝国主义》（赵必振译），并介绍了幸德氏批判帝国主义的主要观点。他认为，幸德不但揭破所谓"爱国心"的面目，并且从渊泉上寻出它的来路。从幸德氏所举例证，曹聚仁看到了帝国主义除了残酷、强暴而外，全无一点人类同情心。他反问道，"若不根本扫荡它，人类如何能自存于世界上"？他指出，幸德在该书最后指引"有志改革社会的健儿"为消灭帝国主义"开始世界大革命运动"。③

由此可见，曹聚仁在 20 世纪 20 年代初期已经开始关注和重视国内外政

---

① 曹聚仁：《思想上的一个变迁》，《民国日报·觉悟》1922 年 2 月 28 日。
② 曹聚仁：《读幸德秋水的帝国主义（未完）》，《民国日报·觉悟》1925 年 6 月 30 日。
③ 曹聚仁：《读幸德秋水的帝国主义（未完）》，《民国日报·觉悟》1925 年 6 月 30 日；曹聚仁：《读幸德秋水的帝国主义（续）》，《民国日报·觉悟》1925 年 7 月 1 日。

局，他对政治的认识受到西方哲学家、思想家的影响，但仍然停留在理论层面。

第四节　结交国共师友

以在《觉悟》副刊撰稿为契机，曹聚仁的交际范围逐渐扩大。本节将对曹聚仁通过《觉悟》所结交的师友做简要介绍，并回顾第一次国共合作失败前后政党政治对曹聚仁的影响。

一　结识《觉悟》作者群

到上海不久，曹聚仁就和上海《民国日报》一群师友结了缘。在20世纪二三十年代的上海，文坛和报界几乎是同一群人的两个阵地。尤其是曹聚仁与《觉悟》的撰稿人群体广为交游，这就使他与后来的进步力量有了或深或浅的关系。

在《民国日报》的小圈子中，陈望道、刘大白、夏丏尊曾是曹聚仁在杭州一师求学时的老师。除了邵力子，他又结识了早一辈的南社诗人叶楚伧、柳亚子、胡朴庵、沈玄庐和吴稚晖诸先生，同一辈的有张闻天、瞿秋白、严慎予、陈德征、许绍棣诸兄，同时也结识了陈独秀、戴季陶和孙中山先生。这是曹聚仁在上海生根初期的人世因缘。曹聚仁晚年回忆时说：

> 这些师友，后来多成为国共二政治集团的核心人物，因此若干政海中的悲欢离合，多少和我有点关联；我是站在边上看世事变化的人，可喜固在此，可悲也在此。①

曹聚仁称，他在为《民国日报》撰稿期间，加入了中国国民党。但是他决心入党还是受到其精神导师、国民党元老吴稚晖的影响最大。吴氏在《现代评论》上发表的文章沸腾了他心头未冷的血。② 不过，曹后来很少提及自己国民党党员的身份，而更愿意以"自由人士"的角色出现。

---

① 曹聚仁：《我与我的世界：曹聚仁回忆录（修订版）浮过了生命海》，生活·读书·新知三联书店2011年版，第261—262页。

② 曹聚仁：《十分诚意与三分希望答罗园先生》，《涛声》1933年第2卷第34期，第1—2页。

这与中国当时的国共党争是分不开的。

值得注意的是，曹聚仁由一名师范生逐渐成长为大学教授、作家和报人，这显然与他初入社会的个人努力、结交师友是分不开的。日后，这个人际圈子或多或少影响了他的人生轨迹。

二 《民国日报》的分裂

1923 年 6 月，中国共产党召开第三次全国代表大会。1924 年 1 月，中国国民党召开第一次全国代表大会。通过两次大会，国共两党各自正式确立了国共合作的政策。而国共关系自始就存在两重性：中共党员个人加入国民党，即形成一种"党内合作"关系；与此同时，中共在国民党之外独立存在，两党又是一种"党外合作"关系。若从国民党的立场出发，就是既要"容共"又要"联共"。"容共"是"容纳共产分子"；"联共"乃"联合共产党"。①

1925 年 3 月 12 日，孙中山先生在北京病逝。国民党内部主要在胡汉民、汪精卫和蒋介石之间就权力继替问题展开了激烈的权力斗争。国民党中央的部分右派委员于 11 月下旬集会北京西山，召开了国民党一届四中全会，形成所谓"西山会议派"。当时"西山会议派"的主要诉求之一就是对"联俄容共"政策不满。会议通过决议，宣布与共产派实行分离，取消共产党员的国民党党籍。12 月 14 日，"西山会议派"在上海正式成立了中央党部机关。这一另立中央的举动造成了国民党改组以后的第一次正式分裂。②

据曹聚仁回忆，当时国民党在政治上的裂痕立即投射到《民国日报》上，报社内部也分成左右两派。叶楚伧的政治主张和"西山会议派"一致。③ 邵力子则是促成国共合作的桥梁人物。《民国日报》的新闻倾向于"西山会议派"，而副刊《觉悟》则属于改组后的国民党，依然坚持革命的方针。④

曹聚仁自称，从那一刻起，他这个非国非共的旁观者就在夹击中，体

<hr />

① 参见王奇生《党员、党权与党争：1924—1949 年中国国民党的组织形态》（修订增补本），华文出版社 2010 年版，第 53、56 页。

② 同上书，第 99—100 页。

③ 曹聚仁：《上海春秋》，生活·读书·新知三联书店 2007 年版，第 138 页。

④ 曹聚仁：《我与我的世界：曹聚仁回忆录（修订版）浮过了生命海》，生活·读书·新知三联书店 2011 年版，第 263 页。

会到了政治斗争的黑暗面。1924 年以后，他看到了国共婚变的悲剧，所以对于政治舞台有了戒心，对党争表示十分冷淡。①

三　对"清党"大为失望

第一次国共合作期间，国共两党于 1926 年 7 月合作组建国民革命军，为推翻北洋军阀的统治进行了北伐战争。受国民党中央委任，蒋介石任北伐军总司令。革命势力从珠江流域发展到黄河流域，给帝国主义和封建军阀以沉重打击。然而，北伐所获的胜利果实却被蒋介石和汪精卫等人窃取。②

1927 年 3 月 26 日，蒋介石抵达上海。到 4 月份，他已为"清党"做了如下几方面的准备：第一，取缔在共产党影响下建立起来的上海市临时政府，代之以反动的上海政治委员会；第二，做好了取缔工人纠察队的准备，但大要两面手法，一方面给上海工人纠察队赠送锦旗，另一方面又成立上海工界联合会；第三，把同情革命的武装力量调出上海，把反动部队调入上海；第四，取缔封禁了革命的宣传机关总政治部上海分部，同时在上海《民国日报》等报刊上大肆制造反革命舆论；第五，以蒋介石为首的军人政客聚集在一起多次密谋反共，并一致决定镇压革命势力。至此，蒋介石一伙人已做好一切反共镇压的准备。③

4 月初，蒋介石东南反共的最主要"根据"就是国民党元老吴稚晖 4 月 2 日的信函《吴敬恒致中央监察委员会请查办共产党函》。吴稚晖在"四·一二"政变前夕的这一反共呼吁中所举共产党"罪状"主要有两点：一是说陈独秀曾预言中国在"二十年"内即可实行"列宁式共产主义"；二是说共产党起初是利用"新军阀"，现在是操纵国民党打击新军阀，最终将"打倒想做新军阀的国民党"。因此吴稚晖判断情势十万火急，必须立即清党。④ 据此，蒋介石作出了反共镇压的决定。

当时最令曹聚仁失望的是，曾经的精神导师吴稚晖竟是"首议清共"

---

① 曹聚仁：《我与我的世界：曹聚仁回忆录（修订版）浮过了生命海》，生活·读书·新知三联书店 2011 年版，第 264 页。

② 参见张宏儒主编《二十世纪中国大事全书》，北京出版社 1993 年版，第 129 页；［法］白吉尔《上海史：走向现代之路》，上海社会科学院出版社 2014 年版，第 207 页。

③ 李新、陈铁健主编；张静如分卷主编：《中国新民主革命通史》第 3 卷，上海人民出版社 2001 年版，第 638 页。

④ 中华民国史事纪要编辑委员会编：《中华民国史事纪要（初稿）中华民国十六年（1927）一至六月份》，台北：中华民国史料研究中心 1977 年版，第 512—516 页。

的发明者，并将此称为"护党救国"。四年多以后，曹聚仁在所创办的《涛声》杂志上描述了当时的心境：

> 1927 年，从初夏到深秋，这百八十天中，真是使释迦大彻大悟的大千世界！多少人从最高层跌入血污池，多少人从贫民窟爬上三十六天（指"道教中的天界"），多少人把自己的亲友当作牺牲品，多少人把仇敌当作亲滴滴的同志，所谓友谊，所谓政见，都不过是这么一回事。那时，熟人的死讯，一起一起传来，几乎流眼泪的余欲都没有了。可是"死"予我以启示，并不予人以威慑；我并不想活下去，但也并不想死。我问我自己："害怕不害怕？"我的回答，是"我不害怕，我没有恐怖，我只有淡漠！"于是，我揩干我的眼泪，在这淡漠上活了下来。①

换句话说，当时在曹聚仁眼中，尽管国共两党因"清党"反目，只有保持"淡漠"才能达到"活下去"的目的。"清党"之后，曹聚仁彷徨、苦闷、沉默多年，才开始声称信奉并公开宣扬所谓的"虚无主义"，显然是基于上述对政治环境的判断。

据曹聚仁的观察，国民党当权以后，《民国日报》黯然失色，只能算是苟延残喘，在望平街上起不了什么作用。国民党的宣传中心已经移到中央通讯社和《中央日报》。② 1932 年"一·二八"淞沪抗战爆发后，他在《民国日报》的朋友大多成为国民政府的新贵，《觉悟》圈子的朋友也多是中国共产党内有所作为的高级干部。③

小　　结

从曹聚仁的自述中不难看出，他从师范生到登上大学讲坛，成为教授、作家，后又成为自由报人，这与中国的现代化进程有着密不可分的关

---

① 曹聚仁：《我与我的世界：曹聚仁回忆录（修订版）浮过了生命海》，生活·读书·新知三联书店 2011 年版，第 304 页。

② 曹聚仁：《上海春秋》，生活·读书·新知三联书店 2007 年版，第 140 页。

③ 曹聚仁：《我与我的世界：曹聚仁回忆录（修订版）浮过了生命海》，生活·读书·新知三联书店 2011 年版，第 264 页。

系。青少年时期的曹聚仁深受东西方文化的共同熏陶，自觉或不自觉地把作为西方思潮的自由主义和本土生发的民族主义纳入了自己的思想体系。

在陈望道、邵力子等人的帮助下，曹聚仁在《民国日报》开辟了一片练笔的园地。由曹在该报副刊《觉悟》的言论可见，他在 20 世纪 20 年代初已经成为具有民族主义意识的知识分子。与此同时，他开始对研究政治越来越感兴趣。

与此同时，曹聚仁也与当时的国共两党发生了千丝万缕的联系。在《觉悟》结识的国共师友或多或少地影响了他一生的轨迹。但随着国民党分裂成左右两派，1924 年《民国日报》的作者群亦走上分裂道路。曹氏从中看到了国共婚变的悲剧，所以对于政治舞台有了戒心，对党争表示淡漠。1927 年，国民党"清党"后，曾被曹聚仁视为精神导师的吴稚晖竟成了"首议清共"的"发明者"，这令曹聚仁更深刻地体会到了现实政治斗争的黑暗。

第二章

主办《涛声》并标榜"虚无"
（1927—1933 年）

　　曹聚仁耳闻目睹了 1927 年"清党"的残酷血腥。经过近五年的彷徨和沉默，意图远离政治风暴的曹聚仁与几位志同道合的友人决定打破沉默，于 1931 年 8 月创办《涛声》周刊。这些知识分子逐渐形成了以"批判"为特色的"乌鸦主义"，并提出了所谓的"虚无主义"。关于这两种"主义"，容后论述。

　　在主办《涛声》期间，曹聚仁的言论在对包括日本在内的帝国主义列强、国联、南京国民政府、抗日民众等方面呈现不同态度。这与平、津报刊在此时期的言论极为相似。[①] 上述言论与近代以来中国人在"反抗帝国主义"和"废除不平等条约"斗争中形成的舆论氛围密不可分。因此在进入具体文本分析之前，有必要回顾一下中国近代史，特别是将曹聚仁与《涛声》还原到 1931 年至 1933 年的历史语境，尽量描摹当时的实态。唯有如此，才能更准确地理解曹聚仁当时的处境、思想倾向，以及他的言论所针对的主要问题和所持的基本立场。

第一节　近代中国的内政与外交

　　鸦片战争（1840）以前，封建中国与外部世界几乎完全隔绝。鸦片战争以后，中国逐步沦为半殖民地半封建社会。所谓半殖民地就是中国遭到外来帝国主义列强的侵略，失去政治的独立性。与此同时，帝国主义又先

---

　　① 　参见李杰琼《论民国时期平津民营报刊营业化转型的局限——以〈实报〉在南京国民政府"不抵抗政策"时期的言论为个案》，载程曼丽主编《北大新闻与传播评论》第 8 辑，北京大学出版社 2013 年版，第 232 页。

后在中国扶植满清皇朝和民国时期的各派军阀官僚势力，使其成为统治和剥削中国人民的工具。这样，帝国主义的侵略致使中国的民族经济失去独立发展的可能，使中国在成为半殖民地的同时，又处于半封建的境地。①

20 世纪初，日本及英美帝国主义列强勾结中国的军阀势力，践踏中国的领土与主权，屠杀中国军民。从 1915 年 5 月 9 日袁世凯政府承认日本意图灭亡中国的"二十一条"，到 1928 年的"济南惨案"，都是军阀与帝国主义相互勾结并妥协的结果。②

1929 年秋，经济危机席卷了资本主义国家。为了摆脱危机，这些资本主义国家纷纷施行关税战、货币战，并拼命转嫁危机。资源丰富、人口众多、战略地位重要的半殖民地中国成为其转嫁危机的绝好目标。为此，他们采用商品倾销这一最有力的手段，加紧了对中国的经济侵略。③

1927 年，国民党掀起了"清党"运动，在全国范围内残酷血腥地清除异己。"清党"后成立的南京国民政府牢牢地掌握了所占地区的权力，并且从此主导了国民党乃至中国政治的发展。然而，国民党的"清党"并未消灭共产党这一敌党。因此随着共产党人的武装暴动，国民党的"清党"运动转为"白色恐怖"和"剿共"战争。④ 此外，南京国民党中央还要分出大量精力去对付第三党、改组派、国家主义派等"第三势力"的政治组织。⑤ 虽然"第三势力"没有武力作后盾，但是他们以言论和理念争取自己的前途，并影响着国内外的视听。由于国共两党的积极争取，

---

① 参见胡绳《从鸦片战争到五四运动》上册，人民出版社 2010 年版，再版序言第 10—15 页。

② 参见彭承福主编《中国革命和建设史辞典》，重庆出版社 1989 年版，第 311 页；张宪文等《中华民国史》第 2 卷，南京大学出版社 2013 年版，第 18—23 页。

③ 参见黎惠英主编《中国现代经济史》，吉林大学出版社 1991 年版，第 115—117 页。

④ 参见杨奎松《国民党的"联共"与"反共"》，社会科学文献出版社 2008 年版，第 229—230、265 页。

⑤ "第三党"又称中国国民党临时行动委员会，系反蒋政党。"改组派"又称中国国民党改组同志会，是由原来汪精卫派一些骨干分子发起组织的中国国民党内的反蒋派别。参见高清海主编《文史哲百科辞典》，吉林大学出版社 1988 年版，第 692—693 页；余克礼、朱显龙主编《中国国民党全书》上册，陕西人民出版社 2001 年版，第 148 页。"国家主义派"又称"中国国家主义青年团"。其核心成员后加入中国青年党（简称"青年党"）。国民党在南京建立政权后，"国家主义派"竭力投靠蒋介石。参见张岱年主编《中国哲学大辞典》，上海辞书出版社 2010 年版，第 830 页；李立《台湾政党政治发展史》，九州出版社 2014 年版，第 62—64 页。关于现代中国第三势力的渊源流变，详见叶兴艺《现代中国第三势力宪政设计研究》，博士学位论文，吉林大学，2016 年，第 25—41 页。

"第三势力"有向国共两极化的趋势。①

进入 20 世纪 30 年代，在反帝基础上建立起来的蒋介石南京国民政府将北伐时期革命的外交政策转变为妥协政策。面对日本帝国主义的侵略，国民政府奉行对日妥协的"不抵抗主义"，已"背叛了整个五四—五卅民族主义运动"②。

1931 年"九·一八"事变爆发后，蒋介石政府提出"攘外必先安内"，实际上是一面依赖国联，奉行对日妥协的"不抵抗主义"；一面继续围剿中国共产党和红军。换言之，当日本帝国主义加紧准备侵占中国东北之时，蒋介石仍把"反共"放在第一位，把"抗日"放在第二位。1932 年"一·二八事变"发生后，国民党政府虽然口头上宣布了"一面抵抗，一面交涉"的对日政策，但实际上主要是谋求对日妥协，因此在军事上阻挠和破坏第 19 路军抗战的同时，在外交上采取依赖国联和英、美、法各国的调停。5 月 5 日，国民政府与日方签署了《上海停战协定》，其中充斥着妥协和出卖主权的条款。6 月 9 日，蒋介石在庐山召集"五省剿匪会议"，宣布把"攘外必先安内"的方针定为国民党处理对外对内关系的基本国策。③

国民党当局对日实行的不抵抗政策使其在外交和内政上陷于被动。蒋介石为了贯彻他的对外投降政策和对内反共方针，就有必要扩大他原来的小圈子，网罗一批非国民党的有可能与之合作的名流学者。1932 年夏，钱昌照开始遍访京津两地的名流学者，说服他们与蒋介石见面。这批名流学者主要是北方三所大学——北大、清华、南开的教授，其中以自由主义者胡适、丁文江、翁文灏为代表。11 月 1 日，这些名流学者终于组成了所谓"国防设计委员会"，由翁文灏任秘书长，胡适是首批委员。通过这一机构，蒋介石扩大他的阵线，以维持国民党的统治。同时，该委员会假借"长期准备抗日"的名义，为蒋介石积极创造经济上和文化上的条件。④

---

① 参见张宪文、张玉法主编《中华民国专题史》第 16 卷，南京大学出版社 2015 年版，第 297—298 页。

② ［美］柯博文：《向"最后关头"——中国民族国家构建中的日本因素（1931—1937）》，马俊亚译，社会科学文献出版社 2004 年版，前言第 3 页。

③ 参见张宪文等《中华民国史》第 2 卷，南京大学出版社 2013 年版，第 297 页；军事科学院军事历史研究部《中国抗日战争史》上卷，解放军出版社 2015 年版，第 182、187、197—198 页。

④ 详见全国政协文史和学习委员会编《回忆民国党政府资源委员会》，中国文史出版社 2015 年版，第 59—65 页。

抗战初期，"第三势力"分化为左翼和右翼。左翼以沈钧儒、邹韬奋等人创办的"全国各界救国联合会"为代表，也被称为"救国会派"。右翼以左舜生的青年党以及张君劢和张东荪领导的国社党为代表。抗战开始后，张东荪逐渐接近共产党。张君劢支持国民党抗战，但主张反共。[①]

国民党的内政外交引起了国人的强烈愤慨，大规模民众运动随之而来。报刊也对当局形成了强大的舆论压力。国民政府大为惶恐，即依据1931年1月31日颁布的《危害民国紧急治罪法》，镇压爱国运动，查禁大量报刊。此法以维护安定为由，剥夺了国民在集会、言论与新闻出版自由方面的权利。[②] 因此，国民政府受到更多的舆论谴责。

第二节 《涛声》的办刊背景

1927年，大革命失败，国共两党分裂。据曹聚仁称，由于在国共分家那场大屠杀当中，知识青年牺牲的最多。因此大部分知识青年都陷于彷徨苦闷之地，他当时也陷入了深深的绝望之中。[③]

据曹聚仁本人的叙述，他在大革命失败后辞去暨南大学教职，到浙江省省立图书馆任馆员。他一心想远离政治漩涡，躲到杭州文澜阁去钻古书堆。因工作之故，他在杭州与曹礼吾相识。[④] 正因曹礼吾介绍，他才结交了其他师友。[⑤] 半年后，他离开杭州，继续回到暨南大学教书，不再过问社会问题。从1927年夏到1931年夏，他差不多沉默了五年。1931年8月15日[⑥]，他和几个志趣相投的朋友想"写点文章叫喊一番"，遂在上海创办了文学性刊物《涛声》。[⑦] 他原打算依着上海群众书局之名，将刊物定

① 参见杨奎松《忍不住的"关怀"：1949年前后的书生与政治》，广西师范大学出版社2013年版，第4页。

② 参见马克昌等主编；《刑法学全书》编委会编《刑法学全书》，上海科学技术文献出版社1993年版，第544—545页。

③ 曹聚仁：《文坛五十年：革命与革命文学（下）》，《南洋商报》1955年1月19日。

④ 曹聚仁：《上海之忆（上卷）师友二、金神父路花园坊（上）》，《正气日报》1942年7月13日。

⑤ 曹聚仁：《"世说新语"中的人物——曹礼吾》，载《曹聚仁杂文集》，生活·读书·新知三联书店1994年版，第348页。

⑥ 创刊号未见原件，依第1卷第2期出版时间上推，出版时间应为8月15日。

⑦ 曹聚仁：《我与我的世界：曹聚仁回忆录（修订版）浮过了生命海》，生活·读书·新知三联书店2011年版，第396页。

名为《新群众》，但曹礼吾建议取名《涛声》。所谓《涛声》，不过是一种微弱的叹息。英语译为 Sea's Sigh（海之叹息）。[①]

根据《涛声》原件和曹聚仁自述，该刊由上海听涛社编，他亲自担任主编，由上海群众书局刊行。除曹聚仁之外，较为固定的撰稿人还有曹礼吾、陈子展、黄芝岗等人，其中大部分人各有各的职业，写稿只是业余遣兴。除撰稿外，他们还要亲自完成编辑、校对和推销工作。[②] 据曹聚仁的第一任妻子王春翠回忆，《涛声》名义上由听涛社负责编辑，其实头几期都是曹在唱独角戏。除本名外，曹还用陈思、挺岫、韩泽等笔名撰文。[③] 据《涛声》原件统计，该刊从创刊到停刊，共刊文 836 篇。其中曹聚仁共发表 229 篇，占总数的 27.4%，可见曹聚仁是本刊的主要撰稿人之一。

《涛声》诞生于中华民族危急存亡之秋，在全国的抗日热潮中发出自己的声音。另据曹聚仁的记述，《涛声》草创之时，某机关的一位中年小职员因不堪生活重压自缢身亡，这件事对他和朋友是个莫大的刺激。这群知识分子慨然道："脱下长衫，莫作奴才！"他们深感这个小职员的命运就是他们自己命运的写照，也是一代知识分子命运的写照。曹聚仁为当时知识分子的境遇深表忧虑：

> 在以前，知识分子无往而非卖身投靠，到将来，知识分子且如街头垃圾之被扫除。[④]

在上述语境下，曹聚仁在主办《涛声》时，始终有两种不同的情绪交织共存：其一是对知识分子身份的焦虑和怀疑；其二是对"亡国灭种"的忧虑和"书生报国"的激情。前一种情绪时常令他陷入自我批评和自我否定，并让他主动剖析中国知识分子的弱点，并寻求克服方法。而后一种情绪则促使他审时度势、针砭时弊，一面谴责国民政府的"攘外必先安内"国策，一面呼吁民众抵御外辱。

---

① 曹聚仁：《涛声的昨今明》，《涛声》1933 年第 2 卷第 31 期，第 2 页。

② 曹聚仁：《我与我的世界：曹聚仁回忆录（修订版）浮过了生命海》，生活·读书·新知三联书店 2011 年版，第 396 页。

③ 王春翠：《我的丈夫曹聚仁》，载中国人民政治协商会议浙江省委员会文史资料研究委员会《浙江文史资料选辑》第 29 辑，浙江人民出版社 1985 年版，第 91 页。

④ 同上。

1932 年 1 月 30 日，《涛声》出至第 1 卷第 25 期，因"一·二八"淞沪抗战爆发暂时停刊；同年 10 月 15 日复刊，卷期号续前。

国民党在形式上统一全国后，逐渐确立了国民党一党专政和蒋介石个人独裁专制的国家政治体制。在新闻领域，国民党推行严格的新闻统制制度：建立国民党党营或控制的报业系统；制定一系列的法律、法规，限制民营和其他党派新闻事业的发展；设立新闻控制机构，推行新闻检查制度。①

在上述传媒生态中，国民党报业体系之外的诸多报刊难逃停刊的厄运。1933 年 11 月 25 日，《涛声》周刊出版第 2 卷第 46 期后"奉令缴还登记证"，其"罪状"据称是"袒护左翼，诽谤中央"，于是被迫终刊。②

第三节　《涛声》的自我标榜

曹聚仁主编的《涛声》在刊行之初便以"乌鸦"为记，也被称之为"乌鸦主义"。同时，围绕《涛声》的知识分子们都以"虚无主义者"相标榜，他们只想借这本文艺刊物，"批判思想，批判生活，批判文艺"。不料"九·一八"事变爆发，日寇闯入国门，《涛声》的态度才转为严肃，开始从正面批评现状。③ 然而，对于抱定虚无主义的《涛声》而言，"政治"一直是敏感的话题。

一　"乌鸦主义"与"虚无主义"

曹聚仁的回忆录对他在主办《涛声》期间的思想来源有所记述。据学者考证，曹聚仁于 1925 年年底开始与自由主义知识分子周作人书信来往。④ 那时周作人在语丝社刊物《语丝》周刊⑤担任主要撰稿人。曹聚仁

---

① 关于此点详见孙健《民国时期报刊客观性思想研究》，博士学位论文，上海大学，2012 年，第 130 页；孙健《报刊客观性：一种崇高的理想——民国报刊的客观性思想研究》，上海社会科学院出版社 2014 年版，第 134 页。

② 杨霁云：《乌鸦无差》，《涛声》1933 年第 2 卷第 46 期，第 3 页。

③ 曹聚仁：《我们的颜色》，《涛声》1931 年第 19 期，第 1 版。

④ 据钱理群考证，曹聚仁与周作人的交往大概开始于 1925 年 11 月 2 日。参见钱理群《曹聚仁与周作人》，《文教资料》1999 年第 3 期，第 3 页。

⑤ 1924 年 11 月 17 日创刊于北京，由孙伏园、周作人先后任主编，主要撰稿人有鲁迅、周作人、刘半农、林语堂、钱玄同、章衣萍等，由北新书局出版发行。参见黄镇伟编著《中国编辑出版史》，苏州大学出版社 2014 年第 2 版，第 275 页。

称，《语丝》周刊"替自由主义者找了路向"，语丝社当年"表现他们的自由主义的表征"。他自己"也十分醉心这一种独往独来的精神，做过他们的喽啰，呐喊过几阵的"①。可以这么说，对"自由主义"的追求与向往恰是日后曹周二人交往的思想基础。

曹聚仁于 1930 年 9 月 19 日致信周作人，表达了自己在过去两三年间的彷徨与苦闷。他在信中写道：

> 我是多么可笑的一个"口的长人，手的侏儒"的人，一面挂着国民党党籍，一面又响（向）往于唯物的见解，天天在过非常可笑的生活呐！②

紧接着，他在表示对周作人"信从"的同时，对自己的思想从消极和积极方面进行了如下分析：

> 我自以为是先生的信从者，（恕我太狂妄了！）在消极的意义，有些近于虚无主义，在积极的意义，有些近于新自由主义（下略）。③

到了 1932 年 1 月，曹聚仁在给友人致信时称，他当时和国民党脱离关系差不多三年了。④ 他在回忆三年来的经历时称：

> 三年来历看许多朋友，积极献身给革命，许多朋友，变节去升官发财，还有许多朋友，在沙漠上彷徨。我呢，已变成一个彻首彻尾的虚无主义者了！⑤

面对朋友们被杀或被囚的残酷现实，曹聚仁劝告好友："饿死冻死，

---

① 曹聚仁《我与我的世界：曹聚仁回忆录（修订版）浮过了生命海》，生活·读书·新知三联书店 2011 年版，第 347—348 页。

② 曹聚仁：《致周作人（1930 年 9 月 19 日）》，载孙郁、黄乔生主编《回望周作人：致周作人》，河南大学出版社 2004 年版，第 169 页。

③ 同上。

④ 聚仁：《我们还有眼泪吗？》，《涛声》1932 年第 25 期，第 2—3 版。

⑤ 同上。

千万莫吃党饭。"他表示只求能学些确实的技能，在乱世图个温饱。①

据曹聚仁 1943 年的记述，对于 1931 年 8 月创刊的《涛声》周刊，倡刊者只有共同的兴趣，并没有什么政治主张，也不替什么主义作宣传；他们对一切问题采取批判的态度。后来，慢慢形成一个共同概念，并用"乌鸦主义"作为口号。曹自认为与英国哲学家罗素一样，以批判的态度来对待一切，但认为自己并不是古希腊哲学家批罗（Pyrrho）那样的极端怀疑论者。②

曹聚仁的朋友王琳为《涛声》设计了封面图案，下面是海涛汹涌，上面是乌鸦乱飞；前者象征时代的大变动，后者表明《涛声》为时代而喊叫。旁边还题了几句："老年人看了叹息，中年人看了短气，青年人看了摇头！"这就是《涛声》所谓的"乌鸦主义"③。

与此同时，曹聚仁还提出了"虚无主义"这一说法。这与"国难"时期上海教育界的一件大事紧密相连。1931 年 10 月 26 日，上海各大学教授沈钧儒、王造时、曹聚仁等二百余人联名致书宁粤和平统一会议全体代表，陈述对时局的意见：

> 一、对日交涉须坚持无条件撤兵并保留要求赔偿道歉之权利；二、集中全国贤能，组织国防政府；三、尊重人民固有权力，党治以来人民权利剥夺殆尽的局面必须终止。④

翌日，联名致书见诸《申报》。⑤事后，有人问曹聚仁是不是"国家主义派"。在连续出版的两期《涛声》上，曹都宣称，这种联名上书只是"书生的把戏，根本没有什么用处"，"可有可无的东西，署与不署，全无关系，自然说不上什么派和系"。他郑重声明，自己和国家主义派毫无关系。⑥面对社会现状，他自称依然选择走"虚无主义"的道路：

———————

① 聚仁：《我们还有眼泪吗？》，《涛声》1932 年第 25 期，第 2—3 版。

② 曹聚仁：《谈乌鸦主义及其他》，《正气日报》1943 年 5 月 27 日。

③ 曹聚仁：《我与我的世界：曹聚仁回忆录（修订版）浮过了生命海》，生活·读书·新知三联书店 2011 年版，第 396 页。

④ 中国社会科学院近代史研究所中华民国史研究室编：《中华民国资料丛稿大事记》第 17 辑，中华书局 1983 年版，第 192 页。

⑤ 《上海各大学教授意见》，《申报》1931 年 10 月 27 日。

⑥ 聚仁：《答融生先生》，《涛声》1931 年第 13 期，第 4 版；曹聚仁：《我们的话：我的派和系》，《涛声》1931 年第 14 期，第 2 版。

我以为若对于现状不满意，只有两条路可走，A. 取虚无态度，什么都看穿些；B. 革命态度，挺起身来干，何苦磕头请愿呦！我是偏于前者的，说说笑话，一天一天也就过去了。①

曹聚仁表示，所谓的"虚无主义"并非《涛声》首创，而是源自屠格涅夫《父与子》中一段对话。其中特别着重强调此句："一个虚无派不崇拜任何权威，不人云亦云的信仰任何主义，不管那主义是怎样的尊严。"②

至于未来前途，曹聚仁表示，他和《涛声》这群知识分子不直接呼吁革命，而希望深入民间，研究社会问题，著书立说，并把自己的学说注入民众头脑中。他最大的期待还是上述"在野工作能够成为在朝者的有力量的助手，或是有力量的监督者"③。理由是他们这些知识分子"深深感到革命事业的幻灭，觉得国家社会一时决不会得救，并不想奋臂以兴。（中略）觉得中国的社会组织还是一个不曾猜透大谜，不曾看准了病症，不想乱开方"④。

1933 年，曹聚仁的文章频繁地出现在黎烈文主编的《申报·自由谈》。据唐弢回忆，正当 5、6 月间，丁玲、潘梓年失踪；杨杏佛被暗杀前后，国民党报刊纷纷造谣，一口咬定"左联"控制了《自由谈》，说曹聚仁经由黎烈文介绍加入"左联"。针对上述谣传，曹聚仁不时出来辟谣，撇清自己与"左联"的关系。⑤ 7 月 29 日，曹聚仁在《涛声》发表声明，称他并没有加入"左联"，而且也并非无政府主义者。他只承认自己是彻底的"怀疑主义者"。⑥

二　《涛声》的宗旨与态度

1931 年 11 月，朱谊存致信曹聚仁谈到希望他"积极一点，痛快一

---

① 曹聚仁：《我们的话：我的派和系》，《涛声》1931 年第 14 期，第 2 版。

② 编者：《乌鸦商标上版题记》，《涛声》1932 年第 21 期，第 1 版；编者：《乌鸦商标题记》，《涛声》1933 年第 2 卷第 1 期，第 1 版。

③ 聚仁：《答融生先生》，《涛声》1931 年第 13 期，第 4 版；曹聚仁：《到民间去》，《涛声》1932 年第 25 期，第 1 版。

④ 曹聚仁：《到民间去》，《涛声》1932 年第 25 期，第 1 版。

⑤ 曹聚仁：《乌鸦的自白》，《社会日报》1933 年 6 月 9 日；唐弢、卢豫冬：《周木斋遗著〈消长新集〉序跋》，《福建师大学报》（哲学社会科学版）1984 年第 1 期，第 62—63 页。

⑥ 曹聚仁：《我与左联与无政府主义》，《涛声》1933 年第 2 卷第 29 期，第 1—2 页。

点，社会上的黑幕勇敢的揭穿一点"。朱谊存表示，《涛声》的读者希望他们做"老鹰"，而非"麻雀"。

曹聚仁在复信中坦言，身处乱世，以他们这群人的身份和地位，《涛声》只能继续做"麻雀"，不敢痛快批评。他承认他发明了一个"秘诀"：

> 若要讽刺要骂，便对着一个空洞的大目标下笔，再凶一点也不要紧；至于搔着某人个人的痒处，要碰钉子的傻事，我们决不可做。即要对个人着手，只要择那些懦弱的欺负一下。（中略）其实，我们只想做乌鸦，多开几声口，惹几人头痛，也就很好了，敢希望做老鹰吗？①

换句话说，《涛声》的批评对象是有选择性的，力度也是因人而异的，其所刊文章的批判性和攻击性是有限度的。

正因如此，1932 年该刊发行两周年时，鲁迅特撰《祝〈涛声〉》，谈到该刊的"长寿"：

> 《涛声》的寿命有这么长，想起来实在有点奇怪。②

可见鲁迅深刻认识到该刊的"长寿"是异常的。他还表示：

> 这是一种幸运，也是一个缺点，看现在的景况，凡有敕准或默许其存在的，倒往往会被一部分人摇头。（下略）
> 《涛声》上常有赤膊打仗，拼死拼活的文章，这脾气和我很相反，并不是幸存的原因。我想，那幸运而且也是缺点之处，是在总喜欢引古证今，带些学究气。③

在鲁迅看来，《涛声》的缺点使它的销路不见得好，但却令它长寿。④

换句话说，鲁迅认为《涛声》的最大缺点在于"引古证今，带些学究气"。结果是刊物尚存，但销量不佳。

---

① 朱谊存、陈思：《我们的话：说骂人》，《涛声》1931 年第 15 期，第 1 版。
② 鲁迅：《纪念文：祝"涛声"》，《涛声》1933 年第 2 卷第 32 期，第 3 页。
③ 同上。
④ 同上。

　　1933 年元旦出版的《涛声》在刊头位置标明了"生活批判、思想批判、文艺批判"的刊旨。[①] 针对该刊的宗旨和态度，曹聚仁指出：第一，何为"批评"？他以为"批评"并非通常意义上的"求疵"或"审判"，而"应该是对象的正确认识——求真；未认识以前不加武断——存疑"。第二，为何批评？《涛声》主旨在于"唤醒随风倒的青年，在是非不明的圈子中，睁开眼睛认识对象"。第三，如何批评？《涛声》"从来不谩骂个人，也不批评任何党团；凡所批评，皆就社会立场而批评之"[②]。

　　曹聚仁又以"乌鸦"的形象喻《涛声》称：

　　　　（《涛声》这只乌鸦）在屋角呀呀的叫，无非"报告凶讯"，叫大家各自当心。既不恳求"赏钱"，亦不等待"奖励"，实不敢附于"有所为而为"之林！[③]

　　同样的宗旨和态度，也清楚地写在《我们为什么不谈政治》一文中：

　　　　《涛声》的原来宗旨，只批判思想、生活和文艺，决不批判政治、主义及个人；这不是消极的态度，乃是经历了种种苦痛由反省而决定的积极态度。九一八以来，对于政治当局时时批评，无非幼稚的民族意识在作怪，（中略）希望这个武人那个武人做民族英雄，来替中华民国争国格（下略）。[④]

　　1933 年 5 月中旬，平津危急；5 月底，中日签署《塘沽停战协定》。因国民政府始终奉行对日妥协的政策，《涛声》对国民政府的一切希望都落空了。所以，此时的《涛声》决定恢复到初创时"与政治绝缘"的态度。[⑤]

　　由此可见，《涛声》的宗旨和态度并非一成不变，而是经历了从"与政治绝缘"到"批评政治当局"，再恢复到"与政治绝缘"的变化。

---

　　① 编辑部：《刊旨》，《涛声》1933 年第 2 卷第 1 期，第 1 版。
　　② 聚仁：《涛声的宗旨和态度：二、复信之一——论主旨与态度》，《涛声》1933 年第 2 卷第 4 期，第 9—10 页。
　　③ 聚仁：《播音台》，《涛声》1933 年第 2 卷第 19 期，第 1 页。
　　④ 曹聚仁：《我们为什么不谈政治》，《涛声》1933 年第 2 卷第 21 期，第 3 页。
　　⑤ 同上。

7月11日，鲁迅致信曹聚仁称，"《涛声》至今尚存，实在令人觉得古怪，我以为是文简而旨隐，未能为大家所解，因为侦探们亦不甚解之故"①。即便如此，《涛声》还是难逃被当局查禁的厄运。11月25日，《涛声》在《休刊辞》中称：

> 自始至终，只有对于恶势力下批判，既无什么主义要宣传，也没有替什么主子开留音机。②

综上可知，曹聚仁反复强调自己并非归属于任何一个政治派系，而是倾向于新自由主义的怀疑主义者。他所提出的"乌鸦主义"与"虚无主义"自始至终是《涛声》这个"一体"中蕴含的"两面"。"乌鸦主义"里含着批判的态度，"虚无主义"则强调看穿世事，两种"主义"之间没有绝对的界限。换言之，"虚无主义"即纵使看穿世事，也可相机而动，极尽批评之能事；即便批评，也要知世易时移，凡事须可进可退。

第四节　《涛声》的版面内容、发行及其特征

一　《涛声》的版面内容与发行范围

作为周刊，《涛声》每周六出刊，共出两卷计82期。③ 1931—1932年出版的第1卷共36期④，为八开四版小报版式。但偶见版面增加，如1932年1月2日出版的第21期为八版。1933年发行的第2卷共46期，改为十六开8页本。遇特殊情况，也会增加版面，如第2卷第1期篇幅增至16页，第2卷第4期为12页。1933年8月19日，《涛声》出版两周年纪念特大号（第2卷第32期），共24页。

该刊采用四版小报版式时，以横线分为5栏，每栏栏高为18个字，横为41字，每版可容纳3690字。改为十六开8页本后，以横线分为3

---

① 鲁迅：《致曹聚仁》（1933年7月11日），载鲁迅手稿全集编辑委员会编《鲁迅手稿·书信》第4册，文物出版社1979年版，第153—154页。

② 《涛声休刊辞》，《涛声》1933年第2卷第46期，第1—2页。

③ 参见唐沅、韩之友、封世辉等编著《中国现代文学期刊目录汇编》第3卷，知识产权出版社2010年版，第1731页。

④ "全国报刊索引数据库"仅收录了《涛声》第1卷的前27期。本书对第1卷第28—36期的研究参考了唐沅等编著的《中国现代文学期刊目录汇编》第3卷中提供的《涛声》目录。

栏，每栏栏高为 20 个字，横为 25 字，每版可容纳 1500 字。

《涛声》为四版小报时的内容分为：第 1 版、第 2 版是评论版面，较为固定的栏目有"我们的话""风雨表"。第 1 版或第 4 版常刊登编辑部启事。该刊改版为十六开 8 页本后，第 1—4 页为评论版面，固定栏目有"从何说起"。其余版面刊登回忆录、文学评论、杂文、诗歌、通信等，但并无固定的版位。另外，第 1 页或第 8 页常见编辑部启事。

此外，《涛声》从第 2 卷第 29 期起，每三至四周出版一期文艺副刊《曼陀罗》（自第 4 期始，至第 7 期止），由青年画家魏猛克①任编辑，以"艺术批评"为刊旨，每期 2—6 页不等。

《涛声》当时的每年订阅费加邮资为大洋 1 元，国外加寄费 2 元 6 角。发行区域除上海之外，还包括北平、天津、青岛、南京、广州等近 20 座城市，分销处共计 30 余处，主要设在上述城市的报社、书店和文学社团等。

二　《涛声》的三大特征

《涛声》的第一个特征是评论文章多。这当然与曹聚仁的办刊宗旨有关。该刊的评论文章没有固定版位，也没有固定数目。曹聚仁的署名文章多见于评论版面。根据现有 72 份原件统计，《涛声》的重要评论版面②共刊文 211 篇，其中曹聚仁发表 114 篇，按体裁分布包括：时评 73 篇，评论 28 篇，文学评论和杂文各 4 篇，新闻 2 篇，演讲稿、诗歌和启事各 1 篇。可见，曹聚仁的评论类文章（时评与评论）占重要评论版面文章总数的 45.7%。由此不难判断，曹聚仁的评论类文章在该刊居首要地位。就内容而言，他的时评大多涉及抗日救国、政党政治、反对尊孔复古等议题，评论大多关注知识分子的弱点与自觉、《涛声》的宗旨与态度等。

该刊的第二个特征是刊登了大量促进近现代文学发展的书籍、报刊的广告。其中，推荐购买曹聚仁编著、上海群众图书公司发行的《小说甲选》《小品文甲选》《散文甲选》《书信甲选》《胡适文谱》等书籍的广告占绝大多数，还时常刊登群众图书公司的书目广告。

---

①　魏猛克（1911—1984），湖南长沙人。20 世纪 20 年代在长沙明德中学等校学习，经常参加进步学生活动。1930 年入上海美术专科学校读书。1933 年秋加入中国左翼作家联盟。参见湖南省地方志编纂委员会编《湖南省志》第 30 卷下册，湖南出版社 1995 年版，第 1061—1062 页。

②　本研究视《涛声》四版小报时期的头版为重要评论版面。对于改版为 8 页后的《涛声》，将前两页视为重要评论版面。

该刊的第三个特点是独家连载重要作家作品。1931 年第 12 期的"编辑室启事"预告将于第 13 期连载胡铭即将出版的游记《从莫斯科归来》（上海群众图书公司，1933 年）。启事特别强调作者的特殊经历，称其"旅俄三载，亲见托洛斯（茨）基的放逐、高尔基的归来，亲历苏联的五年计划"①。《涛声》独家连载该书近三个月，直至 1931 年第 25 期才告一段落。

第五节 《涛声》时期的"书生报国"言论
（1931—1933 年）

如前所述，曹聚仁在《涛声》期间的言论有两大主题。第一，带着对知识分子身份的焦虑和怀疑，时常自我批评、自我否定，并深刻剖析中国知识分子的弱点；第二，怀有对"亡国灭种"的忧虑和"书生报国"的激情，故而针砭时弊，呼吁救亡图存。

一　知识分子的弱点与自觉

在曹聚仁眼中，"百无一用是书生"。从古至今，包括他在内的中国知识分子身上有若干致命弱点，如知识分子只会鼓唇弄舌，却逊于行动；具有很强的游离意识；因无生存技能，只能卖身投靠。有鉴于此，他提出知识分子要自觉，克制游离意识，努力学习生存技能，成为一个有用的人。

（一）知识分子的弱点及其成因

曹聚仁常以"屠格涅夫笔下的罗亭"自喻，自称"语言的长人，行为的侏儒"和"没有剑的美丽剑鞘"。②他为自己的虚无主义辩解道：

> 虚无主义是反映时代的黑暗的；政治愈混浊，统治阶级愈加高压，呼吸愈不自由，则"口的长人，手的侏儒"罗亭式的人物愈多。③

此外，他承认知识分子具有"游离性"，称：

---

① 《编辑室启事》，《涛声》1931 年第 12 期，第 4 版。
② 聚仁：《我们的话：我是罗亭》，《涛声》1931 年第 6 期，第 1 版。
③ 俞人生、曹聚仁：《除了两句空口号再也没有什么了》，《涛声》1933 年第 2 卷第 39 期，第 8 页。

知识分子的游离意识实在可怕，从前做贵族的奴才，现在做资本家的奴才，在黄金宝座下屈节，如家常便饭，不算什么一回事。①

1932 年年初，曹聚仁在谈到中国知识分子的弱点与儒家思想、阶级属性的关系时，分析道：

中国干政治运动的，都是知识分子，他们的出身大都是小资产阶级。知识分子有一副遗产，儒家的遗产，他们以做官为"达"，不问研究什么的阿猫阿狗，都要和政治发生关系。（中略）本无主张，志在求达，一面固糟蹋了他们自己，一面也糟蹋了中华民国，可惜！可惜！另一方面，他们也承袭了小资产阶级的一副遗产；他们很容易同情于一般民众，亦很容易做资本家的走狗，他们富有一种可上可下的游离性。②

换言之，儒家思想的影响和小资产阶级的阶级属性是促使中国大多数知识分子产生"游离性"这一弱点的根源。对个人而言，这种"游离性"是造成知识分子的不稳定性和矛盾性的源头。对于民众和国家而言，这种"游离性"可能带来双面影响。

（二）知识分子克服自身缺点的路径

《涛声》创办之初，头版常现曹聚仁以笔名"陈思"对知识分子的呼告——"悔穿长衫，莫穿长衫"③。他指出，若知识分子不去卖身投靠，就需要自觉，重新做人，敢于改造自己。④

自 1932 年始，曹聚仁呼吁知识分子应尽量克服自身的"游离性"："我们应该彼此努力，克除这一类意识，从污泥中向上"⑤。1933 年 9 月，他再次指出，要想在新时代做一个堂堂正正的人，非克制这种游离的意识。所以他毅然决然表示"与政治绝缘"，又表示"与文人学者绝缘"；自己重新学习一种自食其力的技能，也想喊醒后来的青年不要走卖身投靠

① 张资平、曹聚仁：《造谣与辟谣（下）：复信》，《涛声》1932 年第 24 期，第 4 版。
② 曹聚仁：《二十年来之是是非非》，《涛声》1932 年第 21 期，第 7 版。
③ 陈思：《我们的话：卖身投靠》，《涛声》1931 年第 6 期，第 1 版。
④ 陈思：《我们的话：我们缺少一些什么》，《涛声》1931 年第 7 期，第 1 版。
⑤ 张资平、曹聚仁：《造谣与辟谣（下）：复信》，《涛声》1932 年第 24 期，第 4 版。

的死路。①

　　然而，作为知识分子，曹聚仁始终无法克服上述"游离性"。可以说，他的一生正是这种"游离性"的最好注脚。

二　"国难"时期的言论

　　结合 20 世纪 30 年代初期中日关系以及《涛声》的出刊情况，曹聚仁在《涛声》发表的言论可分为两个阶段进行梳理：

　　（一）国民政府"不抵抗政策"时期的言论（1931 年 9 月—1932 年 5 月）

　　中国东北地区是日本自幕府末期和明治维新以来一直觊觎的侵略目标。1931 年"九·一八"事变则是日本帝国主义经过精心策划和长期准备，实现其独占东北、进而灭亡中国、称霸亚洲的决定性步骤。② 面对日本帝国主义的侵略，蒋介石主导的南京国民政府希望国联能"主持公理"，解决中日争端。9 月 22 日，蒋介石在外交政策演说中明确宣示："此刻必须上下一致，先以公理对强权，以和平对野蛮，忍痛含愤，暂取逆来顺受态度，以待国际公理之判断。"次日，南京政府又正式发表《告全国国民书》，称："政府现时既以此案件诉之于国联行政会，以待公理之解决，故已严格命令全国军队，对日军避免冲突，对国民亦一致诰诚，务必维持严肃镇静之态度。"③

　　"九·一八"事变后，曹聚仁并不认同国民政府对于事变的态度和政策，而且明确表达出"抗日救国"的立场。现将此阶段他在《涛声》上发表的主要论点进行归纳。

　　1. 对国民政府的软弱外交不满

　　"九·一八"事变前后，蒋介石曾多次指示张学良，对日本的侵略要采取"不抵抗政策"，张学良都一一遵照执行，才使日本帝国主义的侵略行动步步得逞。事变后，在参与国民政府外交决策及其执行的过程中，当

---

　　① 曹聚仁：《十分诚意与三分希望答罗园先生》，《涛声》1933 年第 2 卷第 34 期，第 1—2 页。

　　② 军事科学院军事历史研究部：《中国抗日战争史》上卷，解放军出版社 2015 年版，第 51 页。

　　③ 秦孝仪主编：《中华民国重要史料初编——对日抗战时期》绪编，台北：中国国民党中央委员会党史委员会 1981 年版，第 283—287 页。

时的外交部部长顾维钧始终以诉诸国联为外交上的权宜之计，认为问题的根本解决还需要依靠中日两国的直接交涉。①

在抵抗日本侵略问题上，曹聚仁对南京国民政府和张学良"不抵抗政策"表示强烈愤慨。他以笔名"陈思"在 10 月 31 日发表《卖国计划书》一文，讽刺了国民政府的"不抵抗政策"。他写道："东三省终究是要亡的，献地图的张松很多，刘阿斗又保不住江山，早一点自己动手拍卖，倒还落得一些好处。"他指出，买主第一推荐英国；第二推荐美国；第三推荐国联；第四推荐日本和俄国。他在字里行间揭露了帝国主义列强和殖民地之间的矛盾、资本主义国家和无产阶级国家之间的矛盾，以及英俄、美俄、美日等帝国主义国家之间的矛盾。本篇末，他对政府坐视国土沦丧发出讥诮："假使大家赞成的话，还有外蒙古、青海、西藏，都不妨这样办一下子，大家分钱的机会还多呢！"②

针对国民党当局的"不抵抗政策"，曹聚仁把批评的矛头对准外交部部长顾维钧。他写道：

> 帝国主义的走狗让它存在姑且不说，把买办阶级的坏蛋——顾维钧捧起来做外交部长，也算是国民革命吗？自顾维钧上台以后，中日居然直接交涉了！中立区居然承认了！天津居然请求共管了！他真能干，他居然会把中华民国断送了！③

1932 年元旦，日本总理大臣犬养毅向日本国民发表致辞称："现在之中国，因其国内之野心军阀、政治家、共产主义者，及其他不逞分子之扰乱，渐陷于无政府之状态，甚而且失却其国家之实质的形体。"针对这些充满嘲讽的话，曹聚仁再次向国民党政府发出"不宣战，不足以图存"的涕泣哀告，称：

---

① 关于顾维钧在"九·一八"事变前后的言论和行动，详见蒋永敬《顾维钧与"九·一八"事变》，载中国抗日战争史学会编《抗日战争与中国历史："九·一八"事变 60 周年国际学术讨论会文集》，辽宁人民出版社 1994 年版，第 379—388 页。

② 陈思：《我们的话：卖国计划书》，《涛声》1931 年第 12 期，第 1—2 版。

③ 曹聚仁：《我们的话：国民革命何为？——顾维钧可杀》，《涛声》1931 年第 18 期，第 2 版。

号称求中国之自由、平等的国民党和国民政府，应该省察自己的能力究竟能否胜此重任；若竟不能，也应该和世界各国的政党一样，率身引退，把政权还之国人，让其他政党来做救国的工作的。①

2. 痛陈军阀忙于内战，怯于抗战，必将亡国

曹聚仁以笔名"挺岫"和"陈思"撰文批评中国各派军阀为了一己私利而相互厮杀、发动内战，面对民族危亡，怯懦不堪，必将导致亡国。他愤然道：

> 国内大大小小的将领，不下百千个，平日内战一起，三五十个将军连署的通电雪片而来，现在外寇在东三省横行，找来找去只看见马占山，难道这些大大小小的将领都死绝了吗！（中略）在朝都是爱钱的文官，在营都是怕死的武将，中国不亡，是无天理！②

> 你看当今的将军，谁个不勇于私斗，怯于公敌呢？（中略）自己杀自己，自己打自己，这是中华民国走向灭绝的大路。③

3. 揭露国民党对内镇压的暴行

"九·一八"以前，蒋介石的南京国民政府就开始肆意践踏民众的言论自由。事变之后，当局对日采取不抵抗政策，激起全国各界的抗日爱国运动。面对民众运动，当局以武力镇压的同时，加大对舆论的钳制力度。

1931 年 3 月 4 日，上海群众书店被封。直到 4 月 23 日，书店才被启封，获准营业。启封以后，书店还经过三次审理，直到 7 月，才被判决无罪。从 9 月至 12 月，曹聚仁多次以笔名"陈思"和"韩泽"发表短评。他在 9 月 5 日发表的《我们的话：躲避环境》一文结尾用了曲笔暗示，"我以为'躲避环境'应当有个躲避的去处，这样一个环境，叫我们从何去躲避呢？现在，我们深深地感到：'我们真缺少一些什么呢！'"④ 紧接着，在周刊另一期的"我们的话"专栏中，他更直截了当地指出："现代

①　曹聚仁：《涕泣以道——不宣战不足以图存》，《涛声》1932 年第 23 期，第 1 版。
②　挺岫：《我们的话：中国的将领到那里去了》，《涛声》1931 年第 16 期，第 1 版。
③　陈思：《我们的话："亡"与"死"》，《涛声》1931 年第 18 期，第 2 版。
④　陈思：《我们的话：躲避环境》，《涛声》1931 年第 4 期，第 1 版。

中国做人，既没有法律的保障，更谈不到言论的自由。"①

　　9 月底，曹聚仁在《向左转》一文中警告当局，如今的外患可能第三度促使青年"向左转"，正如当年的五四运动和五卅运动一样。② 12 月底，他再次警告当局注意民众运动的趋势。目前，政府应对民众运动的种种方法都将失效。外交上的失败必将导致政府倒台。③

　　12 月 15 日，蒋介石被迫发表通电，辞去国民政府主席兼行政院院长职务，宣布下野。国民政府经过改组成立宁粤统一政府。新政府成立当天，南京的国民党中央党部动用了机关枪，当场打伤 30 多人。上海的各大报纸在国民党各派的指挥和监督之下，自然掩蔽这种消息，不肯发表，反诬学生方面首先开枪，说学生打着红旗喊着反动口号。④ 曹聚仁为学生经历如此新政颇感悲哀，但并不以示威的幻灭而失望。他在 12 月 26 日的短评中感慨道："爱国本不是浪漫的事，我们所感到幻灭的悲哀，但我们决不以幻灭而失望。严肃的剧场已经开幕了，我们应该有耐得住风寒的勇气！"⑤

　　4. 主张国民自决，武装反抗列强瓜分

　　"九·一八"事变发生后两天，曹聚仁回忆起从 1915 年的"五九事件"、1928 年的"济南惨案"到 1931 年的"万宝山事件"，中国政府都采取"不战"的态度。如今"九·一八"事变发生了，他担心当局依然奉行"不战"的政策，遂向国人发出了与日本"决一死战"的呼吁。⑥

　　1931 年 12 月，法军和安南军时有出没于云南边境和广西的情形，并修筑公路、布置飞机等。15 日，南京国民政府行政院院长孙科在上海发表谈话称："现粤已饬令严守边境。"鉴于一面是日寇攻锦州，一面是法军取昆明入桂林，曹聚仁大声疾呼："请大家莫信鬼话，以为当局真已严守边境，其实不过一个'饬令'而已。列强环来入寇瓜分之局已定，全国民众若再不武装起来自卫，亡国亡种就在眼前了！"⑦

　　1932 年 1 月 3 日，日军占领锦州。曹聚仁指出，锦州是"由张学良奉送给日本帝国做新年的礼物"。面对东北三省的领土沦丧，曹聚仁对国

---

①　陈思：《我们的话：我们缺少一些什么》，《涛声》1931 年第 7 期，第 1 版。
②　陈思：《我们的话：向左转》，《涛声》1931 年第 10 期，第 1 版。
③　聚仁：《我们的话：民众运动之趋势》，《涛声》1931 年第 20 期，第 1 版。
④　参见范亢《南京新政府的下马威》，《红旗周报》1931 年第 27 期，第 16—22 页。
⑤　韩泽：《风雨表：总示威的幻灭》，《涛声》1931 年第 20 期，第 1 版。
⑥　聚仁：《我们的话：并未抵抗》，《涛声》1931 年第 8 期，第 1 版。
⑦　陈思：《风雨表：请大家注意一件事》，《涛声》1931 年第 19 期，第 1 版。

民政府和张学良的"不抵抗政策"失望至极。他提醒民众"起来自觉"，不能再依靠军人、党国要人来捍卫国家、保守国土。①

针对1月底大量关于在华日人暴动的消息，曹聚仁揭露了帝国主义国家"弱肉强食"的逻辑和侵略本质。他分析道：

> 资本主义的发展，愈是尖锐化，愈助长兽性的势焰；资本主义的基础建筑在个人的利己主义上面，帝国主义者不恤撕破和平的假面具，以暴动侵侮弱者，其心理的根底是相同的。日本帝国主义再加上一点武士道的顽意，那就完全变成一只野兽了！中国和日本决没有和平可以说的，除非我们也伸出我们的铁腕来。②

5. 论述异党存在必要性，并哀恳"解除党禁"

1931年6月15日，共产国际执委会联络局派驻上海的负责人牛兰夫妇在上海被捕。③ 11月国民政府以"危害民国"罪判处牛兰死刑的消息震惊世界。11月7日，曹聚仁以"陈思"为笔名撰文质疑政府的行为，并论述了在野党存在的必要性。他写道：

> 我是赞成一党专政的，但一党所专的是政权，除政党外，在朝党应该容许在野党的存在及活动。共产党的主张，不妨说是比洪流猛兽还要危险，但他们的确不是争个人的权利，而是在谋社群的福利，大家都该承认的。④

此外，邓演达及其领导的"第三党"的活动也因严重威胁到国民党的统治，而为蒋介石所不容。1931年8月，蒋介石下令逮捕邓演达，并于南京将其杀害。曹聚仁对国民党判处邓演达死刑一事郑重地提出抗议，同时还希望国民政府从速废止不合约法的《危害民国治罪条例》。当得知邓演达被枪决的消息时，曹聚仁不禁愕然。他指出，"血的债是要取偿

---

① 韩泽：《我们的话：锦州失守矣》，《涛声》1932年第22期，第1版。
② 韩泽：《我们的话：日人暴动》，《涛声》1932年第25期，第1—2版。
③ 杨奎松：《国民党的"联共"与"反共"》，社会科学文献出版社2008年版，第271页。
④ 陈思：《我们的话：牛兰事件》，《涛声》1931年第13期，第1版。

的，见得愈多，还得愈利害"①。

11 月中旬，曹聚仁谈到在朝党与在野党之间的关系。他认为，二者具有同样的目标，只是实现步骤不同，但应彼此兼容，相互提携。②

1932 年元旦，出于"爱护青年"，"保存国家之元气"的目的，曹聚仁在《涛声》上哀恳国民党当局"解除党禁"。③ 他以此大逆不道的提议算作"给国民党的最后忠告"。他写道："请求当局把国家主义派、第三党、共产党一律解除党禁，让大家公开地诉之于民众！"他指出党禁的弊端，即除了扫除一大批有用的人才，别无成绩。而解除党禁的好处在于：请各党派的人士来做大学教授，各大学不会像目前这样空虚，且社会上、政治上有人才可用。此外，他指出"让敌党公开，这是己党显出力量免于堕落的唯一途径"④！

1932 年元旦及中华民国成立二十周年之际，曹聚仁反思了中国政治、社会在过去 20 年间没有进步的原因。他认为根本原因在于"缺少纯粹在野党的工作"。他在新年寄语中称："希望中国的在朝党要能容忍，容忍一个健全的在野党的产生；也希望所有干政治生活的人大家觉悟，把投机做官的迷梦醒醒，先来死心塌地做在野的工作！"⑤

1932 年 1 月 3 日，中央红军占领赣州。由此，曹聚仁判断中国共产党这种新势力正在中国社会内部崛起。他以笔名"陈思"发表评论道：

> 中国社会只要有新势力起来，旧势力便如摧枯拉朽，一蹶不振，共产党将继起为新时代的中心势力是不容否认了。现在的人心都有让共产党试一试看的倾向，下层农民也到处在活动，新时代将近揭开幕子了，请问大家将怎样来安排你自己！⑥

纵观曹聚仁在这一时期的言论可知，从"九·一八"事变到"一·二八"淞沪抗战，他大胆表达支持"抗日救亡"的观点，与社会各界广

---

① 陈思：《风雨表：抗议邓演达处死刑》，《涛声》1931 年第 20 期，第 1 版。
② 陈思：《我们的话：说反动》，《涛声》1931 年第 14 期，第 1 版。
③ 楚狂、聚仁：《涛声与青年》，《涛声》1932 年第 24 期，第 1 版。
④ 陈思：《我们的话：党禁解禁私议》，《涛声》1932 年第 21 期，第 2 版。
⑤ 曹聚仁：《二十年来之是非非》，《涛声》1932 年第 21 期，第 5、7 版。
⑥ 陈思：《我们的话：新势力》，《涛声》1932 年第 23 期，第 2 版。

泛支持的观点相呼应；又善于揣摩当局的圣意，以对外交官顾维钧的批判代替对蒋介石的批判；哀叹"国之将亡"，主张国民自决，而不直接敦促政府对日宣战。曹聚仁多以讽刺手法，对着一个空洞的大目标下笔，对时局巧妙地予以批判。因当局抓不到把柄，《涛声》在官方查禁的威压下，得以幸免。

（二）国民政府"攘外必先安内政策"时期的言论（1932 年 6 月—1934 年 9 月）

如前所述，在日本扩大侵华战争范围时，国民政府不是动员全国民众积极准备抗日，而是顽固地继续推行对内用兵、对外妥协的"攘外必先安内"政策。

这一时期，围绕"安内"与"攘外"的问题，曹聚仁的基本观点和立场体现在如下六个方面：

1. 对国民政府钳制言论、新闻和出版自由表示不满

1932 年 10 月 15 日，停刊 8 个月的《涛声》终于复刊。面对国民政府对言论出版自由的钳制，《涛声》的编辑人员逐渐收起了针砭时弊的锋芒。曹聚仁坦言，被政府奉为金科玉律的是孔子的"天下有道，庶人不议"，以此表达对当局钳制言论的不满。①

1933 年 1 月 21 日，镇江《江声日报》经理兼编辑刘煜生被江苏省政府主席顾祝同以宣传"共产"为借口，非法逮捕并枪决，引起了公愤。2 月 1 日，中国民权保障同盟举行记者招待会，指出"此种蹂躏人权破坏法纪之黑暗暴行，已证明顾祝同实质上与北洋军阀毫无二式"②。曹聚仁对此种钳制新闻自由并蹂躏人权的行为极其愤慨。但因涉及政府官员，他选择以隐晦的方式对顾祝同的暴行予以抨击。③

作为上述事件的延续，国民党北平市党部称，中国民权保障同盟是非法组织，请军政机关不准其成立。曹聚仁又以反讽的口吻称，民国政府有《出版法》《危害民国紧急治罪法》《军法》，但这几种法律里都没有"民权保障"字样，那么这种同盟自然是非法组织，理应从严取缔。④

1933 年 3 月报载浙江省党部呈请中央禁止上海《申报》和《新闻

---

① 陈思：《今后将如何》，《涛声》1932 年第 26 期，第 2 版。
② 转引自程曼丽、乔云霞主编《新闻传播学辞典》，新华出版社 2013 年版，第 98 页。
③ 韩泽：《从何说起：刘煜生被杀事件》，《涛声》1933 年第 2 卷第 5 期，第 2 页。
④ 韩泽：《从何说起：民权保障同盟》，《涛声》1933 年第 2 卷第 6 期，第 6 页。

报》在杭州发行特刊。曹聚仁对政府这种压制新闻出版自由的行为极为不满，他希望政府能顾全大局，以维护统治。他指出："报纸增设地方版，乃是进步的现状；不促进社会进步，反而依仗权力来阻碍进步，又不知根据什么主义？为邦百年，从政宜得大体。"①

6 月，曹聚仁发现上海大陆商场设有党政军会办的新闻检查处。上海当地各大报纸一经官方审查，常有"开天窗"的情况。然而上海当地报纸上"开天窗"或不许登载的内容，在上海的外报或外埠报纸上依然可以读到全文。而且有些官方辟谣的消息，不久又一一见诸事实，在上海各大报上刊载出来。曹聚仁调侃地称自己的读报口诀是："先看'洋文'，再看'中文'；谣言须信，凡假必真。"②

2. 暗讽国民党在"反帝""废约"中的"不作为"，揭露帝国主义列强的共同本质

1932 年 10 月《涛声》复刊后，曹聚仁撰文将国父孙中山在"反帝""废约"中的"作为"与现今国民党和国民政府在抗日中的"不作为"相对比。他以暗讽的方式，批评国民党和国民政府在面对日军扩大侵略之时，依然固守"依赖国联，对日妥协"的"不抵抗政策"。③ 1933 年 2 月 25 日，他在评论中指出，国民政府所依赖的国联实际和日本帝国主义本质相同，都想在中国谋取利益。他希望国人能认清国联的"灵魂"。④

1932 年 10 月下旬，在《米、麦、与鸦片》一文中，曹聚仁揭露当年帝国主义国家对华经济倾销，政府当局压价坑农的罪行，并把这种现象和当局提倡种植鸦片和鸦片公卖联系起来进行批判。曹聚仁这篇多用"反语"的文章如下：

> 今年的米真便宜，（中略）不过要使米价，永远便宜下去，惟一的办法是奖励洋米进口；要奖励洋米源源进口，惟一的办法是加重内地的米捐。（中略）所以我们拥护加重米捐。（中略）今年麦价便宜，明年麦价还要便宜；从此黎民不必稼穑，得以温饱，非大同之世，能得这样吗？（中略）中国以农立国，已有四千年的历史。可惜以往农

①　韩泽：《从何说起：无独有偶》，《涛声》1933 年第 2 卷第 11 期，第 1—2 页。
②　聚仁：《读报有感》，《涛声》1933 年第 2 卷第 22 期，第 1 页。
③　陈思：《今后将如何》，《涛声》1932 年第 26 期，第 2 版。
④　韩泽：《从何说起：国联》，《涛声》1933 年第 2 卷第 7 期，第 2 页。

人不甚明达事理，连种米种麦，不如多种鸦片的浅近道理都不懂得。这几年，在上的爱民如命，恳切劝导多种鸦片，如四川、福建诸省，成绩斐然可观。鸦片公卖制度，法子非常之好，已实行的也显出极好的成绩来。①

3. 抨击学术界的"不抵抗主义"

"九·一八"事变后，面对外敌入侵，内乱频仍，处于国共之间的大批中间派知识分子在一个相当长的时间里对于如何救亡御侮却有着不同的认识和主张。胡适等人在蒋介石的拉拢下逐渐成为国民党政府的御用文人，在抗日问题上"主和"；而张君劢、王造时、罗隆基、储安平等人则坚持自由资产阶级的立场，积极参加了抗日救亡运动。②

在日本帝国主义加紧侵略中国、民族危机日益加深的形势下，胡适联合老友丁文江、翁文灏、蒋廷黻、傅斯年等自由主义知识分子于1932年5月22日在北平创建了独立评论社，社刊便是政治评论性刊物《独立评论》。③该刊在短时间内就成为"北方学人议政的中心"。④从1932年5月《独立评论》创刊起，被国民党不断拉拢的胡适在该刊上发表数篇政治时事评论，表明他在抗日救亡问题上的立场。他漠视中国民众的力量，支持国民党当局"攘外必先安内"的政策，唱的都是依赖国联调处、对日"不抵抗"的论调。⑤

1933年1月9日，曹聚仁从北平发来的电讯上得知，平津局势吃紧，北平的大学生不听校方劝阻，离校者颇多。而且1月1日至3日的榆关事

---

① 陈思：《米、麦、与鸦片》，《涛声》1932年第27期，第2版。
② 参见马洪武等主编《中国革命史辞典》，档案出版社1988年版，第44页；李帆主编《民国思想文丛　现代评论派　新月人权派》，长春出版社2013年版，第221—222页；杨奎松《七七事变前部分中间派知识分子抗日救亡主张的异同与变化》，《抗日战争研究》1992年第2期，第70—75页。
③ 胡适著；曹伯言整理：《胡适日记全编》第6卷，安徽教育出版社2001年版，第175页。
④ 章清：《"胡适派学人群"与现代中国自由主义》，上海古籍出版社2004年版，第147页。
⑤ 例如，适之《上海战事的结束》，《独立评论》1932年第1期；胡适《论对日外交方针》，《独立评论》1932年第5期；胡适《一个代表世界公论的报告》，《独立评论》1932年第21期；胡适《国联新决议草案的重大意义》，《独立评论》1932年第32期；胡适《国联调解的前途》，《独立评论》1933年第36期；胡适《民权的保障》，《独立评论》1933年第38期；胡适《日本人应该醒醒了！》，《独立评论》1933年第42期。

变后，北平的中学生还有爱国的激烈表示，但大学生却寂然无声。曹聚仁分析，大学生的"寂然"是"学有渊源"的，由此间接地表达了对胡适、丁文江等自由主义学人提倡"不抵抗主义"言论的不满。①

1933 年 1—3 月，已经加入蒋介石阵线的胡适继续在《独立评论》上阐释他的"不抵抗主义"，与国民政府"攘外必先安内"国策一唱一和。② 3 月 25 日，《涛声》编辑部刊出了《胡适批判专号征文启事》。原文如下：

> 胡适，他的言论和行动，可以说是中国士大夫阶级的奴才典型；中国思想界有此败类，必且流毒百年；我们为下一代人着想，应该做一次廓清运动，把这个九尾狐狸精赶出去！（中略）敬请全国学术界参加廓清思想运动，把五四运动时代的批判精神复兴起来！③

其后曹聚仁、周木斋和杨霁云等人先后在《涛声》第 2 卷第 16 期和第 18 期的"胡适批判专号"上展开对胡适的批判。在专号发表的 8 篇批判文章中就有一半出自曹聚仁的手笔。④

1932 年 12 月上旬，胡适应邀到长沙作了几场学术演讲，其中就包括宣扬"学术救国"的《我们所应走的路》。⑤ 作为报酬，他获得了五千大洋。由此，曹聚仁把胡适比作应召到私家堂会上应酬的妓女、艺人。⑥ 另外，曹聚仁还以古讽今，把胡适比作北宋时期的卖身贼秦桧。⑦

曹聚仁自称，和许多人一样，他年轻时也曾信仰过胡适，但现在宁可做他的叛徒，对他加以质问和批判。曹聚仁直截了当地质问胡适道："'投机主义'成为青年的唯一信仰，'解决生活''应付环境'成为自解自辩的

① 韩泽：《学有渊源》，《涛声》1933 年第 2 卷第 3 期，第 1 页。

② 例如，胡适《国联调解的前途》，《独立评论》1933 年第 36 期；胡适《民权的保障》，《独立评论》1933 年第 38 期；胡适《日本人应该醒醒了！》，《独立评论》1933 年第 42 期。

③ 《胡适批判专号征文启事》，《涛声》1933 年第 2 卷第 11 期，第 1 页。

④ 例如，聚仁《胡适博士账单》，《涛声》1933 年第 2 卷第 16 期；韩泽《胡适与胡蝶》，《涛声》1933 年第 2 卷第 18 期；聚仁《胡适论》，《涛声》1933 年第 2 卷第 18 期；聚仁《胡适与秦桧》，《涛声》1933 年第 2 卷第 18 期。

⑤ 谭仲池主编：《长沙通史》现代卷，湖南教育出版社 2013 年版，第 606—608 页。

⑥ 韩泽：《胡适与胡蝶》，《涛声》1933 年第 2 卷第 18 期，第 1 页。

⑦ 曹聚仁：《胡适与秦桧》，《涛声》1933 年第 2 卷第 18 期，第 7—8 页。

理由，胡博士不该负相当的责任吗？"曹认为胡适对青年陷入"投机"迷途有着不可推卸的责任，并从胡适的言论和行为中找到了确证。他直言不讳地说，胡适在其创办的《独立评论》上多次表明要"依赖国联"，主张"不抵抗""良心不主张宣战"，"皆与某方面一鼻孔出气"。①

1933年4月2日，胡适在《独立评论》第44期发表《我们可以等候五十年》，提出依靠国联制裁日本侵略中国，中国可以等待五十年，继续唱出对日不抵抗的低调，为蒋介石政府辩护。② 5月27日，曹聚仁在《中国必死》一文中，抨击并嘲讽了胡适所谓"等待五十年"的谬论。他称，国民政府的"长期抵抗"加上胡适的"等待五十年"等于十全十美，所以中国才不会亡国，也不会被瓜分。中国终将如世界闻名古国一样"死国"。曹聚仁愤愤然地说："此固'上头'之大愿，而胡适博士所馨香祷祝者也！"③

4. 慨叹依靠国民政府、军队及国际力量均无望，主张国民自决，做好战备

1932年1月，日本蓄意制造"一·二八事变"，把魔手伸向国民政府首都南京的门户——上海。1933年1月的"榆关战役"拉开了日本侵略中国华北的序幕。2月下旬，日军开始大规模进犯热河，仅十几天，热河就落入敌手。国民政府"攘外必先安内"的不抵抗政策，遭到国内与国际进步舆论的谴责和反对。面对强大的舆论压力，国民政府依然固守"攘外必先安内"的根本政策，却作出抗日的姿态。在不妨碍"安内"和对日妥协的前提下，国民政府被迫采取了一些措施。但在日本帝国主义的大举进攻下，大片国土沦陷。

日军开始大举进犯热河之时，曹聚仁不禁为平津的安危担忧。他呼吁，全体国民要下定决心，做好与日军展开持久战的准备。他提出的战事准备包括三项。一是人才集中。他建议政府针对军火的短缺，集中全国的科学人才、教授、学生、专业人士，将全国的铁厂改成战时兵工厂，研究和制造武器。二是财力集中。他指出，政府应该集中全国的财力，作复兴农村经济的准备，因为农村是持久战的唯一靠山。三是粮食集中。他建议政府应于战前集中全国的粮食，由政府统一储藏和分配。他吁请国人认清

---

① 曹聚仁：《胡适论》，《涛声》1933年第2卷第18期，第3—5页。

② 参见胡适《我们可以等候五十年》，《独立评论》1933年第44期；方衡主编《中华民族抗日战争史大事记》上编，香港：香港天马图书有限公司2003年版，第146页。

③ 陈思：《从何说起：中国必死》，《涛声》1933年第2卷第20期，第2页。

战争的实质，称："战争并不是英雄的事业，战争是集团的事业；战争并不是浪漫的故事，战争乃是写实的故事，战争并不需要热情，战争需要整个的计划！"他大声疾呼："为民族生存而抗争，全民众准备起来罢！"①

热河失守后，曹聚仁表示对国民政府和张学良、汤玉麟等高级将领的"对日妥协"大为失望。他号召国民觉醒，不要再把抗战的希望寄托在国民政府和军队身上，而是"起来自觉"。②

面对宋哲元率领的第 29 路军在喜峰口战役中取得的胜利，曹聚仁提醒国人切莫盲目乐观。他在 4 月 8 日和 15 日的评论中指出，世界各国都在准备空袭和防空的先进军事武器，但中国的报纸却在夸张宋哲元大刀队的神威。国人只有赤手空拳，而大人先生还是说战事可乐观。③ 由此可见，曹聚仁表达了"亡国无日"的悲观情绪。

7 月中旬，有消息称"世界反帝代表大会"将于 8 月初在上海召开，预计有英、日、法、朝、加等国代表与会。④ 曹聚仁提醒国人"自觉"的重要性："要中华民国得救，决不能依靠别人的帮助，也不需要别人更多量的同情；国民自觉运动，方是中华民国自救唯一的出路。"⑤

5. 担忧政府对日妥协的行径可能引起政局动荡

日本侵华期间，天津日本特务秘密机关豢养了李际春、郝鹏等地痞流氓、土匪、恶棍，为其侵略中国的阴谋活动服务。这些民族败类在日本特务机关操纵下，多次在天津发动暴乱，不仅造成天津政局和社会秩序的动荡与混乱，严重骚扰市民生活，而且直接配合了日本的侵略活动。⑥ 1933 年 6 月，郝鹏被捕。在日本人的斡旋下，郝鹏被释放。⑦ 曹聚仁于 7 月 22 日指出，郝鹏被释开了汉奸"性命必有保障"的先例。他担忧国民政府对内镇压爱国行动，对日妥协可能引起政局动荡。他写道："对爱国志士加重徒

---

① 韩泽：《从何说起：战备准备》，《涛声》1933 年第 2 卷第 8 期，第 2—3 页。

② 曹聚仁：《热河失守矣》，《涛声》1933 年第 2 卷第 9 期，第 1 页。

③ 韩泽：《从何说起：可怕的大刀》，《涛声》1933 年第 2 卷第 13 期，第 2 页；韩泽：《从何说起：可怕的伟人》，《涛声》1933 年第 2 卷第 14 期，第 3 页。

④ 《世界反帝会议在沪举行》，《申报》1933 年 7 月 4 日。

⑤ 本社同人：《欢迎反帝会议代表来华》，《涛声》1933 年第 2 卷第 30 期，第 1—2 页。

⑥ 封汉章：《东祸西渐与华北社会——"华北自治运动"研究》，国际文化出版公司 2004 年版，第 332 页。

⑦ 《汉奸首领郝鹏被捕经过》，《申报》1933 年 7 月 10 日；《汉奸郝鹏恢复自由》，《申报》1933 年 7 月 15 日。

刑，汉奸则特电大赦，欲天下之不太平，其可得乎！"①

　　6. 剖析各党派与国家社会的关系，为国民党维护统治出谋划策

　　1933 年 6 月，曹聚仁根据当时的事实，断定共产党的势力在逐渐壮大，而助共产党成功者并非他人，就是号称有百十万的国民党。他认为，既然共产主义的目标和三民主义的目标完全相同，那么国民党和共产党的力量可以此消彼长。②

　　9 月初，曹聚仁撰文提请国民党当局要深刻反思共产党领导的红军发展壮大的原因。虽说他并不赞成或欢迎共产党统治时代的到来，但他提示国民党，如果国民党和国民政府脱离民众，共产党统治时代会更快地到来。与此同时，曹聚仁仍对当时的国民党和国民政府的统治寄予希望：

　　　　从此以后，党与政府若真对全国国民表示十分诚意，把总理的主义实行起来；讲民族至少不要勾结帝国主义签卖国条约，讲民权至少不要钳制舆论秘密逮捕，讲民生至少不要苛捐杂税迫农民上死路，那总还有三分希望。③

　　综上所述，曹聚仁在事关国家安危的问题上，极力揭露帝国主义国家的侵略本质，揭穿帝国主义列强对中国展开经济侵略的阴谋，号召国人奋起反抗日本帝国主义侵略，并做好"持久战"的准备。但是随着国民政府言论的收紧，曹聚仁对国民政府的批评日渐隐晦并逐次消失。在此时期，鼓吹"不抵抗主义"的自由主义者胡适成为曹聚仁痛批的对象。此外，眼见共产党崛起的不争事实，曹聚仁虽不愿与之为伍，但为国民党稳定政权着想，建议其妥善处理与共产党之间的关系。

小　　结

　　由于 20 世纪 20 年代国共对立，曹聚仁与其他自由主义知识分子一起，成为介于国民党与共产党之间的"中间派"。1925 年年底，曹聚仁开

　　①　韩泽：《从何说起：释放郝鹏之意义》，《涛声》1933 年第 2 卷第 28 期，第 2 页。
　　②　曹聚仁：《忠告丁文江》，《涛声》1933 年第 2 卷第 22 期，第 3—4 页。
　　③　曹聚仁：《十分诚意与三分希望答罗园先生》，《涛声》1933 年第 2 卷第 34 期，第 1—2 页。

始与自由主义知识分子周作人有了交往，并受到了周氏自由主义的影响，对"自由主义"的追求与向往也为曹周二人日后交往奠定了思想基础。抗战初期，曹聚仁始终是个游离于各个"第三势力"政治组织之外的"中间派"自由主义者。

正如卫春回在研究中指出，现代中国自由主义的发展踪迹正是通过各个时期不同的自由主义期刊得以印证。[①] 20 世纪 30 年代曹聚仁创办的《涛声》周刊和胡适创办的《独立评论》都汇聚了大批自由主义学人。以《涛声》为中心的知识分子逐渐形成了以"批判"为特色"乌鸦主义"，并提出了所谓"虚无主义"。"乌鸦主义"里含着批判的态度。"虚无主义"则强调看穿世事。此两种"主义"是《涛声》的一体两面，二者之间没有绝对的界限。对于抱定虚无主义的《涛声》而言，"政治"一直是个敏感的话题。

面对 20 世纪 30 年代初日本侵华的亡国危机，进入而立之年的曹聚仁在《涛声》周刊上的言论表现出更为强烈的民族主义色彩。怀着"书生报国"的激情，曹聚仁揭露帝国主义国家的侵略本质，号召国人奋起反抗的言论始终不变。然而，对于国民政府与学界唱和的"不抵抗主义"，曹聚仁虽然都予以批判，但是力度却有所不同。随着国民政府言论的收紧，他对当局的批评日趋隐晦委婉，并逐次消失。但是，他对加入蒋介石阵线鼓吹"不抵抗主义"的胡适和丁文江等自由主义知识分子却加以强烈批判。

同样作为自由主义知识分子，抗战初期的曹聚仁与国共两党并非保持同等距离，而是主动与执掌政权的国民党接近。为了国民党政权稳定着想，他建议该党能妥善处理与正在崛起的共产党之间的关系。

---

① 卫春回：《理想与现实的抉择：中国自由主义学人与"中间道路"研究（1945—1949年）》，中国社会科学出版社 2010 年版，第 8 页。

第三章

小型报时期的报刊活动与政治思想
（1933—1937 年）

1931—1937 年，曹聚仁除了从事文学创作，执教于上海各中学和大学，还兼职主编《涛声》周刊和《芒种》半月刊，并兼职为上海小型报《社会日报》撰稿，积极投身于上海小型报的革新运动。1935 年 8 月至 1937 年 1 月，曹聚仁应《社会日报》主编陈灵犀之邀，兼职为该报撰写社论。此时的曹聚仁在言论上更加激烈，坚决地主张抗日，因此他所撰社论常遭官方查禁。1937 年 1 月 18 日，《社会日报》宣布取消社论。此后，曹继续在该报发表短评，呼吁抗日救国。本章将探究曹聚仁对小型报改革的贡献，梳理他在该报的抗日言论。此外，本章还聚焦于曹聚仁自由主义政治思想初步形成的历史背景及其具体表现。

第一节　对小型报《社会日报》革新的贡献

方汉奇先生在研究中指出，小型报经历了 20 世纪 20 年代的大发展，在 30 年代掀起了革新浪潮。他认为，小型报的革新出现在 30 年代并非偶然。首先，日本帝国主义侵华使得社会各界掀起抗日救亡热潮，民众对时政信息的需求与日俱增。爱国浪潮感染着小报报人，激励他们参与现实政治。但同时，国民党当局丝毫未放松新闻统制，尤其是对一些有影响的大报。小报则因不引人注目，才敢登载大报不敢发表的新闻与评论。其次，进步文化界的介入也催生了小型报革新。30 年代，以左翼文化为主流的新文化冲击着小报界，一些有识之士意识到时代的潮流，有意聘请进步作家为之撰稿，为新文化提供阵地，借此推动小报改革。曹聚仁就在应邀撰稿的进步作家之列。在上述因素的作用下，京沪两地的许多小报进行了从内容到版式的一系列革新，一种新型的小报——"小型报"脱颖而出。这次革新的浪潮是从复刊后的《社会日报》开始的。①

1934 年 1 月，为了纪念《社会日报》发行一千期，该报出版了纪念专刊。根据胡雄飞在其中的记述，《社会日报》于 1929 年 11 月 1 日在上海创刊，由他发起并邀陈灵犀、姚吉光、吴农花等 10 人集资创办。初为日出对开一大张，由于人力、财力和印刷等方面遇到困难，仅出版两个多月即告停刊。1930 年，他出资购进其他人员在《社会日报》的股份，于 10 月 27 日复刊独办，聘请陈灵犀为主编。由于该报是一份纯营业性的报纸，以报纸销售和广告为收入来源，所以胡雄飞提出"以力求内容之精美丰富为要旨"②。

另据陈灵犀回忆，他主张把该报办成新型的小型报。他提出了两个"正"字："第一，报格要力求正派；第二，立论要主持正义。"经讨论后，该报版式改成横四开四版。③

由报纸原件可知，《社会日报》的第一版刊载新闻，其余三版都是副刊。

《社会日报》的一大特色就是刊载新文艺作家的作品。曹聚仁就是首先支持该报的作家之一。1931—1937 年，曹聚仁除了从事文学创作，执教于上海各中学大学，并兼职为《社会日报》撰稿。1935 年 8 月至 1937 年 1 月，他应陈灵犀之邀，兼职为该报撰写社论，几乎每天一篇。根据对报纸原件的统计，至 1937 年 1 月 18 日该报宣布取消社论为止，曹聚仁先后发表署名社论 400 余篇，其中涉及抗日救亡议题的有 150 余篇，占他在该报发表社论总数的 37.5%。因言论激烈，主张抗日，曹聚仁在该报发表的文章常被当局新闻检查机关查禁，以致"开天窗"。

根据陈灵犀的记述，《社会日报》辟有"星期评论"专栏，由曹聚仁负责邀请郑伯奇、徐懋庸、周木斋等作家撰稿。鲁迅也曾以笔名"罗怃"发表杂感。④

---

①　详见方汉奇主编《中国新闻事业通史》第 2 卷，中国人民大学出版社 1996 年版，第 504—508 页。

②　胡雄飞：《本报三年来的总报告》，《社会日报纪念专刊》1934 年第 1 期，第 1—2 页。

③　陈灵犀：《社会日报杂忆》，载中国社会科学院新闻研究所《新闻研究资料》编辑室编《新闻研究资料丛刊》1981 年第 4 辑，新华出版社 1981 年版，第 34 页。

④　同上书，第 41 页。

针对小型报革新运动，1934 年的《社会日报纪念专刊》刊载了多篇关于小型报的研究文章。其中，曹聚仁将小型报报人的职责阐述为：

> 我们承认自己很平常，个人很渺小；但我们认识集团的力量，时代的伟大，固然不必自夸，也无庸自菲。自然有许多大混蛋，一提到小报，总嗤之以鼻，以为非造谣即打趣，小道不足观；所谓胡圣人，就有这么昏头。我们办小报的，必须有这一点自信：我们揭示社会的侧影，暴露人群的矛盾，我们尽推动时代前进的职责，我们不是住在象牙之塔里的花呀月呀的文学写作者，我们是奔波于街头，体尝了人生的苦味，为人群而写作报告——报告文学（Reportage）。①

在这里，曹聚仁告诉广大读者，中国的文化界人士（如胡适）对旧式小报存有严重的偏见。这种把小报等同于造谣、打趣、小道消息的偏见，会直接影响小报的发展。曹聚仁希望改变读者对小报的偏见，让他们认识到在《社会日报》这样的小型报中工作的报人们能够深入社会，体察民间疾苦，为民众提供报告文学。

由此可见，曹聚仁希望通过《社会日报》引领小型报革新运动，让旧式小报脱胎换骨。

曹聚仁在《社会日报》社论中清楚地表达了该报的办报目的。他指出：

> 我们所努力的目的，在使本刊成为店员、学生、一般市民的读物，我们批判现实，灌输常识，至少要比《作家》《文学月刊》《世界文库》更大众化，更与前进的青年通呼吸。②

换句话说，曹聚仁强调的是《社会日报》应该力求"大众化"。

曹聚仁的上述主张也反映在《理想中的小型报》一文中。在此篇长文中，他结合在《社会日报》的工作经验指出，该报"以都市小市民为读者群众，文字求其浅显是第一个条件"。他强调"大众化"的重要性，

---

① 曹聚仁：《我们的扮演》，《〈社会日报〉三周纪念册》1934 年第 1 期，第 15 页。
② 曹聚仁：《也关于"小报"》，《社会日报》1936 年 9 月 20 日，社论。

其目的也十分清楚，就是希望扩大报纸的销量。在此基础上，他进一步呼吁新闻界从业者应努力"尽量减少笔画多、认识困难的单字，减少古奥艰深的词语"①。

由于对旧式小报的成功改造，《社会日报》的社会影响不断扩大，日销量不断上升。据曹聚仁回忆，《社会日报》全盛时期，日销 2.5 万份以上。②

尽管当时的新闻界号召民众抗击外敌侵略，但当报业自身面临当局的镇压和处罚时，平津报界普遍作出了改高调为低调的调整和转变。③ 作为上海小型报的代表，《社会日报》也作出了同样的反应。该报于 1937 年 1 月 18 日发布《告读者》，宣布从即日起取消社论，并对取消社论的原因加以解释。从当日起，《社会日报》逐渐以短评取代了社论，仍由曹聚仁执笔。此时，曹聚仁常以"陈思""阿挺"和"聚仁"等笔名发稿。由此可见，该报在言禁的夹缝中不断寻求生存空间，为国家社会而发声所作的种种努力。虽然起初曹的短评所关注的话题呈分散状态，但随着"七·七"事变爆发，他的短评又重新聚焦于抗战议题。

全面抗战爆发前夕，胡雄飞为筹划创办《文汇报》，有意出让《社会日报》。1937 年 6 月，总编辑陈灵犀在朋友资助下，盘进《社会日报》。④ "八·一三"淞沪抗战爆发后，《社会日报》曾于 8 月 20 日至 9 月 3 日出版《社会日报号外》，缩减原来篇幅二分之一，取消广告，刊登战地消息、评论、时事批判、战时常识以及激发民族精神的小品文。曹聚仁在"号外"上发表通讯《战地行记》。自 9 月 22 日起，该报改出"战时特刊"《火线》周刊，由曹聚仁、陈灵犀主持编务，继续从事救亡宣传工作。10 月 1 日，仍恢复《社会日报》名出版。

在报业实践中，曹聚仁逐渐形成了以兼顾"新闻自由"和"社会责任"为特色的新闻思想。由此，他也在教授、作家之外，凸显了"为社会服务"的报人身份。此点将在第九章详细论述。

---

① 曹聚仁：《理想的小型报（下）》，《社会日报》1937 年 6 月 20 日。

② 曹聚仁：《我与我的世界：曹聚仁回忆录（修订版）浮过了生命海》，生活·读书·新知三联书店 2011 年版，第 326 页。

③ 李杰琼：《半殖民主义语境中的"断裂"报格：北方小型报先驱〈实报〉与报人管翼贤》，中国社会科学出版社 2015 年版，第 143 页。

④ 方汉奇主编：《中国新闻事业通史》第 2 卷，中国人民大学出版社 1996 年版，第 504 页。

第二节　《社会日报》时期的抗日言论
（1933—1937 年）

随着国民政府对日政策的转变，《社会日报》的言论焦点和立场也随之发生改变。1933—1937 年间，面对日本帝国主义的大举入侵，曹聚仁凭借《社会日报》的一方阵地，向国民政府和广大军民发出了抗日呼吁。

曹聚仁为《社会日报》撰写的抗日言论与当时日本加紧侵略华北直至全面抗战爆发期间的国内外局势紧密相连。因此在进入具体文本分析之前，有必要回顾一下在此期间的中国抗日战争史，特别是把曹聚仁和《社会日报》放置于抗战的历史背景中，以期更准确地解读他在抗日言论活动中的主要观点和基本立场。

一　日本侵华进程加快与全面抗战爆发

从 1931 年"九·一八"事变开始，到 1933 年 5 月 31 日中日签署《塘沽协定》，日本军国主义在武力侵占东北并巩固其统治的同时，也加紧了在华北地区的侵略活动。日本对华北的侵略活动在 1933 年 1 月"榆关战役"之后逐渐加强，伴随其分离华北政策的酝酿和形成，日益加剧了对华北主权的攫取。①

1934 年 10 月，南京国民政府又一次调整了对日政策，即从"九·一八"事变以来的"攘外安内"转为"对日亲善"。② 面对 1935 年日本帝国主义加紧对华北实行军事扩张和经济侵略，国民党于 11 月中下旬召开第五次全国代表大会（简称"国民党五全大会"）。以此次会议为起点，国民政府的对日态度逐渐强硬。③

1936 年 2 月 26 日，日本法西斯少壮军官发动军事政变。以"二·二六"政变为契机，军部以血腥的镇压手段加强了他们在政治上的发言权。

---

① 军事科学院军事历史研究部：《中国抗日战争史》上卷，解放军出版社 2015 年版，第256 页。

② 参见彭敦文《反法西斯战争时期的中国与世界研究》第 4 卷，武汉大学出版社 2010 年版，第 157 页。

③ 白寿彝总主编；王桧林、郭大钧、鲁振祥主编：《中国通史》第 12 卷近代后编下册，上海人民出版社 2015 年第 2 版，第 194 页。

此后，日本迅速走上军部法西斯专政的道路，在中国多地增兵并制造事端，加紧蚕食华北和内蒙古地区。11 月 14 日，日本指挥伪蒙军大举进攻绥远，傅作义部队奋起抗战。24 日上午，傅作义军队全歼日伪军，取得了百灵庙大捷。[1]

在中日交战的同时，国民政府外交部部长张群自 1936 年 9 月 15 日起开始与日本驻华大使川越茂展开中日南京会谈。双方除交涉成都事件和北海事件外，川越还提出所谓调整中日国交的基本方案。虽然中日双方进行了多次会谈，但均未取得结果。12 月 7 日，南京政府发表声明，公布张群与川越会谈的经过，并宣布由于绥远战事爆发，结束中日间调整国交的外交谈判。[2]

尽管日本于 1936 年夏加剧侵略，但蒋介石不顾华北和全国的危局，继续围剿红军。12 月 12 日，张学良、杨虎城实行兵谏，逼蒋抗日，"西安事变"爆发。周恩来等共产党人提出了和平解决事变的方针，并为此作出努力。最终，蒋介石接受了停止内战、联共抗日等六项条件，事变得以和平解决。[3]

西安事变后，国内战争基本停止。国民党于 1937 年 2 中下旬在南京召开五届三中全会。这次会议标志着国共合作、一致抗日的新局面初步形成，使中国进入全国性抗战过渡时期。[4]

1937 年年初，日本在华北的军事侵略暂告一段落，同时为了巩固其侵略所得利益，加紧了对华北的经济侵略。[5] 7 月 7 日，日本挑起卢沟桥事变。自此，日本发动全面侵华战争，中国全国性抗战爆发。

就国际局势而言，1935—1936 年法西斯国家加紧对外侵略和相互勾结。1936 年 5 月 9 日，意大利占领埃塞俄比亚。11 月 25 日，日德两国在

---

[1]　参见中国中共党史人物研究会编《中共党史人物传精选本》第 12 卷下册，中共党史出版社 2010 年版，第 282 页；钱其琛主编《世界外交大辞典》（下册，M～Z），世界知识出版社 2005 年版，第 2412 页。

[2]　钱其琛主编：《世界外交大辞典》（下册，M～Z），世界知识出版社 2005 年版，第 2412 页。

[3]　参见张书其《周恩来对抗日民族统一战线形成和发展的重大贡献》，载中共重庆市委统一战线工作部、重庆市统一战线理论研究会《抗战时期周恩来统战思想和实践论文选》，重庆大学出版社 1989 年版，第 31 页。

[4]　军事科学院军事历史研究部：《中国抗日战争史》上卷，解放军出版社 2015 年版，第 342—344 页。

[5]　国讯社编：《视仁录》，国讯社 1937 年版，第 6 页。

柏林签订了《反共产国际协定》。11 月底，有外电称，日意两国已缔结重要协定。日本先承认意大利兼并阿比西亚尼（埃塞俄比亚），以交换意大利对伪满洲国的承认。①

二　以《社会日报》为中心发表抗日言论

随着国民政府对日政策的转变，《社会日报》言论的焦点和立场也发生改变。依据中日关系和抗日进程，可将曹聚仁在该报的抗日言论分为四个时期："对日亲善政策"时期、"对日政策渐趋强硬"时期、"国共合作抗日"初期和"全面抗战"初期。

（一）"对日亲善政策"时期的言论（1934 年 10 月—1935 年 11 月上旬）

由现存 1934 年 10 月至 1935 年 11 月上旬的《社会日报》原件可见，曹聚仁发表评论及杂文 5 篇、社论 61 篇。这一时期，他的评论类文章论题分散，其中涉及抗战议题的评论 1 篇、社论 14 篇，占其发表文章总数的 22.7%。

这一时期，曹聚仁在《社会日报》上发表的有关抗战的评论和社论主要围绕两个方面展开讨论：第一，呼吁政府和民众积极反抗日本及其他帝国主义列强侵略；第二，抨击学界的对日妥协论调。

1. 预测国内外局势，呼吁国人做好战备

1935 年 8 月初，曹聚仁判断当时存在中国与战局相关的两大"危险症候"："第一、日俄战争在不久的将来要爆发。（中略）第二、世界大战若不由日俄战争开头，则中国沿海各省，必将被一国或数国所占领，形成瓜分的局势。"他预测上述危症在 1935—1936 年间必见分明。他提醒国人时不我待，该是做战争准备之时了。②

1935 年"九·一八"纪念日及次日，曹聚仁发表社论，呼吁国人汲取历史教训，觉悟奋发，做好迎接世界大战的准备。他指出，中国"蹉跎了第一个十年，乃收了马关条约的后果，蹉跎了第二个二十年，又收了二十一条件的结果，第三个二十年蹉跎下去，九一八的炮声响起来了"③。

---

① 华：《意国承认伪满》，《申报》1936 年 11 月 29 日。
② 曹聚仁：《空着急》，《社会日报》1935 年 8 月 7 日，社论。
③ 曹聚仁：《大教训（上）》，《社会日报》1935 年 9 月 18 日，社论。

虽然这篇社论因言辞激烈，被国民政府开了"天窗"，但可谓一篇极富号召力的"抗战动员书"。曹聚仁告诫国人世界大战即将到来，从前苟且偷安的方法已行不通。他还预测，也许沿海各省就是大战场，民众的生命财产都作大战的牺牲。大战之后，势必紧接以"大饥荒"。因此，他呼吁全国人民未雨绸缪，做好战备，制定计划，救亡图存。①

日文版《世界知识》1935 年 10 月号刊登了题为《十年后之亚洲局势》的论文，预测未来十年，英、日、俄将重新瓜分中国。针对日方言论，曹聚仁在社论中称，日方的预测可以代表一般日本人的"如意算盘"论调，称那些短视的人"轻忽了中国这个因子的本身力量"。他乐观地预测"华北问题必不会如我们所想的那么黑暗"，到 1936 年，日本这个"骑瞎马的盲人"，"必将在中国西北角上受最严重的教训。那时候，他们也许陷入深池，连东三省部分的梦都做不成"。值得注意的是，曹聚仁第一次在社论中对国民政府逐渐集中力量抵抗外侮的行为表示赞扬。②

11 月初，曹聚仁在社论中指出，中国的问题是内忧外患共同作用的结果。针对严重的情势，他给国人指明了抗日救亡的出路。他特别向知识分子发出呼吁，请他们"克制个人利己的观念"，"临难不惧"，"赶快觉悟"。③

上述围绕"预测局势，呼吁国人做好战备"问题的讨论，显示出曹聚仁此时期对世界大战的爆发作出的前瞻，对持久抗日亦有清醒判断。他站在民族和国家的立场上，不断呼吁国人汲取历史教训，做好战争准备，救亡图存。这些赞成积极抗日的观点在当时的国内社会环境下具有明显的进步意义，在唤起民众方面贡献了一份力量。

2. 敦促外交当局认清局势，联合与国，下定决心对外抵抗

1935 年 8 月中下旬，正值国民党六中全会的前夜，许多人开始讨论政制改革问题。此时，曹聚仁在《社会日报》上发表了多篇议论"国是"的社论。

在 8 月 21 日社论中，他敦促国民政府借六中全会之机速定政治外交

---

① 曹聚仁：《大教训（下）》，《社会日报》1935 年 9 月 19 日，社论。
② 曹聚仁：《十年后之亚洲局势》，《社会日报》1935 年 10 月 26 日，社论。
③ 曹聚仁：《"不要紧不要慌"》，《社会日报》1935 年 11 月 4 日，社论。

方针。他认为，"外交上发生重大事件，或和或战，政府该有一定的方针；让步也可以，让步要有一定的限度；决战也可以，决战要有统盘的准备"①。

10月，日本帝国主义占领东北三省和热河之后，又妄图变华北为第二个"伪满洲"，进而使全中国沦为其殖民地。② 3日，意军不宣而战，大举进攻埃塞俄比亚，第二次意埃战争爆发。当时，德、意、日法西斯国家站在一起。英、法、苏、土、美等国站在另一战线。针对上述危局，曹聚仁在8日社论中吁请中国政府外交当局在世界大战中要明确自己的"与国"，且要明确自己的方向。③ 他又在18日的社论中将10月的国内外局势比作"棋局"。他在国家的生死关头向政府和军队高呼抗日救亡。④

结合当时的国际关系分析，特别是国民政府实施的"对日亲善"政策，便可发现曹聚仁上述抗日主张仍是站在民族和国家的立场上，期望唤起当局的危机意识，同时在一定程度上挑战了国民政府的"对日亲善"政策。

3. 抨击学界的对日妥协论调

国民政府实行"对日亲善政策"以来，仍有个别学人继续为国民政府的"对日妥协"和"不抵抗"极力辩解，其中以丁文江和胡适的言论最具代表性。他们的妥协言论遭到广泛的舆论谴责。曹聚仁也加入了对丁、胡二人的批判行列。

1935年7月21日，丁文江在《大公报》"星期论文"发表了《苏俄革命外交史的一页及其教训》一文，叙述1918年苏俄同德国签订和约，认为当时苏俄情形和中国今日处境相同，主张应付日本侵略的方法是让出华北、中南，退到云贵去"复兴"民族。⑤ 8月4日胡适又在《大公报》"星期论文"发表了《苏俄革命外交史的又一页及其教训》一文，对丁的观点进行了补充和修正。大意是说，列宁下决心不惜代价去换取和平，结果却没有达到目的。开始是国内敌人的进攻，接着是好几个协约国的干涉。苏俄后

① 曹聚仁：《"国是"之四——答某君》，《社会日报》1935年8月21日，社论。

② 军事科学院军事历史研究所编著：《中国人民解放军八十年大事记（1927—2007）》，军事科学出版社2007年版，第93页。

③ 曹聚仁：《大战中的中国》，《社会日报》1935年10月8日，社论。

④ 曹聚仁：《观棋》，《社会日报》1935年10月18日，社论。

⑤ 丁文江：《星期论文：苏俄革命外交史的一页及其教训》，《大公报》（天津）1935年7月21日。

来得到的和平不是靠不惜代价的让步换得的，而是用战争打出来的。[①]

对于丁、胡二人的言论，各方议论纷纭，其中不乏对二人的谴责，称他们曲解列宁的革命策略，在国难当头之际仍在为国民政府的对日妥协张目。[②] 曹聚仁在《社会日报》8 月 9 日和 10 日的社论中引述了丁、胡二人所用的外交记录，又谈了自己对二人论文的读后感想。

曹聚仁在社论《一页又一页》中引述了丁文江对列宁革命策略的理解，"1917 年 11 月，苏俄革命政府为了要完成革命工作，委曲求全和德国单独议和"，结果苏俄还被迫割地赔款。随后，曹又引述了胡适的理解，"当革命政府最初决心委曲求全的时候，列宁的目的是要谋得一个喘气的时期，来完成国内的革命的工作，为了这一个喘息时期，列宁不惜任何代价以求和平"[③]。

针对丁、胡二人的观点，曹聚仁清楚地表达了自己的观点和立场。他指出，苏俄革命政府并非一味"隐忍"或"退却"，苏俄的革命领袖列宁在革命事业中有"一定的计划"。紧接着，曹指出列宁曾说过："万不得已时，我们准备到堪察加去。"然而到 1919 年 7 月，列宁在国防会议上的命令却是："死守彼得格拉（圣彼得堡），守到最后一滴血流干的时候！不退出一尺地，准备在彼得格拉的街上作苦战。"对于列宁的两种计划，曹聚仁作出了如下评价："同是革命领导者的话，为着一个最大的目标，有计划的死守和有计划的退却，都是必要的。"[④]

在这篇社论的末尾，曹聚仁强调，中国当局务必要保持中国领土主权的完整性。他写道："中国目前惟有以全力维持列强在中国的均势，或可图一时之苟安。向着这目标，也要有列宁那样的毅力来应付难局，绝不可自召瓜分之大祸。"[⑤]

纵览全文，曹聚仁以胜于雄辩的史实，驳斥了丁、胡二人的对日妥协

---

① 胡适：《星期论文：苏俄革命外交史的又一页及其教训》，《大公报》（天津）1935 年 8 月 4 日。

② 详见马学之《与丁文江、胡适、胡启三先生论"苏俄革命外交史的一页及其教训"》，《客观》1935 年第 5 期，第 14—15 页；沈苑明《驳丁文江氏"苏俄革命外交史的一页及其教训"》，《国衡》1935 年第 8 期，第 29—33 页。

③ 曹聚仁：《一页又一页（上）》，《社会日报》1935 年 8 月 9 日，社论；曹聚仁：《一页又一页（下）》，《社会日报》1935 年 8 月 10 日，社论。

④ 同上。

⑤ 同上。

论调，揭穿了他们极力为国民政府的对日妥协进行辩解的真面目。

综上所述，1931 年"九·一八"事变以后，以胡适为代表的自由主义知识分子一直为当局的对日妥协、不抵抗政策辩解。与之形成鲜明对比的是，曹聚仁始终旗帜鲜明地主张抗日。虽然同为自由派知识分子，胡适在抗日问题上与国民政府始终保持步调一致，妄想以牺牲中国领土和主权为代价，换取苟全的时间和空间；而曹聚仁却以民族和国家利益为重，大声呼吁抵御外辱，救亡图存，尽显爱国情怀。

（二）"对日政策渐趋强硬"时期的言论（1935 年 11 月中旬—1937 年 2 月上旬）

在"对日政策渐趋强硬"时期，曹聚仁共发表社论 362 篇、短评 16 篇。其中涉及抗战议题的社论 140 篇，占这一时期全部社论的 38.7%。根据日军侵华进程、中日关系的紧张程度以及曹聚仁评论文章关注话题的集中程度，可将他这一时期的言论活动划分为如下五个阶段：

第一阶段是 1935 年 11 月中旬至 1936 年 2 月中旬。此阶段针对日军加紧蚕食华北地区，曹聚仁的言论多集中于三个问题上：第一，呼吁政府积极抗战，鼓舞华北军民守土抗日；第二，赞扬学生和民众的爱国运动，谴责政府对内镇压；第三，谴责汉奸卖国行径。

第二阶段是 1936 年 2 月下旬至 8 月。日本"二·二六"政变发生后，曹聚仁的言论多集中于如下五个问题：第一，呼吁政府积极迎战，反抗日本及其他列强；第二，以武力收复东北，保卫华北主权与领土；第三，停止内战，一致抗日；第四，呼吁政府释放政治犯，与共产党合作抗日；第五，谴责汉奸卖国，呼吁政府严惩汉奸，加强爱国教育。

第三阶段是 1936 年 9 月至 11 月上旬。针对日本加紧蚕食华北和内蒙古，此阶段曹聚仁的言论主要聚焦四大问题：第一，积极迎战，反对华北五省自治；第二，与日进行对等外交；第三，联共抗日；第四，呼吁停止汉奸卖国行径。

第四阶段是 1936 年 11 月中旬至 12 月上旬。绥远抗战爆发后，曹聚仁的言论主要集中在四个方面：第一，积极抵抗日本及其他帝国主义列强；第二，支援绥远抗战；第三，呼吁政府制定固定的外交方针，寻求盟国支持；第四，呼吁加强爱国宣传。

第五阶段是 1936 年 12 月中旬至 1937 年 2 月上旬。伴随着西安事变的爆发及和平解决，曹聚仁的言论主要集中于呼吁政府妥善处理西安事变，维护国家统一，反对分裂，联共抗日。

下文将选取如下四个方面议题展开论述：

1. 吁请政府维护国家统一，停止内战，联共抗日

自 1935 年 12 月以来，国难日益深重，蒋介石不得不对共产党和红军"剿""抚"并用，企图最终"收编"红军。[①]

曹聚仁从 1936 年 8 月底将笔锋转向对国共关系的探讨。此后三个月，他不断劝谏国民党放下党派之争，联合日益强大的共产党，共同抗击日本侵略者。[②]

从西安事变爆发到事变和平解决及陕甘善后的一个月间，曹聚仁共撰写 16 篇社论。其言论主要围绕如下五方面展开：第一，呼吁实行法治；第二，呼吁国家统一，反对分裂；第三，宣告南京国民政府政权稳固；第四，呼吁国民政府注意共产党的实际力量，妥善处理国共两党关系，联共抗日；第五，建议西安事变当事双方从国家社会着眼，勇于承认错误，接受大众批评。

西安事变发生三天后，曹聚仁于 1936 年 12 月 15 日发表社论，强调法治的重要性。他告诫国人"民治国家之要义"："朝野上下皆当以'法'为依归；上之于下，法律以外，不当损害人民之自由；下之于上，法律以外，不当诉之于暴力的轨外举动。"他指出事变消息传来，人心惶惶，"皆为恐慌国内再分裂之恐慌"。他希望经过这次重大事变，国人能明白"一个健全的集体比一个健全的首领"具有"更重要的意义"，因而觉悟"拥护健全首领，而无健全集体以副之会有多么大的危险"[③]。

曹聚仁在 16 日社论中告诫张学良不要招致国内分裂，否则将违背民意。他指出，中国历史上"以兵劫持"的故事都没有好结局，如汉献帝的董卓之困，李催、郭汜之争夺人主，梁武帝的候景之围，唐德宗的朱泚之乱。他强调，现在国民政府"依然主政有人，主策有人"。因此他明确指出张学良事实上"并未劫得国民政府的权力"[④]。

①　杨奎松：《国民党的"联共"与"反共"》，社会科学文献出版社 2008 年版，第 310—322 页。

②　曹聚仁：《释放政治犯》，《社会日报》1936 年 8 月 27 日，社论；曹聚仁：《书松室少将秘密情报后（下）》，《社会日报》1936 年 10 月 17 日，社论；曹聚仁：《"团结""联合"与"论争"》，《社会日报》1936 年 11 月 19 日，社论。

③　曹聚仁：《重大事变》，《社会日报》1936 年 12 月 15 日，社论。

④　曹聚仁：《一论西安事变》，《社会日报》1936 年 12 月 16 日，社论。

西安事变消息传来，民众扼腕叹息。曹聚仁在 17 日社论中分析了民众之所以叹息的原因："一半因为社会扶植一个领袖太不容易，颇为蒋委员长的安全担忧；一半因为绥远战事顺手，国人的希望正多，只怕大事变要影响到抗日的局势。"但是他呼吁民众在混乱中保持"冷静"，不必因为有了事变，"就认为国事不可为，十分悲观起来"。他以三分之二的篇幅讲述了唐德宗统治时期的朱泚之乱及其平定过程，重点集中在德宗有赖大臣陆贽"审察群情，同其欲恶"的谏言，最终"扶危为安，拨乱反治"的史事。曹聚仁以这一史实劝谏国民政府抚顺民心，"明决地决定"处理西安事变的方针。①

事变发生后，有民众担忧军阀的离心作用又要显现出来。针对此种舆论，曹聚仁在 18 日社论中呼吁政府应该抚顺民心，使个别封建军阀不足以破坏统一。他指出：

> 现在论离心力和向心力的，都忽略了民众的心理。（中略）现在是民治的国家，政府不可不以民众之心为心；政府举措，苟足以收拾人心，则一二封建割据头脑的军阀，亦何足以破坏统一呢？②

西安事变发生一周后，结局尚不可测。但曹聚仁在 19 日社论中分析了国内外局势之后称，唯一可以断言的是：南京国民政府的政权，决不以此事变而有所摇动。③

紧接着，在 20 日和 21 日的社论中，曹聚仁呼吁国民政府注意共产党的实际力量，妥善处理国共两党关系，两党合作抗击日本侵略。他认为，今天值得注意的是，"共产党在中国的实际力量，和中人所估量的共产党的力量是否相等"，原因在于：

> 在宣传口号、标语或宣言中把"红军"当作"匪军"看待是可以的，老老实实真把红军当作梁山泊上的强盗看待，把朱德、毛泽东当作宋江、吴用看待，而且自己麻醉自己，以为不值一顾，那就会自己去上当了。④

① 曹聚仁：《二论西安事变》，《社会日报》1936 年 12 月 17 日，社论。
② 曹聚仁：《三论西安事变》，《社会日报》1936 年 12 月 18 日，社论。
③ 曹聚仁：《四论西安事变》，《社会日报》1936 年 12 月 19 日，社论。
④ 曹聚仁：《五论西安事变》，《社会日报》1936 年 12 月 20 日，社论。

曹聚仁着重指出在中国转动大局的有两种主要力量：一种是国民党、国民政府和蒋介石领导的军队；另一种是共产党及其领导的军队的力量。然而，他承认二者"因为整个民族受到邻国的侵迫，为了民族的生存乃有了共同的目标，所以政策上、手段上有显著的冲突"。鉴于上述矛盾，他提请国人考量应对目前局势的两种办法：其一，通过"火并"，一种力量"消灭"另一种力量；其二，两种力量"在共同目标下暂时合作"。[1]

西安事变发生后，各层人物都痛心于统一的、新兴的中国可能因此破裂。而曹聚仁在 22 日社论中却建议国人不当以"痛心"为极限，应该"分析西安事变的成因，惩前毖后，从'痛心'的瓦砾上再建新的希望"。他认为应该对"统一"和"一致"两词作出正确解释：

> "统一"不当为"粉饰的统一"，"一致"并不是"不可批评的一致"。（中略）此时此刻的统一，只能说以某种力量为中心，使其他力量依附此中心力量而旋转。若把自己的力量幻想得太伟大，（中略）这就犯了右倾幼稚病。何为"一致"？道并行而不相背，万物并育能不相害，这便是"相反而实相成"的"一致"。把别人的力量看得太低，甚至无视别的力量，因而抹煞了一切意见、主张、办法、政策，这就犯了左倾幼稚病。[2]

针对社会上关于张学良及其部下制造西安事变就是犯了"左倾幼稚病"的言论，曹聚仁直截了当地指出：

> 若认为首领并非全知全能，可以批评得；则此"左倾幼稚病"，蒋委员长也应当连带担负责任。[3]

对于上述观点，曹聚仁从形式和实质两方面展开论证。从形式上，张学良是蒋氏"信任"的人，或如日本报纸所说"非常的契合"的人。张

---

① 曹聚仁：《六论西安事变》，《社会日报》1936 年 12 月 21 日，社论。
② 曹聚仁：《左倾幼稚病与右倾幼稚病——七论西安事变（上）》，《社会日报》1936 年 12 月 22 日，社论。
③ 同上。

学良及其部下"一定对于现象有一种不可遏的不满意的情绪,以非常相契合的人而会有这种非常不满意的情绪,而以非常手段来发泄"。在实质上,当时人们攻击张学良及其部下的话,十多年前曾是"用来攻击蒋介石和国民党",而有些左倾幼稚病的词语也"可以从今日的党国要人的言论集中找到根据,即蒋委员长也未始没有说过那一类话"。曹聚仁得出的结论是,在国民党的主义和理论的立场上,不可能否定"社会革命"的倾向。①

与此同时,曹聚仁也希望右倾的人不要惧怕"人民阵线"和"阶级斗争"。他指出右倾拥有的唯一武器就是"要用对外强硬的姿态来消解国内的矛盾,转移国民的视线,激发民众的爱国热情"②。

在文章结尾,曹聚仁得出结论称,国人无论是左倾或是右倾,"都有点错误"。犯了左倾的幼稚病,"只看见西北的民情,没有看见全国的民情"。而犯了右倾的幼稚病,"只看见首领的举措,没有留心民众的意向"。因此,他对政治家们加以劝谏,指出:

> 从国家社会着眼,应该有认错的勇气,应该有让大众批评的雅量。"刚愎自用者必败"。(下略)③

蒋介石回到南京的第三天,即 12 月 28 日,曹聚仁在社论中建议政府早日着手"改编整理东北军,使作国防工作";否则十万东北军留在西北,可能替日军"供给汉奸预备队"。他还忠告蒋氏应该对西安事变"有深切的反省","决不能一切委之于外在原因"④。

对于日益严重的西北问题,曹聚仁于 1937 年 1 月 13 日在《社会日报》发表社论《今后之西北问题》。尽管此文多处"开天窗",但从遗留文字可见曹聚仁呼吁政府妥善处理西北问题的意图:

---

① 曹聚仁:《左倾幼稚病与右倾幼稚病——七论西安事变(上)》,《社会日报》1936 年 12 月 22 日,社论。

② 曹聚仁:《左倾幼稚病与右倾幼稚病——七论西安事变(下)》,《社会日报》1936 年 12 月 23 日,社论。

③ 同上。

④ 曹聚仁:《蒋委员长平安回来之后》,《社会日报》1936 年 12 月 28 日,社论。

政府解决西北问题，当以共产党及红军为正面目标，不当以于杨
（指于学忠和杨虎城）个人为正面目标；当以陕甘民生问题为正面问
题，不当以军人的地盘为正面问题。于杨个人的能力学识，和张学良
相伯仲，即算于杨都来京待罪，西北问题难道就可以解决了吗？我希
望处理西北问题的，不要怕棘手，要正面去办！①

综上所述，随着日寇加紧侵略华北，民族危亡日益加重。国民党在
"攘外"的同时不忘"安内"，特别是对共产党及其领导的红军采取
"剿""抚"结合的手法。在此历史语境下，曹聚仁始终以民族和国家利
益为重，呼吁政府抚顺民意，维护国家统一，妥善处理与军阀分裂势力以
及共产党之间的关系，联合一切可以联合的力量，共同抗击日本帝国主
义。在当时历史背景下，曹聚仁的主张有一定进步意义。值得一提的是，
曹聚仁并未如多数知识分子一样去谴责张学良，而是站在"中间派"的
立场上，呼吁事变的当事双方从国家社会着眼，勇于承认错误，接受大众
批评。在国民党奉行"攘外""安内"政策的情况下，他大胆提请蒋介石
对造成西安事变的原因加以反省。这些言论在一定程度上折射出曹聚仁作
为"中间派"知识分子的观点与立场，客观上为调和国共两党矛盾、促
成抗日民族统一战线的形成发挥了作用。

2. 揭露法西斯国家的侵略野心，号召结盟打倒法西斯

1936 年"二·二六"政变之后，日本迅速走向军部法西斯专政的道
路。5 月初，意大利法西斯吞并了埃塞俄比亚。7 月至 12 月，德、意、日
法西斯国家逐渐联手。针对法西斯国家的狂热膨胀与穷兵黩武，曹聚仁开
始对法西斯国家的侵略性加以集中地揭露，同时号召各国联合打倒日本帝
国主义。

例如，"二·二六"政变发生四天后，即 3 月 1 日，曹聚仁就撰写社
论指出，中国将是日本"黩武主义"的牺牲者。② 13 日，他在社论中就
中日"和战"问题进行分析。他指出中日之间并没有"和"或"战"的
余地，因此中国只有"迎降"或"迎战"的最后一个决策。因为他认为
"和"的前提是两国地位"对等"，而日本所提的条件是要把中国变成其

---

① 曹聚仁：《今后之西北问题》，《社会日报》1937 年 1 月 13 日，社论。
② 曹聚仁：《火烛小心》，《社会日报》1936 年 3 月 1 日，社论。

"附属国",作为其"对俄作战的根据地"。换言之,他揭示了日本帝国主义的侵略本质,以及作为半殖民地的中国在不平等的国际关系中只能选择"迎战"或"迎降"的现实。①

对于 1936 年年初日本在福建各地扶植"伪组织"并以此为进攻南中国的据点的阴谋,② 曹聚仁于 4 月 22 日发表了题为《四十年的愤怒》的社论。他首先简要回顾了日本自甲午战后侵占台湾,以《二十一条》割胶东半岛,《田中奏折》提出了首先征服台湾,继而吞并朝鲜,最后灭亡满蒙以征服支那的三期计划。再谈到日本通过侵华,在闽南策动"伪自治",扶植"九九社"③ 的秘密组织,逐步实现预定的第三期计划。由此,曹聚仁揭露了日本帝国主义步步为营、妄图侵占全中国的野心。最后,他向国人发出抗敌的怒号:"国人乎!亡国就在眼前了!我们能忍此四十年的愤怒吗!"④

5 月 9 日,意大利占领埃塞俄比亚当天,曹聚仁对意大利法西斯的侵略行径予以谴责。埃国刚被意大利占领,中国国内随即出现了抵抗即亡国的论调。10 日,曹聚仁立即以社论《毋自馁也》驳斥了上述悲观论调。他首先比较了埃塞俄比亚和中国在国土面积、物质条件和军队方面的差异,预测以中国之力抵抗日本帝国主义,至少可以支撑三个年头。其次,他指出日本帝国主义不对中国宣战,是在"用种种手段来推进变相的侵略",其中包括"以苏俄为假想敌"的"军事战"和"以英美两国为假想敌"的"经济战"。他认为,日本"最为险毒"的策略是"走私",以此"促中国经济结构崩溃"。此外,他指出日本另一种"恶手段"就是"使中国内部逐部分化,利用汉奸来造成伪自治运动",其中冀东、冀察、山东、福建已成为汉奸公开活动的根据地。据他判断,日本利用汉奸的最后目的是"以华杀华"⑤。

针对日本 1936 年以来日益猖獗的走私活动,曹聚仁在 5 月 11 日的社论中揭露了其"经济战"的险恶用心。由此,他利用资本主义国家之间

---

① 曹聚仁:《和战"平议"》,《社会日报》1936 年 3 月 13 日,社论。

② 参见傅柒生、陈杭芹主编《闽西革命史文献资料》第 9 辑,古田会议纪念馆 2013 年版,第 100 页。

③ 驻广东、福建的日本浪人勾结当地汉奸组成的捕杀中国爱国民众的秘密组织。参见九九社《正气》1936 年第 1 卷第 8 期,第 151 页。

④ 曹聚仁:《四十年的愤怒》,《社会日报》1936 年 4 月 22 日,社论。

⑤ 曹聚仁:《毋自馁也》,《社会日报》1936 年 5 月 10 日,社论。

的矛盾，呼吁英美两国"为着他们的利益着想"，给予中国"经济援助"，切莫"口惠而实不至"①。28 日，他继续揭露日本帝国主义"以华制华"的险恶用心，特别提及日本扶植汉奸殷汝耕，使"冀察演进为冀东北"，并向北平知识分子发放津贴，在文化界制造"新汉奸"，以逐步攫取华北主权的阴谋。他呼吁政府看清形势，下定决心，"以武力抵抗强敌，保守黄河流域"②。

自 1936 年 5 月下旬开始，日军突然增兵华北。5 月底，日本陆军第一师团以维护亚洲"和平"为名向华北进发，日本的狂热民众为之送行。针对这一消息，曹聚仁在 5 月 29 日的社论中剖析了日本帝国主义的侵略野心：

> 日本帝国主义是一个以武士道精神为基础的国家，"武士道"加上了"夸大狂"，这就造成他们要做东亚大陆盟主的大梦。（中略）大概日本帝国主义的狂热病，也非等到他们自己心甘情愿地喊出"够了"的话，不会觉醒过来的了！③

对于日本的疯狂侵略，他呼吁："全中华民族要一齐起来，站向死神面前去，大家不要怕，不要躲避！"④

7 月 11 日，德国与奥地利签订了《德奥亲善协定》。一周后，曹聚仁在社论中介绍了最新国际局势，并对远东局势作了预测。他指出，在德奥协定与德意协定推动下，德、奥、意三国同盟形成。而英、法、苏俄、土耳其四国联手。至于远东战局，他指出，"日英的疏远，和日德的结合，足征远东局势的大转变"。在即将爆发的第二次世界大战中，远东也是一个"爆火点"。在此世界局势下，他忠告政府："非有自主的外交决策，不足以应此事变。"他还强调中国的外交政策"当两害取其轻，两利取其重，于世界两大阵垒中找到一个可以携手的与国"⑤。

7 月 22 日，日本陆、海、外三相会议之后，发表半官方宣言道："中

---

① 曹聚仁：《经济战》，《社会日报》1936 年 5 月 11 日，社论。
② 曹聚仁：《牵象鼻的绳子》，《社会日报》1936 年 5 月 28 日，社论。
③ 曹聚仁：《"够了"》，《社会日报》1936 年 5 月 29 日，社论。
④ 同上。
⑤ 曹聚仁：《世界大战之新局势》，《社会日报》1936 年 7 月 18 日，社论。

国政府如忽视日本之特殊地位，则日本对华北之政策，自将难免益趋强硬。"① 曹聚仁于 25 日发表社论，揭露了日本所谓"特殊地位"的侵略本质：

> 国与国之间，尊重彼此的权利，平等往来，谊当如此；说甲国于乙国有特殊地位，便是藐视乙国的独立性，视乙国为附庸。②

他对妄图在中国谋取所谓"特殊地位"的国家发出严正声明：

> 我们否认任何国家在中国处什么特殊地位，中国要独立自存，有经济上政治上的绝对自主权！中华民族有一致牺牲的决心，不怕任何武力的压迫！③

9 月 15 日中日南京会谈开始后，曹聚仁撰写了多篇预测中日外交局势的社论。他在 10 月 2 日社论中揭露日本外交方针的实质："表面以共存共荣为口号，实欲夷中国为其附属国，亡灭中国以遂其独霸东亚之私图。"日方"敢提出这样否定中国为独立国的条约，其心目中已把中国当作战败国看待了"④。当会谈中断，日本内阁决定直接与蒋介石会谈之际，曹聚仁在 10 月 3 日呼吁国民政府要保全国格，在外交谈判中与日方保持对等。他主张，若广田内阁来华，则由蒋介石接晤；若川越大使做谈判代表，则由国民政府外交部部长张群接晤。⑤

在中日南京会谈中，日方多次提出"共同防共"的条文。⑥ 针对此类条文，曹聚仁在 10 月 14 日社论中提醒政府"前事不忘，后事之师"，识破日本帝国主义侵略中国的"诡计"，即日本"无论软进或硬干，总以剥夺中国主权为其目标"。他指出，这次日本所提的"共同防共"，"险恶可

---

① 《日本三相会议后发表半官式宣言》，《申报》1936 年 7 月 23 日。
② 曹聚仁：《所谓"特殊地位"》，《社会日报》1936 年 7 月 25 日，社论。
③ 同上。
④ 曹聚仁：《"明朗"与"恶劣"》，《社会日报》1936 年 10 月 2 日，社论。
⑤ 曹聚仁：《恶例不可再开》，《社会日报》1936 年 10 月 3 日，社论。
⑥ 戴雄：《有关张群出任南京国民政府外交部长期间中日交涉的一组史料》，《民国档案》1988 年第 2 期，第 23 页。

谓已极"。纵观历史，它只是 1918 年日本要求中国"共同防敌"① 的"旧样翻新"，其目的"除将中国划入行军区域，用作资源给供所而外；最要还在藉此可以自由在中国各地分驻重兵，便于控制中国"②。

在日德《反共产国际协定》签署前，日本报纸常常刊载宣传中俄同盟、中美同盟的消息。针对此类消息，曹聚仁在 11 月 23 日的社论中指出，日本报纸宣传中国结盟，意在"做德日同盟的烟幕弹"。通过这篇社论，他彻底揭穿了帝国主义国家的侵略本质，即无论是 19 世纪末英日同盟"联合对俄"，还是今日德日同盟的"共同防俄"，都是帝国主义国家通过结盟，以保持其在中国的既得利益，或攫取新的利益的图谋。因此，他呼吁政府当局务必"分清敌友"，在德日同盟订立以后，应当考虑的不是"共同防共"，而是"共同防日"问题。③

紧接着，日德《反共产国际协定》签订 5 天后，即 11 月 30 日，曹聚仁首先在社论中揭露德、日法西斯的侵略野心。随后，他呼吁政府制定固定的外交方针以应对日德法西斯的结盟。他指出，日德同盟的形成"对于中国也许是一个极坏的压迫，也许是一个极好的转机；把好舵在狂暴的海涛上走，只要有固定的方针，眼前虽苦难一点，将来总还会有希望的"④！

11 月底，有外电消息称，日、意两国已缔结重要协定。日本先承认意国兼并埃塞俄比亚，以交换意国的承认伪满洲国。⑤ 针对上述消息，曹聚仁指出，无论是日德同盟要诱致第三国加入共同防共的企图，还是意大利在日意协定订立后即承认伪满洲国，对于中国都是"极大的侮辱"。他明确表示："中国要保全独立的国格，对意绝交。"他呼吁当局速定外交

---

　　① 1918 年 5 月 16 日段祺瑞政府与日本陆军在北京秘密签订《中日陆军共同防敌军事协定》。主要内容为：中国与日本采取共同防敌的行动；日本军队在战争期间可以驻在中国境内，俟战争结束即撤出中国，等等。此后，中日两国又先后于 5 月 19 日和 9 月 6 日在北京签订《中日海军共同防敌军事协定》和《中日陆军共同防敌军事协定实施上必要之详细协定》。这三个卖国协定遭到中国人民的坚决反对。1921 年 1 月 27 日，上述《中日军事协定》正式宣告无效。参见张作耀、蒋福亚、邱远猷等主编《中国历史辞典》第一册，国际文化出版公司 2000 年版，第 240 页。

　　② 曹聚仁：《中日外交备忘录之一——中日军事协定》，《社会日报》1936 年 10 月 14 日，社论。

　　③ 曹聚仁：《从英日同盟到德日同盟》，《社会日报》1936 年 11 月 23 日，社论。

　　④ 曹聚仁：《日德同盟签字矣》，《社会日报》1936 年 11 月 30 日，社论。

　　⑤ 华：《意国承认伪满》，《申报》1936 年 11 月 29 日。

方针，与友国结盟，因为中国"实在不容再孤立了"①。

绥远抗战期间，曹聚仁对日本帝国主义的侵略野心予以更加强力的谴责。他在 11 月 21 日社论中直截了当地斥责称，日本军人"抱着侵略的狂热，把中国当作朝鲜、台湾看待，连朝鲜、台湾都不如"，而日本此次指使伪军攻打绥远是其"以华攻华之第二步计划"②。百灵庙大捷后，他在 12 月 14 日社论中继续揭露日本帝国主义的侵略野心，称：

> 日本帝国主义自侵占我们的东四省（指黑龙江、吉林、辽宁、热河）以后，也着实费力来设计什么傀儡国，订什么协定，讲什么中日亲善；在涂饰那用武力造成的疤痕。③

尽管《社会日报》于 1937 年 1 月 18 日宣布取消社论，但 2 月 3 日曹聚仁继续发表短评，揭露日本帝国主义的侵略野心，呼吁政府切实地实践救国路线。他指出，田中奏章是日本"亡中国的路线"，而挽救中国的路线则是"联合世界上以平等待我之民族来打倒帝国主义"。他提请政府注意：

> 人家的内阁，换来换去，亡中国的路线是不变的；广田坍了台，宇垣流了产，林铣十郎拜了大命，屠伯的大刀是在舞得更起劲了！请问我们的救中国路线的实践究竟怎样？④

综上所述，曹聚仁对日本侵华野心的不断揭露和分析，不仅基于"九·一八"事变以来日军攫取中国东北、觊觎华北的侵略事实，而且追溯了日本自甲午战争以降侵略中国的主要史实。他对法西斯国家的侵略野心予以不断地、透彻地揭露，对列强为保全各自利益而牺牲中国的策略也有清醒地认识，还对联合与国抵御外侮有着迫切的要求。值得注意的是，由曹聚仁反复呼吁当局坚定抗战决心，制定固定的外交方针，联合与国抗日救亡的言论亦可见，他对国民政府"反帝"尚不彻底、外交政策不够

---

① 曹聚仁：《意国承认伪满》，《社会日报》1936 年 12 月 1 日，社论。
② 曹聚仁：《绥远战争与整个国策》，《社会日报》1936 年 11 月 21 日，社论。
③ 曹聚仁：《"粗"与"细"》，《社会日报》1936 年 12 月 14 日，社论。
④ 阿挺：《蜂语》，《社会日报》1937 年 2 月 3 日。

明确强硬以及救国路线落实不到位等问题感到焦虑和不满。

3. 痛斥汉奸的卖国行径，呼吁政府严惩汉奸，加强爱国教育与宣传

作为揭穿帝国主义侵略野心的延续，曹聚仁在社论中对汉奸的卖国行径也予以痛斥，其中对殷汝耕、宋哲元、李思浩等军政要人的批判尤其猛烈。与此不同的是，他对北平文化界汉奸的批判只是泛泛而谈，并非将批判的矛头对准某个具体的文人学者。在谴责汉奸的基础上，曹聚仁呼吁政府严惩汉奸，加强爱国教育和宣传。

在日本帝国主义支持下，1935 年 11 月 25 日，殷汝耕在通县宣布建立"冀东防共自治委员会"。曹聚仁随即撰文谴责殷汝耕的卖国行径。他根据自己的观察指出，民国政府曾几次派殷氏做外交上的要员，任冀省的专员，以专员的地位来实行叛逆的阴谋。他提醒当局"亡羊补牢"，外交人员"决不是 x 通 y 通的洋奴所能胜任"，至少是"头可断，血可流，要面对政府的命令决不可屈辱的，才配当外交的重任"。他期待当局能把殷氏叛变事件当成一个"大教训"①。

紧接着，日本又于 11 月至 12 月加紧拉拢和扶植宋哲元，策划建立冀察政务委员会。在 12 月 8 日社论中，曹聚仁对宋哲元从英雄逐步沦为汉奸的卖国行径大加谴责。据他披露，第 29 路军军长宋哲元曾于 6 月与某方（指日方）交涉，才得留驻河北，任平津要职，并斥责宋哲元此举是"授人以柄，自丧主权"。而如今宋哲元所领导的平津当局"彷徨于做英雄，做汉奸的歧途中，因而为过去自办交涉所得的某种束缚，自知做英雄难得成功，只好在'民众'要求的盾牌下，冒天下之大不韪"②。至于宋哲元及其领导的第 29 路军对"一二·九"运动的镇压，曹聚仁在 22 日的社论中正告宋氏，劝其立即停止汉奸卖国罪行。③

"一二·九"运动爆发后，曹聚仁将视线转向知识界。除了劝诫知识分子莫做汉奸，④ 他还谴责了上海文化界汉奸的卖国行径。据他了解，这些汉奸卖力地"报告消息，传播谣言，侦查集会"，每月能领到一些津贴。他指出，学生与汉奸"势不两立"，"学生运动少一分活动，汉奸的活动就多一

---

① 曹聚仁：《鸣呼！不幸而言中！》，《社会日报》1935 年 11 月 30 日，社论。

② 曹聚仁：《哀告当局》，《社会日报》1935 年 12 月 8 日，社论。

③ 曹聚仁：《喜峰口之大刀》，《社会日报》1935 年 12 月 22 日，社论。

④ 同上。

分力量；只要看学生运动的涨落，就可以明白汉奸活动的升降了"①。

1936 年 1 月至 4 月，曹聚仁又发表多篇社论，对抗战以来汉奸"毫无心肝""认贼作父""为虎作伥"的卖国行径大加挞伐，表达了对当局姑息汉奸行为的不满。② 在此基础上，他呼吁当局加强爱国教育，严惩叛国汉奸："救亡教育的切实大事，应当从停止一切津贴，教导青年立志不做汉奸着手。"③ "国土收复以后，那些叛国的大小汉奸，要明正典刑以伸国法。"④

1936 年五卅纪念日之后，曹聚仁在 6 月 3 日社论中大声疾呼，以唤醒汉奸的良知："今日的中国人，或做汉奸，或做爱国主义者，也别无第三条路可走。"⑤ 8 日，他特别谴责北平文化界汉奸的卖国行径：每月领取日本津贴替日本做警狗的平津某种教授院长，"他们不是日日祝祷中国早日亡国，以遂其高官厚禄，东面称臣的私愿吗"？他表示相信"有点心肝、有点血性的人，必不愿意做汉奸，决不愿意做亡国奴"⑥！

10 月 12 日，安福系⑦重要人物李思浩继任冀察政委会经委会主席。16 日，冀察政委会指定齐燮元、贾德耀、秦德纯为办事委员，常驻会办公，并聘章士钊、曹汝霖等为委员。⑧ 针对李思浩的任职，曹聚仁在 24 日的社论中指控了李思浩、陆宗舆等安福系要人勾结日本，"出卖华北利益"的汉奸罪行。他质问安福系要人道：

---

①　曹聚仁：《"学生"与"汉奸"》，《社会日报》1935 年 12 月 30 日，社论。

②　曹聚仁：《庙行之行》，《社会日报》1936 年 1 月 31 日，社论；曹聚仁：《纪念胡立夫》，《社会日报》1936 年 2 月 18 日，社论；曹聚仁：《匆匆又百年》，《社会日报》1936 年 4 月 25 日，社论。

③　曹聚仁：《救亡教育私议（一）》，《社会日报》1936 年 2 月 12 日，社论。

④　曹聚仁：《社论："伪国可否承认"》，《社会日报》1936 年 3 月 27 日，社论。

⑤　曹聚仁：《说爱国主义》，《社会日报》1936 年 6 月 3 日，社论。

⑥　曹聚仁：《谁愿意做亡国奴乎？》，《社会日报》1936 年 6 月 8 日，社论。

⑦　北洋军阀皖系的官僚政客集团，由安福俱乐部而来。段祺瑞为培植私党于 1917 年 3 月成立中和俱乐部，1918 年 3 月 7 日改称安福俱乐部，其核心人物为王揖唐、曾毓隽、王印川、光云锦等，因活动地点在北平（今北京）西城安福胡同，又以"安国福民"相标榜，遂以安福俱乐部命名。在段祺瑞的死党徐树铮的幕后指挥下，安福俱乐部操纵了新国会选举。1920 年直皖战争中，皖系失败，安福国会被解散，但安福系仍继续活动。1924 年 11 月，段祺瑞又上台临时执政。至 1926 年 4 月段垮台，安福始瓦解。参见王宗华主编《中国现代史辞典》，河南人民出版社 1991 年版，第 331 页。

⑧　方衡主编：《中华民族抗日战争史大事记》上编，香港：香港天马图书有限公司 2003 年版，第 430 页。

试问中日外交，国民政府感到这么棘手，为何安福系要人独有妙计可以回天，出来担当华北的局面呢？自李思浩上台以后，日方决定开发华北的经济计划了，陆宗舆出来奉献龙烟的煤矿了，中华汇业银行的复活已有同盟社的电讯代为宣传了，宋哲元也已承认中日在华北的航空通航了；（下略）①

接着，他又质问日本建立的经济掠夺机构"兴中公司"和日本在华北扶植的"自治"傀儡组织"冀察政务委员会"：

闻开发华北经济的日方组织，称为兴中公司。兴中乎？亡中乎？今日之安福系要人，殆将重演冀东之活动乎！②

另外，针对有些国人因缺乏知识而误入歧途，沦为"汉奸"的情况，曹聚仁在社论中建议应"启发这类人的知识，使他们有国家观念"。因此，他呼吁当局给予国人言论自由，以唤起抗日热情："要启发民众的知识，就要开放言论使之自由，鼓励民众爱国团体的组织。"另外他建议，民众知识的进步不单靠文字宣传，更需依靠"广大的口头宣传"，才能"深入民间"③。

结合此前对历史语境的分析，尤其是南京国民政府日趋强硬的对日政策，中国军民抗日热情日益高涨，而汉奸问题也逐渐凸显。国民政府对汉奸的姑息折射出其对日本帝国主义的妥协态度，在一定程度上成为政府抗日救国实践的短板。曹聚仁的言论一方面表达了对汉奸的卖国行径的痛恨；另一方面呼吁政府加强爱国宣传与教育。他把惩处汉奸问题提上了议程，给政府敲响了警钟。换言之，曹聚仁围绕着"爱国"与"卖国"两大主题的言论尽显爱国主义情怀。

4. 对中日文化界有关战争言论的不同反应

至于中日文化界有关战争言论的动态，曹聚仁时刻予以高度关注。在国内方面，他依然把目光投向以胡适为代表的学界名人，在社论中首先对

① 曹聚仁：《安福系意欲何为？》，《社会日报》1936 年 10 月 24 日，社论。
② 同上。
③ 曹聚仁：《从"汉奸"说起》，《社会日报》1936 年 11 月 25 日，社论。

胡适的抗日态度转变加以肯定，其次对胡氏言论中不切实际的幻想加以否定。在日本方面，伴随着日本帝国主义猛烈的战争宣传攻势，曹聚仁也在社论中持续不断地对日本那些充当侵略舆论宣传工具的文人和报界人士加以批评，同时对其诬蔑中国的言论予以驳斥。

（1）对胡适言论的肯定与否定

随着日本帝国主义加紧对华北的蚕食，胡适的对日言论自 1935 年开始逐渐强硬，但其主调仍是与日"讲和"。①

值得注意的是，11 月胡适发表《敬告日本国民》②，规劝日本放弃进一步侵略，解除中日仇恨。此文标志着胡适对日态度的转变。

曹聚仁在 12 月 14 日社论《胡适的辞令》中，肯定了胡适对日态度的转变："自从胡适之先生坦白认错以后，社会对于他已经恢复以前的敬意。"他认为，胡的《敬告日本国民》以及给日本评论家室伏高信的回信，"都值得我们同声钦佩"。尤其是这封回信"辞令美妙，可以杜塞那位狡猾的政论家的'利口'"③。

1936 年 4 月，胡适针对日本拟用"广田三原则"作为调整中日关系的"先决条件"，发表了《调整中日关系的先决条件：告日本国民》一文。他敬告日本政府和国民，"广田三原则"是"增进中日仇恨的条件，不是调整中日关系的先决条件"。他进而提出了日本要调整中日关系必须满足的七项条件。④ 胡适此文一出，各方反响不一。由于胡的文章反对"广田三原则"，但又有承认伪满洲国的嫌疑，因此遭到日本军方和中国爱国人士的反对。⑤

4 月 18 日，曹聚仁发表题为《胡适之与虎谋皮》的社论，对胡适的上述观点坚决予以否定，批评其观点不切实际，称胡适"逃不了书生的傻想"。他认为在目前的情势之下，胡适对广田内阁的要求是"与虎谋

---

① 参见李欣《胡适对中日关系认识的轨迹——1915 年—1937 年的考察》，硕士学位论文，东北师范大学，2013 年，第 20—22 页。

② 此文先刊于东京的《日本评论》（1935 年 11 月号），其中有 3 处删削。后刊于《独立评论》和天津《大公报》。详见胡适《敬告日本国民》，《独立评论》1935 年第 178 期；胡适《敬告日本国民》，《大公报》（天津）1935 年 11 月 27 日。

③ 曹聚仁：《胡适的辞令》，《社会日报》1935 年 12 月 14 日，社论。

④ 胡适：《调整中日关系的先决条件：告日本国民》，《独立评论》1936 年第 197 期。

⑤ 详见胡适《关于"调整中日关系的先决条件"》，《独立评论》1936 年第 200 期；《我们决不放弃东北》，《读书生活》1936 年第 3 卷第 12 期。

皮"的"梦想"。在此文末尾，他强调"外交手腕"已无法解决中日关系，中日之间惟有一战。他正告当局："以充分的兵力做强硬外交的后盾，以不恤一战的决心来实践我们的条件。"①

1936 年 7 月，胡适赴美参加第六次太平洋会议，途经日本。日本全国竟无一人前去迎接。② 曹聚仁在 8 月 1 日社论中批评胡适的辞令是一种幻想，根本无法说服日本这样一个"夸大的黩武国家"放弃侵略。他主张"老老实实要用大炮飞机打得他清醒过来"。他进而指出，"胡适博士所擅长的真是一种词令——日本人看也不看的词令，（告日本国民书，在中国很热闹，在日本全无人理睬。）青年觉得这是对黄巾诵孝经的办法，难道还有这样傻的青年会跟他让他去领导吗？"曹聚仁在篇末批评了以胡适为代表的"现代评论派"及其嫡传"独立评论派"惯用的"小骂大帮忙"的政客风在外交上完全无效。③

（2）对日本战争宣传的批评与驳斥

在中日关系日趋紧张之际，日本对于中国的研究和污蔑更加不遗余力。针对日本的战争宣传，曹聚仁及时加以批驳。

日本评论社于 1936 年 1 月初举办了"中国视察者报告"座谈会，参加者有太田宇之助、大西齐④、室伏高信等知识分子。⑤ 大西齐在讲话中把中国喻为"古老之巨木"，而把日本比作"方兴未艾之树"。他称今日中国这棵老树"当中已空，仅余外皮"，而国民党乃"树皮主枝上之花朵，绝非昔日大树之复活"⑥。

曹聚仁在 3 月 18 日的社论中驳斥了大西齐唱衰中国社会的"恶意论调"。他指出，大西齐这类日本人是日本"侵略主义者的传声筒"，是日

---

① 曹聚仁：《胡适之与虎谋皮》，《社会日报》1936 年 4 月 18 日，社论。

② 室伏高信：《胡适再见记——中华的动静如何》，《大公报》（天津）1936 年 7 月 29 日。

③ 曹聚仁：《胡适在日本》，《社会日报》1936 年 8 月 1 日，社论。

④ 1936 年 1 月初，《朝日新闻》组织了"中国视察记者团"前往中国。太田宇之助和大西齐分别被派往中国的华北和华中地区，进行采访并向日本发回报道。藉此《朝日新闻》既在中国各地收集有关日方的情报，又与中方的各个实力派人物直接见面，听取他们的意见，摸清中国整体动向，特别是华北的局势以及未来走向。参见［日］松本重治《上海时代》，曹振威、沈中琦等译，上海书店出版社 2010 年版，第 295 页。

⑤ 《中日关系之新阶段（上）："中国视察者报告"座谈会纪录》，《新人周刊》1936 年第 2 卷第 29 期，第 572 页。

⑥ 《中日关系之新阶段（下）："中国视察者报告"座谈会纪录》，《新人周刊》1936 年第 2 卷第 30 期，第 594 页。

本帝国主义"侵略的先锋"①。在 19 日社论中，他又批驳了室伏高信的观点，称室伏"就怕中国的中年知识分子太倾向欧化，把中国改造起来，将不利于日本的胃口，所以向胡适再三警戒，希望中国不要太欧化"。但是曹聚仁认为"胡适的时代已经过去了"。他对中国的未来寄予希望："中国现代青年本着追求光明的热情，会把中国改造（得）更像样一点。"②

曹聚仁又在 10 月 18 日社论中，对日本学者文人充当国家侵略宣传工具的行为加以斥责，称他们是"和当局一鼻孔出气的政治喇叭——气度偏狭到不顾自己国家的前途的政治喇叭"③。

11 月，日本新闻界出现了谴责中国"排日运动""排日思想"和"排日家"的言论。曹聚仁在 17 日社论中对上述说法坚决予以否认，称：

> 中国民众所一致奋起要求的是中华民族的生存权，只要抵抗别个国家的武力压迫，并没有想用武力去侵略别人。把民族自救运动，当作排甲排乙看待，其非"有意曲解"，即是"认识不清"。④

总之，在这一时期，中国的文化界虽有抗日的表达，但对日本帝国主义尚抱有幻想。与此同时，日本却不断加强战争宣传的攻势。在当时的历史语境下，曹聚仁捕捉到中日文化界关于战争言论的微妙变化，并适时地加以评论。在社论中，他不断地提醒国人注意舆论与时局之间的差距，以此唤起国人的危机意识，为武装抵抗做好思想准备。

（三）"国共合作抗日"初期的言论（1937 年 2 月中旬至 6 月）

1937 年 2 月国民党五届三中全会后，国共合作、一致抗日的新局面初步形成，中国进入全国性抗战过渡时期。这一时期，曹聚仁发表了大量短评，其所关注的话题较为分散。他虽然偶尔围绕民生、教育、文学等方面展开议论，但是主要还是高呼自立自强，积极抵抗帝国主义列强。

国共合作抗日局面初步形成后，曹聚仁在《社会日报》表达的基本观点和所持立场体现在如下三方面：

---

① 曹聚仁：《"古老之巨木"（一）》，《社会日报》1936 年 3 月 18 日，社论。
② 曹聚仁：《"古老之巨木"（二）》，《社会日报》1936 年 3 月 19 日，社论。
③ 曹聚仁：《日本人之气度》，《社会日报》1936 年 10 月 18 日，社论。
④ 曹聚仁：《非"曲解"即"认识不清"》，《社会日报》1936 年 11 月 17 日，社论。

1. 揭露帝国主义国家的侵略本质

这一时期，曹聚仁揭露了意大利、日本、英国等帝国主义国家的侵略本质，其中对日本帝国主义的军事和经济侵略的批判尤为强烈。[1]

1937 年 3 月 3 日，日本新外相佐藤尚武在贵族院说明日本外交方针并答复议员的质问时，提出中日之间"过去一切应付诸东流，而重新以平等地位进行谈判"[2]。针对佐藤的新辞令，曹聚仁在 12 日的短评中按照佐藤的逻辑继续推论，得出了与事实相反的结论，以此揭穿了日本外交辞令的虚伪性。他的推论如下：

> "过去一切应付诸东流"，则九一八以来由武力所造成的"伪满"，"冀东伪自治"以及华北特殊局面，应该付诸东流。"以平等地位进行谈判"，则在华南北各地的日本驻兵应该完全撤退。[3]

针对 3 月日本加紧对华北的经济侵略，曹聚仁在 24 日的《蜂语》中揭露和斥责了日本帝国主义以军事和经济两种手段侵略中国的野心和罪行。他反问道：

> 最高限度的摩擦是什么？飞机大炮开往绥远、察哈尔，要占领中国的土地是不是？而最低限度的摩擦，在上海的海关上；用铁尺把关员打得头破血流是不是？好邻人呀！我们就是最低限度的摩擦也吃不消呀！[4]

2. 呼吁国民团结一致，反抗强权

1937 年 3 月至 7 月初，曹聚仁在多篇短评中呼吁国民团结一致，反抗强权。他呼吁国人为和平而战；[5] 指出中国是不容侵犯的独立的主权国家，国民"不愿意被别人宰割"，"便一齐起来抵抗"[6]。

1937 年五卅运动纪念日，曹聚仁发表短评《五卅的血》，呼吁国人莫忘

---

① 如阿挺《蜂语》，《社会日报》1937 年 2 月 26 日；曹聚仁《祝中英邦交永固》，《社会日报》1937 年 5 月 12 日。

② 王云五主编；万良炯编著：《中日问题》，商务印书馆 1937 年版，第 103—104 页。

③ 阿挺：《蜂语》，《社会日报》1937 年 3 月 12 日。

④ 阿挺：《蜂语》，《社会日报》1937 年 3 月 24 日。

⑤ 阿挺：《蜂语》，《社会日报》1937 年 3 月 5 日。

⑥ 曹聚仁：《关于"反日"》，《社会日报》1937 年 4 月 22 日。

五卅烈士所流的鲜血，也莫忘了"爱国热情所筑成的反抗强权的国民阵线"①。

"七·七事变"爆发前夕，曹聚仁呼吁国民从对内、对外两方面努力，对日一战。他写道：

> 现在全国国民已经觉醒了，对内要集合各方面的力量来谋统一局势的稳定，对外要联络以平等待我之民族共同奋斗。中国对于日本，并不自负；但中国人必须以自己的力量自存于世界上，则已有此决心了！
>
> 所以"中日前途何如"？这答案，我们可以明明白白地说：中国对于一切侵略我们的强权者决不屈服，今日的中国已不辞"一战"。②

3. 对"变节"知识分子表示宽容

与此前谴责汉奸的激烈言论不同，曹聚仁在这一时期对知识分子的变节表示理解。他呼吁国人为国家民族计，对"变节"的知识分子务必要宽容。

例如，他在1937年6月29日发表的《变节论》中作出如下评论：

> 知识分子在某种情形下变了节，那是常有的。（中略）我们不能过于责备个人，个人的力量在集团前面实在显得太薄弱了，既没有自杀的勇气，又没有一条路可以走，叫他怎能不变节呢？（下略）
>
> 有些对于社会的看法常是派别的得失重，而社会的得失轻；而我是社会的得失重，派别的得失轻。一个大磁场，调整它的正负性，就显出极大的力量，你若舛误了它们的正负性，什么力量都消灭了。现在救中国，没有第二法门，第一要宽容；第二要宽容；第三是要宽容。③

总之，曹聚仁在"国共合作抗日"初期的言论基本保持着一贯的民族主义和爱国主义。然而，他一改对汉奸（包括军政要人和知识分子）的谴责口吻，转而对"变节"的知识分子表示理解。仅就这一点，即可见曹聚仁的抗日观点和立场在保持"主流"不变的同时，其"支流"随着时局的变动而发生了微妙的"改道"。

---

① 阿挺：《五卅的血》，《社会日报》1937年5月30日。
② 曹聚仁：《放言：中日前途如何？》，《社会日报》1937年7月1日。
③ 曹聚仁：《变节论》，《社会日报》1937年6月29日。

（四）"全面抗战"初期的言论（1937 年 7 月至 11 月）

1937 年 7 月 7 日，日本挑起卢沟桥事变。自此，日本发动全面侵华战争，中国全国性抗战爆发。为了尽快促成国共合作抗日，中共代表周恩来、秦邦宪、林伯渠等与国民党在庐山谈判。15 日，中共代表团向蒋介石提交了《中共中央为公布国共合作宣言》。9 月 23 日，蒋氏发表《对中国共产党宣言的谈话》，指出团结御侮的必要，事实上承认了共产党在全国的合法地位。上述两大事件宣布了国共两党第二次合作的正式成立。①

"全面抗战"初期，曹聚仁在《社会日报》的言论重新聚焦于抗日话题。根据日军侵华进程、中日关系的紧张程度，他在此时期的言论活动可划分为如下两个阶段：

第一阶段是 1937 年 7 月，"七·七"卢沟桥事变爆发，曹聚仁呼吁积极保卫华北，莫存苟安心理。

第二阶段是 1937 年 8 月至 11 月，随着平津失守和"八·一三"淞沪抗战爆发，曹聚仁呼吁全国团结一致，与日本展开持久战。

"全面抗战"初期，曹聚仁在《社会日报》表达的基本观点和所持立场主要体现在以下三方面：

1. 揭露日本帝国主义的侵略本质，呼吁全民族对日展开持久战

1937 年 7 月 12 日有消息称，中方的陈觉生、魏宗翰与日方的松井、今井等磋商解决卢沟桥事件和平办法，双方口头约定，仍履行前约，双方撤兵。② 16 日，日本陆军部向中国驻屯军指示，以 19 日为期限，向中方提出四项"最低要求"以解决时局，要求宋哲元正式道歉。19 日，宋哲元前往香月清司处，表达了一定的"歉意"，并就第 29 路军的防地和取缔抗日等事项作了让步。③

7 月中下旬，曹聚仁数次揭穿日本帝国主义的侵略图谋，主张武力保卫华北。他提请国人注意"所谓亲善，即勒令中国屈服投降的别名"。他谴责了那些希望与日方签订妥协协定的"准奴才"，希望他们能了解日军攻占宛平城的意图，不要再做"苟安的梦"（7 月 15 日）。"承认既成事实，则华北即失，武力抵抗，则两国决裂，没有其他的路途可以走"（7

---

①　军事科学院军事历史研究部：《中国抗日战争史》中卷，解放军出版社 2015 年版，第 17—18 页。

②　《撤兵谈判声中/日军一再违约施攻击》，《申报》1937 年 7 月 13 日。

③　参见张宪文等《中华民国史》第 3 卷，南京大学出版社 2013 年版，第 10 页。

月 17 日）。他呼吁华北当局认清形势，抓住作战时机（7 月 19 日）。此外，他忠告华北军人顾全国家与民族的存亡，"力所能守，先打头阵，力不能守，听命中央；这才是不卖国的切实保证"（7 月 21 日）。

7 月下旬，华北抗战的局面已经展开。曹聚仁在"放言"专栏发表短评，表达了抗战必胜的信心。他在 23 日短评中指出，现在对日作战正是一个"最适当的机会"。他对"朝野一致"的抗战局面予以盛赞。① 26日，日本中国驻屯军下达了进攻中国第 29 路军的命令，将攻击时间定为27 日正午。26 日，蒋介石电令宋哲元北平城防立即准备开战，宛平应死守勿失，决心大战，从速部署。翌日，宋哲元为保卫南苑积极准备，并向全国发出了"自卫守土"通电。② 曹聚仁在 30 日短评中向国人发出奋力抗敌，为民族的命运而战的号召。他写道：

> 我们有什么可以自信？我们自信今日的中国，朝野上下，有一致抗日的决心；无论什么党派，无论什么社群，无论老幼男女，只要是中国人，无不抱着救亡抗日的大决心！
>
> 我们有什么可以自恃？我们有一致拥护的政府和领袖，我们有现代化的军队，我们有奉献生命和财产的民众；用我们的血和肉结成一条中华民族的长城，这是必然胜利的左券！③

平津陷落后，曹聚仁预测战局将为"持久战"（8 月 3 日），相信退却下来的第 29 路军"并未损失作战的能力，更未减低抗战的热情"（8 月 4日），并希望国人能认清形势，对国民政府与日方的战法持"乐观"态度，而"不必想望一时打胜仗复失地来满足自己的作战幻想"（8 月 5 日）。

8 月初，为避战祸，大量国人纷纷搬入上海租界。针对此现象，曹聚仁在 7 日和 8 日两度呼吁开展全面的民族抗战，反对个人利己苟安，盲目搬至租界。他直截了当地说："'覆巢之下决无完卵'，到此关头，个人的生命财产根本不必考虑，在什么地方就牺牲在什么地方。"④ "租界的畸形

---

① 曹聚仁：《放言：可战之机会》，《社会日报》1937 年 7 月 23 日。
② 军事科学院军事历史研究部：《中国抗日战争史》中卷，解放军出版社 2015 年版，第12—13 页。
③ 曹聚仁：《放言：擎出了抗战之旗！》，《社会日报》1937 年 7 月 30 日。
④ 曹聚仁：《"租界好"》，《社会日报》1937 年 8 月 7 日。

发展，正是租界的危机"，不可作国人的避难地。[①] 他又在 9 日告知国人饥饿将随战争而来，期待大家"早为之计"。他建议大家依靠团体的力量来能解决饥饿问题。为此，他提议"政府为民众着想，于江西、湖南作大规模的移民计划"或"民众自己来一个健全组织，把全市的粮食问题统计管理"[②]。

"八·一三"淞沪会战发生一周后，即 8 月 20 日，《社会日报》出版了号外。其头版刊登了曹聚仁的评论《我军必然胜利——战局蠡测》。他呼吁中国军队要与日军"战到底"，并预测我军"必然胜利"。[③] 此后他数次发文安抚民众情绪。例如，他提醒上海市市民"上海绝非安全之所"，并请大家尽可能"回到内地去"，以支持抗日持久战（8 月 26 日）；他指出商人所受战争影响虽然最多，但只是"一时的"，"只要农村经济复苏过来，商人所受的损失，不久就可找回来的"（9 月 2 日）。

10 月初，上海租界流传着闸北我军即将撤退的消息。[④] 许多中外人士都打电话到中央通讯社询问此事。为了回击谣言，曹聚仁在 2 日发表评论，指出闸北阵地依然"坚固"，主持战事的军事长官"安闲镇静"。为了增强说服力，他分析了上述谣言产生的原因：第一，某些人希望我军后退，所以有机会就制造谣言；第二，"一般人对于现代的作战，很少了解，再加上一点恐日的传统心理，对于持久战生了怀疑，更是根本上的病痛。"他在篇尾强调闸北"将永远和全上海市民在一起"[⑤]。

1937 年 10 月 10 日，曹聚仁在《社会日报》头版发表评论，表达了目睹民族新生的喜悦心情。他认为，1937 年"双十节"最可喜的大事，莫过于"国共两党之再合作"与"中俄邦交之益趋亲密"，这是孙中山先生所定的"容共联俄政策终于实现"，并且"开出近百年所未有的统一局面"。他还对淞沪抗战以来举国一致，共同抗日的热情表示赞许，称：

> 民众与政府之间一切隔阂完全解消，政府今年准备抗战之苦心孤诣，已早为民众所共见，而民众爱国之热情亦为政府所容受，各党各

---

① 曹聚仁：《谈租界非避难之地》，《社会日报》1937 年 8 月 8 日。
② 曹聚仁：《战争与饥饿》，《社会日报》1937 年 8 月 9 日。
③ 曹聚仁：《评论：我军必然胜利——战局蠡测》，《社会日报》号外 1937 年 8 月 20 日。
④ 曹聚仁：《军中日记》，《大晚报》1937 年 10 月 6 日。
⑤ 曹聚仁：《闸北如何？》，《社会日报》1937 年 10 月 2 日。

派，皆集合于同一旗帜之下，我们仰头看见青天白日旗飞扬，我们即寄予无上之希望。①

11 月 10 日即上海失守前一天，曹聚仁发表了评论《假使上海不守》，鼓励国人保持乐观，继续积极抗日，保卫民族国家。他写道：

> 假如上海真的不守，这决不是抗战的终结，而是抗战的开场。上海市的命运和我们个人关系固然密切，但保卫大上海的意义在保卫中华民族和国家，个人的受难，全上海市民生活遭劫，乃牺牲中分有事，不在保卫之列！（中略）即算上海不守，我们个人的命运也许更坏一点，但抗战的前途，依然十二分可以乐观。②

2. 谴责汉奸的卖国行径

1937 年 7 月下旬南苑战斗打响后，中国第 29 路军所部虽有抵抗，但在日军增援反攻下，这些部队都遭受重创。宋哲元见大势已去，遂派张自忠代理冀察政务委员会委员长兼北平市长，自己于 7 月 28 日夜率第 37 师离开北平前往保定。③ 曹聚仁在 31 日短评中谴责宋哲元"失了平津，其罪已大；出卖了民族利益，其罪更大"。因此，他断定宋氏是"变相的汉奸"，称"他的言动，无处不在欺骗民众"！最后他正告宋氏道："欺骗了民众，就是欺骗自己；失民众者必亡。"④

7 月 30 日，平津陷落。从军事上讲，曹聚仁呼吁政府和军队以平津的失败为前车之鉴，谓"今后应战无论胜或败，非以全力作几个正面的主力战，决无以挽救危局"。从政治上说，他指出冀察政务委员会在过去几年"不过是个变相的汉奸机构"。他忠告政府中"主持大计者"决不容汉奸机构和汉奸人物继续存在。他进而提醒政府中人警惕："平津陷落的种种前因，实乃亡国病菌，冀察当局固当负其全责。"⑤

---

① 曹聚仁：《双十节的新生》，《社会日报》1937 年 10 月 10 日。
② 曹聚仁：《假使上海不守》，《社会日报》1937 年 11 月 10 日。
③ 郭汝瑰、黄玉章主编：《中国抗日战争正面战场作战记》（修订版）上册，江苏人民出版社 2015 年版，第 287 页。
④ 曹聚仁：《放言：不要欺骗了民众》，《社会日报》1937 年 7 月 31 日。
⑤ 曹聚仁：《平津陷落》，《社会日报》1937 年 8 月 2 日。

8 月上旬，有中国军力不足的消息传来。曹聚仁在 10 日的短评中逐一列出传说的源头，批驳汉奸的谣言称："凡是旧时代军界的腐败传说，皆附会穿插，用以减低民众对于国民政府及军事领袖的信任；其出于汉奸有计划的造谣。"因此他提醒国人留心，不要轻信汉奸的"反抗战论调"①。

3. 呼吁日本民众切勿被日本军阀和财阀蒙蔽，呼吁日本文化界有所觉悟

"八·一三"淞沪会战初起时，曹聚仁表示愿对日本民众说几句"尽言"，呼吁日本民众不要被日本军阀和财阀蒙蔽。他指出：

> 我们自始至终，认为日本的民众决非中国人之敌人，其酷爱和平，亦无异于我中国之政府与民众。其间虽或有闻战争而兴奋，以为中国必当膺惩者，皆平日为军阀财阀所蒙蔽，为虚伪的新闻政策所煽动，凭情感冲动而发，非其本性如此。
>
> 所以中日两国今以干戈相见，非与日本民众战，乃与日本军阀战，（中略）两国民众与民众间之和平握手，并未以战争而分离，请日本民众莫为军阀、财阀所蒙蔽。②

此外，他指出日本对中国大肆侵略，而日本的报纸"用尽字典上最恶毒的字眼""侮辱"中国民众；然而"日本文化界竟没有人纠正这荒谬的态度。"因此，曹聚仁希望日本文化界"有点觉悟"③。

综观上述观点可以发现，进入"全面抗战"初期，曹聚仁对日本帝国主义的侵略野心有着清醒的判断，对抗日持久战也有着正确的预判。他以"民族大义"为本位，不断呼吁武装抵抗，挽救危局，屡次向国人传递"中国必胜"的乐观情绪。他的观点和主张代表了民意，与其他主张"抗日救亡"的言论一起形成了强大的舆论合力。

第三节　自由主义政治思想的初步形成
(1933—1937 年)

1933—1937 年，曹聚仁开始在小型报《社会日报》上阐发具有自由

---

① 曹聚仁：《斥汉奸论调》，《社会日报》1937 年 8 月 10 日。
② 聚仁：《在最后关头说几句"尽言"》，《社会日报》1937 年 8 月 14 日。
③ 同上。

主义倾向的政治思想。本节将结合 20 世纪 30 年代的历史语境，分析曹之自由主义政治思想初步形成的历史背景及具体表现。

一　训政体制下的宪政运动

1928 年 6 月，南京国民政府在形式上完成了对中国的统一后，逐步建立起所谓"训政体制"。以蒋介石为首的国民党舍弃了孙中山先生构想中的进步要素，强力推行其所谓"以党治国"原则，实质上逐步实现了国民党"以党专政""一党专政"，并最终导致少数党员的"个人独裁"。国民党的"训政制度"受到社会各界人士的批评，其中既有"第三势力"知识分子，也有国民党内的反蒋政治派别和地方实力派。① 尽管 20 世纪 30 年代初期的宪政运动声势有限，但它不仅迫使国民党亦步亦趋走向制宪，还锻炼和教育了民众通过不断斗争向统治者施压以实现宪政改革。平社②、青年党、民权保障同盟、国家社会党等"第三势力"不惧高压，先后投身宪政运动，为全面抗战时期宪政运动向纵深发展奠定了基础。③

"九·一八"事变爆发后，民族危机日趋严重，全国人民响应中国共产党"停止内战，一致抗日"的号召，掀起了汹涌澎湃的抗日民主运动，一致要求结束国民党的"训政"，制定宪法，实行宪政，还政于民，以充分发动群众，挽救日益深重的民族危机。为了缓和国内矛盾，国民党四届三中全会于 1932 年 12 月 15 日召开，被迫决议于 1935 年 3 月召开国民大会，议定宪法，实行宪政。1933 年 1 月成立"立法院宪法起草委员会"起草宪法，历时 3 年多，于 1936 年 5 月 1 日由立法院通过，5 月 5 日，由国民政府公布了《中华民国宪法草案》（又称《五五宪草》）。④ 但在该草案的制定过程中，民主性因素逐渐减少，独裁的成分逐渐增多。⑤ 1937 年

---

① 参见刘大禹《国民政府行政院的制度变迁研究（1928—1937）》，社会科学文献出版社 2012 年版，第 63—65 页；张宪文等《中华民国史》第 2 卷，南京大学出版社 2013 年版，第 85 页。

② 1928 年年底到 1929 年年初，以胡适为核心、以清华园出身的归国留学生为主力的高层次自由主义知识分子创办的议政组织。该社是由其成员罗隆基仿效他在伦敦大学的老师拉斯基所在的英国"费边社"而发起的，并得到胡适的支持。"平社"经常聚会讨论现实政治、经济、文化及社会问题，并在《新月》上开辟了议政、干政的专栏。"平社"的核心人物为胡适、罗隆基、梁实秋、王造时等。1930 年 11 月底，胡适由上海前往北京大学任教，"平社"的活动中断。参见沈卫威《中国式的"费边社"议政——胡适与"平社"的一段史实》，《史学月刊》1996 年第 2 期，第 71—74 页。

③ 石毕凡：《近代中国自由主义宪政思潮研究》，山东人民出版社 2004 年版，第 115 页。

④ 参见魏定仁、傅思明《宪法发展简史》，江苏人民出版社 2014 年版，第 123—125 页。

⑤ 张继良：《近代中国政治社会变革研究》，北京大学出版社 2013 年版，第 486—487 页。

2 月 15 日召开的国民党五届三中全会决定于同年 11 月 12 日召集国民代表大会。① 虽然这次会议标志着国共合作、一致抗日的新局面初步形成，但是蒋介石集团仍继续镇压中国人民的抗日活动，并坚持其独裁专制统治。4 月 22 日，国民党中常会修改了《国民大会组织法》和《国民大会代表选举法》，把国民大会变为毫无作用的制宪机关。所谓"国民大会"实际上仍然是"国民党大会"。国民党包办垄断的这种"宪政"引起了全国各界人士的不满而掀起了宪政运动。②

1933—1935 年，自由主义知识分子内部爆发了一场关于"民主与独裁"的论战。在这场事关自由主义基本原则的政治论争中，胡适坚守自由民主原则，而蒋廷黻、丁文江、钱端升、吴景超等英美派知识分子告别民主和自由，转而拥抱专制独裁。"民主宪政派"与"专制独裁派"以建国治政为中心的论战是自由主义知识分子在国难下的折中与妥协，工具色彩浓厚。1935 年，主张专制的蒋廷黻和吴景超弃文从政，出任国民政府行政院要职，表征着独立评论社英美派学人的分化。③

在 20 世纪二三十年代，中国当时影响最大的商务印书馆先后翻译出版了英国费边社④和英国工党的主要领袖和思想家拉斯基的重要代表作《政治典范》（*The Grammar of Politics*）、《国家的理论与实际》（*The State*

---

① 《三中全会通过定期召开国民大会》，《申报》1937 年 2 月 21 日。

② 李光一等主编：《中国现代史》，河南人民出版社 1988 年版，第 499 页。

③ 参见郑大华《九一八事变后中国民族主义的新变化》，载中国社会科学院近代史研究所《第三届近代中国与世界国际学术研讨会论文集》第 3 卷，社会科学文献出版社 2010 年版，第 1572—1573 页；周山仁、王言虎《民主与独裁的论战：以〈独立评论〉为中心》，《中北大学学报》（社会科学版）2016 年第 3 期，第 14—20 页；高力克《自由与国家：现代中国政治思想史论》，浙江大学出版社 2016 年版，第 264—267 页。

④ 1884 年在英国由资产阶级知识分子组成的"社会主义"团体。以古罗马统帅费边·马克西姆斯（Fabius Maximus）的名字命名，因费边曾在同汉尼拔的战争中采取回避决战，缓进待机的策略而借用其意。主要领导人为韦伯和萧伯纳。由萧伯纳主编出版的《费边社会主义论集》宣扬，反对无产阶级革命和无产阶级专政；主张采取温和缓进的办法，利用资产阶级国家政权和市政机构，逐步把土地和产业资本转为地方公有，即公社所有；极力维护资产阶级民主，对抗无产阶级革命运动。1895 年，韦伯夫妇、萧伯纳等四位费边主义者决定创立伦敦政治经济学院（LSE）。该校成为社会民主思想和经济自由主义思想堡垒，曾诞生了一批重要的学者和思想家，如拉斯基和哈耶克，对英国政治乃至全球思潮有着重大贡献。1900 年，费边社集体参加工联组织的工人代表大会和工人代表委员会。1906 年，工人代表委员会改组为工党时，费边社以独立组织为单位参加并实际上参与掌握工党领导权。参见靳文翰等主编《世界历史词典》，上海辞书出版社 1985 年版，第 521 页；曹书乐《批判与重构：英国媒体与传播研究的马克思主义传统》，清华大学出版社 2013 年版，第 46 页。

in Theory and Practice）和《共产主义的批评》（*Communism*）等。① 拉斯基一生致力于调和自由主义与社会主义两大理论体系，在坚持个人自由权利、民主政治的基础上强调经济平等的重要性。他的社会民主主义理论（亦作"费边社会主义"）对中国自由主义思潮产生了巨大影响。②

需要注意的是，20 世纪 30 年代中期以后，随着日本扩大侵华战争，中国的自由主义者开始逐渐放弃以往超党派的立场而试图同国民党合作，他们中不少人加入了国民党政权。同时，他们对于国共两党之间的斗争，也开始放弃其前期较公允与超然的立场，而显然地更偏袒于政府一方。③

这一时期，曹聚仁的言论受到国内外自由主义思想的影响。1933—1937 年，他兼职为《社会日报》撰稿期间，就以该报为依托，发表了具有自由主义倾向的政治言论。由于他的政治言论相对温和，不足以危及国民党的统治，因此规避了被国民政府查禁的风险。

二　具有自由主义倾向的政治言论（1933—1937 年）

在 20 世纪 30 年代宪政思潮兴起与宪政运动发展的历史语境下，曹聚仁在全面抗战爆发前不断在报刊上撰文批评国民党在"训政体制"下的独裁与专制，阐发自由主义政治思想。

（一）质疑君主立宪，反对托古改制

1933 年适逢俄国 19 世纪批判现实主义作家屠格涅夫逝世五十周年。是年 7、8 月间，曹聚仁发表了一系列纪念文章，介绍了屠格涅夫的多部长篇小说。④ 由上述文学评论可见，其中隐含着曹聚仁的政治观，尤其是 8 月 24、25 日发表的评论《新时代》。曹聚仁首先谈到了俄国的"缓进派"与"激进派"，进而探讨了"改良与革命"这个中国近代史中关于道

---

① 三部著作的译者分别为张君劢、王造时和黄肇年。

② 关于拉斯基的自由主义思想，参见兰梁斌《20 世纪中国自由主义思潮研究》，博士学位论文，西北大学，2013 年，第 42 页。

③ 胡伟希：《第四章　中国近代自由主义思潮的产生与发展》，《中国思潮评论》2014 年第 1 期，第 128 页。

④ 详见陈思《罗亭（上）》，《社会日报》1933 年 7 月 20 日；陈思《罗亭（下）》，《社会日报》1933 年 7 月 21 日；陈思《父与子——屠格涅夫名著之四（上）》，《社会日报》1933 年 7 月 30 日；陈思《父与子——屠格涅夫名著之四（下）》，《社会日报》1933 年 7 月 31 日；陈思《烟——屠格涅夫名著之五（上）》，《社会日报》1933 年 8 月 16 日；陈思《烟——屠格涅夫名著之五（下）》，《社会日报》1933 年 8 月 17 日；陈思《新时代（上）》，《社会日报》1933 年 8 月 24 日；陈思《新时代（下）》，《社会日报》1933 年 8 月 25 日。

路选择的问题。他指出，进入 20 世纪 30 年代，中国人又站在了历史的岔路口上，又到了道路选择的紧要关头。当一部分知识分子倾向于选择君主立宪制时，他仍对此持怀疑和观望态度。①

另外，曹聚仁明确地表示反对康有为的"托古改制"。他认为，孙中山先生的三民主义比康有为《大同书》里的政治理论"高明百倍"，就因为《大同书》是"玄学的"，而三民主义是"科学的"。他指出"托古改制"已不适用于当时的中国。他写道：

> 现在的政治理论，再和《大学》《中庸》发生关系，岂不是变成第二种《大同书》。二十世纪科学的光芒下，"托古改制"实在行不通的！②

（二）呼吁建立自由、民主与法治的民治国家

1. 自由观

1935 年 7、8 月间，中国北方的思想界开始以《独立评论》《大公报》和《国闻周报》为中心，讨论"个人自由"问题。与之相对，也有人很关心"社会统制"问题。

8 月 3 日，曹聚仁为《社会日报》撰写的第一篇社论就是围绕"个人自由"问题展开的。他提请国人关注从"讲自由"到"讲统制"的历史潮流，呼吁人们深入思考社会上涌现的种种问题。他按照"自由"的程度，将中国历史作了如下分期：从鸦片战争到五四运动，"个人自由主义本是一直发展下来的"，因此这一时期是"解放时期"，其中政治、思想、文艺、礼俗"都要解放"；1924 年之后，国民党为了"要对北洋旧势力斗争，仿效俄国的方法，讲组织，讲纪律，讲服从"；1928 年年底北伐成功后，因为讲统制初步取得成功，所以各方面都开始实行统制，如经济统制、思想统制、文化统制等。在此基础上，他进一步强调，"从前讲自由，后来又讲统制"的潮流"影响到国人的物质和精神生活"。因此，他呼吁国人去面对国家和社会问题，并积极寻找答案。③

---

① 陈思：《新时代（下）》，《社会日报》1933 年 8 月 25 日。
② 曹聚仁：《政治理论的"烦琐"危机》，《社会日报》1936 年 2 月 29 日，社论。
③ 曹聚仁：《"自由"感想之一》，《社会日报》1935 年 8 月 3 日，社论。

虽然曹聚仁呼吁自由，但是他并不反对在军事或政治上的"独裁"。换言之，他所呼吁的"自由"是有限的自由。例如，在 1935 年 8 月因传闻即将召开的国民党四届六中全会将讨论决定有关开放政权、实行宪政的问题，于是《独立评论》就"政制改革"这一话题，围绕"民主与独裁"展开了一次小小的讨论。① 在此背景下，曹聚仁于 8 月 16 日社论中明确表示，希望蒋介石"在军事或政治部分能独裁，其他部分应该让它有自由发展的余地"。他接着表达了对独裁者的向往和维护：

> 中国目前的确需要一个拿破仑，他能来独裁亦好；但拿破仑左右的人，不可不知道拿破仑终是肉体凡胎，担子不可挑得太重的。②

从上述观点可见，曹聚仁对实行"自由"的主张并不坚决，其中明显带有对蒋介石"个人独裁"的妥协之意。

曹聚仁一再呼吁国民党当局给予国民思想自由。例如，1936 年两广事变后，他在社论中以"思想自由"为名，为桂系军阀李宗仁、白崇禧"抗日反蒋"的行为开脱，表示"愿意在政权集中的现在，请当政当局考量中华民国的百年大计，有关思想自由的问题"③。1937 年 3 月，他继续呼吁政府赋予公民自由权。他表示相信国家的真正目的是"自由"，因此期待中华民国的公民"能安稳地发展身心，并能自由运用自己的理性"④。

2. 民主思想

针对 1936 年的国民代表大会代表选举工作，曹聚仁在 9 月 2 日社论中阐明了民主政治的观点。他向候选代表们呼吁："我们要求一切候选人公开竞选，不要替民主政治再涂上贿选的污迹！"他希望候选代表应有明确的政见并且在当选后能够兑现。他进而表达了民众需要"有一点对于国家重要政策的操纵力量"以及"像点样子的民治政体"的诉求。⑤

---

① 张勇：《历史场景与言外之意：也说"民主与独裁"论战》，《清华大学学报》（哲学社会科学版）2010 年第 6 期，第 57 页。

② 曹聚仁：《"国是"之三》，《社会日报》1935 年 8 月 16 日，社论。

③ 曹聚仁：《罪言（上）》，《社会日报》1936 年 8 月 15 日，社论。

④ 阿挺：《蜂语》，《社会日报》1937 年 3 月 14 日。

⑤ 曹聚仁：《请候选代表发表政见》，《社会日报》1936 年 9 月 2 日，社论。

3. 法治思想

西安事变发生后三天，曹聚仁在社论中强调法治的重要性。他告诫国人称：

> 民治国家之要义，朝野上下皆当以"法"为依归；上之于下，法律以外，不当损害人民之自由；下之于上，法律以外，不当诉之于暴力的轨外举动。（中略）则在下者亦必守法，不以洩忿自快。民治精神之当熏陶，实较威权之当集中为尤要也。①

西安事变和平解决后，曹聚仁继续呼吁实现法治，坚称：

> 法治的国家，任法而行为第一义，不独不可存"朕即国家"的念头，也不可存一点个人爱憎的念头。②

（三）探讨政治家的从政艺术

曹聚仁呼吁中国政治家向西方政治家学习从政艺术。他在 1935 年 8 月中旬的多篇社论均围绕这一话题展开。

曹聚仁从一开始就对西方政治家的从政方式大加赞赏，称："面对问题和大事件，西方政治家向民众提供意见、解释方案、结局预测，在民众心里立下稳固的信仰。"在此基础上，他呼吁中国政治家"抓住时代的要求"，要有"光明磊落的态度"和"确定不移的主张和方针"③。针对政纲实施不力的问题，他给国民党指出了从根本上解决问题之道：一方面要有"专门人才"推行政纲；另一方面也要有"步骤"地实行政纲。他希望国民党内部能出现如英国费边社那样"有巨大力量的政治发动机"，以及像费边社成员滔纳（R. H. Touney）那样"埋头苦干的干部人物"。他认为，费边社的成功在于其成员韦伯（Sidney J. Webb）和滔纳。当英国内阁总理遇到问题时，费边社能于最短时间供给丰富的材料，指示解决的

---

① 曹聚仁：《重大事变》，《社会日报》1936 年 12 月 15 日，社论。
② 曹聚仁：《论诸葛亮斩马谡事》，《社会日报》1937 年 1 月 10 日，社论。
③ 曹聚仁：《抓着时代的要求》，《社会日报》1935 年 8 月 13 日，社论；曹聚仁：《"国是"之一》，《社会日报》1935 年 8 月 14 日，社论。

方案。滔纳终身埋头于社会运动，从来没有政治的野心。①

　　西安事变和平解决第二天，曹聚仁发表社论指出，中国的政治家缺少大政治家应有的气度。因此，他呼吁中国的大政治家们应具备三种气度：第一要能"容物"；第二要能"毋我"；第三要有"灵魂"。总之，他认为"大政治家应得放弃他的愚蠢政策才对！"② 他还主张"纯正的政治道德"，反对任何"欺蒙"。③

　　（四）主张健全在野党，稳固执政党，开放党禁

　　首先，曹聚仁呼吁执政者容忍在野党的存在，并希望从政者踏实做好在野工作。1934年"双十节"，曹聚仁特为《社会日报》国庆特刊撰文。他指出，中华民国立国20多年来，政治、社会就没有进步，原因在于"缺少纯粹在野党的工作"。他认为，一个国家如果没有健全的在野党，前途堪忧。借"双十节"之机，他寄语在朝党和从政者称，希望中国的在朝党"要能容忍，容忍一个健全的在野党的产生"；也希望所有从政者觉悟，"把投机做官的迷梦醒醒，先来死心塌地做一点在野的工作"④。

　　其次，曹聚仁建议国民党应以农民阶级为基础，从而稳固政权。他在1936年2月25日社论中，通过分析各国选举结果，预测了"中小资产阶级和工农阶级获得政权"的倾向。由此，他提醒国民党虽为一党专政，但要注意这一趋势。原因是中国的土地问题严重，而且国民党的政权的基础也需要从"小资产阶级"逐渐转为"农工阶级"⑤。

　　再次，曹聚仁主张开放党禁。1937年6月《独立评论》第237号中刊登陶希圣的《论开放党禁》一文，讨论周恩来提出的修改国民大会法规的主张。尽管陶文对国民党进行了吹嘘，但仍不得不承认共产党的主张和行动是开放党禁和召开国民大会的"有力的新动机"⑥。曹聚仁也以"开放党禁"为题撰文，指出开放党禁的必要性及其效果。他认为共产党作为"最有力的在野党"，最可注意的是他们"有严密的组织、明确的立

---

① 曹聚仁：《"国是"之二》，《社会日报》1935年8月15日，社论。
② 曹聚仁：《贤明政策》，《社会日报》1935年12月26日，社论。
③ 曹聚仁：《"瞒上"与"瞒下"》，《社会日报》1937年1月11日，社论。
④ 曹聚仁：《没有政见——双十废话》，《社会日报（国庆纪念特刊）》1934年10月10日。
⑤ 曹聚仁：《各国政权之转移趋势》，《社会日报》1936年2月25日，社论。
⑥ 参见陶希圣《论开放党禁》，《独立评论》1937年第237期，第9页；赵海啸《胡适与〈独立评论〉》，《新闻研究资料》1983年第2期，第203页。

场、确定的方针"。因此，开放党禁以后，"能使各党的组织严密起来，各党的立场明确起来，其后效不独可以消武装斗争的再现，也可以使民众对于政治斗争的误解和恐慌完全消解"①。

最后，曹聚仁提议建立智囊团。他呼吁中国的青年人效法英国费边社，自发组成智囊团，去研究和解决社会问题，最终改造中国社会。② 他还希望汪精卫能发挥长才，成为国民党"智囊团"中一员，师法费边社的滔纳，"一无所求"而为集团的健全作出努力。③ 他进一步论述了中国谋士与政客之间合作的方针：

> 谋士者，第一步是思想出一套政论来迎合在上的意思。第二步是走上一人之下、万人之上那个位子，于是得君行道。聪明的谋士，懂得消息盈虚之道，保泰持盈，先留一个退步。笨的谋士，势倾人君，人君目之为眼中钉，一摔跌到地下。④

此外，曹聚仁还论及政府与民众之间的关系，指出："政府对于国民能宽容，则国民对于政府自能信任。"⑤ 至于国民党内部矛盾，他主张以正当的政治途径解决，反对诉诸暴力。⑥

综上所述，与在主办《涛声》时"讳谈政治"形成鲜明对比的是，曹聚仁在为《社会日报》撰稿期间，开始运用政治语言，较为清晰、明确地阐发了自己的政治主张，其中不乏对英美自由主义政治思想与实践的介绍、评论和借鉴。特别是他对实行"自由""民主"与"法治"的"民治政体"的申说，表现出较为明显的自由主义倾向。换言之，曹聚仁的自由主义思想杂糅了美国的新自由主义与英国的社会民主主义，而在实践上他推崇英国的费边社。结合当时的历史语境分析，曹聚仁在国民党"一党独裁"的政治环境下，以迂回的表达方式，向国民党提出了实施"宪政"的委婉谏言。虽然他关于"自由"的主张明显带有妥协性和局限

---

① 曹聚仁：《论开放党禁》，《自修大学》1937 年第 1 卷第 11 期，第 88—91 页。

② 曹聚仁：《现在我们回来了》，《社会日报》1935 年 8 月 19 日，社论；曹聚仁：《"智囊团"》，《社会日报》1935 年 8 月 22 日，社论。

③ 曹聚仁：《汪先生别来无恙》，《社会日报》1937 年 1 月 16 日，社论。

④ 曹聚仁：《论谋士》，《社会日报》1937 年 6 月 30 日。

⑤ 曹聚仁：《黄膺白逝世》，《社会日报》1936 年 12 月 9 日，社论。

⑥ 阿挺：《蜂语》，《社会日报》1937 年 2 月 28 日。

性，但就整体而言，他的政治观点在 20 世纪 30 年代的民主宪政运动中具有一定的进步意义。

小　结

曹聚仁以知名作家的身份投身上海小型报革新运动，使《社会日报》成为这场运动的先驱。在小型报的新闻实践中，曹的文风一改《涛声》时期的学究气，力图文字浅显易懂，更好地服务于社会群众。与此同时，他对时弊的批评愈加大胆直白，讽刺锋芒愈发尖锐。这一时期，他在大学教授、知名作家之外，凸显了"为社会服务"的报人身份。

面对日本帝国主义的大举入侵，中国掀起了抗日救亡的高潮。曹聚仁凭借《社会日报》一方阵地，撰写了大量关于抗日的社论和短评。尽管国民政府以审查制竭力压制抗日言论，但他不惧查禁的压力，依然坚持以评论文章不断向国民政府施压，要求武力抵抗暴日，公开支持和颂扬群众爱国运动，批判汉奸走狗的卖国行径。他与《社会日报》同人齐心协力，在国难时期彰显了小型报的报格。

如前所述，"七·七事变"前，自由派知识分子表现出不同的对日态度。以 1935 年为转折点，胡适的对日态度从"讲和"逐渐转向"抗战"。① 然而，曹聚仁的抗日主张始终坚定如一。他始终主张中日之间应该实现对等外交，联合共产党共同抵御帝国主义国家的殖民侵略，以维护中华民国的领土主权完整。总之，"七·七事变"前，曹聚仁的言论彰显了"中间派"知识分子的爱国主义情怀。尽管如此，他在"国共合作抗日"初期却一改对汉奸（包括军政要人和知识分子）的谴责口吻，转而对"变节"的知识分子表示理解。仅就这一点，即可见曹聚仁的抗日观点和立场在保持"主流"不变的同时，其"支流"随着时局的变动而发生了微妙的"改道"。

1933—1937 年，随着民族危机日渐深重，在国内反对国民党"训政"的呼声高涨以及国内外自由主义思潮澎湃的共同激荡下，曹聚仁的自由主

---

①　有关胡适在 1937 年 9 月 8 日接受蒋介石派遣去国赴美作国民外交前后的对日论调，参见中国第二历史档案馆、《中国抗日战争大辞典》编写组《中国抗日战争大辞典》，湖北教育出版社 1995 年版，第 357 页。

义政治思想的雏形已告完成。他开始在小型报《社会日报》上阐发具有自由主义倾向的政治观点。这一时期，曹聚仁始终属于观念型[①]自由主义者。但他由"参透"政治，因而与政治保持疏离，逐渐转变为热衷于舆论干政、办报议政。具体而言，他不再对政治话题讳莫如深，而是站在自由主义的立场上，运用政治语言，较为系统地阐发了具有自由主义倾向的"民治"思想，在一定程度上向国民党的"训政体制"提出挑战，在 20 世纪 30 年代的民主宪政运动中具有一定的进步意义。但是他对"自由"的呼吁明显带有妥协之意。值得注意的是，尽管自由派知识分子曹聚仁是以国民党政府的"批评者"[②] 的姿态自居，却效法英国费边社成员，以迂回的表达方式向国民党委婉谏言，主张开放党禁，建立智囊团，呼吁实施宪政。他在实质上扮演了与政客"合作"的所谓"聪明的谋士"——敏锐、细心地揣测着国民党及其政府的政治意图，为维护蒋介石国民政府的统治地位出谋划策。

---

① 从问政方式角度，有学者将中国的自由主义者分为行动型和观念型。他们把对"直接参政"感兴趣的行动型自由主义分为认可、容忍、融入现政府的介入型与同样热衷于"直接参政"但与当局互别苗头、另组政党、另走"第三条道路"的组党型；把拒绝"直接参政"的观念型自由主义者分为热衷于舆论干政、办报议政的议政型与"参透"政治因而与政治保持距离的疏离型。参见俞祖华、赵慧峰《离合之间：中国现代三大思潮及其相互关系》，人民出版社 2015 年版，第 82 页。

② 曹聚仁：《答客问》，《社会日报》1937 年 1 月 4 日，社论。

第四章

全面抗战时期战地记者的知与行
（1937—1940 年）

20 世纪 30 年代，随着日本帝国主义侵略加剧，国人的民族危机意识进一步加强。中国知识分子开始探寻挽救民族危亡之道。担当"环境监测"重任的报人群体持续关注和追问新闻界在民族救亡图存的大业中应该充当何种角色，新闻媒体如何发挥作用等问题。学术界提出了"新闻救国"的思想。[①]

1937 年夏，卢沟桥事变爆发，激发了中华民族全面抗战的热情。"八·一三"淞沪会战期间，自由主义知识分子曹聚仁带笔从戎，以独立记者身份第一次踏足战地，以战时报道与评论一鸣惊人。1938—1940 年，中国抗战从防御阶段进入了相持阶段。在此期间，曹聚仁以"中间派"的身份进入国民党新闻机构中央通讯社，成为一名战地特派员，奔走于大江南北，接受抗日烽火洗礼。本章将以曹聚仁服务于中央社前后的战地报道与评论为研究对象，探究他在全面抗战期间的新闻实践、报刊言论走向以及战时新闻思想。希望以此个案研究中国自由主义报人在抗战期间的职业选择、社会流动、新闻实践及其思想变化。[②]

第一节　力促我军新闻发布方式的变通

全面抗战爆发后，曹聚仁决定放下教鞭，走出书斋，为抗战尽一份心力。"八·一三"淞沪会战期间，他持笔从戎，初旅战场，以战地记者身

---

① 庄廷江：《"战时新闻学"研究（1936—1945）》，湖北人民出版社 2014 年版，第 13 页。
② 本章的第一节和第二节曾发表于《青年记者》2016 年第 36 期上，原题为《全面抗战初期曹聚仁新闻思想与实践管窥——以"八·一三"淞沪会战报道为例》。

份应邀为上海的民营报纸《大晚报》[①] 和小型报《立报》[②] 撰写了大量战地通讯和军事评论。本节将以上述战地报道为研究对象，探究他在全面抗战初期的新闻思想与新闻实践。试回答如下问题：曹聚仁如何成为一名战地记者？他为改变中国战时新闻发布作出了哪些努力？

一　战地初旅的机缘

1936 年年底，随着西安事变的和平解决，国共两党合作抗日局面初步形成。1936 年以后，曹聚仁决定走出书斋，融入抗战洪流，这也正是他生活的转折点。1937 年夏，他的同学陈希文从广州到上海来接洽出版《星粤日报》事宜。曹聚仁被聘为该报驻京沪一带的记者。正当他准备前往蒋介石位于庐山牯岭的办公地采访时，卢沟桥事变爆发了。[③]

"七·七事变"爆发后，平津危急，上海却相对平静。身处上海的曹聚仁认为，华北对日抗战的光荣局面已经开始了。他对这次抗战持乐观态度，因为他认为当时正是对日作战的一个最适当的机会。在他看来，有蒋介石这样的领袖可以领导抗日，有充分的军队可以调遣作战，有举国一致不怕牺牲的决心可以作国民政府的后盾；真所谓"以之抗敌，敌何不克"[④]。

8 月 7 日，在无锡驻防的八十八师师长孙元良到上海度假，邀请老友曹聚仁用餐小聚。饭后闲谈中，孙元良提到抗日战争已成定局，首都南京

---

① 《大晚报》初名《大晚报国难特刊》，1932 年 2 月 12 日创刊。4 月 15 日起正式改为《大晚报》。该报由张竹平创办，汪倜然任总编辑，曾虚白任总主笔。该报文字通俗讲趣味，重视战事报道。初创时，该报以能及时报道当天的战讯而畅销，日销量一度上升到近 8 万份，创上海报纸本市销数之空前纪录。社论采用白话文，版面新颖活泼，辟有多种内容精彩的副刊栏目。1935 年 6 月，该报被孔祥熙所控制。1937 年全面抗战爆发初期，由汪倜然继任总主笔，王锦城任总经理。"八·一三"淞沪抗战时，该报特聘曹聚仁为战地记者，所撰军事通讯颇得读者好评。参见邱沛篁、吴信训、向纯武等主编《新闻传播百科全书》，四川人民出版社 1998 年版，第 529 页；童兵、陈绚主编《新闻传播学大辞典》，中国大百科全书出版社 2014 年版，第 569—570 页。
② 《立报》是 1935 年 9 月 20 日在上海创刊的小型日报，由自由主义报人成舍我邀约新闻界朋友们集资合办。成舍我任社长兼总经理。成氏主张"小报大办"，坚持新闻、言论、副刊并重。至 1937 年初夏，该报发行量高达 20 万份以上，居全国报纸之冠，成为中国新闻史上小型报的翘楚和典范。该报于 1937 年 11 月因上海沦陷而被迫停刊。1938 年 4 月 1 日，《立报》香港版创刊。该报直到 1941 年太平洋战争爆发、香港沦陷，才被迫停刊。参见邱沛篁、吴信训、向纯武等主编《新闻传播百科全书》，四川人民出版社 1998 年版，第 542—543 页；方汉奇《一代报人成舍我》，载《方汉奇先生文集》，汕头大学出版社 2003 年版，第 464—465 页。
③ 曹聚仁：《我与我的世界：曹聚仁回忆录（修订版）浮过了生命海》，生活·读书·新知三联书店 2011 年版，第 572—573 页。
④ 曹聚仁：《可战之机会》，《社会日报》1937 年 7 月 23 日。

周边地区只是有些紧张，并无战事。二人不知，这只是表面平静，实则危机四伏。卢沟桥事变后，驻沪日军剑拔弩张，伺机挑动全面侵华战争。9日，日军驾车冲撞虹桥机场，挑起事端。国民政府对日军"由局部小事件提出苛刻解决条件，争取时间国内动员，然后借口条件得不到满足而发动战争"的侵略伎俩早有预备。① 据曹聚仁回忆，八十七、八十八两师于11日接到命令，遂向上海近郊推进，以防不测。翌日清晨，八十八师的前哨已出现在上海北站，八十七师的前哨也进到江湾车站。②

8月13日，日军向上海发起了进攻。广大中国官兵激于民族义愤，奋起抵抗，同日本侵略者展开了为期3个月的淞沪会战。日军进犯淞沪的企图在于控制这个在政治、经济和军事上都具有重要战略地位的地区。日军侵占上海意在"使其丧失经济中心的机能"③。

按理说，淞沪会战一打响，曹聚仁的随军计划本该立即实现。但预定在广州出版的《星粤日报》尚在筹备，暂不需他进行采访。眼看计划中的战地之旅即将化为泡影，曹聚仁从友人周木斋处得知，报人曾虚白聘请他担任上海《大晚报》的战地记者。④ 据曹所知，上海人平素不爱看晚报，但是上海附近一有战事发生，人们还是非常关心时局，都希望及时获得有关消息。早在"一·二八"淞沪抗战期间，在时任总主笔曾虚白的全心投入下，《大晚报》以出色的战事报道，确立了自己在上海读者心目中的地位。⑤于是，曹聚仁就从这份广受赞誉的报纸起步，开始了他的战场初旅。

二 促成我军变通战时新闻发布方式

新闻自出现以来，就伴随着自身功能不断演化的过程。国际新闻的功能是随着历史发展演进的。随着20世纪两次世界大战的爆发，传统的国际新闻之外增加了对外宣传。由此，西方国家的国际新闻中带有"偏见

---

① 张宪文等：《中华民国史》第3卷，南京大学出版社2013年版，第26—27页。
② 曹聚仁：《我与我的世界：曹聚仁回忆录（修订版）浮过了生命海》，生活·读书·新知三联书店2011年版，第593页。
③ ［日］防卫厅防卫研究所战史室：《中国事变陆军作战》1，朝云新闻社1983年增印版，第284页。转引自军事科学院军事历史研究部《中国抗日战争史》中卷，解放军出版社2015年版，第116—117页。
④ 参见程曼丽、乔云霞主编《新闻传播学辞典》，新华出版社2013年版，第81页；王荣华主编《上海大辞典》中册，上海辞书出版社2013年版，第1213页。
⑤ 闵大洪：《曾虚白与上海〈大晚报〉》，《新闻记者》1987年第9期，第47页。

性""歧视性"和"宣传性"的内容不断增加，故其政治性逐渐高于新闻性。在半殖民地半封建的中国，本土报刊上的国际新闻则起到了唤醒民族意识、推动民族运动的作用。①

身处战火之中的曹聚仁真切地感受到，上海高涨的抗战情绪，仿佛只在锅子里沸腾，一点也传导不出去。这情形大大阻碍了中国的抗战宣传。相较而言，日本却为其侵略战争合法化大造国际舆论。作为战地记者，曹聚仁深感中方抗战宣传存在严重缺陷。②

（一）"淞沪会战"初期的新闻管制及其弊端

据曹聚仁观察，淞沪抗战时，战线上共有三个师，而唯有孙元良的八十八师接近租界。当时国人急欲知晓战情，报社急待报道新闻；因此，八十八师司令部就成为各报记者竞相采访的共同目标。③

曹聚仁清楚地认识到，会战初期的战时新闻政策令我军和新闻界不得不面对种种窘境。

一方面，在消息发布方面，我军与日军之间存在较大差距。我军面临如下困难：其一，军事有关秘密，事前不能发表；其二，部队移动种种，与本身利害有关，绝对不可能发表；其三，巷战时有进出，进行定甚濡缓，很少有消息可发表。相较之下，日方的军事报道处于优势。日本《每日新闻》派遣了至少 15 名战地记者。因日军通讯工具的便利，日方报纸所刊战地照片，皆系电传。日本的军事负责人每天发布新闻五六次，在宣传上占了先机。④

另一方面，至于中外各路记者很难进入中国军队的抗战前线采访并获得具有时效性的新闻，曹聚仁分析指出新闻界的困难可归因如下。其一，军方对记者的态度。八十八师司令部并不欢迎记者的到来，因为报馆汽车常引来日军的轰炸。因此，各报社记者无法进入前线采访。其二，烦冗的发布制度。统帅部明令各军师部不得擅自发布新闻。南翔第五军总司令负责统一拟定新闻，向苏州长官部报告，再由长官部转告上海市政府，由新闻处转告中外记者。上海市政府所发布战讯不仅失掉了时效性，而且内容

---

① 刘笑盈：《国际新闻学：本体、方法和功能》，中国广播电视出版社 2010 年版，第 289 页。

② 曹聚仁：《宣传上的缺陷》，《大晚报》1937 年 8 月 31 日。

③ 曹聚仁：《采访外记　采访二记》，生活・读书・新知三联书店 2007 年版，第 45 页；曹聚仁：《我与我的世界：曹聚仁回忆录（修订版）浮过了生命海》，生活・读书・新知三联书店 2011 年版，第 598 页。

④ 曹聚仁：《宣传上的缺陷》，《大晚报》1937 年 8 月 31 日；曹聚仁：《我与我的世界：曹聚仁回忆录（修订版）浮过了生命海》，生活・读书・新知三联书店 2011 年版，第 598 页。

刻板，不为中外记者所重视。①

（二）曹聚仁建言变通我军战时新闻发布方式

迫于严峻形势，曹聚仁就战时新闻发布方式向我军将领如此建言：

> 报馆必派遣战地特派员，乃是"新闻眼"问题；记者自有摄取的能力，于避免泄露军事秘密条件之下尽报导之责任，亦可于无可报导之时找出很好的消息的。②

中国军方联络员认可曹聚仁的观点，并与他商拟出下列办法："由各报馆选定战地记者，共同向各部队派遣，每一部队派遣一人，消息的传达完全由这个记者负责。"③

因与孙元良师长的私谊，曹聚仁于 9 月 3 日应约住到八十八师司令部。需要说明的是，曹聚仁不是以记者身份住到军部去的。在孙师长的精心安排下，曹成为他的秘书，可随军部同进退，替他发布新闻。新闻的发布责任由曹自己担当，与师部无关。④ 据曹聚仁本人的叙述，刚进入军部时，他只带着《大晚报》记者的名义，后来加上了《立报》的任务，到后来又变成国民党中央通讯社战地特派员。⑤

第二节　"淞沪会战"报道成功的原因以及
战地报道的功用

淞沪战役中，曹聚仁随军到了闸北战场，白天替《大晚报》写战讯，晚间替《立报》写军事新闻。本节将回答如下问题：曹聚仁如何在"淞沪会战"的战地报道中取得成功？他的战地报道有何作用与功能？

一　"淞沪会战"报道取得成功的原因

据曹聚仁回忆，《立报》社长成舍我曾经谈到，《立报》销数达到 20

---

①　曹聚仁：《我与我的世界：曹聚仁回忆录（修订版）浮过了生命海》，生活·读书·新知三联书店 2011 年版，第 598 页。

②　同上。

③　同上。

④　同上。

⑤　曹聚仁：《采访外记　采访二记》，生活·读书·新知三联书店 2007 年版，第 47 页。

万份的空前纪录，与曹的第一线采访，不无相当关系。[①] 通过对曹聚仁的回忆录分析可知，他在战时新闻报道方面的成功取决于如下方面：

（一）获军方亲授，掌握军事知识

曹聚仁进入八十八师司令部后，自以为带了一支笔，总可以做些分内的宣传工作。但他自觉所做的工作是空虚的，空虚的主因在于他以往缺乏军事常识。他深感自己既不懂军事术语，又不懂作战方略和技术，对于新武器的构造作用均多生疏，甚至连一幅地图也绘不出来。[②] 幸运的是，曹聚仁刚一成为战地记者，就处于同业朋友不曾遇到的有利环境。

据曹聚仁回忆，"淞沪会战"期间，孙元良师长把他分配在参谋处长张柏亭的房间里，使得二人起居与共。张柏亭担负着指挥作战的实际任务。他房中挂满了军事地图，图上插着小小的三角色旗，清楚地标识我军配置情况和敌军阵地的配置。曹聚仁自行将之前几个星期的战况，对照着这份军事实况图来看，胸中恍然有所悟。作为战地记者，他就这样上了军事第一课。[③]

每日午晚二餐，曹聚仁都和孙、张二人共进。此外，副师长冯圣法、参谋长陈素农也时常在场。用餐时，军官们有时检讨敌情，有时讨论作战计划，有时分配作战任务，曹聚仁就在旁静听。他听了军官们的谈话，再从军事地图去了解情况；有时，他先看了军事地图，心中先有个轮廓，再去听军官们的谈话，感觉线索格外分明。[④]

此外，张柏亭向曹聚仁传授了陆军大学的军事知识。在他的帮助下，曹很快学习了许多军事术语，串用在新闻之中。曹还读了德国军事理论家克劳塞维茨（Carl Von Clausewitz）的《大战学理》、德军统帅兴登堡（Paul Von Hindenburg）和鲁登道夫（Erich Von Ludendorff）的军事史，学习了轻重兵器的知识。在内因和外因的合力下，曹聚仁总算在军事方面入了门。[⑤]

（二）触类旁通，归纳战地报道原则

因为有了孙元良师长的优容相待、张柏亭的充分协助，让初旅战地的

---

① 曹聚仁：《我与我的世界：曹聚仁回忆录（修订版）浮过了生命海》，生活·读书·新知三联书店 2011 年版，第 445—446 页。

② 曹聚仁：《一个落了第的战地记者》，《战时记者》1938 年第 1 卷第 3 期，第 7 页。

③ 曹聚仁：《我与我的世界：曹聚仁回忆录（修订版）浮过了生命海》，生活·读书·新知三联书店 2011 年版，第 599—600 页。

④ 同上书，第 600—601 页。

⑤ 曹聚仁：《采访外记　采访二记》，生活·读书·新知三联书店 2007 年版，第 51 页。

曹聚仁获益匪浅。但是曹却被军方抛来的一个小课题难住了。他们问："你们究竟要的是什么样的新闻呢？"这话中，就有"什么是新闻？什么是军事新闻？"的含意。曹聚仁竟一时答不上来。①

恰好，到军部的第三天，曹聚仁接到了曾虚白的电话。"八·一三"爆发后，曾虚白被任命为国民政府军事委员会第五部国际宣传处处长（后划归国民党中央宣传部），负责制定抗战期间的国际宣传政策。②通话中，曾虚白和曹聚仁谈起了刊在上海英文报纸《字林西报》上的一篇关于"三个军帽"的特写。那是一场小战斗的插曲。经过如下：某晚，日军从北四川路靶子路口，沿福生路向北站发动黄昏攻击；那时，我军凭着一堵砖墙守着巷口，只有三名哨兵。日军却有一个分队。我军显然是寡不敌众。那位站在靶子路南观战的外国记者见状不禁为之着急。忽然，那三名中国兵摘下自己的军帽搁在战壕边上，匆匆地走开了。那记者以为中国兵一定溜走了。哪知等到日军迫近战壕，向那三只军帽猛烈射击之际，他们背后，却闪出那三个中国兵，正向这队日军投掷手榴弹。这分队的日兵立刻被消灭了。这一来，那位外国记者也为之欢呼不已。他对中国兵的机智神勇十分佩服。这一特写极富戏剧性，轰动了全世界。③

听了曾虚白一席话，曹聚仁触类旁通，突然从"三个军帽"的新闻中悟到了军事新闻报道的原则。他欣喜地发现，这则新闻最有宣传意义，却又不至于触犯泄露军事秘密的禁忌，这便是他所需要的新闻。于是，他当即把这一新闻转述给孙元良师长。孙师长对曹的观点予以首肯，表示"只要不至于泄露军事秘密"，可以全力支持曹的工作。④

二　战地报道的作用与功能

从军事角度而言，为期三个月的淞沪会战先后历经了上海市区反击作

---

①　曹聚仁：《我与我的世界：曹聚仁回忆录（修订版）浮过了生命海》，生活·读书·新知三联书店 2011 年版，第 601 页。

②　参见闵大洪《曾虚白与上海〈大晚报〉》，《新闻记者》1987 年第 9 期；徐友春主编《民国人物大辞典》，河北人民出版社 1991 年版，第 1196—1197 页。

③　曹聚仁：《我与我的世界：曹聚仁回忆录（修订版）浮过了生命海》，生活·读书·新知三联书店 2011 年版，第 601 页。

④　同上书，第 602 页。

战、淞沪地区防御作战，以及杭州湾抗登陆及撤退三个阶段。[①] 8 月 14
日—9 月 11 日，中国军队处于进攻期。9 月 11 日，中日双方攻守易势；9
月 14 日，日军开始全线进攻。[②]

　　会战期间，曹聚仁发表了大量战地通讯和军事评论（发稿情况见
表 4 - 1）。自 8 月 17 日起，他开始为《大晚报》撰写战地旅行通讯、人
物通讯"勇士录"和战地工作通讯"军中日记"。截至 10 月 28 日，他为
该报撰稿共计 36 篇。从 9 月 13 日起，《立报》以"本报战地特讯"的名
义刊登曹聚仁的战地通讯。9 月，曹的稿件还在断断续续刊登。从 10 月
起，《立报》每天的头版头条都可见曹的战地通讯。从 9 月 13 日至 11 月
11 日，曹在《立报》发表战地通讯共计 49 篇。此外，他还发表军事评论
"战地小语"10 篇，内容涉及现代战争的诸多方面。

表 4 - 1　　　　　　　　"淞沪会战"期间曹聚仁发稿统计

刊　物	时　间	体裁	类　别	篇数	版　面	总　计
《大晚报》（上海）	1937 年 8 月 17 日—10 月 28 日	通讯	战地事件、战地人物、战地工作	36	头版（34 篇）、非头版（2 篇）	95
《立报》（上海）	1937 年 9 月 13 日—11 月 11 日	通讯	战地事件	49	头版	
		评论	军事	10	非头版	

　　美国政治学家哈罗德·拉斯韦尔（Harold Lasswell）最早提出传播的
"三功能说"。他认为，传播具有监视环境、联系社会和文化传承三大功
能。[③] 作为一种传播形式，新闻也具备上述三大功能。曹聚仁对"淞沪会
战"的战地报道与评论在读者中引起了较大反响，发挥了新闻在监视环
境和联系社会方面的作用。在国际新闻报道方面，曹聚仁借助国民党中央
通讯社，以侧面报道击碎了日军的谣言。

　　（一）监视环境

　　监视环境是大众传播媒介的第一个功能，它向受众提供并告知新闻。

---

　　① 关于淞沪会战分期，参见军事科学院军事历史研究部《中国抗日战争史》中卷，解放军
出版社 2015 年版，第 117—126 页。

　　② 张宪文等：《中华民国史》第 3 卷，南京大学出版社 2013 年版，第 28—29 页。

　　③ ［美］哈罗德·拉斯韦尔：《社会传播的结构与功能》，何道宽译，中国传媒大学出版社
2013 年版，第 37 页。

媒介发挥监视功能也可能引起不良后果。如果过度强调危险和威胁，便可能导致社会的恐慌。① 由于战时宣传的特殊需要，报道的新闻性不得不让位于政治性。

淞沪会战期间，曹聚仁的战地报道发挥了监视环境的功能，向上海读者提供战地旅行通信和军事评论。然而，为了避免引起恐慌，他不断以乐观的战况鼓舞国人，称赞国防严密以及将士的英勇无畏，并持续呼吁以持久战来消耗日军。

1. 以乐观的战况报道鼓舞国人

会战一打响，曹聚仁就及时向国人通报战况，其核心内容是"我军占优势或得胜，而日军处于劣势或失败"。8月中旬至9月底，平均每两三天就可在上海的报纸上读到曹的文章。在此期间，他在《大晚报》和《立报》发表战地通讯和军事评论共37篇，其中有近一半（15篇）涉及"我胜敌败"的主题。

据曹聚仁记述，1937年9月初，我军由攻势转为守势，已经处于劣势。从左翼看，张华浜、蕴藻浜、罗店这些防线，天天在变动，天天在后退。也只有右翼防线，即从八字桥到北站这一线还在勉强支持着。他笔下写得热闹，报纸上大字刊得刺目，读者看得兴奋，其实都是次要防线上的新闻，无补于大局的危急。可以写的都不是真的重要性的新闻；真实性的新闻几乎一字都不可吐露出来。② 在我军"转攻为守"后的第一周（9月13日—19日），虽然战局不妙，但曹依然发表了4篇乐观的战讯。

从10月起至11月11日，曹聚仁所撰"我胜敌败"的乐观战讯每日见诸上海《立报》头版头条。而他所刻意避免报道的真实战况却不容乐观。据他观察，10月初，我军左翼情势一天一天严重起来，显然只有招架之功，并无还手之力。军方决定以一场最强大的左翼还击来挽救这个最重大的危机。为了这场冒险，乃有10月14日晚间的右翼全线"佯攻"。曹聚仁回忆称，当时他笔下的战讯渲染得热闹，这是上海市民所未见未闻的兴奋场面。但这回"佯攻"的实际战果是，我军只是把北四川路西边的日军赶回到东边去，推进了两丈多路。他心头被这"佯攻"的实际情

---

① 董璐编：《传播学核心理论与概念》，北京大学出版社2008年，第123页。
② 曹聚仁：《采访外记　采访二记》，生活・读书・新知三联书店2007年版，第51—52页。

况给闷住了。他知道一切都难于乐观。实际情况是，那晚我军左翼牺牲惨重。接下来，便是 10 月 21 日的黑大黄宅之役。据曹聚仁本人的叙述，他当时把战斗的场面写得十分悲壮，但他并不让读者知道战场上的实情。当上海市民为之兴奋，中外记者肯定我军会长期固守之时，我军却于 10 月 23 日总撤退了。到了淞沪战争的后半场，军事情势的发展显然已和预定的战略安排南辕北辙。曹聚仁回忆称，他和同行们所写的军事新闻的真实性也越来越低。11 月 1 日，在淞沪战场的我军接到了全线总撤退的命令。曹聚仁称，到了 11 日，我军的全线总撤退可以用"溃不成军"来形容。[①]

2. 称赞中国的严密国防

淞沪开战后，因国人急欲了解国防实情，故曹聚仁于 8 月 21 日绕道沪西，作短期战地旅行。他自称，除不宜报道的军事机密，应尽可能在战地旅行通信中介绍各地情形，目的在于坚定国人抗敌必胜的信念。[②]

自 8 月下旬至 9 月底，曹聚仁在多篇通讯和军事评论中称赞了中国的国防。如在海防方面，"东南海防固若金汤，日军图谋登岸实属自不量力。日军从浦东登陆和空袭吴淞，皆出无奈"[③]。在空防方面，"东南防空严密，我机主动迎击来犯的敌机，敌机知势不敌而退"[④]。而且"我军的飞机随时作防御准备，驱逐来滋扰我后方的敌机"[⑤]。在江防方面，"江防固守，则各部进袭，必成为长时期消耗战，于我有利无损"[⑥]。就陆防而言，"我军在闸北所筑成的现代化阵地支持一年两年是不成问题的"[⑦]。

3. 赞扬我军抗敌意志坚决、作战英勇

8 月下旬，《大晚报》连载了曹聚仁的战地通讯《从战地归来》，赞扬了我军抗敌意志坚决，作战英勇，不畏牺牲。如 8 月 18 日，曹如此评价中日两军的作战能力："敌军不仅作战经验缺乏，即作战的意志也不坚决，我军则人人抱必死之心，士气强盛，胜敌百倍。"19 日，他又慨叹："中华民族觉醒后的伟大；上自军事长官，下至士卒，无不以壮烈的牺牲

---

① 曹聚仁：《我与我的世界：曹聚仁回忆录（修订版）浮过了生命海》，生活·读书·新知三联书店 2011 年版，第 606—610 页。

② 曹聚仁：《东南海防金城汤池/敌国登岸实不量力》，《大晚报》1937 年 8 月 25 日。

③ 同上。

④ 曹聚仁：《东南防空固密/飞鸟难人》，《大晚报》1937 年 8 月 26 日。

⑤ 曹聚仁：《我空军续战》，《大晚报》1937 年 9 月 2 日。

⑥ 曹聚仁：《老将论江防》，《大晚报》1937 年 9 月 1 日。

⑦ 曹聚仁：《战场小语：一、阵地战》，《立报》1937 年 9 月 30 日。

为快举……我们的卫国战士，上下一致热烈的抗战情绪，坚强的抗战意志，早已结成永不可毁的长城，军事上的胜利，自可操左券了。"

9月18日至10月9日，曹聚仁在《大晚报》发表了6篇题为《勇士录》的人物通讯。他以白描的方式，刻画了诸位将士在前线的英勇壮举，其中包括：同殉吴淞镇的王团长及其部下、挨饿三日三夜的勇士周汉陈、一次炸毁日军六辆坦克的刘连长、号召士兵团结抗敌的孙师长、置生死于度外的王队长、负创杀敌至弹尽殉国的潘营长以及死守印度教堂的刘望亭连长。

4. 呼吁以持久战消耗日军

淞沪开战不久，某师长对曹聚仁说："现在我们的抗战争取民族的命运，我们抵抗到底，我们争取最后的胜利，持久当然要耐心去等待。"闻此言，曹即向读者呼吁："对于持久战，第一要韧，第二要韧，第三要韧！"①

开战半月有余，曹聚仁又对淞沪战局进行了鸟瞰，推测中日战局可能速战速决，也可能是持久战。② 我军某将领在接受曹采访时指出："'一战'中协约国之所以能胜利德国，就因协约国力守阵线，能够持久。现在我们只要能够持久，消耗敌人的游击兵力，不一定在某一线，我军就能制胜。"③ 9月15日，曹在战地通讯中报道：我军退守第一道防线，自上海北站以迄罗店、浏河，延长不下一百五六十里，工事坚强，足资持久固守。④ 9月底，他在军事评论中分析称："抵抗暴敌，必须用现代化的阵地对付他，使主力军队支持在深壕边上，才能谈得到持久消耗。"⑤

5. 劝告国人莫轻信谣言

8月底，上海正流布许多谣言。而曹聚仁从某方面得知，我军在罗店前线占绝对优势。于是，他决定到罗店去冒一次险，让造谣者闭嘴。⑥

9月份，上海有传闻闸北我军要退却的消息。⑦ 18日，曹聚仁到战场进行采访。被访的军方人士谈及战略上的"退却"问题，称："用兵最难于退却，我个人认为，这一回退却是可喜的，可惜信谣的人们，不懂得退却在军事上的神妙之处。"曹援引军方人士的话，告知读者如何看待战略

---

① 曹聚仁：《从战地归来》，《大晚报》1937 年 8 月 18 日。
② 曹聚仁：《淞沪战局鸟瞰》，《战时联合旬刊》1937 年第 1 期。
③ 曹聚仁：《不一定在某一线我军能制胜》，《大晚报》1937 年 9 月 3 日。
④ 本报战地特讯：《敌两度被我包围痛击》，《立报》1937 年 9 月 15 日。
⑤ 曹聚仁：《战场小语：一、阵地战》，《立报》1937 年 9 月 30 日。
⑥ 曹聚仁：《罗店战场凭吊》，《大晚报》1937 年 8 月 30 日。
⑦ 曹聚仁：《战场小语：一、阵地战》，《立报》1937 年 9 月 30 日。

上的"退却"，在客观上起到了辟谣的作用。① 紧接着，曹又在 30 日的军事评论中指出闸北的现代化阵地牢固。他引述中国军人答复造谣者的话称"闸北方面永不退却"②。另外，到 9 月底，上海租界中关于战况的传说很多，有的人绘音绘声，若有其事。据他观察，我军的右翼防务，一天坚固一天。令他感到奇怪的是，在我军占优势的情况下，上海市民却"一夕三惊，皇皇（惶惶）难安"。在民众议论纷纷时，曹只能用文字来安抚民心，他在 27 日的《军中日记》结尾写道："天下太平无事，将军帐中高卧。"③

10 月初，据传租界中人都相信闸北我军要向后撤退的谣传。每一度左翼阵地有点儿移动，就潮起一度闸北我军后退的谣言。为了回击谣言，曹聚仁在战地通讯中向读者做出如下保证："左翼即逐渐后移，孙军长们所筹建的国防阵地，永远不会移动，闸北驻军有保卫大上海的决心，绝无向后撤退之意。"④

（二）联系社会

作为大众传媒的第二个功能，联系社会是对周围环境信息的选择和解释。媒介发挥的联系功能是通过对偏差行为的曝光强化社会规范，帮助社会达成共识，并参与对政府行为的检查。⑤ 淞沪会战期间，曹聚仁借助报纸这一大众传媒揭露日本法西斯的反人类暴行，谴责汉奸卖国行径，并建议国民政府注重军备和民众组织。

1. 揭露日本法西斯的暴行

在淞沪会战中，日军疯狂轰炸上海的平民目标，住宅区、学校及其他重要建筑无一幸免。曹聚仁以不争的事实揭露了日本法西斯在战争中制造的种种暴行。例如，他指出沪西一带在此次战局中并无军事意义。然而，9 月初日军对沪西一带连日轰炸造成很多无辜平民的伤亡。而日军发言人却对各国记者谎称，沪西驻有中国炮兵阵地。日军有兽性而无人性的丑恶面目昭然若揭。⑥ 面对日军如此暴行，他在 9 日的通讯中痛斥道："日本

①　曹聚仁：《军中日记》，《大晚报》1937 年 9 月 19 日。

②　曹聚仁：《战场小语：一、阵地战》，《立报》1937 年 9 月 30 日。

③　曹聚仁：《军中日记》，《大晚报》1937 年 9 月 27 日。

④　曹聚仁：《军中日记》，《大晚报》1937 年 10 月 6 日。

⑤　董璐编：《传播学核心理论与概念》，北京大学出版社 2008 年版，第 123 页。

⑥　曹聚仁：《沪西新劫》，《大晚报》1937 年 9 月 6 日。

民族真是东方和平民族的不肖子，所谓武士道精神，已经把日本人变成疯狗了。"随后他报道了从中国军方获得的消息：持志学院在日军轰炸中被夷为平地，爱国女学也被烧毁了。① 17 日，曹援引中国官方数据，称截至16 日上海市中心区的损失在两千万以上。②

2. 谴责汉奸的卖国行径

8 月底，曹聚仁暂时离开上海，抵达嘉兴。他从嘉兴的友人处得知，嘉兴的重要人物里很多都有汉奸嫌疑。他在《大晚报》上对汉奸的卖国行径予以谴责，指出：

> 街坊间所传汉奸理论，皆为中国抗日必败论家，他们既很聪明，也许太聪明了，所以预先卖国，向敌通款，以为亡国后进身之地。③

在 9 月 12 日的《军中日记》中，曹聚仁指出作战极需要后方民众的帮助，因为平时没有组织，反而使汉奸病菌埋伏在街面。他在日记中描述，每当看到汉奸在夜晚所放的帮助日本军机投弹的信号灯，总觉痛心。④ 翌日，他又在日记中痛斥，"每条鲜血活流中，常有可怕的病菌在那儿滋生，我们的战士在火线上效命，在后方却有比蛇蝎还毒恶的汉奸到处活动"。他自称，尤其痛心于中国民众间每一个弱点都被日本所利用。⑤

3. 建议政府注重军备和民众组织

面对日军的疯狂进攻，曹聚仁一再强调军备的重要性。如 9 月 8 日，他发现上海江湾、闸北一带的建筑物毁坏严重。在采访中，军方人士谈及军备的意义，指出"惟有充分准备，一切建筑物，一切日常生活，一切生产工具，都和军事保持密切联系，这才是军备"⑥。17 日，曹聚仁痛心地发现上海市中心的一切美丽建筑都被日军毁坏了。他表示："我们于此得到一个教训，要对敌人抗战，一切都要含有国防的意义。假若把诸多建筑都造成坚固的堡垒，则此次作战，不知要占多少便宜呢。"⑦ 10 月 19 日，他又一

① 曹聚仁：《军中日记》，《大晚报》1937 年 9 月 10 日。
② 曹聚仁：《军中日记》，《大晚报》1937 年 9 月 17 日。
③ 曹聚仁：《士兵们兴高采烈参加这有意义的战争》，《大晚报》1937 年 8 月 28 日。
④ 曹聚仁：《军中日记》，《大晚报》1937 年 9 月 12 日。
⑤ 曹聚仁：《军中日记》，《大晚报》1937 年 9 月 13 日。
⑥ 曹聚仁：《军中日记》，《大晚报》1937 年 9 月 8 日。
⑦ 曹聚仁：《军中日记》，《大晚报》1937 年 9 月 17 日。

次在军事评论中阐述军备的重要性。他认为，既然日军处心积虑要窥伺淞沪，则该地区"处处当从抗战着墨"，且"与自己的力量相适应"①。

此外，曹聚仁还建议加强后方民众组织工作。淞沪开战两周以来，他发现，日军所恃以胜我的不在其新式武器及士兵，而在其鬼蜮万状的间谍。面对为虎作伥的间谍们，他疾呼："我们该懂得组织民众的迫切需要了。"② 他还发现，"八·一三"战事打响以来，所有年轻的知识分子都兴奋起来，希望为抗日做点工作。可是到了 9 月中旬，因为后方可做的工作太少，又加上失业的威胁，青年们有点消沉了。他认为这是政治上的极重大问题，因此建议："如何使每个青年尽其救国的能力，得有一个极适当精详的计划来安排，极健全的组织来推动。"③ 9 月下旬，中国政府着力于救济难民，相比之下，组织民众的工作反而日渐疲缓，这对于前方作战实在是很多牵制的。于是，他呼吁："做后方工作的人，应该努力干一干，不要忽略了民众组织。"④

（三）以侧面报道击碎日军谣言

淞沪会战期间，独立战地记者曹聚仁第一次借助国民党中央通讯社的平台，与国际新闻界产生了联系。他依据战地见闻作侧面报道，击碎了日军制造的关于我方即将总撤退的谣言。

据曹聚仁回忆，淞沪战争发生后，世界视线集中到远东来。各国记者云集上海，往来京沪之间。他们很少对中国抗战抱有信心，非但不重视中国方面的新闻，还尽量采用日本的消息。10 月 3 日一整天，29 架日本军机持续轰炸我军的闸北阵地。当天下午，日方发言人就对各国记者宣告："闸北中国军队阵地经轰炸后完全动摇，即将向后总撤退！"上海各外报及通讯社，以严重字句报道了我军即将撤退的消息。⑤

曹聚仁自述，10 月 4 日清晨，他接到了中央通讯社的电话，按社里要求只字不发。他放下电话，便离开师部，到旅部、团部及北站第一线阵地转了一圈。他一回到师部，就发出了一份 600 多字的电讯。首先写他在

① 曹聚仁：《战场小语：九、公路》，《立报》1937 年 10 月 19 日。
② 曹聚仁：《士兵们兴高采烈参加这有意义的战争》，《大晚报》1937 年 8 月 28 日。
③ 曹聚仁：《军中日记》，《大晚报》1937 年 9 月 17 日。
④ 曹聚仁：《军中日记》，《大晚报》1937 年 9 月 23 日。
⑤ 曹聚仁：《我与我的世界：曹聚仁回忆录（修订版）浮过了生命海》，生活·读书·新知三联书店 2011 年版，第 602 页。

军部所见孙元良将军的生活，依次说到在旅部团部和军官们的谈话；再谈到在战壕里的士兵情况。全文没有一个带刺激性的宣传字眼，也不驳斥敌方发言人的谈话。此电讯一经发出，各通讯社及上海各家外文报都以显著位置刊登了他的巡行记，并更正前一天的谣言。①

通过对当时的外文报纸的搜集和阅读发现，1937年10月3日《纽约时报》引用了中方关于闸北战况的报道称，日军动用各种现代化武器对闸北进行了数小时的轰炸，中国军队予以回击，而"闸北各条战线安然无恙"②。《泰晤士报》驻上海记者于10月4日报道称："今日日军对闸北和江湾的猛烈持续轰炸。中国抵抗者并未动摇，而是击退了日军的屡次进攻。"③ 由上述外媒报道可见，曹聚仁的确以一篇侧面报道击碎了日方谣言。

第三节　与国民党中央通讯社的渊源

随着全面抗战爆发后民族危机的加深，自由主义者逐渐采取与国民党合作的立场，他们中的不少人加入了国民党政权。④ 胡适和储安平都是其中的代表人物。

1938年10月，胡适开始担任国民政府驻美大使。他此时所持的"苦撑待变"的对日论调是把中国的命运寄托于国际社会，特别是美国的援助上。⑤ 同年，因抗日战争爆发，留学英国的储安平卒业提前回国，任《中央日报》主笔兼国际版编辑。6月，他创办了副刊《平明》，依托国民党的党报鼓吹抗战。⑥ 1939年9月，经国民党中宣部次长兼中央政治学校教育长张道藩的介绍，储安平进入位于重庆的中央政治学校工作。⑦

---

① 曹聚仁：《我与我的世界：曹聚仁回忆录（修订版）浮过了生命海》，生活·读书·新知三联书店2011年版，第602—603页。

② Chinese in Chapei Repulse Japanese. *The New York Times*, 1937 - 10 - 03.

③ The Times correspondent. Onslaught at Shanghai. *The Times*, 1937 - 10 - 05.

④ 参见刘庆楚《试评胡适抗战思想的演变》，《南京社会科学》1993年第4期，第81—86页。

⑤ 同上。

⑥ 储安平认为抗战无疑给中国带来了物质的损失，但也同时带来了无形中的、精神方面的"收获"。详见储安平《我们欢迎战事延长》，《中央日报星期增刊》1938年11月27日，载储安平著；韩戍、黎晓玲编《强国的开端》，群言出版社2014年版，第133—139页。

⑦ 参见韩戍《储安平传》，香港：牛津大学出版社2015年版，第181页。储安平于1940年10月从该校离职。参见朱燕平编《中国国民党中央政治学校文献类编（1927—1949）》，江苏人民出版社2014年版，第107、430页。

1940 年年初，他继续歌颂民族主义和民族意识的觉醒。①

与前述两位不同的是，1938 年，曹聚仁以自由主义知识分子身份进入国民党执掌的新闻机构中央通讯社（简称"中央社"），成为一名战地特派员，奔走于大江南北，接受抗日烽火的洗礼。

为厘清曹聚仁与中央社的渊源，这里有必要简要回顾一下该社的历史。中央社于 1924 年 4 月 1 日在广州创建。该社隶属于中国国民党中央党部，其任务是报道国民党中央及各地党务消息以及国内外要闻。1926 年 9 月，中央社成为全国性通讯社。1927 年 4 月，该社随国民政府迁往南京。② 1932 年 4 月，中央社改为社长制，并独立经营，由萧同兹出任社长。5 月，萧同兹到任后，立即改组中央社。③

萧同兹上任后，中央社与国外通讯社签署了一系列交换新闻的协议，预示着该社新闻信息的搜集传播能力逐步提高。④ 为了提高对外传播实力，中央社于 1933 年 8 月筹建英文部，聘用曾在《北平英文时事日报》（Peiping Chronicle）任记者、主编的任玲逊参与筹备工作。9 月，该社开始在天津发布英文新闻稿。任玲逊也是该社引进的第一个非国民党籍的记者。此后，萧同兹据此请准国民党中央党部，中央社聘用的人员不一定必须是国民党党员。⑤ 这就为曹聚仁这个自称"和国民党毫无关涉的自由主义者"⑥ 进入中央社提供了可能。

1937 年 11 月 11 日，国民党军队从淞沪全线总撤退，中央社上海分社虽在名义上宣布结束，但仍在租界秘密从事工作。⑦ 据曹聚仁的记述，

---

① 1940 年 1 月，重庆新评论社主办的政治理论刊物《新评论》半月刊创刊。储安平以中央政治学校研究员的身份为该刊撰写了发刊词《强国的开端》。由此文可见，储安平以抗日战争为激发中国民族主义的原动力，以战争为实现建立强大民族国家的手段，维护蒋介石的领袖地位，以国民党为领导中国复兴的希望。他的民族主义思想带有国家主义成分。详见储安平《强国的开端》，《新评论》1940 年第 1 期，第 3—6 页。

② 中央社六十年社编：《中央社六十年》，台北"中央通讯社"1984 年版，第 2—3 页。

③ 同上书，第 13 页。

④ 齐辉：《"中央通讯社"与中国现代新闻业的嬗变》，载倪延年主编《民国新闻史研究 2014》，南京师范大学出版社 2014 年版，第 142—143 页。

⑤ 参见中央社六十年社编《中央社六十年》，台北"中央通讯社"1984 年版，第 18—19 页；陈伟中主编《肖同兹和中央通讯社》（常宁文史资料第 4 辑），政协湖南省常宁县委文史委 1988 年版，第 287—288 页。

⑥ 曹聚仁：《我与我的世界：曹聚仁回忆录（修订版）浮过了生命海》，生活·读书·新知三联书店 2011 年版，第 636 页。

⑦ 陈伟中主编：《肖同兹和中央通讯社》（常宁文史资料第 4 辑），政协湖南省常宁县委文史委 1988 年版，第 287 页。

他于 11 月 21 日离开上海，抵达浙赣一带。虽几经努力，但他一时无法与孙元良的八十八师取得联络。作为战地记者，他此时已失去了有利于军事采访的条件，于是决定参加中央社随军组的工作，正式成为"以采访为中心的随军记者"。中央社在淞沪会战后就开始有计划地在各战区司令长官部所在地设立随军组，每组配发五瓦特的电台和两名电务员。① 此时，他带着中央社上海分社的关系，和总社发生了渊源，成了中央社的战地特派员。② 1937 年 12 月 13 日，南京沦入敌手。1938 年 1 月，中央社由南京迁往汉口。是年春，曹聚仁前往武汉。他在汉口不仅找到了八十八师的办事处，而且谒见了从未谋面的中央社社长萧同兹。③

据统计，中央社在抗战期间所派遣的随军组约有 30 余个。④ 因此，除了军事当局公布的军情之外，中央社还有本社记者专访的消息。⑤ 该社的战讯被各报争相采用，例如，1938 年台儿庄战役时，中央社就有五路战地特派员汇集于这个战役焦点，发挥了最大的工作效能。⑥ 据曹聚仁的自述，他在当年奔赴战地，参与了台儿庄战役的报道。⑦ 至于曹聚仁是否为"台儿庄大捷"电讯的首发者，容后讨论。

1938 年武汉会战前后至 1940 年太平洋战争前，曹聚仁以中央社战地特派员身份亲赴抗战前线，足迹遍布华东、华中和华南多座城市。在此期间，他撰写了大量战地通讯，其中部分被收入 1941 年出版的战地通讯集《大江南线》，还有的散见于各类报刊。需要注意的是，随着南京国民政府对日政策的转变以及中日战况的扭转，曹聚仁的战地报道地点随之不断迁移，其关注点与立场也发生着微妙变化。

---

① 参见曹聚仁《中央社与萧同兹》，《南洋商报》1954 年 4 月 28 日；曹聚仁《采访外记 采访二记》，生活·读书·新知三联书店 2007 年版，第 63—65 页。

② 曹聚仁：《采访外记 采访二记》，生活·读书·新知三联书店 2007 年版，第 63—65 页。

③ 曹聚仁：《我与我的世界：曹聚仁回忆录（修订版）浮过了生命海》，生活·读书·新知三联书店 2011 年版，第 638—639 页。

④ 陈伟中主编：《肖同兹和中央通讯社》（常宁文史资料第 4 辑），政协湖南省常宁县委文史委 1988 年版，第 290 页。

⑤ 曹聚仁：《中央社与萧同兹》，《南洋商报》1954 年 4 月 28 日。

⑥ 陈伟中主编：《肖同兹和中央通讯社》（常宁文史资料第 4 辑），政协湖南省常宁县委文史委 1988 年版，第 108—109 页。

⑦ 曹聚仁：《我与我的世界：曹聚仁回忆录（修订版）浮过了生命海》，生活·读书·新知三联书店 2011 年版，第 639—642 页。

第四节　战略防御阶段的言论（1937 年 7 月—1938 年 10 月）

从 1937 年 7 月卢沟桥事变到 1938 年 10 月广州、武汉失守，全国抗战进入战略防御阶段。国共两党及其领导的军队在合作抗日的旗帜下协同作战，对日军进行了卓有成效的抗击，日军实力受到比较大的消耗。战争规模的扩大及日本所投入兵力之多、损失之大，大大超出日本侵略者的最初预想，日军在战略上已是矛盾重重，日渐陷入被动地位。[①]

曹聚仁在 1937 年"七·七事变"、淞沪会战期间的言论已在第三章和本章第二节进行了梳理，故不再赘述。本节着重探究曹在淞沪会战后的报道活动和言论走向。

从 1937 年 11 月下旬至 1938 年 1 月，上海、南京和杭州等城市相继失守，曹聚仁极少发表文章。根据现存的《抗战》三日刊[②]原件和战地通讯集《大江南线》，可将他在此期间的言论活动分成前后两个阶段：第一阶段从 1938 年 2 月下旬到 3 月中旬，重点围绕正面战场在防御阶段存在的种种问题提出建设性批评；第二阶段从 1938 年 3 月下旬至 10 月底，逐步转向对正面战场和敌后战场的报道。

一　对正面战场问题的建设性批评

经过 1937 年的淞沪会战和南京保卫战，特别是上海、南京和杭州等重要城市的相继陷落，曹聚仁从 1938 年 2 月下旬开始为《抗战》三日刊的"战地杂感"专栏撰写时事评论，直言不讳地指出正面战场存在的诸多问题，并且提出了相应的解决办法。

例如，曹聚仁针对我军政治工作团队的不足，从士兵教育、技术训练

---

① 中共中央党史研究室：《中国共产党历史》第 1 卷下册，中共党史出版社 2010 年版，第 449 页。

② 《抗战》三日刊是抗日战争时期由进步新闻工作者于 1937 年 8 月 19 日在上海创刊的，邹韬奋任主编。1937 年 11 月迁往汉口出版。该刊系统报道评论国内外时事，响应中国共产党团结抗战的号召，宣传反映全民抗战的呼声，争取民主政治。参见童兵、陈绚主编《新闻传播学大辞典》，中国大百科全书出版社 2014 年版，第 573—574 页；陈玮《邹韬奋与〈抗战〉三日刊》，载龙华烈士纪念馆编《烈士与纪念馆研究》第 10 辑，上海人民出版社 2006 年版，第 183—190 页。

和宣传三方面提出改进建议；① 将严重的伤兵问题归咎于杭州政治机关只顾逃难而未对伤兵进行妥善安置；② 揭露了学生、学者和战地服务团专员们设法独占车辆和船只，只顾自己逃命，而弃民众于战乱之地的可憎面目；③ 抨击了全面抗战时期兵役制度的严重积弊，揭露了军队与政府强行抓丁、虐待壮丁以及富家子弟大多逃避兵役等问题。④ 鉴于上述情况，曹聚仁建议我军向日军学习，从"大处着眼，小处着手"，才能克敌制胜。⑤

曹聚仁在 3 月 18 日发表的《敌我短长论》中提醒国人注意，日军之所以得胜，除了武器上占优势，还在于日军的诸多"长处"。基于中日两军在淞沪会战中的表现，他比较分析了双方的优势和劣势。第一，在组织力方面，日军"组织力很强，几个残余的部队合拢起来，即能作战"；我军士兵的"组织力薄弱"，原因在于"有一部分的士兵教育不如人，士兵适应环境的能力也不及人"。第二，在观念层面，日军忠君爱国的观念很强；中国士兵的民族观念很深。第三，在作战中，日军有种"韧性攻击的精神"，各兵种看似"机械动作"相配合的立体作战，在可能范围内减低士兵的生命消耗；我军"攻击精神不良"，虽曾尝试立体作战，但发现机械动作并不容易配合。第四，日军认为我军作战"恋之于城市，一个城市失了，就退却到第二个城市"。第五，敌军进攻的步骤整齐、周密；我军搜索前进非常不周密。最后，曹聚仁呼吁国人上好全面抗战这一课，"一面抗战，一面学习，取敌之长，去己之短"⑥。

二 关于汉奸问题的暧昧态度与双重标准

曹聚仁于 1938 年 3 月 6 日发表题为《李陵与苏武》⑦ 的文章，以古喻今，针砭时弊，⑧ 字里行间隐藏着曹聚仁在汉奸问题上所持的暧昧态度

---

① 曹聚仁：《谈军队中政治部的机构》，《抗战》1938 年第 48 期，第 7 页。
② 曹聚仁：《伤兵问题》，《抗战》1938 年第 49 期，第 9 页。
③ 曹聚仁：《知识分子也离开了民众》，《抗战》1938 年第 50 期，第 8 页。
④ 曹聚仁：《抽壮丁》，《抗战》1938 年第 53 期，第 10 页。
⑤ 曹聚仁：《大处着眼，小处着手》，《抗战》1938 年第 52 期，第 10 页。
⑥ 曹聚仁：《敌我短长论》，《抗战》1938 年第 55 期，第 10 页。
⑦ 详见曹聚仁《李陵与苏武》，《抗战》1938 年第 51 期。
⑧ 西汉武帝天汉元年（公元前 100 年），苏武奉命出使匈奴被扣。天汉二年（公元前 99 年），汉将李陵奉命出征匈奴，最后因寡不敌众兵败投降匈奴。匈奴单于使李陵到北海边劝苏武投降。苏武严词拒绝，誓不投降。

和双重标准。

首先，曹聚仁对周作人附逆持暧昧态度。"七·七事变"后，平津陷落，北京大学举校南迁，留下来的教授只有周作人、马裕藻、孟森、冯汉叔 4 人。周作人执意留在北平，不肯南下。1938 年 2 月 9 日，日本大阪每日新闻社北京支局为鼓吹日伪"文化提携"，在北京饭店召开"更生中国文化建设座谈会"。北京大学教授周作人参会并发言。《大阪每日新闻》对此进行报道，并配发照片。周作人就这样公开表明其开始与日本侵略者合作的态度。①

作为周作人的好友，曹聚仁对月前周作人参加"更生中国文化建设座谈会"的附逆行为持暧昧态度。他并不直接批驳周氏从执意留平到附逆的丑行，而是引述了社会各界对周氏行为的不同反应。② 例如，陶亢德公开了周氏于 1937 年 9 月 26 日的致信。周作人在信中放言决不当汉奸："有同事将南行，曾嘱其向王教长蒋校长代为同人致一言，请勿视留北诸人为李陵，却当作苏武看为宜。"③ 又如，1937 年 12 月，主持上海《大公报》社评的王芸生撰写《孤岛杂感》一文，号召陷于孤岛的中国人都要以苏武为榜样，还指出李陵们给自己的变节找出的无耻借口："陵虽孤恩，汉实凉德。"④

其次，曹聚仁在汉奸问题上持双重标准。通过历数全面抗战爆发后在各地出现的变节的"李陵"与持节的"苏武"，曹聚仁赞扬了"近五十年的知识分子大有进步，国家观念及民族观念逐渐加强"；肯定了政府当局在杭州将陷时"措施贤明""催促准备进入维持会⑤的人物离杭，使他们没有做汉奸的机会"。此外，他强调"因为有了许多难民区，却替敌人供给了无数李陵，因此有了许多勾结敌人在为非作恶的真汉奸"⑥。

① 金士华：《所谓"更生中国文化建设座谈会"》，《文摘战时旬刊》1938 年第 19 期，第 472—473、478—479 页。

② 详见曹聚仁《李陵与苏武》，《抗战》1938 年第 51 期。

③ 亢德：《知堂在北平》，《宇宙风》1937 年第 50 期，第 75 页。

④ 王芸生：《孤岛杂感》，《大公报》（上海）1937 年 12 月 5 日。

⑤ 维持会是指抗日战争初期日本侵略者在中国沦陷区内利用汉奸建立的一种临时性的地方傀儡政权。其任务是为日本侵略者实现"以华治华""分而治之"服务。该组织担负着给日伪统治者筹集钱、粮，替日伪军队提供粮秣、民夫，向日伪军汇报中国抗日军队活动情报等任务，成为其侵略和奴役中国人民的工具和帮凶。参见李松林主编《中国国民党史大辞典》，安徽人民出版社 1993 年版，第 73—74 页；王捷、杨玉文、杨玉生等主编《第二次世界大战大词典》，华夏出版社 2003 年版，第 691 页。

⑥ 曹聚仁：《李陵与苏武》，《抗战》1938 年第 51 期，第 11 页。

由上述言论可见，曹聚仁在汉奸问题上持有双重标准，一方面赞扬知识分子能够在国难中"持节"；另一方面贬损难民可能在战乱中"变节"。

三　对正面战场和敌后战场的报道

武汉会战期间，国共两党在军事上密切合作，于 1937 年 10 月改编成立的新四军在大江南北积极开展游击战争，开辟了华中敌后战场，直接有力地打击了日本侵略者，配合了武汉会战的正面战场友军的作战。①

1938 年 3 月底至 10 月底，曹聚仁发表的战地通讯集中于正面战场的徐州会战和武汉会战，同时报道了敌后战场开展的游击战，以及民众积极参与抗战的情况。

（一）曹聚仁是否是"台儿庄大捷"新闻的首发者

曹聚仁在自传中称，他是"台儿庄大捷"电讯的首发者。② 1993 年，李伟首先在《曹聚仁传》中沿用了曹聚仁在自传中的说法。③ 1995 年，曹聚仁之妻邓珂云在接受李伟采访时，也持有同样的观点，称"首发这新闻的就是曹聚仁"④。此后，李伟、焦国标、卢敦基、周静和陈建云先后在他们所著的曹聚仁传记中无一例外地采用了曹聚仁本人首发"台儿庄大捷"消息的说法。⑤ 然而，无论是曹聚仁的自传及其亲属的回忆，还是后人为其所著传记，都不足以证明曹就是"台儿庄大捷"的首发者。

据曹聚仁回忆，他偕夫人邓珂云于 1938 年 3 月底到徐州前线台儿庄，至孙连仲将军所部采访。4 月初，通过与孙连仲、池峰城、田镇南等将领及其门生故旧的接触交谈，并随军到前线视察，他搜集了各种战讯，并对战役态势加以分析。在此期间，他了解到，在李宗仁部队艰难驻守台儿庄的同时，右翼汤恩伯军团已火速潜行南下增援。他从各种迹象判断出日军

---

① 参见军事科学院军事历史研究部《中国抗日战争史》中卷，解放军出版社 2015 年版，第 141—149 页。

② 曹聚仁：《我与我的世界：曹聚仁回忆录（修订版）浮过了生命海》，生活·读书·新知三联书店 2011 年版，第 639—642 页。

③ 李伟：《曹聚仁传》，南京大学出版社 1993 年版，第 190—194 页。

④ 李伟：《"台儿庄大捷"新闻的首发者》，《新闻与写作》1995 年第 7 期，第 45 页。

⑤ 焦国标：《名士风流——文化名人的报刊生涯》，福建人民出版社 1999 年版，第 93—94 页；卢敦基、周静：《自由报人——曹聚仁传》，浙江人民出版社 2003 年版，第 169—171 页；李伟：《曹聚仁传》，河南人民出版社 2004 年版，第 141—145 页；陈建云：《向左走　向右走：一九四九年前后民间报人的出路抉择》，福建教育出版社 2010 年版，第 89—92 页。

阵脚已乱，正在狼狈溃散。于是，他于 4 月 6 日晚 8 时 25 分，利用前线总司令部的电话向徐州随军组的胡定芬报告我军总攻台儿庄获得大胜利的消息。胡定芬就参考从长官部所得报告，写了一则战讯发到武汉总社。曹聚仁回忆称，他刚刚报告了这段战讯，在旁的田镇南将军就提醒他说，反攻才刚开始，胜利尚未到来。于是，他迟了一会儿，又挂通了电话，修改了电讯中的措辞。当晚 10 时左右，他随军方的车辆返回徐州，便和妻子决定先回到徐州，到长官部去看综合的战讯。4 月 7 日凌晨，他抵达徐州，和胡定芬通话后得知，前线胜利的消息完全证实了。他接着又发了一份更详细而确定的战讯。

下文将以中央社电讯稿、中央社社史以及新闻界同行的记述为据，试图"证实"或"证伪"曹聚仁的论断。

1938 年 4 月 7 日汉口《申报》头版《昨晚第三次总攻/台儿庄我军大捷》刊载了中央社于 7 日凌晨发布的两条电讯。原文如下：

> 【徐州七日上午一时中央社电】台儿庄正东东北及正北一带村落敌之主力，被我围攻，至六日晚，计内线各军歼敌逾千，外线各军，歼敌达三千，两昼一夜，共歼敌四千余众，俘获无算，开抗战以来未有之胜利。
>
> 【徐州七日上午二时中央社电】我军为彻底歼灭台儿庄东北各村落残敌，于六日晚八时起开始第三次总攻，预料七日晨当有更好捷音，困守一隅之残敌，即可全告肃清。①

虽然上述电讯的发布时间和措辞变化与曹聚仁所述基本吻合，但由于电讯并不署名，无法证明撰写者的身份。

1984 年，中央社成立六十周年之际，该社出版了题为《中央社六十年》的社史。该书第三章记录了该社在抗日战争时期的战地采访，但并未论及在正面战场台儿庄战役期间的战地采访。②

据曹聚仁回忆，当时与他一起在台儿庄前线采访的还有《大公报》特派员范长江和《新华日报》特派员陆诒。陆诒在自传《战地萍踪》中

---

① 《昨晚第三次总攻/台儿庄我军大捷汉口》，《申报》1938 年 4 月 7 日。
② 中央社六十年社编：《中央社六十年》，台北"中央通讯社"1984 年版，第 30—45 页。

也证实了这一情况。此外，陆范二人的自传或传记都提及，他们对中央社在台儿庄战地采访中的优势予以肯定，如中央社战地特派员可自带发报机及随从人员，迅速地发出战地专电和通讯。然而，上述著述未见范陆二人关于大捷消息首发者的相关论述。①

总之，上述文献只能证明曹聚仁曾参与台儿庄战役的报道，但不足以证明他就是台儿庄大捷电讯的首发者。

（二）曹聚仁在武汉会战期间的报道

1937 年 11 月国民政府部分机构由南京迁至武汉后，该地成为中国军事、政治、经济的中心，战略地位凸显。6 月 15 日，日本御前会议决定进行武汉作战，以迫使蒋介石政权屈服。6—10 月，中国军队在武汉地区同日本侵略军展开大规模会战。战场在武汉外围沿长江南北两岸展开。武汉会战是中日战争爆发以来，双方投入兵力最多、规模最大的战役。②

据现存报刊原件和通讯集《大江南线》可知，在武汉会战期间，曹聚仁以中央社战地特派员身份，奔走于豫、湘、鄂、赣、皖、浙等战场，沿途发表若干战地通讯。

在长江及其沿岸地区的防御战中，日军于 6 月至 7 月初相继攻陷我方在皖赣的军事要地安庆、马当和湖口，直逼九江。尽管情况危急，曹聚仁仍在 7 月 19 日发表战讯，指出"日本军阀对于战局前途的焦灼心理，于长期抗战更可增加几分乐观"。他介绍了我军在武汉外卫线大会战期间增加新军实的情况。另外，针对新陆相板垣征四郎提出的"速战速决"的新战程，曹聚仁引用军事家的结论指出，"速战不无可能；速决则断断不可能"③。

7 月 13 日，曹聚仁渡过黄河北行，前往豫北沦陷区采访。据其间所见所闻，他撰写了通讯，并发表于 21 日的香港《立报》。他先介绍了豫北军事、政治及地方自治融为一体的情况。由此，他指出以往所谓"陷落区域的民众运动及政治结构，比未陷落区域健全活泼有生气"的舆论，"现在在黄河北岸得到事实上的证明，现在可以说沦陷区域中的民众已经

---

① 方蒙：《范长江传》，中国新闻出版社 1989 年版，第 200 页；陆诒：《战地萍踪》，人民日报出版社 1985 年版，第 130—137 页。

② 参见胡德坤《武汉会战时期的日本对华政策研究》，《武汉大学学报》（人文科学版）2008 年第 2 期，第 227—228 页。

③ 曹聚仁：《□军冀图犯信阳》，《立报》（香港）1938 年 7 月 19 日。

动员抵抗日军的侵略了"。随后，在报道黄河北岸游击队活动的情况时，他将游击队分为如下四类：正规军的游击支队、正规游击队、八路军道清支队和民众自卫队。他赞扬游击队的活动"由实际经验的启示，不仅战略战术有很多进步，即克服物质条件，也有极大进步"①。

据曹聚仁的记述，他在 7 月 29 日由北战场南归，从郑州回到武汉。长江北岸战事转紧，人们纷纷离开武汉，到他处避难。当时社会上有两种截然相反的传言，一曰中日双方将要和议；二曰中方誓与武汉共存亡。②

8 月 1 日，八路军参谋长叶剑英在国统区公开发行的共产党机关报《新华日报》上发表题为《论目前战局——注意敌人沿江跃进》的评论，提醒国人注意日军"沿江跃进"的趋势。曹聚仁指出，叶剑英本想"唤起武汉人士去保卫家园"，可是"忧郁性太重的人们，见风就是雨，以为武汉朝夕不可保，纷纷走避"③。

次日晚，曹聚仁出席编辑人座谈会，提出关于武汉战局的三个问题："甲，我们的主力部队正在调遣出动中，主力部队未参加作战以前，论断武汉的命运是否过早？乙，敌军要调五个师团来增援，在增援部队未到达以前，是否有跃进的能力？丙，主力决战的枢纽是否完全由地方来决定？"他断言："当时的武汉尚说不上危险，不必神经过敏。"④

8 月 5 日，曹聚仁由汉口发出电讯，预测中日双方将展开准主力决战。他指出，7 月底 8 月初日本和苏联之间发生的张鼓峰事件⑤对于在武汉外卫线上作战的将士是"一服绝妙的兴奋剂"。他认为该事件对日军造成了巨大影响："日军对于这无期的战局正在苦闷，又听了这一个晴天霹雳，士无斗志，自不必说了。"紧接着，他又列举了日军所面临的几种不利情况。与此同时，他郑重报道，我军的主力军正"待机而动"。针对日本政府向日本民众宣传的所谓"一打下武汉，国民政府就土崩瓦解"的谣言，他指出国民政府"各部院都已移往重庆，健全地建立起来"。因此他作出如下预测：假如失去了武汉，中国政治上、军事上的抗敌力量还要

---

① 曹聚仁：《黄河北岸沦陷区域/民众总动员抗战》，《立报》（香港）1938 年 7 月 21 日。

② 曹聚仁：《杞人群中》，《大江南线》，战地图书出版社 1941 年版，第 13 页。

③ 同上书，第 14 页。

④ 同上。

⑤ 1938 年日本与苏联在图们江左岸中国东北张鼓峰地区发生武装冲突。此战使日本北攻苏联的战略试探受挫。参见夏征农主编；郑中侠编著《大辞海》军事卷，上海辞书出版社 2007 年版，第 499 页。

加强，"土崩瓦解的现状，也许在日本的境土出现"①。

8月9日，曹聚仁乘轮船离开汉口，前往长沙。他抵达长沙时，正值"八·一三"纪念日的前夕。当时负责主持湖南省政的张治中将军系曾指挥淞沪近郊作战的总司令。8月13日，张治中在"八·一三"纪念日对记者发表谈话，讲述了淞沪近郊的战士如何以英勇自卫之决心，沉着持久之姿态，和敌军周旋了几个月，达到消耗敌军实力的目的。张治中表示"要让洞庭湖成为日军的坟墓"。由此，曹聚仁断言："军人对于战局，看得比较乐观。"②

在8月24日和9月1日的两篇通讯中，曹聚仁勾勒出主力战的轮廓。他指出，8月以来，武汉外卫线上的战事陷入僵持，日军称之为"鄱阳湖的烦恼"③。他采访了同行的外籍军事家W氏，并转述W氏的话说："中国军队的武器不及日军，但不必忧虑；就现有的武器，充分发挥其威力，就是制胜的方术。"④

9月17日、19日，曹聚仁先后发表两篇通讯，分别介绍了国民党军事将领王东原和顾祝同对战局的乐观判断，并强调两人均有胜券在握的表达。⑤

在报道国民党军事行动之外，曹聚仁也在报道中兼顾了新四军、忠义救国军、正规军、江南游击队等武装力量在江南战场的活动情况。他在10月10日报道，新四军正在南京、芜湖一带开展"基本的民众运动工作"；"军事上的效果虽未显著，而收复失地中的人心，则有口皆碑"⑥。10月中旬，他又连发两篇战地通讯，评价新四军的作风，并介绍新四军在华中敌后战场的游击活动。据他记述，他在江南战场亲眼目睹新四军正在全力吸收民众，并在多地推动民众教育。因此他预测，"新四军将拥有很多很多群众，已成为日军和南京伪组织的苦恼剂"。他评价新四军是个"严密组织"，而且"正在成长"的新四军是"一个使人忧虑战栗或爱慕的对象"。另外，通过对游击队某将领的采访，他向读者介绍了游击队在南京城内外的活动，如游击队员伪装成乡民在南京城外潜伏，白天休息，

---

① 《□图绕道犯武穴田家镇/将发生准主力决战》，《立报》（香港）1938年8月9日。
② 曹聚仁：《长沙——南昌》，《大江南线》，战地图书出版社1941年版，第16页。
③ 曹聚仁：《主力战的轮廓》，《大江南线》，战地图书出版社1941年版，第19页。
④ 同上书，第20—21页。
⑤ 曹聚仁：《军事家的判断》，《大江南线》，战地图书出版社1941年版，第21—23页。
⑥ 曹聚仁：《×已无力控制/由广德经京沪松杭到余杭/沿途可自由通过》，《立报》（香港）1938年10月10日。

夜间拆除铁轨，破坏日军交通线；在南京城内，与日军和汉奸周旋，袭击日军的运输车，将截获的粮食分发给老百姓，联合农民挖毁公路等。①

在国民党军队撤出武汉的当日，即 10 月 25 日，《新阵地》②旬刊头版发表了曹聚仁所撰《假使武汉失守了》一文。曹对"武汉失守"的后果作如下设想："假使武汉失守了，我军主力退到最适当的决战场所，等待最适当的时机，给敌力一个致命的打击，而游击队的活动更彻底破坏敌人的后方，使随时随地消耗其实力，那于抗战前途反而非常有利。只要抗战有决心，武汉这一个据点的得失，没有多大关系的。"他根据种种迹象判断："日军可调之兵已经达到顶点了，而我军还有充分的力量。"③但现实并不像曹聚仁预测的那样乐观。10 月 27 日，日军占领了武汉三镇。

总体而言，武汉会战虽以中国军队的失利告终，但也大大消耗了日军的有生力量，使日军的战略进攻受阻。在上述历史语境下，曹聚仁所发表的战地通讯大多对战局持乐观论调，对在正面战场和敌后战场上相互配合的国共双方官兵都给予了较高的评价，对各地民众积极配合军队的抗日行动也加以肯定。

第五节　战略相持阶段的言论（1938 年 11 月—1940 年 12 月）

随着 1938 年 10 月底武汉三镇沦陷，全国抗日战争由战略防御阶段转入战略相持阶段。日本侵略者为应付长期战争带来的困难，不得不改变侵华政策，企图实行"以华制华"和"以战养战"的殖民政策，分裂抗日民族统一战线，最终灭亡中国，变中国为其殖民地。④下文先鸟瞰一下曹聚仁在战略相持阶段所发战地报道的总体倾向，再把视线收回到曹对日本

---

① 曹聚仁：《京沪路×兵车不敢夜行/南京郊外均系我军/游击队某将领谈话（上）》，《立报》（香港）1938 年 10 月 16 日；曹聚仁：《吴兴长兴宜兴间国道/×军已视作畏途/游击队某将领谈话（下）》，《立报》（香港）1938 年 10 月 17 日。

② 《新阵地》于 1938 年 3 月 5 日在浙江金华创刊，旬刊，由黄萍苏任主编。主要刊登时论、战讯、史实、随笔、小说、诗歌、戏剧、文化团体活动情形、作家行踪、各地出版界近况等。

③ 曹聚仁：《假使武汉失守了》，《新阵地》1938 年第 23 期，第 1 页。

④ 杨圣清：《日本帝国主义的"以华制华"和"以战养战"政策》，载中国抗日战争史学会编《抗日战争与中国历史："九·一八"事变 60 周年国际学术讨论会论文集》，辽宁人民出版社 1994 年版，第 562 页。

"以华制华"与"以战养战"殖民政策的报道与评论上,其中特别关注他对汉奸问题的观点与立场。

一　战地报道在战略相持阶段的总体倾向

抗战进入战略相持阶段后,曹聚仁的战地报道呈现明显的倾向性。如表4-2所示,从对被报道对象的称呼、行动及其状态三方面分析可见曹在此阶段的战地通讯带有鲜明的感情色彩,即对中方多用褒义词,而对日方多用贬义词。

表4-2　　　　　曹聚仁在战略相持阶段报道用词举隅

(1938年11月—1940年12月)

	中　方	日　方
称　呼	我、我军、中国的将领、中国士兵	敌、敌人、敌方、敌阀、倭、日寇、日本士兵
行　动	光荣的使命、长期战争、全面战术、反包围、防御、总反攻	军事战、政治战、经济战、文化战、"以战养战"、"以华制华"、控制军事要点、诱降、分化国民党、培植汉奸、掠夺、抢劫、搜刮资源、吸收资源、封锁、侵犯、轰炸、恫吓、游窜
状　态	优势、渐强、乐观、成功、占了上风、团结一致、意志坚定、愈打愈强、同仇敌忾	强弩之末、战斗力减弱、幻灭、举棋不定、消沉、没落、悲观、焦急、碰壁、挫败、士气不振、沮丧、厌战

结合抗战相持阶段的历史语境分析,曹聚仁这一时期的战地报道是以中日战况为依据的,抓住了此时期日本侵略政策的变动及其在行动上的特征。此外,在描述交战双方状态差异时,他的报道用词显示出对中方的褒扬和对日本的贬斥。

二　对日本"以战养战"与"以华制华"政策的批判

抗战进入相持阶段后,"以华制华"和"以战养战"就成为日本变中国为其殖民地的基本方针。这一时期,曹聚仁围绕日本这两大殖民政策展开批判。

(一)抨击日本帝国主义"以华制华"殖民政策

1.抨击日本帝国主义物色、扶植汉奸,建立伪政权的行径

1939年2月,曹聚仁发表《汉奸论》一文,系统地论述了汉奸的类型、分工及其论调。他将日本物色的汉奸分为甲、乙、丙三级:甲级汉奸

为日本临时雇用汉奸，是大都市里失去国家观念的"买办""洋行小鬼"，负责吸引大群利欲熏心的意志薄弱者来做乙级汉奸；乙级汉奸"多是三教九流中带点江湖气的人物"，构成日本在华间谍工作的"基干"，仅负责调查要人行踪、部队实力、部队往来及军事运输等任务；丙级汉奸则成分复杂，大多系贫农、苦力、难民及老妇幼童，为了微薄的酬劳变成了日本人雇佣尖兵，替日本人去做"对空联络""炮兵联络"及"破坏交通"等琐碎军务。曹聚仁指出，汉奸所持的论调都是"中国必亡论"，其理论与体系是"不能抵抗敌人的武力，要抵抗，一定很快地亡国"。他斥责汉奸们"怀有恐日的心理，以苟安的行为，替日军作变相的传声筒"①。

武汉保卫战后不久，曹聚仁于 1939 年 11 月初发表通信指出："据某方情报，敌已开出所谓和平条件，将由他所牵引的傀儡一一去承认；再利诱德意威胁某某等国承认傀儡的合法地位，再来获得这和平条件的合法根据。"② 另外，日本当时还忙于在华中地区扶植傀儡组织。③

2. 揭露日军对伪军的扶植与运用

1938 年 12 月 10 日，曹聚仁在通讯中指出，江西游击队在牯岭四周对日军形成了包围圈。日军尝试过作短期的歼灭炮射、火焚两种手段，但以失败告终。后又用软的手段来试探，由伪军出面散发传单，上书"中国兵不打中国兵，我们要打的是蒋×××（指蒋介石）"④。

12 月初，曹聚仁再次撰文指出了日军对伪军的运用。他说，敌阵时常有乔装的东北伪军，用东北腔调向这边部队打招呼说："我们都是东北人啊，东北人不打东北人啊！"这边的回答更妙，说："东北人忘不了东北，我们要打东洋鬼子啊！"曹聚仁认为，日军这些"可笑的宣传口号"源于他们对于我军的"错觉"，即仍将我军视为带有"地方区别"的"封建性的旧型"，而忽略了在抗战两年间全国军队已经"化成为国家的部队"。由此，他判断日军在军事方面"以华制华"的分化政策"如今碰了壁了"。⑤

3. 揭露日军的殖民文化攻势与思想奴役

1938 年年底，曹聚仁在通讯中揭露了日军对华展开的"新闻战"。他

---

① 曹聚仁：《汉奸论》，《杂志》1939 年第 3 卷第 5 号，第 14—17 页。
② 曹聚仁：《大幕降落》，《大江南线》，战地图书出版社 1941 年版，第 25 页。
③ 同上书，第 28 页。
④ 曹聚仁：《南昌重到》，《大江南线》，战地图书出版社 1941 年版，第 36 页。
⑤ 曹聚仁：《战地旅行通信》，《大江南线》，战地图书出版社 1941 年版，第 200 页。

说，日军一天到晚放"空气"，说要进攻南昌，在南昌过旧历年啦，又说要渡江进攻浙东截断金华、诸暨间的浙赣线啦，这都是"空气"。①

在 1939 年 6 月 8 日的浙东通讯中，曹聚仁揭露了敌伪在浙西进行文化战，推行奴化教育的丑恶嘴脸。敌伪以"维新学院"为中心，灌输所谓"反共反□"（指"反共反蒋"）的思想，高唱"排英排苏"及"东亚新秩序"等口号，以笼络人心。同时举办县政、司法、土地、教育各部门的人员养成所，用以吸收一部分失业青年。②

12 月初，曹聚仁详尽介绍了日军的宣抚计划、组织机构及实际工作情况，揭露了日本帝国主义的殖民文化侵略。首先，日军的宣抚计划是以"迅速把握民心，确保情报搜集，确保通信线及交通线"为工作方针。其次，宣抚的组织分为地区队宣抚班和部队宣抚班两种。地区队宣抚班系以沦陷区中国民众为工作对象（相当于动员委员会），又分为"宣传宣抚股"和"经理物资股"二股。除负责制作及散发宣传文字外，随地调查中方的宣传情况，宣传宣抚股还负有组织"治安维持会"及"爱护村"的职责，并随时收回武器，破坏中方游击队的活动。经理物资股，除保管宣传费外，以搜刮军需资源为主要工作，对中国民间经济限期作普遍精密的调查。部队宣抚班系以日方士兵为工作对象（相当于军队的政治部），除编辑战地读物教育中下级干部外，对于厌战、反战行动作严密的监视。再次，宣抚班的实际工作情况如下：当日军攻陷一个地区，宣抚班就随同前进；其行动刚与烧杀队相衔接。经过烧杀后的难民既无所归依，他们就以"爱护村"的名义来收容。先做一番户口调查，再组织治安维持会，并厉行连坐法，使入了圈套的难民不敢逃避。其后就勒迫村民去侦视保管交通路及通信线，昼夜要替敌方巡逻。又利用住民来筑路、养路（补给路、警备路的构筑），支给微少工资使能活得下去。③

综合上述报道可见，曹聚仁对日本"以华制华"政策及其在政治、军事和思想文化方面的手段有着清醒和全面的认识，尤其是详细地披露了日本所物色扶植的汉奸的类型与分工，以及日军宣抚的计划、组织机构及实际工作。在国人分辨和抵御日本"以华制华"政策时，他的报道起到

① 曹聚仁：《东战场的横断面》，《益世周报》1938 年第 1 卷第 12 期，第 193 页。
② 曹聚仁：《浙西的短兵》，《大江南线》，战地图书出版社 1941 年版，第 149—153 页。
③ 曹聚仁：《战地旅行通信》，《大江南线》，战地图书出版社 1941 年版，第 201—202 页。

了警示与指导作用。

（二）抨击日本帝国主义"以战养战"殖民政策

据曹聚仁的记述，他于 1939 年春奉命研究沿海敌我经济战，在浙闽沿海各城采访了半年多。他撰写的都是沿海经济战、物价问题、物资管理问题方面的通讯。[①] 1939—1940 年，他集中揭露了日本对中国沦陷区的经济掠夺与控制。

1939 年 3—6 月，曹聚仁揭露了日本为搜刮资源，对中国农业、国际贸易和交通业的破坏与侵害。[②] 此外，他还揭露了浙江伪政府巧立名目搜刮税收的罪行。[③]

6 月初，曹聚仁从日本国内经济状况、日本搜刮资源的类型以及搜刮方法三方面，对日本经济战进行了披露。对于日本展开经济战的原因和重点，他写道："因国内经济崩溃势成，日本急图挽救厄运，目前更着眼于搜刮资源。"他指出搜刮的主要目标有三：粮食、工业原料及国际贸易商品（茶叶、蚕丝、竹木、羊毛、羊皮及蛋品等），而搜刮方法不外"直接垄断"与"间接榨取"两种。此外，他认为"尤为狠毒的是，日本以武力使用军用票及伪票，欲以此破坏法币的信用，并偷巧套取外汇，扰乱了中国的金融市场"[④]。

8 月初，曹聚仁进一步介绍了日军封锁中国沿海口岸的三个阶段。第一期姿态为"在海口放下汽艇游弋扫射，阻碍第三国商轮装卸货物及乘客上下"；第二期姿态为"扬言何时何日有军事行动，限第三国商轮及侨民出境"，其中"恫吓意味较重"；第三期姿态为"占据海口小岛，专以吸收军需品及粮秣并作大量走私根据地""对第三国明显取经济的攻势"。他指出日军封锁海口的意图，"与其说对中国作战，不如说是对第三国作战，尤其是对英美"[⑤]。

11 月，曹聚仁分析了日军面临的双重矛盾，以及"重弛航禁"的原因。

---

① 曹聚仁：《战场五年（下）》，《正气日报》1942 年 9 月 2 日。

② 曹聚仁：《东战场的侧面》，《大江南线》，战地图书出版社 1941 年版，第 60—65 页；曹聚仁：《瓯海惊涛》，《大江南线》，战地图书出版社 1941 年版，第 141 页。

③ 曹聚仁：《浙西的短兵》，《大江南线》，战地图书出版社 1941 年版，第 152 页。

④ 同上书，第 151—152 页。

⑤ 曹聚仁：《浙东另一海角》，《大江南线》，战地图书出版社 1941 年版，第 143 页。

就日军面临的双重矛盾而言，他指出"敌海军显然有封锁海口的力量，但没有封锁海口的决心，他们担负着掩护走私的任务，于公于私，都有维持各海口间航运的必要"。同时，"敌阀要削减我政府的持久作战力，有意摧毁法币的信用；但要倾销货物来吸收法币，又无意之中要维持法币外汇率"①。

至于日军"重弛航禁"的原因，曹聚仁总结出两点：第一，严密封锁各海口"无异于自杀"，因为此举"不仅刺激中国农村的生产力，且使仇货同时减少输入，军用资源亦遂无法吸收。其影响尤巨者，各口岸与上海间断绝航运，敌方所赖以吸收我方法币及南京伪组织所赖以为经济生命线的海关收入，即断绝来源"。第二，日军走私策略的失败。军用且不能不雇用第三国商轮，单靠敌本国商船来运走私的仇货，亦为其运输能力所不及。②

此外，根据在沿海城市数月的观察，曹聚仁于 11 月下旬披露了日本通过"经济战"对中国金融和贸易进行控制与垄断的情况。他指出："敌阀所布置的经济战，以摧毁我国法币的外汇价格为预定目标之一。其所用的狠毒工具包括，多量使用军用票，伪组织滥发无准备金的'华兴'伪纸币，仇货倾销及走私。"另外，他指出日本的经济攻势首先威胁到第三国的利益："第三国财富随法币汇率低落而无形贬值；第三国货物又以物价比值增高而停滞。"因此，他认为日本在中国金融市场可谓"双管齐下"："一面要摧毁法币信用，一面要套取外汇。"③

紧接着，曹聚仁又在 12 月初披露了日军"苦于久战"，于是利用宣抚班推行"以战养战"政策的实际情况。据他介绍，日军命令中提到四件大事：

> 甲、利用敌方军需物资，可能机会中予以培养。乙、供给物资，抬高军用手票价值。丙、收回战场所遗留的兵器，并禁止民间隐匿兵器。丁、吸收青年份子，尽量宣传"皇军"驻军的好处，并打倒□政权（指蒋介石南京国民政府），拥护"新政权"（指伪政权）。④

① 曹聚仁：《战地旅行通信》，《大江南线》，战地图书出版社 1941 年版，第 189—191 页。
② 曹聚仁：《沿海情势》，《大江南线》，战地图书出版社 1941 年版，第 173—174 页。
③ 同上书，第 180 页。
④ 曹聚仁：《战地旅行通信》，《大江南线》，战地图书出版社 1941 年版，第 202 页。

（三）关于汉奸问题的观点与立场

在批判日本"以华制华"政策的视野中，曹聚仁重点对汉奸问题加以论述，并表明了立场。

首先，他对汪精卫投靠日本军国主义的卖国行为大力抨击，并对汪的投降主义言论予以驳斥。

1938 年 11 月 12 日长沙发生文夕大火。为平息舆情，蒋介石下令枪决酆悌等三个要人。22 日，汪精卫以副总裁名义发表论文《为什么误解焦土抗战》，又于 25 日发表讲话，再论焦土抗战。[①] 曹聚仁指出，汪精卫借这次军事失误攻击蒋介石的"坚壁清野"战术，以争取自己的政治地位，作对日投降的准备。[②]

1939 年 1 月 6 日，曹聚仁从赣东发出通讯，综合追溯了 1937 年 12 月—1938 年 12 月底的一年间，德、英、美三国出面调停中日战争，日本诱降汪精卫，以及汪精卫投靠日本等国际大事。曹喻之为"抗战激流边上的和议洄流"。他贬斥汪精卫为"极少数意志薄弱的要人"，逐渐投向日本军国主义的怀抱。他指出，1938 年 10 月武汉陷落后，"汪精卫那极少数意志薄弱的要人，面对日本的政治诱降，曾一度非常动摇"，而最明显的动摇表征是，汪在重庆曾对海通社和美联社记者表示可以接受和议。针对汪于 1938 年 12 月 29 日在香港《南华日报》所发之投敌"艳电"，他直截了当地指出："汪精卫及其左右一群人的昏迷糊涂，早已为有识之士所齿冷。"对于日本以津贴收买汪精卫左右的传言，曹认为这是"敌方预种下分化国民党的根苗"[③]。

1939 年 4 月 8 日，香港《南华日报》刊登了汪精卫的《覆华侨某君书》。汪文称，"共产党所谓游击战，不过是流寇的别名，人民如禾，流寇则如蝗虫，所过之处没有不食尽烧光的"。汪文还反复强调，"抗战一天比一天艰难"[④]。5 月 9 日，根据受访者对汪精卫等"新失败主义者"所发言论的检讨与答复，曹聚仁撰写并发表了《"何所见而云然？"——一回军事自我批判的综合报道》。在报道中，受访者描述了南方战场上一般游击队的变化，以此回击了汪精卫对游击战的污蔑。随后，被访者又谈

---

① 详见汪精卫《为什么误解焦土抗战》，《抗战的文化动态》1938—1939 年第 1—4 期。
② 曹聚仁：《一个战地记者的抗战史》，东方出版社 2014 年版，第 254 页。
③ 曹聚仁：《折冲侧语》，《大江南线》，战地图书出版社 1941 年版，第 50—54 页。
④ 汪精卫：《覆华侨某君书》，《时代文选》1939 年第 2 期，第 7—9 页。

到了地方行政的改变和军队力量的增强，驳斥了汪精卫所谓"抗战一天比一天艰难"的谬论。①

其次，曹聚仁对樊仲云追随汪精卫附逆的行为也予以强烈谴责。

1939 年，上海的大学教授樊仲云追随汪精卫投敌，出任汪伪国民党中央执行委员。1940 年 2 月 29 日，中国国民党中央执行委员会通告，开除樊等 27 人党籍。② 3 月，樊氏任汪伪南京国民政府教育部政务次长。5 日，国民政府下令通缉附逆诸奸，樊位列第一。③

据曹聚仁的记述，他和樊仲云在上海曾是邻居，朝夕相见，也时常相聚闲谈，可说是熟朋友。"九·一八"事变前后，樊氏主办的《生活与教育》周刊也曾风行一时。该刊物力主对敌抗战，对国民政府责备甚严。他认为，像樊这样"摇身一变，时而左，时而右，时而慷慨激昂，时而摇尾乞怜的东西最可怕"④。

最后，对于好友周作人的附逆，曹聚仁着墨最多。但他采取的态度却是"暧昧不明"，甚至是"明贬暗褒"，因而在文化界引起了一场激烈的争论。

1938 年 2 月初，周作人附逆一事立刻引起了中国文化界的强烈反应。5 月 5 日，中华全国文艺界抗敌协会通电全国文化界严厉声讨周作人、钱稻孙等的附逆行为。⑤ 14 日，该协会在《抗战文艺》上刊登了茅盾、老舍、郁达夫等十八位作家联名的《给周作人的一封公开信》，劝其"幡然悔悟，急速离平，间道南来"。周氏却对这一呼吁置若罔闻，未予理睬。⑥ 1939 年元旦，周氏在家中遇刺未亡。此次刺杀是天津一些中学生组织的"抗日锄奸团"所为，其动机是为了爱国抗日，惩治周氏的附逆行为。⑦

曹聚仁听闻老友周作人遭遇不测，立即于 1939 年 1 月 5 日从赣东致书

①　曹聚仁：《"何所见而云然？"——一回军事自我批判的综合报道》，《大江南线》，战地图书出版社 1941 年版，第 111—119 页。

②　《开除樊仲云等二十七人党籍》，《中央党务公报》1940 年第 2 卷第 10 期，第 12 页。

③　云南省政府秘书处：《奉行政院通缉樊仲云陈中孚梅哲之等附逆有据一案令仰一体严缉务获归案究办》，《云南省政府公报》1940 年第 12 卷第 26 期，第 7—8 页。

④　曹聚仁：《樊仲云及其周作人年谱》，《福建教育》1940 年第 1 卷第 5 期，第 15 页。

⑤　张菊香、张铁荣编著：《周作人年谱（1885—1967）》，天津人民出版社 2000 年版，第 550 页。

⑥　茅盾等：《给周作人的一封公开信》，《抗战文艺》1938 年第 1 卷第 4 期，第 1 页。

⑦　张菊香、张铁荣编著：《周作人年谱（1885—1967）》，天津人民出版社 2000 年版，第 565—568 页。

周氏，并将信件发表在亲蒋的《血路》周刊①上。他将周氏的附逆归结为外因，而非内因。他指出，周作人四周的清华大学教授钱稻孙、北京大学教授徐祖正之流都是"李陵的化身"；而钱稻孙的"恐日病狂"又为"黄帝子孙中第一等宝货"。周作人与这些"宝货"往来，自然卑污下去了。他强调当今的李陵和历史上的李陵截然不同，称："古代的李陵，他的事虏，只是出于苟全性命的念头，虽不一定殉国，也不想替敌国做鹰犬，所以他的朋友（指苏武）安安静静住在贝加尔湖上嚼雪，不一定拖下粪缸来同吃粪。现在的李陵，他事仇之初，就打定主意，出卖灵魂，因此苏武的灵魂也非一起出卖不可。"在全信的结尾，他呼唤周作人这位"苏武"能够"执节归来"。② 由此信可见，曹聚仁不时流露出对周氏附逆行为的惋惜，但弦外之音是明贬暗褒，他依然相信好友是被人拉下水的"苏武"。

不料，周氏并没有听从朋友的劝说，而于12日出任伪"北京大学图书馆"馆长。③ 周作人附逆后，各派反应不一。作为朋友，曹聚仁深表痛心。1940年9月，他从《国文月刊》上读到沈从文的一篇文章。沈氏希望青年们从周作人、鲁迅的作品中学习抒情，还引用了曹聚仁对周作人"由孔融到陶潜"变化的评论。随后沈从文为周作人辩护称，"二十六年（1937）北平沦陷后，（周作人）尚留故都，即说明年龄在一个思想家一生中的影响如何可怕"④。同年年底，《野草》⑤ 连续几期刊发了一组文章，反驳沈从文和曹聚仁的观点。

曹聚仁对沈从文所转述其原话进行了重新解释。曹聚仁把周作人的变节之路概括为"从孔融到陶潜再向蔡邕的路"。他还指出，以周氏的地位，其附逆不可原谅，应严惩之。他写道：

---

①　1938年1月15日创刊于汉口的国民党政治刊物，社长陶百川。该刊主张抗日。同时积极宣传以蒋介石为首的国民党的方针政策，鼓吹"一个领袖，一个主义，一个党"的政治主张。参见苏朝纲、王志昆、陈初蓉《中国抗战大后方出版史》，重庆出版社2015年版，第37页。

②　曹聚仁：《给周作人的一封公开信》，《血路》1939年第51期，第825页。

③　张菊香、张铁荣编著：《周作人年谱（1885—1967）》，天津人民出版社2000年版，第568页。

④　沈从文：《习作举例二、从周作人鲁迅作品学习抒情》，《国文月刊》1940年第1卷第2期，第26—30页。

⑤　1940年8月创刊于桂林，系抗战时期全国著名的杂文月刊。夏衍、聂绀弩、宋云彬等任编辑。参见苏朝纲、王志昆、陈初蓉《中国抗战大后方出版史》，重庆出版社2015年版，第109页。

周作人乃是五四运动以来的青年导师，文化界的白眉，连敌方的文人都以为他清高介守，不肯出山的，而今竟出山（应该说出苦茶室）事敌，我们怎可以不加严厉批评呢！……国法具在，应当付之典刑！①

与此同时，《野草》杂志的编辑宋云彬和聂绀弩则撰文指出曹聚仁的上述概括不够准确。

宋云彬认为，因周作人而牵连陶渊明，"未免有点厚诬古人"。他认为，陶渊明也并非全然超于尘世，而只是"有为而不能者也"，其归隐是"不得已而出此"。他也指出了曹聚仁观点的错误所在，强调周氏的卖国行为不可与蔡邕"以身殉卓"的举动相比肩。篇末，宋氏的批判视野进一步展开。他告诫"京派教授"莫作汉奸。②

聂绀弩以笔名"萧今度"所撰《从陶潜说到蔡邕》一文，语言更加犀利，对周作人的批判锋芒也更加直露。他认为，曹对陶渊明的评价有失公允，因为至少陶渊明奉献了他的文章和气节。他进一步指出："在不能进取的时候，有所不为，比无所不为（放僻邪侈，无所不为）总要好得多。假如汪精卫、周作人之流，能够有所不为，我们的抗战形势就要好得多。"他将曹聚仁的错误归因于"有些昧于实际，也有些狭隘的'奉献'论"。他强调，"汪周之流的倒行逆施，乃是知法犯法，明目张胆地自绝于中国人"，与蔡邕当时情景绝不相同，"不能混为一谈"③。

综上所述，在周作人屈膝日寇之后，曹聚仁从表面上予以批评和告诫，但实际上对友人的附逆行为却是"明贬暗褒"。相较而言，宋云彬和聂绀弩的杂文驳斥了曹聚仁的言论，起到了端正视听的作用。

小　结

1937 年"八·一三"淞沪会战期间，曹聚仁被抗战的洪流驱动，执笔从戎，成为一名独立战地记者。面对国民政府在"淞沪会战"初期实

---

① 曹聚仁：《从陶潜到蔡邕》，《野草》（桂林）1940 年第 1 卷第 4 期，第 6—8 页。
② 云彬：《替陶渊明说话》，《野草》（桂林）1940 年第 1 卷第 4 期，第 9—13 页。
③ 萧今度：《从陶潜说到蔡邕》，《野草》（桂林）1941 年第 1 卷第 5 期，第 19—26 页。

行的新闻管制以及日军新闻发布的优势，曹聚仁已经意识到我方的抗战宣传存在明显缺陷。在他的建言下，中国军方变通了新闻发布方式，使战时宣传朝着有利于我方的方向发展。会战期间，曹聚仁在外因和内因的合力作用下，以战地新闻报道与评论在上海新闻界一鸣惊人，发挥了监视环境、联系社会、击碎日军谣言的作用。总之，初旅战地的曹聚仁在报业实践中既服从于国民党新闻统制的需要，又兼顾战时宣传的特殊性，令新闻性让位于政治性。

　　全面抗战爆发后，国民党领导的正面战场成为抗击日本法西斯的主战场。随着抗战从防御阶段进入相持阶段，曹聚仁从独立战地记者一跃成为中央社的战地特派员。凭借这一国民党"喉舌"的优势，他奔走于大江南北各地战场。除了为国民党新闻机构工作，曹聚仁还为共产党报刊撰稿，其战地报道取得了更大进展。作为自由报人，曹聚仁的抗战报道与评论兼顾国民党领导的正面战场和共产党领导的敌后战场。对于正面战场存在的问题，他能够加以建设性的批评。对于敌后战场游击战的成绩，他也予以肯定。作为具有民族主义思想的知识分子，曹聚仁深入剖析了日本帝国主义的侵略本质，对于汪精卫及其走狗樊仲云投靠日本法西斯的汉奸行径也大加挞伐。但吊诡之处在于，曹聚仁对于周作人的附逆行为却表现得态度暧昧，是非不分。这也从一方面反映出其思想的内在矛盾性。

第五章

入蒋经国幕府主持《正气日报》
（1942—1943 年）

1942 年，曹聚仁受国民党政治新人蒋经国之邀，担任江西赣南《正气日报》总经理、总主笔和总编辑，主持这家"新赣南运动"宣传机构的工作。本章聚焦曹聚仁成为《正气日报》"三总"前后，在经营管理和新闻业务方面的作为。从曹接办到离开该报一年间的思想变化，洞悉这位中间派报人如何成为蒋经国的幕僚，逐渐卷入政治的风暴眼之中，又是如何在面对国民党内部的政治派系斗争以及国际风云变幻时做出抉择的。

第一节　接办《正气日报》

1937 年，留学苏联十余载的蒋经国返回中国。1938 年，蒋经国担任江西省政府保安处副处长，旋兼新兵督练处处长。同年夏，曹聚仁和蒋经国第一次相晤于南昌。1939 年 6 月，蒋经国担任赣南第四行政区督察专员，开始了轰轰烈烈的"新赣南建设"①。

对于这场运动的地位，曹聚仁以亲历者的身份指出，当时的青年人有四个理想世界：陕西延安、安徽南陵、浙江龙泉和江西赣南。这些地方一时吸收了许多愿意替蒋专员效命打天下的有志青年。② 由此可见，这片土地在战时对于青年人的吸引力。1939 年冬，曹聚仁来到了赣州。

1940 年 1 月，蒋经国邀请各界人士参加春节座谈会，提出"推行新政治，建设新赣南"的口号。他计划在 3 年内实现"人人有事做，人人

---

① 参见张宪文、方庆秋等主编《中华民国史大辞典》，江苏古籍出版社 2001 年版，第 1728 页；政协江西省委员会文史资料研究委员会等编《江西文史资料选辑》第 35 辑，江西文史资料选辑编辑部 1989 年版，第 462 页。

② 曹聚仁：《蒋经国论》，人民出版社 2009 年版，第 59 页。

有饭吃，人人有衣穿，人人有屋住，人人有书读"的五大目标。①

据曹聚仁本人叙述，他与蒋经国在 1939 年旧历新正重晤于赣州。此时蒋经国任专员一职已有半年。但曹聚仁发现，江西战时政府中有人以疑虑的眼光注视蒋专员的施为，给他戴上了共产党的红帽子。于是他决定撰文替蒋专员正名。2—4 月，曹聚仁写了通讯《一个政治新人》，分别刊于《金华东南日报》和香港《星岛日报》。这篇通讯先后被译为英、法、俄文，影响颇大。② 接着，他又写了《蒋经国"传奇"》《瑞金心影录》等几篇通讯，对政治新人蒋经国的行止及其赣南新政措施大加赞赏。他称赞蒋经国，"受过时代洗礼，理智重于感情""有一般军人的英勇，又是一个将才"；任专员后，能以"为大多数民众谋利益"为施政方针；蒋是个"奉公守法的贤吏"，在新赣南的政治能够"依法而行，不徇情，不徇私，不为恶势力所左右"；不时出巡各县，轻车简从，主动接近劳苦民众，体恤民情；是一般民众爱戴的有辣味的"民之父母"。③

3 月 20 日，曹聚仁在《新赣南月刊》上发表了题为《新政治与旧势力——论"治大国若烹小鲜"》的评论，为蒋经国的赣南新政造势。据他观察，当时的中国一面配合着抗战的军事，到处都有推行提倡新政治的呼声；另一面又随着新政治的施行，到处有尖刻的"讽刺"和"批评"。这些批评者有意无意都是以老子的"无为论"为理论依据的。曹认为，要推行新政治的话，就有重新检讨道家思想的必要。他谈古论今，客观分析了道家思想为何不能适用于进入机器工业时代的中国社会。他认为，人类社会的历史是"由那些相反制度递嬗的胜利造成的"，因此必须认识一个"变"字、一个"新"字、一个"动"字。④

有研究指出，高举"建设新赣南"大旗的蒋经国始终把"新赣南"作为抗战胜利后"建国"工作的试点。他感到应该有一份专署机关报作为喉舌，传播思想和政令，以扩大"新赣南建设"在全国的影响。此外，1939年 3 月南昌失陷后，江西的文化活动中心南移。大批文化界人士聚集赣州，

① 政协江西省委员会文史资料研究委员会等编《江西文史资料选辑》第 35 辑，江西文史资料选辑编辑部 1989 年版，第 463 页。

② 曹聚仁：《香港版前记》，载《蒋经国论》，人民出版社 2009 年版，第 3 页。

③ 曹聚仁：《大江南线》，战地图书出版社 1941 年版，第 227—240 页。

④ 曹聚仁：《新政治与旧势力——论"治大国若烹小鲜"》，《新赣南月刊》1940 年第 1 卷第 4 期，第 125—136 页。

利用当地报纸继续进行抗战文化活动。因此，赣州地区的报刊出版一度繁盛。① 仅蒋经国就收购或创办了《新赣南报》《新赣南月刊》《新赣南旬刊》《正气日报》等报刊。《新赣南报》始创于蒋氏接理赣州之初。报纸的油墨、纸张、印刷、内容都不够理想，且广告极少。② 1941 年 10 月 1 日，《新赣南报》更名为《正气日报》，由蒋经国任社长。蒋在发刊词中称，希望该报能担起发扬民族正气的伟大任务，成为抗战建国大业进程中领导社会的开路先锋。③ 该报遂成为"新赣南运动"的宣传机构。

　　曹聚仁之所以接办《正气日报》，是内因与外因共同作用的结果。就内因而言，他从一开始就认同并赞赏蒋经国的"赣南新政"。前文已有介绍，此处不再赘述。就外因而言，是蒋经国迫切需要对"新赣南运动"加大宣传。

　　据报人陈朗的记述，《正气日报》初创时期，由蒋经国的亲信戴明震任该报第一任总经理兼主笔。报社设备简陋，人手也不多，报纸每天发行 1000 多份。④ 这样平淡无奇的业绩与赣南奋发进取的政治姿态无法匹配。

　　另据曹聚仁回忆，在 20 世纪 40 年代的赣南，国民党内部的派系之争激烈。留苏派与 CC 系都在争取《正气日报》这一宣传机构。⑤ 蒋经国留苏时的同学高理文遂将他举荐给蒋经国。

　　鉴于曹聚仁的资历、声望、成就和能力，又是一个无党无派的人，蒋经国将他视为《正气日报》的继任人。1942 年夏，曹聚仁从浙东回到赣南，应蒋经国之邀参加了《正气日报》的新闻工作。据曹聚仁本人的叙述，他入了蒋经国的幕府，成为专署的八大参议之一。⑥ 在 CC 系人士看来，他是留苏派的代理人，他接手《正气日报》显然是留苏派的胜利。⑦

---

　　① 参见李健、陈炳岑、张自旗主编《爝火集：东南诗与散文选（1937—1949）》，江西省社科院赣文化研究所 1998 年版，第 9—10 页。

　　② 全国政协文史资料委员会编：《文史资料存稿选编·文化》，中国文史出版社 2002 年版，第 215 页。

　　③ 蒋经国：《发扬民族正气——代发刊词》，《正气日报》1941 年 10 月 1 日。

　　④ 陈朗：《蒋经国创办的两个新闻机构》，载李齐念主编《广州文史资料存稿选编》第 6 辑，中国文史出版社 2008 年版，第 5 页。

　　⑤ 参见曹聚仁《采访外记　采访二记》，生活·读书·新知三联书店 2007 年版，第 230 页。

　　⑥ 曹聚仁：《我与我的世界：曹聚仁回忆录（修订版）浮过了生命海》，生活·读书·新知三联书店 2011 年版，第 774—776 页。

　　⑦ 曹聚仁：《采访外记　采访二记》，生活·读书·新知三联书店 2007 年版，第 230 页。

第二节　对《正气日报》进行编务改革

主持《正气日报》前后，曹聚仁对该报进行了大胆的改革创新，表现出一定的报刊经营管理水平。

一　主持《正气日报》前的编务改革

1942 年 7 月 1 日，戴明震以"精神体力不济，亟须修养"为名，辞去《正气日报》主笔一职。[①] 曹聚仁回忆称，当月他在正式接任该报总经理和主笔之前，已奉命主笔政，着手于编务工作。[②]

首先，招募和培养新人。曹聚仁在报上刊登启事，以编辑部名义，招募高中以上学历，且对新闻事业有兴趣的学习记者。在半年的培训期内，编辑部传授他们新闻采访技术、资料室实践和中外史地校勘术。目标是培养编辑部内勤记者 2 人、外勤记者 2 人以及资料员 1 名。[③]

其次，推动版面改革。在 7 月 11 日的编辑部启事中，曹聚仁作了如下规划：（一）本报充实第四版内容：除星期日编刊综合版外，其他各日，下七栏刊《新地》，上七栏逢周一和周日刊《综合新闻》，周二和周五刊《通讯》，周三和周六刊《社会服务》。（二）从七月份起，所有《新诗源》《新文艺》等专刊一律停止，来稿分别刊入《新地》。《悭吝人》改译本，另刊单行本，不再分期刊载。（三）《新地》适应一般读者需求，改编为《综合文艺》性质的副刊，多刊短稿。（四）本部编辑人员稍有变动；《新地》编者，有已离职，有已另调他职；外间寄稿，请勿由任何私人转交。[④]

再次，更换和规范工作证章。因《正气日报》编辑、营业、印刷各部员工众多，悬挂证章式样同一。曹聚仁命该报于 7 月 15 日刊登公告，对记者的对外称谓和在外活动的证章作了严格规定。避免有人假借该报名义，在外私自活动。[⑤] 该报对外宣布自 8 月 1 日起总经理部、编辑部、印

---

① 《戴明震启事》，《正气日报》1942 年 7 月 22 日。
② 曹聚仁：《上海之忆前词》，《正气日报》1942 年 7 月 10 日。
③ 《本报编辑部招考学习记者启事》，《正气日报》1942 年 7 月 9 日。
④ 《编辑部启事》，《正气日报》1942 年 7 月 11 日。
⑤ 《本报编辑部启事》，《正气日报》1942 年 7 月 15 日。

刷部、营业部职员将佩戴不同字样的白底蓝字圆形证章，废止了先前配发的黑底白字圆形证章。①

二　入主《正气日报》后的经营管理实践

1942 年 7 月 22 日，曹聚仁正式入主《正气日报》，任总经理、总主笔和总编辑。② 他自称，此后就很少写有关蒋经国"新赣南建设"的通讯了。因为他明白，即算写了通讯，别人的看法一定不同了，至少要打很大的折扣。③ 然而，他在报刊经营管理方面的才干得以施展。

（一）实行版面改革，增加可读性

曹聚仁上任后，继续细化版面改革方案，一改旧貌，增加可读性。例如，自 8 月起，《正气日报》第四版各栏，如"星期六""通讯版"均对外征稿。"服务版"除报道各种医药、法律、兵役问题外，也涉及青年一般问题及社会的黑暗面。④ 副刊《新地》的征稿更加丰富，包括评论、杂文、散文、报告、短篇小说等各种体裁。⑤

1942 年夏，曹聚仁已经定居赣南，暂时结束了奔波的战地记者生活。在应邀主持《正气日报》前后，他开始系统地整理思路，回忆往昔。他撰写的回忆性文字包括对上海师友、抗战将士、报业同人的追忆，也包括对自己的读报生涯、主办《涛声》时的思想以及战地记者生涯的回顾。这些文字多刊于副刊《新地》上，颇受读者欢迎。

自 10 月 2 日起，《正气日报》重新安排了第四版副刊版上七种专版的次序：从周一到周日依次是"时论版""通讯版""服务版""赣南版""青年版""通俗版"和"星期版"。其中"青年版"推出了每月征文活动。"赣南版"提出了创办主旨："反映新赣南建设事业的一些动态，备供省内外一切关心的人士一些参考。"⑥

---

① 《本报启事》，《正气日报》1942 年 8 月 4 日。

② 《正气日报社启事》，《正气日报》1942 年 7 月 22 日。

③ 曹聚仁：《我与我的世界：曹聚仁回忆录（修订版）浮过了生命海》，生活·读书·新知三联书店 2011 年版，第 775 页；曹聚仁：《谈新赣南政治》，《周报》1945 年第 7 期，第 6 页。

④ 《编辑部启事》，《正气日报》1942 年 8 月 4 日。

⑤ 《新地笔锋联合启事》，《正气日报》1942 年 8 月 22 日。

⑥ 《启事》，《正气日报》1942 年 10 月 2 日；《本报的旨趣——寄新赣南各级工作同志》，《正气日报》1942 年 10 月 8 日。

（二）调整报社人事

配合版面改革，曹聚仁对报社人事进行了较大调整。由于营业部前负责人周聘文、蔡策相继离职，自 8 月 1 日起营业部一切业务概由新主任彭鸣凤负责办理。[①] 张理被任命为编辑主任。

值得一提的是，曹聚仁为了扩大《正气日报》的销数，特别重视文艺副刊《新地》的编辑工作。该副刊由原《新赣南报》副刊的两位编辑殷梦萍和洛汀负责。[②]

殷梦萍和洛汀是多年的知交，也是工作搭档。1939 年，左翼诗人殷梦萍曾担任上饶《前线日报》文艺副刊《战地》的编务。同年秋，参加浙西抗日游击队并任政治部刊物《怒火文艺》编辑的青年人洛汀来到上饶，投奔了殷梦萍，并辅助他工作。是年秋冬之交，洛汀到皖南前线寻找新四军未果，不料在皖南被捕，继而被押解出省。洛汀又重返浙西敌后办报，又逢日寇"扫荡"。1941 年夏秋之交，编《前线日报》副刊被撤职的殷梦萍和被诬为"新四军漏网分子"并遭通缉的洛汀先后来到赣州。殷梦萍接编《新赣南报》副刊，洛汀充当助手，帮他看稿改稿。[③] 由史料推断，曹邀请殷洛二人负责《新地》的主要原因是他看中了二人的关系及其从业经历。

（三）培养新闻采编与图书资料管理专门人才

1942 年 10 月，曹聚仁再次刊发启事，招考学习记者。考试科目包括三项：史地常识、写作和口试。考取后，学习记者由报社保送到新闻技术人员训练班学习 3 个月，并到编辑部实习 3 个月。训练、实习期内，学习记者由报社供给膳宿，并月支生活津贴 50 元。[④] 11 月底，报社招考学习记者结果公布，共录取邹兴邦、江涵、金宝璋、张承天 4 人。[⑤] 至 1943 年 2 月 27 日，这四名学习记者经过 3 个月的新闻业务培训，已可在编辑部同人指导下开展采编业务。[⑥]

[①]　《本报启事》，《正气日报》1942 年 8 月 13 日。

[②]　全国政协文史资料委员会编：《文史资料存稿选编》第 23 辑，中国文史出版社 2002 年版，第 215 页。

[③]　参见江西省文化厅革命文化史料征集工作委员会编《江西抗战文化史料汇编》，江西省文化厅革命文化史料征集工作委员会 1997 年版，第 120—126 页。

[④]　《本报编辑部招考学习记者启事》，《正气日报》1942 年 10 月 16 日。

[⑤]　《本报招考学习记者揭晓》，《正气日报》1942 年 11 月 30 日。

[⑥]　《本报编辑部启事》，《正气日报》1943 年 2 月 27 日。

在学习记者开始报业实习的当天，曹聚仁特别撰稿一篇送给新闻技术训练班诸位同学。曹文指出，当今的新闻事业逐渐专门化，新报人要想做外勤记者，就务必学习收发无线电、驾驶、摄影这些基本技术，还必须懂得政治、经济、军事、社会科学知识。他以《大公报》记者张季鸾为例称，新时代的报人应以报纸为其生命，以记者为其终身事业。他鼓励同学们认识社会的新要求，为启发民众的知识而办"人人能看"的报纸，为新赣南的文化建设尽最大的努力。①

据王克浪回忆，除了培训新闻采编人员，曹聚仁还开办图书馆人员训练班，招收高中以上文化程度的青年人，授以新闻学、图书馆资料管理学以及有关的社会科学知识，为该报编辑部、资料室以及专区所属各县报社、图书馆培养了一支图书资料管理工作的新生力量。②

（四）加强印务工作

根据王克浪的观察，曹聚仁上任后，聘请原在中央社工作、熟悉印刷业务的徐锡高任印刷厂厂长，设法添置从铸字到排印的成套设备，使该报的印刷条件得到改善，优于本省其他报纸。③

1943 年元旦中午，赣州城遭到日军飞机轰炸。《正气日报》编辑部中了爆炸弹，印刷部中了燃烧弹，全部惨毁。所幸员工平安。被炸次日，《正气日报》就刊出启事，表示即日筹备复刊，并迁到至圣路营业部继续办公。元旦当天，该报换用新字，改排新版，原定增刊一张半，并随报附送《正气周刊》创刊号一册。但祸出突然，增刊全部烧毁，无法补印。报社因此向读者致歉，并立即给读者补寄了曹聚仁主编的《正气周刊》创刊号。④

此后月余，《正气日报》都以两版形式呈现给读者。由于报社积极补充机件，整理印务，逐渐就绪，该报自 2 月 9 日起恢复对开一大张的原有版式。⑤

---

① 曹聚仁：《特稿："过去的我们，明日的你们"——送新闻技术训练班诸同学》，《正气日报》1943 年 2 月 27 日。

② 王克浪：《正气日报》，载政协江西省委、赣州市委文史资料研究委员会《江西文史资料选辑》第 35 辑，政协江西省委、赣州市委文史资料研究委员会 1989 年版，第 234 页。

③ 同上。

④ 《正气日报紧急启事》，《民国日报（赣南）、正气日报（新年联合版）》1943 年 1 月 2 日。

⑤ 《正气日报紧急启事》，《正气日报》1943 年 2 年 8 日。

（五）积极参与文化劳军运动

1943 年 1 月底，《正气日报》应赣县记者公会之请，举行文化劳军义卖。1 月 31 日，该报和《民国日报》联合发布报纸义卖启事。[1]

为配合报纸义卖，当日《正气日报》还出版了"文化劳军特辑"。曹聚仁亲自撰文，发起名为"一排一份报"的社会运动，以此作为"文化劳军"的具体举措。他呼吁报馆承担添印报纸的任务，个人或单位提供赞助以负担报费，保证前线每个排的战士能读到一份报纸。他劝说读者替前方战士着想："前方士兵振作一分，即胜利多一分把握；为了争取胜利，我们更该充分供应他们的精神粮食！"[2]

2 月 4 日，该报头版刊登了"文化劳军报纸义卖荣誉报义买人芳名录"，其中可见蒋经国捐一千一百元，其妻蒋方良捐二百元。[3]

（六）扩大发行范围，优待长期读者

为了方便读者订阅，曹聚仁接任《正气日报》以后决定扩大发行范围，相继在江西、湖南、云南、广西等地的多个城市设立分销处或办事处。[4]

《正气日报》原定从 1943 年元月起酌情提价，嗣因元旦被炸，改出四开张，故未实行。[5] 1 月 19 日，该报决定优待长期读者，凡在 2 月底以前订阅该报，仍照现定报价收费。为便利西南各省读者，决定自 6 月 1 日起，刊行《正气日报》衡阳版，其版式内容与赣州版完全一致。[6]

即便《正气日报》在 1943 年惨遭劫难，但曹聚仁任《正气日报》"三总"期间的成绩有目共睹。据王克浪回忆，在曹聚仁的经营下，《正气日报》的影响迅速扩大。不到一年时间，该报发行遍及东南各省及云贵川西南大后方，由原来的三四千份增加到一万余份。这在当时大半个中国沦陷敌手，国民党统治区又复交通阻塞的情况下，颇为不易。[7]

---

① 《〈民国日报〉〈正气日报〉紧急启事》，《正气日报》1943 年 1 月 31 日。

② 陈思：《"一排一份报运动"》，《正气日报》1943 年 1 月 31 日。

③ 《文化劳军报纸义卖荣誉报义买人芳名录》，《正气日报》1943 年 2 月 4 日。

④ 关于《正气日报》的营销范围，详见王龙志《赣南〈正气日报〉研究》，硕士学位论文，南昌大学，2010 年，第 19 页。

⑤ 《本报各分销处、办事处、派报社鉴》，《正气日报》1943 年 2 月 13 日。

⑥ 《本报紧要启事》，《正气日报》1943 年 1 月 19 日。

⑦ 王克浪：《正气日报》，载政协江西省委、赣州市委文史资料研究委员会《江西文史资料选辑》第 35 辑，政协江西省委、赣州市委文史资料研究委员会 1989 年版，第 234 页。

第三节　离开《正气日报》的真相

正当《正气日报》规模初具，一派繁荣景象，该报于 1943 年 7 月 21 日在头版刊出了两则启事。一则是报社启事：曹聚仁辞职照准，调为出版社（指正气出版社）副主任，另聘高理文为该报总经理兼主笔。8 月 1 日起交替职责。① 另一则是曹已辞去《正气日报》总经理兼主笔职务的启事。② 这两则启事标志着曹聚仁正式离开他经营了一年的《正气日报》。

《正气日报》蒸蒸日上，曹聚仁却选择离开，其中自有原因。据推测，曹聚仁最终离开该报的原因大致分两类：一类是"杂文惹祸"；另一类是因厌恶各派系倾轧，愤而离去。③

持第一种观点的代表人物有千里、冯英子、王克浪、方家瑜和陈朗，他们都认为曹聚仁因撰写杂文《从克宁奶粉说起》惹怒了蒋经国，而后中了蒋经国的计，才被迫离开。这一观点虽广为流传，但除了坊间传闻和间接回忆外，从未得到有力证据的直接证实。

第二类说法可以从曹聚仁的文章中找到答案。曹在《张道藩死矣》和《报坛奇才萨空了》④ 二文中提及离开《正气日报》是因为他欲请萨空了任该报桂林版总经理，但受到 CC 系官员张道藩的阻挠，于是愤然决定离开。⑤

本研究据曹聚仁的自述推断，认为他离开《正气日报》的原因可归纳为以下两点：

---

① 《本报重要启事》，《正气日报》1943 年 7 月 21 日。

② 《曹聚仁启事》，《正气日报》1943 年 7 月 21 日。

③ 详见千里《曹聚仁中计》，《文汇报》（香港）1982 年 1 月 7 日；冯英子《我所知道的曹聚仁先生》，《艺谭》1983 年第 3 期；行止《曹聚仁传略》，《晋阳学刊》1983 年第 2 期；丁言昭《曹聚仁与蒋经国的交往》，《世纪》1998 年第 2 期；王克浪《正气日报》，载政协江西省委、赣州市委文史资料研究委员会《江西文史资料选辑》第 35 辑，政协江西省委、赣州市委文史资料研究委员会 1989 年版，第 236 页；方家瑜《曹聚仁主办〈正气日报〉》，载政协江西省委、赣州市委文史资料研究委员会《江西文史资料选辑》第 35 辑，政协江西省委、赣州市委文史资料研究委员会 1989 年版，第 383 页；陈朗《蒋经国创办的两个新闻机构》，载李齐念主编《广州文史资料存稿选编》第 6 辑，中国文史出版社 2008 年版，第 11—12 页。

④ 曹聚仁：《听涛室人物谭》，生活·读书·新知三联书店 2007 年版，第 145、347—348 页。

⑤ 丁言昭：《曹聚仁与蒋经国的交往》，《世纪》1998 年第 2 期，第 47 页。

第一，办报计划受挫使曹聚仁意识到国民党内部派系斗争激烈，他不愿因主持《正气日报》而被卷入并深陷其中。

据曹聚仁本人的叙述，他接手《正气日报》3 个月后，销数就增加到万份，不仅收支平衡，而且开始盈利。但蒋经国的左右各派系对该报的争夺更趋于表面化了。为了跳出这个是非圈，他曾准备把《正气日报》总社移到后方的文化重心桂林，赣州只留下分版。他准备邀请自由人士萨空了任《正气日报》桂林版总经理，两人大干一番。这个计划惊动了重庆国民党中央政府 CC 系首脑张道藩。[1] 张当时已升任国民党中央宣传部部长。[2] 曹聚仁自称，他在 CC 系眼中"已经变成民主人士的工具了"。于是，他不得不于 1943 年 3 月 18 日随蒋经国前往陪都重庆，并在那里居住了一个月。[3]

曹聚仁回忆称，他到达重庆后，才接触到政治斗争的核心，切身体会到政治环境的错综复杂。他深刻地意识到，蒋经国虽有政治理想，但因实力有限，无法与国民党内的 CC 系和政学系[4]抗衡。据他观察，蒋经国本想握住青年团这支新力量，结果却被陈诚抓到了手中。国民党中枢原已下令由蒋经国接替盛世才执掌新疆，却因政学系和 CC 系的夹攻，只得改变计划。蒋经国原本决定邀他去新疆办报的计划也一并流产。曹聚仁以《红楼梦》中人物作比，称"政学系"在重庆国民政府这座"大观园"中可算是"王熙凤""一步不放松地把握着那个政治环境"；而蒋经国却是"袭人或探春""要开始应付那个错综复杂的政治环境"[5]。

据曹聚仁自述，当时重庆各界对他这个"太子"身边人物的看法十分微妙。有人以为他已经拿到了政治敲门砖，将有所作为。甚至有人私下

① 曹聚仁：《采访外记　采访二记》，生活·读书·新知三联书店 2007 年版，第 230—231 页。

② 朱汉国、杨群主编：《中华民国史》第 9 册，四川人民出版社 2006 年版，第 343 页。

③ 曹聚仁：《采访外记　采访二记》，生活·读书·新知三联书店 2007 年版，第 230—231 页。

④ 政学系为北京政府时期的政治集团。1916 年袁世凯死后，黎元洪继任总统，段祺瑞任国务总理。国民党籍议员多数反对段祺瑞及北洋军阀的统治。但张耀曾、李根源、谷钟秀组织的政学会支持段对德宣战。1918 年，段祺瑞非法解散旧国会，另组新"国会"（即安福国会）。孙中山在广州组织护法政府，张耀曾等南下参加，但与国民党中未参加中华革命党的一派结合，和滇、桂军阀唐继尧、陆荣廷等勾结，极力排挤孙中山，形成一派系。因其主要成员均为原政学会成员及其拥护者，故名政学系。1927 年南京国民党政府成立后，该系杨永泰、黄郛、张群及其他国民党官僚熊式辉、陈仪、吴鼎昌等相互提携，积极拥戴蒋介石，成为国民党的一个派系，时称新政学系。参见张宪文、方庆秋等主编《中华民国史大辞典》，江苏古籍出版社 2001 年版，第 1310 页。

⑤ 曹聚仁：《采访外记　采访二记》，生活·读书·新知三联书店 2007 年版，第 232—233 页。

说他准备做"陈布雷第二"①。一天，他在重庆一家杂货店的阁楼上见到了"思想上的拐杖"吴稚晖。②作为一个无政府主义者，吴稚晖以"刘姥姥"自喻，意在说明自己在政治这座大观园中是个微不足道的角色。而曹聚仁坦言，他自己对于政治的冷淡，比吴稚晖更进一层。③

曹聚仁回忆称，到重庆后，他本该去面见张道藩，但他并未如此行事。于是，张道藩就令其下属王平陵传话忠告他。张的意思是说："萨空了除非到重庆向他请示，否则便不许到赣州去。"4月，曹聚仁一回到赣州，就怒而辞去了《正气日报》的"三总"职位。④递交辞呈后，曹仍为《正气日报》撰稿，直到7月21日他的辞呈才被接受。由此可见，CC系官员张道藩阻挠萨空了入赣之事，促使曹聚仁决意挂冠而去。

第二，国内外各派势力相互博弈，未来中国政局充满不确定性，于是曹聚仁选择退而观望。

20世纪40年代初期，国共两党关系依然紧张。与此同时，美国政府对蒋介石日渐不满，而翼求扶植民主党派与国共两党相互抗衡。

据1943年年初曹聚仁在重庆的观察，国共之间的谈判持续不断，时而顺畅，时而僵持。蒋介石自恃有足够实力消灭共产党。其时，蒋介石违背1941年与美国签署的《租界法》，亲自控制美国租借物资，拒绝以此装备共产党武装力量以抵抗日军。但是，美国政府对蒋介石的这种做法颇为不满。⑤此外，曹聚仁注意到美国政府"希望民主人士能够结成一个中心力量，在国共之间造成举足轻重的力量"。根据上述观感，曹聚仁得出一个结论：国共之间必有内战。⑥就在各派力量消长不定，前景尚不明朗之时，曹聚仁选择了退而观望。

综上所述，基于对1943年国民党内派系关系、国共关系、中美关系以及中间势力发展的观察与研判，曹聚仁最终作出了离开《正气日报》的选择。

---

① 曹聚仁：《采访外记　采访二记》，生活・读书・新知三联书店2007年版，第230页。

② 曹聚仁：《我与我的世界：曹聚仁回忆录（修订版）浮过了生命海》，生活・读书・新知三联书店2011年版，第285页。

③ 曹聚仁：《采访外记　采访二记》，生活・读书・新知三联书店2007年版，第233页。

④ 曹聚仁：《听涛室人物谭》，生活・读书・新知三联书店2007年版，第145、347—348页。

⑤ 参见苏格《美国对华政策与台湾问题》，世界知识出版社1998年版，第35页。

⑥ 曹聚仁：《采访外记　采访二记》，生活・读书・新知三联书店2007年版，第233—235页。

然而，曹聚仁承认，他辞去该报"三总"职务后，还是蒋经国的幕友，依然是蒋氏的参议。①

第四节 主持《正气日报》期间的政治言论（1942—1943年）

1942年7月22日，曹聚仁正式担任《正气日报》"三总"职务。在主持该报期间，曹聚仁的言论呈现哪些特点呢？下文将展开探讨。

一 关于权谋与术治

曹聚仁否定了意大利政治思想家马基雅维利（Niccolo Machiavelli）和意大利首相墨索里尼的以"权谋"应世之道，却充分肯定了"术治"在中国政治史上"以奇制胜"的作用。

1942年10月28日，墨索里尼在罗马举行了庆祝意大利法西斯党开入罗马二十周年纪念活动。德国派代表团参与庆典。墨索里尼在威尼斯宫设宴款待。席间德、意两国领袖致辞，颂扬两国间互相团结的友好精神。②11月10日，曹聚仁在《墨沙里尼的悲哀》一文中剖析了墨索里尼的政治论和外交政策，指出："墨氏以善用权谋自豪，生平最爱马基雅弗利的霸权论。"他认为，墨索里尼的政治论和外交政策的基点都在于此。曹聚仁自称，他从史家的眼光来论断，对于这类以"权谋"应世的，不敢苟同。他指出："人群固有种种弱点，但人群也有其光明面。一个伟大政治家，决不在利用弱点上下工夫，必须多种善因，多种善果，方为伟大。"③

13日，曹聚仁充分肯定了"术治"在中国政治史上的地位和作用。首先他介绍了中国法家思想中"法治"与"术治"的起源及其施行条件、代表人物及成功范例。他指出，中国的"法治"源于韩非子，"术治"则源于申不害。他认为，中国政治史上少有施行纯粹法治的政治家。其中，子产、李斯、王安石都想立下法治的规模，却都不曾完成胜业。他分析上

① 曹聚仁：《我与我的世界：曹聚仁回忆录（修订版）浮过了生命海》，生活·读书·新知三联书店2011年版，第777页。

② 《罗马进军纪念/意国热烈庆祝》，《申报》1942年10月30日。

③ 聚仁：《墨沙里尼的悲哀》，《正气日报》1942年11月10日。

述政治家失败的原因在于：法治非短时间所能奏效，而且需要比较优裕的物质条件和人的条件。他指出，只有英国和古代雅典做到了法治。中国历史上著名的政治家，如诸葛亮、张居正、曾国藩等用的都是"术治"。其次，他又介绍了如何实行"术治"。他认为，术治乃是"把握着权力，示人以不可测"。因为政治是一种不合理论的东西，走上政治舞台的照例要演悲剧，政治家只能走"以奇制胜"的路。①

二　政治通讯《西行十笔》

1943 年年初曹聚仁抵达重庆后，就住在陪都最大的旅馆——胜利大厦。在这座充满国际气息的旅店里，他有机会接触到不同国籍、不同领域的人士。通过在渝一月间的观察与采访，他写就系列通讯《西行十笔》②，发表在《正气日报》第三版的首要位置。

据曹聚仁回忆："像我这样一个毫无政治经验的新闻记者，走进这五花八门的八阵图中去的；要想试写政治通讯，就有葡萄藤无从拉起之慨！"他自认为，《西行十笔》开头那三记写得颇不错；结尾那三记也有点头路；中间就略去了四记不曾交卷，也可说是不敢交卷，不能交卷。③从实际发表篇目来看，曹聚仁有意略去未发表的篇目多与政治相关，如（四）政治圈外、（五）中国命运与青年前途、（六）物价与经济作战。从中可以窥见曹聚仁对政治的冷淡。

最终见诸报端的《西行十笔》围绕三大主题展开，即世界反法西斯战争、战后国际关系以及中国的国家建设。

（一）关于世界反法西斯战争

1943 年 3 月 18 日，曹聚仁动身前往重庆当天，有朋友问他此行有何希冀。他说："玄奘西天取经，寻求他的最后信念；我呢，也带了一堆问

---

① 聚仁：《谈术治》，《正气日报》1942 年 11 月 13 日。

② 所谓的"十笔"并非 10 篇全部按顺序发表。1943 年 4 月 14 日《西行十笔》之一旅途杂拾刊载后，曹聚仁对文章发表顺序做了较大调整。4 月 29 日刊出了"（九）战事长期化之再认识"，并附一则说明，介绍了《西行十笔》的刊登顺序："西行十笔，以时间性关系，先刊载（九）战事长期化之再认识，（八）从重庆看世界，（七）西北开发与西北资源，（六）物价与经济作战，（五）中国命运与青年前途等篇。再刊（二）重庆初旅，（三）文人、艺人与剧人，（四）政治圈外各篇，乃以（十）归途作结。"

③ 曹聚仁：《采访外记　采访二记》，生活·读书·新知三联书店 2007 年版，第 232—233 页。

题到陪都去找答案去。"

问题一："世界战争究竟什么时候会结束？"

对于这个问题，曹聚仁没有直接回答，而是引述了美英领导人的预测以及世界人士的期望。美国总统罗斯福预测世界战事将于 1944 年可以获得胜利。而丘吉尔认为，战争要到 1945 年方能结束。而且，丘吉尔推测东方战事必须结束于西方战事结束之后。但世界人士都期望英国的军事行动能积极一点，否则或许会产生不可测的前途。[1] 经过采访，曹聚仁得知，依正轨的看法，无论英美是否把军事重心放在欧洲战场，太平洋上的军事反攻必须立刻开始。但战事必然延长下去，"胜利"到来当在 1945 与 1946 之间。[2]

问题二："究竟敌军对中国取怎样一种姿态了呢？"

据曹聚仁的观察，日军在湘西的军事行动并没有什么大企图，而在滇南的行动也没有大进展。可见日本声言解决中国事件确系虚声恫吓。然而，敌人武装伪军计划确在积极进行。因此，他推断这场战争无疑要拖延下去。谁经得起拖延，谁就有胜利的希望。[3]

问题三："从经济上，我们还耐得住长时期的拖延吗？"

据当时的著名敌情研究专家称，日军正在争取时间，做军事上的充分准备，同时对中国施加政治与经济双重压力。非到中国经济崩溃，日本还不会用军事力量来解决中国事件。一位外交界要人对曹聚仁讲：目前焦点还在经济方面，经济上能拖延下去，军事上自不成什么问题的。曹指出，某军事观察家的说法最接近真实。他引述这位观察家的话说："敌人对我经济作战，并非争纸币价格，而是争取物资。敌人故意减低法币对伪币的兑换值，并排除法币在沦陷区的流通，也是吸收物资的一种手段。物资倒流才是最可忧虑的坏倾向。"[4]

曹聚仁发现，敌人运用伪币做经济战的武器，几乎每一处都可以看见"物资倒流"的痕迹。他推测，假使"物资倒流，货币内涌"不至于冲破我们的经济堤防，那就可以有拖延下去的可能。[5] 他相信中央对于经济作

① 曹聚仁：《西行十笔：一、旅途杂拾》，《正气日报》1943 年 4 月 14 日。
② 曹聚仁：《战事长期化之再认识——西行十笔之九》，《正气日报》1943 年 4 月 29 日。
③ 曹聚仁：《西行十笔：一、旅途杂拾》，《正气日报》1943 年 4 月 14 日。
④ 曹聚仁：《战事长期化之再认识——西行十笔之九》，《正气日报》1943 年 4 月 29 日。
⑤ 曹聚仁：《西行十笔：一、旅途杂拾》，《正气日报》1943 年 4 月 14 日。

战，正在焦思苦虑，设法应付。①

（二）关于战后国际关系

关于英印关系，曹聚仁采访了一位曾在加尔各答安身的旅客。那位旅客认为，在印度战后处理问题上，英国人允许战后给印度人以自治领的地位。印度的王侯贵族、买办阶级对此并不反对。但印度的穷人根本不信任英国人，对此表示反对，指出：在胜负未卜时，谈"战后"问题谈得太早有点近于谈梦。就算胜利了，今日所谈的"战后"，也决不与"战后"实境相符。②

至于"二战"期间欧洲各国在伦敦的流亡政府问题，有的人以为"兴灭继绝"，恢复战前的地图，就可以保持和平；有的以为"算旧账"并不能保证和平。他们之间只有一点是共同的，即国际均势。曹聚仁认为，这一观念便是下一次大战的根苗，世界人士必须拔去这一概念。③

（三）关于中国的国家建设

1. 洞悉阻碍国家建设的因素

曹聚仁由旅行见闻洞见了封建势力与殖民主义将成为抗战后建立新国家的巨大阻碍。

1943 年 3 月 19 日，曹聚仁在衡阳逗留了一天。据他回忆，他一清早就看见衡阳市的赵市长在街上巡视，指示路政的改善，为建立新的衡阳而努力。但他坦言："凡是要改善旧社会，无论怎样，总是议论纷纭的；而且封建势力一定摆出那顽强的阵势来。"在湘桂路的候车室，他听到几位乘客在谈论衡阳市的路政，后又遇到一旅客对票务政策的不理解、不接受。从旅途中的大小事故，他作出如下判断：

> 走向新中国的程途，还是崎岖、突兀、艰苦。而封建势力的石块，怕非一朝一夕所能打扫干净。④

在湘桂西行车中，曹聚仁和几个买卖人谈古论今。商人们说："中国的事总要外国人来办才行，你看：香港九龙的街市，多么干净有条

① 曹聚仁：《战事长期化之再认识——西行十笔之九》，《正气日报》1943 年 4 月 29 日。
② 曹聚仁：《从重庆看世界——西行十笔之八》，《正气日报》1943 年 5 月 3 日。
③ 同上。
④ 曹聚仁：《西行十笔：一、旅途杂拾》，《正气日报》1943 年 4 月 14 日。

理，一到中国地界就糟，我看新××，新××，没有外国人总不行!"
曹聚仁认为这种殖民主义遗留下来的思想也将阻碍新中国建设的顺利进
行，因此感慨道:

> 这一百年间，多少人失去了民族自信心与自尊心，这不健康的心
> 理，怕也是新中国建设的绊脚石吧![1]

2. 呼吁开发与建设西北地区

1943 年 4 月初，曹聚仁觉察到陪都人士对西北问题的重视，以及
西北问题所引起的兴趣。其中，西北工业考察团最为活跃。该考察团
由国内民营工业界热心建设西北的人士所组成，于 1942 年 9 月 21 日
由渝出发，1943 年 2 月 15 日归渝。4 月 7 日，考察团整理布置的"西
北工业资源展览会"在中央图书馆公开展览。据考察团团员对新疆和
青海地质和矿产的介绍，他断定今后的西北建设中心当在新疆与青海
两地。[2]

当时谈及西北建设的各方人士都着眼于交通方面。但曹聚仁却指出，
一切事业互为因果，如环无端。他发现，人们由交通第一推而工业第一，
由工业第一推而经济第一，又由经济第一推而教育第一，又转到交通第一
的原出发点。由此，他强调文化教育的重要性:

> 目前毕竟教育人才先立百年根本要紧，有志之士，到西北去，不
> 一定做震天动地的实业家，埋头做点文化事业，其意义远更大些。[3]

他认为，对于西北建设，吴稚晖所说"多去蜜蜂，少去蝗虫"这句
话颇有深意。另外，通过采访，他综合了各部门专家的意见，指出:"西
北问题，拆开来看，包括很复杂的民族、宗教、国际、政治和军事问
题。"在文章结尾处，他号召:"有志青年，往西北去吧!"[4]

---

① 曹聚仁:《西行十笔:一、旅途杂拾》，《正气日报》1943 年 4 月 14 日。
② 曹聚仁:《西北开发与西北资源——西行十笔之七》，《正气日报》1943 年 5 月 17 日。
③ 同上。
④ 同上。

小　结

留苏十余载的蒋经国回到中国，成为一颗冉冉升起的政界新星。从1939 年到 1945 年，他在赣南开展了"新赣南建设"，并以报刊为载体，替赣南这个抗战建国的试点大加鼓吹。蒋经国麾下报刊众多，但《正气日报》最终脱颖而出，成为"新赣南运动"的宣传机构。

1942 年 7 月，曹聚仁应蒋经国之邀成为其幕僚，主持赣南《正气日报》编务。他之所以接办《正气日报》，是内因和外因共同作用的结果。就内因而言，他从一开始就认同并赞赏蒋经国的"赣南新政"。就外因而言，这正是蒋经国对"新赣南运动"加大宣传的需要。

任该报"三总"一年间，曹聚仁在报业经营管理方面的才华展露无遗。为扩大读者群，他精心地在该报副刊《新地》上笔耕。他在赣南时期的报刊文章，从体裁上呈现以回忆文章为主，以短评和通讯为辅的特色，其题材则围绕"抗战建国"的宏大主题展开。总之，无论是在报纸经营管理或言论方面，曹聚仁都发挥了为政治新人蒋经国宣传"新赣南运动"的作用，同时表达了自己对政治问题的独到见解。

正当《正气日报》一派繁荣景象，外界已认为曹聚仁是"太子系"人物，他却选择辞去报社一切职务。由前述分析可知，曹聚仁辞职的最主要原因在于：首先，他对国民党内部的政治派系斗争心生厌倦，不愿卷入其中；其次，在美国的介入下，中国各党派的力量消长尚未明朗，因此他选择退而观望。

虽说曹聚仁离开了《正气日报》，但他还是蒋经国的幕友，依然是蒋氏幕府的八大参议之一。这为他在 20 世纪 50 年代成为沟通两岸关系的国共密使埋下了伏笔。

第六章

战后自由主义政治观的
彰显与微妙变化

如前几章所述，1927 年，曹聚仁目睹国民党"清党"的残酷血腥，意图远离政治风暴。几经彷徨，他于 1931 年创办《涛声》周刊，提出了所谓"乌鸦主义"和"虚无主义"。讳谈政治是他主办《涛声》时期的言论特色。自 1933 年始，他以自由知识分子身份，开始在《社会日报》上大胆阐发具有自由主义倾向的政治观点，批判国民党一党专制，呼吁自由民主。全面抗战爆发后，在抗日救亡压倒一切的主潮冲击下，他的自由主义政治言论陷入沉寂。1938 年至 1945 年间，他以自由主义者身份直接参与国民党的新闻工作，拉近了与国民党之间的距离，并成为国民党新闻机构内的"谋士"。无论是为蒋介石领导的国民党和国民政府出谋划策，还是鼓吹蒋经国的赣南新政，他的言论始终围绕着"维护国民党统治"这一轴心。

抗战胜利后，曹聚仁开始以不甘寂寞的"中间派"面貌示人，从军事前线走向政治前线，全心投入政治报道与评论以及政治活动之中。

本章作为前述各章的延续，将试图回答如下问题：曹聚仁在战后为何走向政治前线，他的政治观点如何形成，他对战后中国重塑和国共内战作何评论，又表达何种自由主义政治诉求。

下文将根据现有报刊原件的内容，将曹聚仁的战后政治言论分为三个时期进行分析。首先需要对报刊的选择作简要说明。本章只选取了战后曹聚仁在江西和上海所供职的代表性报刊，如《前线日报》《前线周刊》《再造》旬刊和《新希望》。其次需要说明的是分期问题。分期的主要依据是战后中国重塑到国共内战的发展进程，同时结合曹聚仁对战后中国的报道与评论的内容。为方便叙述，本章将曹聚仁的战后言论分为以下三个时期：一是战后重塑时期（1945 年 8 月—1946 年 5 月）；二是全面内战时期（1946 年 6 月—1948 年 8 月）；三是国共战略大决战时期（1948 年 9 月—1949 年 3 月）。

第一节　战后走向政治前线的动因

战后，曹聚仁结束了战地记者生涯，走向了政治前线。究其原因，一方面是基于战后国内外政局的剧变；另一方面是出于其个人选择。

一　战后自由主义者活动空间的变化

抗战胜利后，美国就开始扶植中国的"第三势力"。国共双方在美国的介入下举行重庆谈判，并签署"双十协定"。从某种程度上，这一协定只是国共双方一种暂时的妥协，未能从根本上解决战后国共两党之间的关系。① 但该协定的签订对于"第三势力"却具有特殊意义。有研究指出，"第三势力"从此获得合法身份，而且可与国共两党一起，通过参加政治协商会议的办法，平等地讨论国家的政治决策工作了。② 另有研究指出，1946 年 1 月政协会议前后，美国政府为中国的"第三势力"撑起了保护伞，"第三势力"发展至鼎盛时期。③

抗战胜利后，中国的民主宪政运动再掀高潮。此时，和平统一、民主建国取代抗日救亡成为时代潮流。此时的自由主义者表现出极大的政治热情。带着对民主建国的强烈诉求，他们试图以参加或组建中间党派的方式，参与实际的政治重建工作。民主同盟在这一时期格外活跃，提出走国共之外的"第三条道路"（即中间路线）。此外，由于国民党在战后对传媒的控制有所放松，自由主义者得以将报刊作为主要舆论阵地，抨击时政，为民请命。《大公报》《观察》《世纪评论》等报刊成为自由主义者云集和发声的公共领域。其中《观察》的影响最大，在 20 世纪 40 年代备受知识分子和民众的欢迎。自由主义者在战后试图以第三种政治势力身份参政议政，推动中国走上民主化改革的道路。④

---

① 张宪文等：《中华民国史》第 4 卷，南京大学出版社 2013 年版，第 35—36 页。

② 杨奎松：《抗战前后国共谈判实录》（修订版），新星出版社 2013 年版，第 287 页。

③ 张宪文、张玉法主编：《中华民国专题史》第 16 卷，南京大学出版社 2015 年版，第297—298 页。

④ 参见张宪文等《中华民国史》第 4 卷，南京大学出版社 2013 年版，第 190—193 页；卫春回《理想与现实的抉择：中国自由主义学人与"中间道路"研究（1945—1949）》，中国社会科学出版社 2010 年版，第 42—45 页；汪朝光《中国近代通史》第 10 卷，江苏人民出版社 2013年版，第 33 页。

然而，随着内战时局的变化，国共两党势力消长，自由主义者的活动空间却逐渐缩小。在蒋介石统治的最后几年，自由主义者的政治活动和言论自由受到了威胁。到了 1948 年，自由主义者已失去了对国民政府批评的环境和兴趣。是年 12 月 24 日，代表自由主义思想的《观察》遭到国民党取缔。该杂志的终结，使自由主义者的政治生存权遭到重击。自由主义的实际政治运作和精神诉求都难以成为现实。自由主义运动在中国大陆遂宣告失败。[①]

二　战后选择留在国民党新闻机构

抗日战争期间，国民党第三战区司令长官顾祝同倡办《前线日报》。1938 年 10 月 1 日，该报由国民党第三战区政治部主任谷正纲在安徽屯溪创办，宣传科科长李俊龙任社长，宣传科秘书马树礼任总编辑。12 月，宦乡经人介绍参加《前线日报》社工作，任副总编辑。[②] 作为国民党第三战区长官部的机关报，该报直接受到此战区专职人员的严格检查。在此政治环境下，宦乡始终坚持自己的办报方针，努力把《前线日报》引入民主进步的轨道。任总编辑期间，宦乡如其他进步民主人士一样，采取了以副刊版的进步言论与新闻版的中央社反动消息唱对台戏的策略。在他的努力下，该报的副刊与专刊体现出五四运动以来的"民主"与"科学"精神。[③]

据曹聚仁的记述，《前线日报》总编马树礼和他都于 1944 年前往重庆，几乎每次见面必谈战后《前线日报》的规划。马树礼计划增加若干周刊，并希望由曹替他主持。[④]

马树礼回忆称，1944 年 8 月 1 日，《前线日报》随长官部移至赣闽交

---

① 参见赵鹏飞、鄢志耀主编《探索与奋斗——中国知识分子的历史足迹》，中国文史出版1990 年版，第 219 页；张宪文等《中华民国史》第 4 卷，南京大学出版社 2013 年版，第 192—193 页；储安平《政府利刃·指向〈观察〉》，《观察》1948 年第 4 卷第 20 期，第 2—3 页；左玉河《最后的绝唱：1948 年前后关于自由主义的讨论》，载郑大华、邹小站主编，中国社会科学院近代史研究所思想史研究室主办《中国近代史上的自由主义》，社会科学文献出版社 2008 年版，第 301—302 页。

② 参见袁义勤《〈前线日报〉11 年》，《新闻与传播研究》1990 年第 2 期，第 161 页；罗时平《宦乡与〈前线日报〉》，《文史杂志》1992 年第 5 期，第 3 页。

③ 参见罗时平《宦乡与〈前线日报〉》，《文史杂志》1992 年第 5 期，第 3 页。

④ 曹聚仁：《采访外记　采访二记》，生活·读书·新知三联书店 2007 年版，第 213—214 页。

界的江西山城铅山出版。① 另据曹聚仁及其妻子的记述，同年冬赣州沦陷前夕，他们举家仓皇避难，迁至赣东北小城乐平。1945 年春夏，他就往来于第三战区长官部所在地铅山与乐平之间。当时，国民党军报《前线日报》已经准备进军上海望平街，在上海开辟新局面。②

1945 年 8 月初，为配合对日军的大反攻，《前线日报》在上海浦东发行敌后版。③ 为了进一步扩展新闻业务，马树礼又于 8 月中旬在江西铅山创办了《前线周刊》，邀请曹聚仁担任主编。

抗战胜利后，国民党蒋介石集团在美国的支持与合作下，派军队抢占沦陷区，并伺机进攻中国共产党及其领导的解放区。国民党重建和发展其新闻宣传网，就是这种准备之一。④ 在上述背景下，《前线日报》率先进驻上海望平街，仍由宦乡主持笔政。

根据报人叶家怡、徐铸成和圆慧的记述，宦乡原想把《前线日报》办成一张民主进步的报纸，但这一意图却受到抑制。随着国民党政治危机与日俱增，宦乡在国民党国防部下属的《前线日报》已无法贯彻他的办报方针。且宦乡已在上海的民主报纸《文汇报》发表文章，与代表军方的《前线日报》完全是两条阵线。于是，宦乡于 1945 年冬辞去《前线日报》的职务，加入了《文汇报》。⑤ 另据曹聚仁回忆，此时马树礼在上海积劳成疾，到南洋去医理。当时《前线日报》上饶版尚在出版，邢颂文抽身不得。于是他只得以半客卿的身份留在了《前线日报》。⑥ 此后，邢颂文和姚士彦接任《前线日报》总编辑，曹聚仁、钱纳水和杜绍文主持

---

① 参见《改版致辞》，《前线日报》1945 年 11 月 16 日，社论；马树礼《十年回忆》，《前线日报》1948 年 10 月 1 日。

② 参见邓珂云《人文版〈后记〉》，载曹聚仁《我与我的世界：曹聚仁回忆录（修订版）浮过了生命海》，生活·读书·新知三联书店 2011 年版，第 783 页；曹聚仁《采访外记 采访二记》，生活·读书·新知三联书店 2007 年版，第 217—218 页。

③ 参见马树礼《十年回忆》，《前线日报》1948 年 10 月 1 日。

④ 参见马光仁主编《上海新闻史（1850—1949）》（修订版），复旦大学出版社 2014 年版，第 990—993 页。

⑤ 参见叶家怡《我所知道的〈前线日报〉》，载中国人民政治协商会议江西省上饶市委员会文史资料研究委员会《上饶市文史资料》第 4 辑，中国人民政治协商会议江西省上饶市委员会文史资料研究委员会 1985 年版，第 55—56 页；徐铸成《徐铸成自述：运动档案汇编》，生活·读书·新知三联书店 2012 年版，第 199 页；圆慧《我与曹聚仁》，《大人》（香港）1972 年第 29 期。

⑥ 曹聚仁：《采访外记 采访二记》，生活·读书·新知三联书店 2007 年版，第 282—283 页。

笔政，赵家壁任总经理。①

据曹聚仁及其妻子邓珂云回忆，这一时期曹聚仁一直在《前线日报》写"边栏稿子"，但新闻报道的重心却放在香港《星岛日报》的通讯上。② 据现存的《前线日报》原件，曹聚仁于 1945 年 9 月至 1948 年 10 月为该报撰写专栏文章。此外，他还主编"社会·思想·人生"和"书报评论"两个文学副刊，并为副刊"新闻战线"（杜绍文主编）和"书报评论"（曹聚仁主编）撰稿。

1947 年春，国民党开始大肆推行党报企业化的方针。这样既可减少津贴报纸的费用，更可借此冲淡国民党机关报的色彩，对广大读者具有更大的欺骗性。上述党报企业化方针也影响到国民党的军队报纸《前线日报》。③ 尽管《前线日报》两度改组，努力经营，仍难以扭转颓势。1948 年该报创刊 10 周年之际，为了解决被裁员工生计，马树礼创办前进中学，邀曹聚仁任校长。④ 1949 年 1 月 8 日，报纸改名为《前线日报晚刊》，期号续前。⑤

三 在《前线日报》撤台前后的微妙变化

在上海解放前夕，国民党曾企图把报社、电台的重要设备、机器、纸张等拆迁到台湾或香港去。《前线日报》即在拆迁到台湾之列。1949 年 5 月上海解放，人民解放军在各个系统都分别成立了军管会，实施接管和改造工作。⑥ 据曹聚仁回忆，华东区军管会接收时，《前线日报》的社长、总编辑、总主笔和总经理都已撤至台湾，留下来的都是职工。他依然兼任前进中学校长，并兼任几所大学的教授职务。至于担任校长一职，他和马

---

① 叶家怡：《我所知道的〈前线日报〉》，载中国人民政治协商会议江西省上饶市委员会文史资料研究委员会《上饶市文史资料》第 4 辑，中国人民政治协商会议江西省上饶市委员会文史资料研究委员会 1985 年版，第 55—56 页。

② 曹聚仁：《采访外记 采访二记》，生活·读书·新知三联书店 2007 年版，第 295 页；邓珂云：《人文版〈后记〉》，载曹聚仁《我与我的世界：曹聚仁回忆录（修订版）浮过了生命海》，生活·读书·新知三联书店 2011 年版，第 785 页。

③ 马光仁主编：《上海新闻史（1850—1949）》（修订版），复旦大学出版社 2014 年版，第 1004 页。

④ 曹聚仁：《采访外记 采访二记》，生活·读书·新知三联书店 2007 年版，第 436 页。

⑤ 参见袁义勤《〈前线日报〉11 年》，《新闻与传播研究》1990 年第 2 期，第 169 页。

⑥ 马光仁主编：《上海新闻史（1850—1949）》（修订版），复旦大学出版社 2014 年版，第 1086—1088 页。

树礼约定，不管人事与经济，只负责处理全校事务而已。① 4 月 15 日，
《前线日报》这份存在了近 11 年的报纸就此终刊。②

　　国民党在大陆的统治行将崩溃之时，曹聚仁开始在国民党新闻系统以
外的报刊发文，其中包括《再造》与《新希望》。1948 年 7 月 5 日，《再
造》旬刊在上海复刊③，主编周一志。该刊旨在"再造"党政，"作三民主
义真信徒的公开园地"④，作者包括曹聚仁、马寅初、周一志、吕克难、程
仲文等知识分子。⑤ 自创刊起，《再造》持续呼吁和平、反对内战。11 月 15
日，该刊遭到南京国民政府封闭，在上海共出 14 期。⑥ 1949 年 1 月 10 日，
《再造》转到香港出版，由旬刊改为半月刊。⑦ 2 月 14 日，卸任兰州《和平
日报》社长一职的易君左到上海创办了《新希望》周刊。该杂志刊登有关
社会知名人士以及时事政治的介绍。曹聚仁被易君左聘为"编委"之一。⑧

　　战后，曹聚仁的自由主义政治观得到进一步彰显，并不断产生微妙变
化。本章后三节将对曹聚仁在战后重塑、全面内战和战略大决战三个时期
的政治言论予以考察，归纳出其主要政治观点。

第二节　战后重塑时期的言论成因及重点
（1945 年 8 月—1946 年 5 月）

　　1945 年 8 月 15 日，日本宣布无条件投降，中日战争结束。举国欢腾
之际，国民政府仍须收拾残局，展开接收与复员工作，以重塑中国。

---

① 曹聚仁：《采访外记　采访二记》，生活·读书·新知三联书店 2007 年版，第 9—10 页。
② 参见袁义勤《〈前线日报〉11 年》，《新闻与传播研究》1990 年第 2 期，第 169 页。
③ 1928 年年初，胡汉民、孙科一派的国民党员王昆仑、钟天心、谌小岑、周一志、梁寒操等
集结于上海，组成了"再造派"。他们创办了由王昆仑主编的《再造》旬刊。该刊宣传"再造派"
的政治主张，即："再造国民党"，实现所谓"全民革命"，反对蒋介石独揽党、政、军大权，批评
CC 系打击排斥其他国民党派系，提倡国民党内部的团结。该刊得到部分中产阶级知识分子和海外
华侨的支持，每期发行约一万份。1929 年被迫停刊。参见杨立强、刘其奎主编《简明中华民国史
辞典》，河南人民出版社 1989 年版，第 156 页。
④ 周一志：《我的声明》，《再造（旬刊）》1948 年第 1 卷第 7 期，第 2 页。
⑤ 周一志：《复刊缘起（代发刊词）》，《再造（旬刊）》1948 年第 1 卷第 1 期，第 2 页。
⑥ 周一志：《停刊敬向读者告别》，《再造（旬刊）》1948 年第 2 卷第 5 期，第 1 页。
⑦ 参见周一志《〈再造〉半月刊发刊词》，《再造（半月刊）》1949 年第 1 卷第 1 期，第 3 页；
《对于读者的三项请求》，《再造（半月刊）》1949 年第 1 卷第 1 期，第 22 页。
⑧ 参见吴俊等主编《中国现代文学期刊目录新编》下册，上海人民出版社 2010 年版，第
2397 页；曹聚仁《书林三话》，生活·读书·新知三联书店 2010 年版，第 301 页。

据曹聚仁的自述，抗战一结束，他就从中央社的战地记者投入到国内政治斗争的新圈子中去，立刻碰上了"难以自处"的复杂环境。幸好1945年8月底，毛泽东前往重庆，与蒋介石进行谈判。10月10日国共签署"双十协定"。1946年1月初，重庆国民政府举行政治协商会议。新闻记者们"还可以勉强工作着，笔下还可以写出通讯来"①。

在战后重塑时期，曹聚仁的言论重点集中在如下三方面：

首先，呼吁各党派"相忍为国"。曹聚仁以1945年重庆谈判为契机，于8月底发表《党派论》一文，指出若干参政员在刚闭幕的国民参政会②中所作出的"相忍为国"和"多数容忍少数"的提议对于"当当正正的政治斗争"非常重要。他建议各党派为实现"相忍为国"，应该仿效英国政党选举的机制：

> 在朝的政党，容忍在野政党有批评的机会，在野政党，除监督批评以外，决不做破坏牵制的卑鄙行为。两种力量相互为用；最后诉之于民众，做公开的竞选。③

换句话说，曹聚仁推崇西方民主国家的政党制度，希望执政党通过民主选举的方式产生。他还特别强调在野党存在的必要性及其行使监督权利的重要性。

其次，纵论领袖气度。1946年1月政治协商会议召开前一周，曹聚仁撰写了长篇政治评论《领袖论》，直到2月17日此文才在《前线日报》上发表。全文围绕"领袖之道"展开论述。首先，他指出领袖要"有容人之量"。在他看来，大领袖应如曾国藩、左宗棠一般，善于用人、容人和培植人才；在用人方面，大领袖当如曹操，对于各式各样的人才，无论其才能和德行，都能得而用之。其次，他认为做领袖的人"要有做领袖的气度"。此种气度有三个表征：一是领袖应高瞻远瞩，无需事必躬亲；二是"忍耐"；三是"好整以暇"。再次，他呼吁效法英美，建立民主政治制度；指出民主政治的"优点"在于"不仅兼收并蓄各党各派的政见

---

① 曹聚仁：《采访外记 采访二记》，生活·读书·新知三联书店2007年版，第269—270页。

② 国民参政会第四届第一次会议于1945年7月7日至20日召开。

③ 曹聚仁：《党派论》，《前线周刊》1945年第1卷第3期，第13页。

与人物，而且能陶养出如杜鲁门这一型的领袖来"①。

再次，提出建都方略。1946 年 5 月 5 日，蒋介石在南京主持了还都典礼。国民政府随即开始在南京办公。② 曹聚仁于国民政府还都当日，在《前线日报》发表专论《金陵王气》。对于原子弹的威胁以及可能爆发的第三次世界大战，曹聚仁主张，真正的新都"必须配合着防空原则"，要把一切轻重工业的设备都移到地下，而且要把热闹城市分散开来。他指出，建都的指导原则应该是消除"金陵的王气"——政治、经济中心的转移。他希望今后的南京和上海必须扩大规模，以防备原子弹的打击。他从经济的立场建议国民政府为长远着想，"不要把经济建设侧重于任何一区"。另外，他希望遵照蒋介石"复员不是复原"的口谕，使今后的南京能少些古都的奢侈享乐、萎靡不振的"六朝金粉气息"③。

由上可知，在战后重塑时期，曹聚仁以 1945 年重庆谈判和"双十协定"以及 1946 年年初的政治协商会议为契机，在维护国民党统治的前提下，竭力为"第三势力"争取战后的政治生存空间。

第三节　全面内战时期的言论成因及重点
（1946 年 6 月—1948 年 8 月）

1946 年 5 月 22 日，国社党领袖张东荪基于政协决议的精神，在天津青年会发表了题为《一个中间性的政治路线》的公开演讲。他的根本主张是"调和资本主义和共产主义"，希望能够在欧美资本主义制度和苏联共产主义制度之间，找到一个能够兼具两种制度优点的中间性的政治路线和政治制度实行于中国。④

8 月 14 日，与康、梁在维新运动中成立的"保国会"一脉相承的两个支派——张君劢、张东荪在国内领导的国社党与李大明在海外领导的民主宪政党在上海合并改组为中国民主社会党（简称"民社党"）。张君劢、伍宪子分别任组织委员会正、副主席。该党主张以渐进方式达到社会民主主义，反对使用暴力，提倡民主主义的政治加社会主义的经济；拥护

①　曹聚仁：《领袖论》，《前线日报》1946 年 2 月 17 日。
②　周勇主编：《西南抗战史》，重庆出版社 2013 年版，第 293 页。
③　曹聚仁：《星期专论：金陵王气》，《前线日报》1946 年 5 月 5 日。
④　张东荪：《一个中间性的政治路线》，《再生》1946 年第 118 期，第 3—4 页。

1946 年政协决议，主张实现国内和平，建立超越阶级、党派的政府。①

中国当时大多数自由主义者所开出的医治政治危局的药方是主张中国走"第三条道路"或"中间路线"。就国内政治而言，"中间路线"既反对国民党的一党专政，亦不主张共产党人的政治路线。②

1946 年 6 月，国民党军队大举进攻中原解放区，全面内战爆发。自此，曾奔波于抗战前线的曹聚仁开始试探着走"另一条路"，"不是军事前线，而是政治前线"③。他以政治记者的身份活跃于新闻界，开始全心投入政治报道与评论之中。

国共内战爆发一年间，中共从战略防御转入战略进攻，具备了极为有利的条件。战争形势向着有利于中共的方向发展。④ 与此相反，1947 年国民党在军事、政治、经济领域的危机日益加剧。

从国共全面内战爆发到战略大决战前夜，蒋介石一意孤行，顽固地推行"一党专制"。他凭借 1946 年的制宪国民大会和 1948 年的行宪国民大会，逐步走向专制独裁，因此受到来自共产党以及部分"第三势力"党派社团的广泛诟病。

1946 年 9 月 14 日，自由主义报人储安平在《观察》上发表《失败的统治》一文，抨击国民党执政 20 年的结果是"失败的统治"。他分析造成如此后果的最根本原因是国民党的统治方式，"只知以'政治的控制'来维护其既得的利益"⑤。同样的，他对共产党也极为不满，认为共产党主张的也是"党主"而决非"民主"。⑥ 储安平仍如一年前创办自由主义刊物《客观》时所表达的那样⑦，寄希望于国共两党之外的一般自由思想分子，认为"只有自由分子出来领导，可以获得一个中庸的稳定，获得广大人民的衷心附和"⑧。

---

① 参见李家骧《"国社""民宪"骨肉团圆》，载方庆秋主编《中国民主社会党》，档案出版社 1988 年版，第 4—6 页；张宪文、方庆秋等主编《中华民国史大辞典》，江苏古籍出版社 2001 年版，第 335、399 页。

② 参见胡伟希《第四章　中国近代自由主义思潮的产生与发展》，《中国思潮评论》2014 年第 1 期，第 146 页。

③ 曹聚仁：《走向政治前线（上）》，《前线日报》1946 年 9 月 16 日。

④ 张宪文、张玉法主编：《中华民国专题史》第 16 卷，南京大学出版社 2015 年版，第 213 页。

⑤ 储安平：《失败的统治》，《观察》1946 年第 1 卷第 3 期，第 3 页。

⑥ 同上。

⑦ 安平：《中产阶级及自由分子》，《客观》1945 年第 7 期，第 2 页。

⑧ 储安平：《失败的统治》，《观察》1946 年第 1 卷第 3 期，第 8 页。

1948 年年初，《大公报》发表了萧乾起草的《自由主义者的信念——辟妥协、骑墙、中间路线》与《政党、和平、填土工作——论自由主义者的时代使命》两篇社评。中国思想界迅速展开了一场关于自由主义的大讨论，主要围绕自由主义的内涵、何为自由主义者以及自由主义者的出路问题展开讨论。①

在这场讨论中，张东荪在《观察》上发表《关于中国出路的看法》，主张借鉴战后捷克、波兰和南斯拉夫等东欧国家的经验，实行私人资本、国家资本与合作社经营的"混合经济"。在土地问题上，实行合理的再分配。② 随后，他将政治上的自由主义和文化上的自由主义作了区分。他认为政治的自由主义在 20 世纪中叶的中国乃至世界已经不再适用，而主张在思想文化方面应享有"绝对自由"。他进一步强调今后在中国实行社会主义计划经济的必要性，同时主张保障思想文化的自由。③

当这场关于自由主义的讨论即将落幕时，胡适于 1948 年 9 月 4 日在北平电台做了一场题为《自由主义》的演讲，归纳他所理解的自由主义的意义在于：第一是"自由"，第二是"民主"，第三是"容忍反对党"，第四是"和平的渐进的改革"。④

当自由主义思潮在 20 世纪 40 年代兴起之际，中国共产党的理论工作者及共产党团结的一些知识分子就对其展开了分析与批判。1948 年年初，自由主义的理论和活动格外频繁：如前所述，在理论方面有"中间路线"和关于自由主义的讨论；在活动方面则有香港"第三势力"的酝酿以及北平"中国社会经济研究会"⑤ 的成立。香港的左翼报刊发表大量文章，

---

① 参见吴雁南、冯祖贻、苏中立、郭汉民主编《中国近代社会思潮（1840—1949）》第 4 卷，湖南教育出版社 2011 年版，第 186—191 页。

② 张东荪：《关于中国出路的看法——再答樊弘先生》，《观察》1948 年第 3 卷第 23 期，第 3 页。

③ 张东荪：《政治上的自由主义与文化上的自由主义》，《观察》1948 年第 4 卷第 1 期，第 3—5 页。

④ 胡适：《自由主义（九月四日在北平电台讲）》，《创进》1948 年第 1 卷第 13 期，第 3 页。

⑤ 1948 年 3 月 1 日在北平成立。其成员大都是大学及中央研究院的著名学者、教授及实业界知名人士和一些国民政府官员。该会理事、监事会主持监督会务，推选周炳琳、钱昌照、吴景超、孙越崎、王崇植、陶孟和、楼祁彦、萧乾、潘光旦、刘大中等 11 人为理事，邵力子、吴蕴初、童冠贤为监事。该会于 5 月 15 日出版《新路周刊》，发表《中国社会经济研究会的初步主张》一文。参见蔡鸿源、徐友春主编《民国会社党派大辞典》，黄山书社 2012 年版，第 145 页。

成为一个"追击中间路线"和打击所谓"自由主义者"的运动。① 以香港《华商报》为主要阵地，中国政治界和文化界领袖②对当时政治上的自由主义做了尖锐的批评。他们抓住"谁的自由""向谁要自由""怎样要自由"和"要什么样的自由"几个核心问题展开论述。③

1946—1949 年，在蒋介石的拉拢和重压下，"第三势力"党派团体内部发生了分化和重组，形成了亲蒋和反蒋两大派系。其中民盟倾向于反蒋，后走上了与共产党合作的道路。青年党、三民主义青年团④、国民党政学系和民社党则带有亲蒋色彩。与张君劢及其领导的民社党决裂的张东荪靠拢共产党。从民社党分化出的民社党革新派继续分化，最终占主导地位的一派于 1948 年秋发表响应拥护中共中央关于召开新政协会议的声明，并于 1949 年第一届政治协商会议上宣布原民社党革新派解散。以张君劢为首的民社党始终追随国民党，最终于 1949 年冬迁往台湾。⑤

在上述历史语境下，曹聚仁主要围绕着制宪国大和行宪国大发表政治观点。其言论大体分为四个阶段，集中反映了他作为自由报人的自由主义政治主张。

一　1946 年制宪国民大会筹备阶段（1946 年 9 月至 11 月初）

（一）为国民党营造良好的舆论氛围

首先，否认国民党实行"一党专政"。针对储安平的言论，曹聚仁发

---

① 胡光：《自由主义运动的批判在香港》，《国讯》1948 年第 456 期，第 12—13 页。

② 如沈钧儒、郭沫若、胡绳、翦伯赞、侯外庐等。

③ 参见吴雁南、冯祖贻、苏中立、郭汉民主编《中国近代社会思潮（1840—1949）》第 4 卷，湖南教育出版社 2011 年版，第 191—192 页。

④ 简称"三青团"。1938 年 3 月 31 日，在武汉召开的国民党全国代表大会上，蒋介石以"革新"国民党为名提议设立该组织，并以总裁名义兼任团长。6 月 16 日，蒋介石发表告全国青年书，称其目的是：为新的力量的集中，为抗战建国的成功，为三民主义的具体实现。1947 年 9 月，国民党六届四中全会决定将三青团并入国民党，将三青团员登记为国民党党员，三青团名义随之取消。参见张宪文、方庆秋等主编《中华民国史大辞典》，江苏古籍出版社 2001 年版，第 40—41 页。

⑤ 参见白寿彝总主编；王桧林、郭大钧、鲁振祥主编《中国通史》第 12 卷近代后编下册，上海人民出版社 2015 年第 2 版，第 1238 页；张宪文、方庆秋等主编《中华民国史大辞典》，江苏古籍出版社 2001 年版，第 335 页；方庆秋主编《中国民主社会党》，档案出版社 1988 年版，第 436—439 页；蔡鸿源、徐友春主编《民国会议党派大辞典》，黄山书社 2012 年版，第 117—118 页；赵鹏飞、鄢志耀主编《探索与奋斗——中国知识分子的历史足迹》，中国文史出版 1990 年版，第 219 页；左玉河《最后的绝唱：1948 年前后关于自由主义的讨论》，载郑大华、邹小站主编，中国社会科学院近代史研究所思想史研究室主办《中国近代史上的自由主义》，社会科学文献出版社 2008 年版，第 301—302 页；张光宇主编《中国社团党派辞典》，陕西人民出版社 1992 年版，第 14 页。

表了题为《国民党论》的政治特写，矢口否认储氏的国民党"一党专政"论，并极力为国民党辩白。同时，他反诬共产党搞"一党专政"。①

其次，鼓吹国民党的政治和军事实力。例如，曹聚仁对蒋介石的领导权威表示赞赏，称"蒋主席……能发挥族长的权力，树立着不可动摇的威望"。又如，充分肯定了国民党领导建立的黄埔军校的历史地位，使国民党军队的进步"一日千里"，"其势不可侮"，因此共产党无法以武装推翻国民党政权和军权。再如，预测假如国共交锋，共产党必然惨败。②

再次，劝谏国民党为了维护其政权的稳固，切勿脱离农民这一阶级基础。因为曹聚仁认为，国共两党之间"除了政治的手段不同，其阶级基础几乎完全相同"，而"共党看中了国民党的阶级基础，要从国民党手中，抢去了农民的群众。共产党想把他们的政权建筑在农民身上呢"！他告诫称，如果国民党在国共政争之中脱离农民群众，共产党将"取而代之"。③

最后，吹捧蒋介石，以巩固其元首地位。1946 年 10 月 31 日恰逢蒋介石六十寿诞，《前线日报》出版了"庆祝主席六秩华诞特刊"。曹聚仁发表长篇评论，回顾了蒋介石在 1936 年至 1946 年间的"伟大革命工作"。他精心选取有利于蒋的事实，给他心目中的"巨人"戴上一顶又一顶高帽子，为巩固元首在中国的领导地位卖力鼓吹。例如，面对抗日战争中多座重要城市失守的事实，他一味强调蒋在失地后的高瞻远瞩，而对失地的原因讳莫如深。对于蒋在八年抗战期间的思想和行动，他更是涂脂抹粉、极力抬高，以高度"神化"的方式，把蒋捧成全知全能的"救世主"。④

（二）批评中国共产党，并预测其失败

1946 年 9 月下旬，曹聚仁在《前线日报》上发表了政治特写《共产党论》。他在文章开头就明确表示反对中共采取的暴力手段，表示对共产党的不信任。据曹回忆，1940 年他到瑞金采访时，曾面对共军纪念塔默想："我自己会不会变成共产党呢？"他设想假如加入了共产党，也一定"身在魏阙，心在江湖""不甘于这类的斗争的"。当时，他头脑中曾浮现出上海爱

---

① 曹聚仁：《国民党论（上）》，《前线日报》1946 年 9 月 18 日。
② 同上。
③ 曹聚仁：《吴满有论》，《前线日报》1946 年 9 月 27 日。
④ 详见曹聚仁《一个巨人的迹象——蒋主席第二期之革命工作》，《前线日报》1946 年 10 月 31 日。

棠村①的画面。他指出："虽说党（指中国共产党）的纪律是铁一般的，但由自己同志的手来杀戮同志的生命，到底是非人性的办法。"②

换言之，虽说暴力锄奸是中共在面对国民党白色恐怖情况下的非常举措，但曹聚仁依然认为它是"非人性的"。

紧接着，曹聚仁对中共所信奉的政治家和政治学说提出质疑。他指出：

> 共产党对于整个世界是关闭着的；除了那位伟大的祖师马克思，不容有其他"政治家""政治学说"存在的余地，他们是政治上的一神教；为了"列宁"，就排挤"考茨基"，为了"史太林"，就排挤托洛斯（茨）基；中国共产党对于托派之仇视，甚至在任何政敌之上。（下略）

> 共产党的最大错误，就在于不肯虚心承认马克斯（思）主义有所错误之故。——依唯物辨（辩）证法的看法，社会既然是辨（辩）证的进步，则马克斯（思）主义决不是思想的终点，随着社会环境的变迁，应该有所扬弃；然而共产党的人士，就不容对马列主义有所怀疑，最后则毛主席也成为圣人了。（中略）记者认为要使马克思学说在中国思想界有影响有正确的效能，先要开始对马列主义的批判。（下略）③

换句话说，曹聚仁将共产党对考茨基和托洛茨基的批判视为"排挤"，认为这样做是为了维护马克思和列宁的地位。他还认为共产党对马列主义的信仰是盲目的、不加批判的，这与共产党所倡导的辩证法相悖。

---

① 1931 年 4 月，主持中共中央特科日常工作的顾顺章在汉口被国民党逮捕。他在被捕当天叛变，并加入国民党特务组织，致使中共在武汉的地下交通机关被严重破坏。他还企图出卖和破坏中共在上海的中央机关。另外，由于顾顺章的家人都在中央机关工作，了解共产党许多机密和领导的情况，并准备告密，给共产党造成很大的威胁。为了防止事态进一步恶化，周恩来下令由特科采取了非常措施，铲除顾顺章的家属十余人。这就是当年上海各大报连载的"爱棠村事件"。顾顺章也在 1935 年被国民党中统除掉了。参见《昨又掘获三死尸／前后杀十六人》，《申报》1931 年 11 月 29 日；何承艰、王德树、胡尔湖《马克思主义人物辞典》，中国广播电视出版社 1989 年版，第 508 页；徐世强《1931 年轰动上海的〈爱棠村事件〉》，《档案时空》2009 年第 9 期，第 28—30 页；穆欣《历史巨变中的周恩来》，中国青年出版社 2013 年版，第 30 页。

② 曹聚仁：《共产党论（上）》，《前线日报》1946 年 9 月 20 日。

③ 同上。

　　此后，曹聚仁批评中国共产党是"衰老"的政党。他直截了当地说："首先，今日共产党的首领，还是当年渔阳里①第一次集会中的人物，这么久的革命党，并没有产生什么新人物。其次，共产党自负为农工的政党，可是所吸收的，还是年轻的知识青年。（中略）共产党真正衰老了！"②

　　至于共产党的宣传，曹聚仁也认为是"过度"的。他自称从共产党的"宣传过度"中悟出了一段"歪道理"：

　　　　原来资本主义，纳粹党和共产党，在宣传上走了同一条大路；就是反反复复地把同一印象、同一观念打入群众心理中去，（中略）这便是资本家推销商品的广告法门，利用语言文字声音色彩种种现代化工具，替你铸成一个定型观念。所以共产党谋反对中央，和政府作战，决不放弃"八路军""新四军"的番号，因为他们花了好大力气才把这观念打入民间，决不肯轻易地抛弃的。因此，在理论否定"英雄"的马克斯（思）主义者，倒反变成英雄主义的信徒，每一个共产党的信徒，必须记住朱德、毛泽东这几个英雄，最近则用种种方式来雕塑"吴满有"③ 这个农民英雄。④

　　经过分析可知，曹聚仁关于共产党的宣传的论断也存在歪曲事实的部分。首先，他在分析共产党的宣传策略时，将共产党与资本主义和纳粹党三种性质迥异、甚至对立的概念与范畴相提并论，显见他对共产党有蔑视、诋毁之嫌。其次，他将国共内战定性为"共产党谋反对中央，和政府作战"，足见他是站在国民党政府的立场上，将挑起内战的罪名强加在共产党身上。特别是他将共产党军队的编制问题与宣传策略生硬地联系在一起，字面上颇有牵强附会之意，实质上是对中共军队在抗战后的编制旁敲侧击地表达不满情绪。

　　作为以上逻辑的延续，曹聚仁预测共军的失败不可避免。1946 年 4 月，

---

　　① 上海市渔阳里 6 号，系中国社会主义青年团诞生的地方，是中国共产党上海发起组培养革命青年之地。

　　② 曹聚仁：《共产党论（上）》，《前线日报》1946 年 9 月 20 日。

　　③ 1942 年 4 月 30 日，《解放日报》以大篇幅报道陕甘宁边区劳动模范吴满有，开辟了党报宣传的新思路。参见吴廷俊《考问新闻史》，复旦大学出版社 2013 年版，第 36 页。

　　④ 曹聚仁：《共产党论（下）》，《前线日报》1946 年 9 月 21 日。

曹聚仁的一位朋友从淮阴回到上海，描述了淮阴共产党军队的战斗情绪的高涨，而国民政府军队"腐化，厌战，不堪一击"。而且那位朋友称，苏北共军也有了很多新武器。针对上述消息，曹自称了解国民政府军队的素质、装备和战斗情绪，因此拒绝接受所谓政府军队"不堪一击"的说法。另外，他认为目前共军不可能产生一支使用新武器的军队。因此，他预测，"由于共军战斗情绪的高涨"，国共内战"或许不能避免"；但在国共双方"力不平衡的先决条件之下"，共军的"失败是无可避免的"①。

1946 年制宪国大筹备期间，曹聚仁借着谈国共合作问题，散播了有关国共之争以及中共性质的谬误，对共产党加以污蔑。

例如，关于国共之争，曹聚仁在《国共之间》开篇引了王桐龄一段"宋党之争"为例，模糊了战后党派之争的分野，即否认民主与反民主之争，人民与独裁之争，而将其讽喻为朋党的倾轧，意气之争，或仅谓为"争夺政权"，或为"不肖者固争焉以营其私"②。由此，他为全文奠定了是非不分的基调。在本文中，他一方面掩盖蒋介石集团挑起限共、反共阴谋的罪行；另一方面，抹杀了共产党维护国共合作、坚持团结抗战的功绩。

又如，在论述中共性质时，曹聚仁强调国共两党具有相同的阶级基础。他认为中共从创立到今日终究是一个"小资产阶级知识分子的政党"③。另外，他以三国时期的赤壁之战比喻国共内战的局面，分析了国共合作的障碍：毛泽东既不甘屈居于蒋介石之下，又担心迎顺蒋介石后将会有何种归宿。④ 尽管曹聚仁对中共建党初期的阶级构成的分析基本符合历史事实，但他的问题在于不能以发展的眼光看问题。他忽略了中国共产党从诞生到发展壮大成为工人阶级先锋队的事实，而过于强调中国共产党早期领袖所处社会阶层和早年经历，以及 1946 年中共领导人的白领知识分子身份，以致得出中共在经历 25 年发展后仍为"小资产阶级知识分子的政党"的荒谬判断。

（三）对"第三势力"的党派社团褒贬不一

第一，批评民主同盟。

1946 年 7 月 5 日，胡适由美国返抵上海。胡适归国后，外间传他将号

---

① 曹聚仁：《共产党论（下）》，《前线日报》1946 年 9 月 21 日。
② 曹聚仁：《国共之间》，《前线日报》1946 年 9 月 28 日。
③ 曹聚仁：《邵力子——梁漱溟——周恩来（上）》，《前线日报》1946 年 11 月 7 日。
④ 曹聚仁：《邵力子——梁漱溟——周恩来（下）》，《前线日报》1946 年 11 月 8 日。

召进步的知识分子与自由主义者组织一新党。① 另外，7 月 11 日和 15 日，民盟中央委员李公朴和闻一多在昆明相继遭到国民党特务暗杀。② 针对上述事件，曹聚仁撰文表达了对民盟的不满，指出：民盟"除了消极性攻击政府以外，找不出建设性的主张"，因此无法成为强有力的执政党。他认为民盟的缺点有二：一是"没有坚定的主张，确实的办法"，"除口舌争以外，并无其他的准备"；二是缺乏稳固的群众基础，因此无法取得社会变革的成功。因此，他对民盟参与国民政府政治事务的前景并不看好。③

第二，对青年党和三青团表示不满，但对后者寄予厚望。

对于青年党，曹聚仁着重批评其问题与弱点。例如，青年党是"以'青年'为标记的党团，而没有'青年'的群众"；其政纲与经济、外交政策不清晰；该党领袖，如曾琦、左舜生、余家菊等人"除了对时政表示偶发的意见以外，并没有一贯的政治主张"；"不孚众望"，特别是该党领袖"不甘于做在野工作"。他认为该党真正的弱点在于"有党员而无组织，在群众中生不出力量来"④。

曹聚仁批评国民党及其建立的"三青团"这一全国性青年组织脱离工农群众，并将党团组织当成自己捞取政治资本，达到"升官"目的的捷径。他指出，青年团以学生为基础，而这样的群众"在政治作用上最为脆弱"。尽管如此，他仍然对于青年团这一国民党的"新生代"寄予希望。⑤

第三，对国民党政学系和民社党赞誉有加。

在曹聚仁看来，国民党政学系作为一个"潜在的政治集团"，"并无显著的组织，也不曾提出具体的政纲与施政方案"，却"收罗了许多有才干的人，在别人没有办法的时候，他们能有办法"。其最大成功处就是"认认真真把事业当事业办；虽不惜以今日之矛攻昨日之盾，但他们总还跟得上'时代'"。他认为，相对于共产党、民盟、青年党的"未老先衰，人才寥落"，"独有政学系的人才，正在经济圈中布网生根，他们的新生

---

① 《胡适否认组党》，《申报》1946 年 7 月 11 日；《本刊特约南京通信：组党传说中胡适的态度》，《观察》1946 年第 1 卷第 1 期，第 21—22 页。

② 张宪文等：《中华民国史》第 4 卷，南京大学出版社 2013 年版，第 157—158 页。

③ 曹聚仁：《民主同盟论（上）》，《前线日报》1946 年 9 月 23 日；曹聚仁：《民主同盟论（下）》，《前线日报》1946 年 9 月 24 日。

④ 曹聚仁：《青年党论》，《前线日报》1946 年 9 月 30 日。

⑤ 曹聚仁：《青年团论》，《前线日报》1946 年 10 月 1 日。

代，比青年团有希望得多了"①。尽管政学系人物陈仪及其顾问徐学禹②在战时受到国内舆论的广泛谴责，但是曹聚仁在战后却为二人的战时经济统制政策加以辩护。

1946 年 10 月，曹聚仁发表政治特写，回应张东荪所提出的"中间路线"，并对其领导的民社党予以肯定。首先，他预测"中间路线"无法在战后的政治空气中兑现，原因在于民社党与共产党的矛盾对立：在世界观和方法论方面，过去二十年间，共产党完成了"在野的思想统制"，以"唯物史观"作为研究问题的出发点。而民社党否定了马列的政治路线；在政治趋向上，民社党"否定革命的手段"，这和"采取暴力革命的'马列主义'是异趋的"。其次，他建议以"社会文化建设"为救国出路。他指出自维新以来，中国所有党派"都把政治改革当作救国的唯一途径"。但他指出，"政治斗争决不能救国，我们必须转变方向，依旧从社会文化上去下功夫"。最后，他明确地表示，相对于其他党派，他更青睐民社党，因为该党"比较有眼光，有头脑，淡于政治斗争，不利用青年来作工具"③。

综上所述，在 1946 年制宪国大筹备期间，曹聚仁极力维护国民党政府，批评并唱衰共产党。与此同时，他以亲蒋和反蒋为准绳，决定对"第三势力"中某个党派团体的褒贬。例如，对于反对国民党的民盟，他加以批评；虽然对于拥护国民党的青年党和三青团都加以批评，但对作为国民党新生代的后者仍寄予厚望；对于亲蒋的国民党政学系和民社党则加以袒护甚至赞扬。

二　1946 年制宪国民大会召开期间（1946 年 11 月 15 日至 12 月 25 日）

在国共内争的纷扰中，制宪国民大会于 1946 年 11 月 15 日在南京召开。

---

① 曹聚仁：《政学系论》，《前线日报》1946 年 10 月 3 日。

② 抗战期间，福建省主席陈仪主张抗日，也采取了不少开明的措施。他幻想实行计划和统制经济，以图维持战时的福建财政，逐步实现国家资本主义。青帮头目兼军统的徐学禹一跃成为陈仪的三大顾问之一，并借机垄断了全省的经济和财政金融大权，中饱私囊，与民争利。正因如此，中共福建省委于 1940 年 4 月发出《关于新形势与抗日统一战线的新任务》的指示，发起了"反徐（学禹）斗争"。参见陈天绶、李一凯《抗战以来闽城风云——抗日解放战争时期中共闽浙赣边区组织城市工作概述（1937 年 7 月—1949 年 9 月）》，福建师范大学出版社 2006 年版，第 24—26 页。

③ 曹聚仁：《民主社会党论（下）——"一个中间性的政治路线"》，《前线日报》1946 年 10 月 11 日。

"国大"开幕当天，国民政府主席蒋介石出席大会并发表演说，表示要"还政于民"①。然而，28 日蒋却在"国大"发表演说时称，"目前多数人民还没有行使政权的能力和习惯"，还必须继续实行训政，"继续以治权保护政权"②。同日，蒋正式向大会提出《中华民国宪法草案》。12 月 25 日大会通过《中华民国宪法》的三读，完成制宪的工作。③ 这部宪法以根本大法的形式确认了国民党"一党专政"和蒋介石个人独裁统治的国家制度。④

1946 年 11 月 15 日制宪国民大会召开当天，曹聚仁在《前线日报》发表评论《宪政微言》。次日，他离开上海前往南京采访制宪国大。在此后的近一个月，他撰写了一系列有关制宪国大的通讯，其报道和评论的重点如下：

第一，指出宪法与民主政治之间并不存在必然联系。曹聚仁评论道：

> 因为历史告诉我们，有完整的宪法的国家，其政治未必上轨道；而代表现代民主政治的国家如英国，并无完备的成文宪法；魏玛宪法之完备与约束力之脆弱，寿命之短促，更是最显明的例证。⑤

第二，重申"术治"的重要性。关于这一点，曹聚仁曾在 1942 年 11 月提出过。⑥ 借此次制宪国大的契机，他再次指出在中国特定的政治环境下兼用法治与术治才能取得成效，并分析其原因。另外，他重申"术治"在中外政治史中的重要性。他强调所谓"术治"就是政治家在施政时要"出奇制胜"。⑦

第三，呼吁吸取制宪的前车之鉴。由于 1946 年制宪国民大会的代表中有几位曾参加制定 1912 年《中华民国临时约法》，曹聚仁希望此番制定宪法能够吸取前车之鉴，避免产生民初宪政实践中的"因人立法"

---

① 世界知识出版社编：《中美关系资料汇编》第 1 辑，世界知识出版社 1957 年版，第 694—695 页。

② 荣孟源：《蒋家王朝》，中国青年出版社 1980 年版，第 280 页。

③ 张宪文、张玉法主编：《中华民国专题史》第 16 卷，南京大学出版社 2015 年版，第 106—107 页。

④ 徐辉琪、付建成：《宪政史话》，社会科学文献出版社 2012 年版，第 83—84 页。

⑤ 曹聚仁：《宪政微言》，《前线日报》1946 年 11 月 15 日。

⑥ 聚仁：《谈术治》，《正气日报》1942 年 11 月 13 日。

⑦ 曹聚仁：《宪政微言》，《前线日报》1946 年 11 月 15 日。

现象。① 这一观点显然受到宪法研究会②创始人梁启超思想的影响。③

第四，为国民党独裁专制辩解。曹聚仁把蒋氏放弃"还政于民"而继续实行训政的责任推到民众身上，认为是民众准备不足阻碍了宪政的实现。尽管"国大"是由国民党"一手包办"而违背政协决议的，但曹却为国民党推行专制独裁张目。他极力辩称，"国大"和即将出台的宪法符合政治协商精神和民主原则。④

第五，对制宪国大代表的评价持有双重标准。一方面，曹聚仁指责部分代表只顾自己利益，而"忘却"了"国民的真正利益"；另一方面，他又替因出席国大而受到共产党及民盟人士斥责的青年党和民社党代表打抱不平。他借内幕人士的话称，青年、民社两党"着眼在制宪"，民盟和共方则"着眼在国大"；双方"本来不是一条阵线"。他推测："政府得了他们（指青年党和民社党）的合作，一部宪法是可以有相当成就的。"⑤

第六，寄希望于未来"行宪"。在表达对部分"制宪"代表失望之余，曹聚仁仍寄希望于未来的"行宪"。他写道：

> 好在"国大"的任务，只是"制宪"，"代表"差了一点，还有"专家"在"辅政"。如能产生出一部完美的宪法，重选代表，再来行宪，看顾一些"国民"的利益，那就此会不虚了！⑥

---

① "因人立法"顾名思义就是指针对不同的人来制定和设计不同的法律，法律某些条款的规定和变化或者是为了满足个人的需要，或者是为了达到限制和制约个人的目的，从而在一定程度上就使得法律的存在以某些个人的存在为基础。参见王德志等《清末宪政思潮研究》，山东文艺出版社 2012 年版，第 368—369 页；曹聚仁《观"宪"夜话（一）》，《前线日报》1946 年 11月 19 日。

② 1916 年 9 月 12 日，宪法研究会成立。该会在参众两院共拥有议员 160 余人，是仅次于国民党议员组成的宪法商榷会的第二大党。该会以宪法研究相标榜，主张内阁责任制，其主要成员梁启超、汤化龙等被段祺瑞拉入内阁，时称"研究系"。后受到"安福系"的排挤而失势，逐渐解体。参见罗元铮主编《中华民国实录：际会风云》上册，吉林人民出版社 2005 年版，第293—294 页。

③ 1912 年民国建立之初，梁启超专门写了《箴立法家》一文，申述立法目的的重要性。梁主张"当求以法范人，不可对人制法"，坚决反对"因人立法"的弊政。参见梁启超《梁启超全集》第 4 册，北京出版社 1999 年版，第 2467 页。

④ 曹聚仁：《观"宪"夜话（三）》，《前线日报》1946 年 12 月 3 日。

⑤ 曹聚仁：《观"宪"夜话（二）》，《前线日报》1946 年 11 月 21 日；曹聚仁：《观"宪"夜话（四）》，《前线日报》1946 年 12 月 9 日。

⑥ 曹聚仁：《观"宪"夜话（四）》，《前线日报》1946 年 12 月 9 日。

综上所述，曹聚仁虽然对部分"制宪"代表表示不满，但对以蒋介石为首的南京国民政府召集的"国大"本身持肯定态度，特别是对由青年党和民社党所参与制定的宪法以及国民政府未来的"行宪"寄予厚望。

三　制宪国民大会后一年间（1947年1月至1948年1月）

1947年，国民政府在军事、政治、经济领域的危机日益加剧。在政治上，持续的内战遭到各界民众特别是学生的反对，国内掀起的以"反内战"为核心目的的民众运动此起彼伏，极大地动摇了国民政府的统治。5月20日，全国各地学生"反饥饿、反内战"运动达到高潮。在经济上，由于内战爆发，国统区经济濒于崩溃。面对严峻的形势，从5月开始，国民政府不断召开各种会议，研讨应对严重时局之法。20日，国民政府召开第四届第三次国民参政会，其议题集中于要求国民政府明令戡平中共内乱。① 23日，张澜、黄炎培、梁漱溟等五位民盟参政员向会议提出《停止内战恢复和平案》。②

1947年11月初，在国民党的威压下，民盟被迫宣布解散。其他民主党派也遭到国民党的迫害而被迫转入地下。③ 1948年1月，民盟内部左翼势力在沈钧儒、章伯钧主持下在香港召开民盟三中全会，决定恢复民盟的领导机构。随后，民盟走上了与共产党合作的道路。④

这一时期，曹聚仁的言论有如下四个重点：

第一，唱衰中国共产党领导的军队。

为了掩盖1947年国民政府军队在内战中的被动状态，曹聚仁在5月26日的评论中对"共军已转取主动的攻势"的说法予以否认，并极力渲染共产党军队的失败。他写道：

> 其实共军无论在陕北、晋南、豫北、鲁南的战斗，都是失败的；

---

① 张宪文等：《中华民国史》第4卷，南京大学出版社2013年版，第138—139页。

② 沈谱、沈人骅编著：《沈钧儒年谱》，群言出版社2013年版，第290页。

③ 赵鹏飞、鄢志耀主编：《探索与奋斗——中国知识分子的历史足迹》，中国文史出版社1990年版，第219页。

④ 左玉河：《最后的绝唱：1948年前后关于自由主义的讨论》，载郑大华、邹小站主编，中国社会科学院近代史研究所思想史研究室主办《中国近代史上的自由主义》，社会科学文献出版社2008年版，第301—302页。

共军所以失败，一半是由于战斗的工具，一半由于战斗的技术。①

与此同时，他还嘲讽配合共产党作战的民兵，称：

> 共军驱使民兵作前哨战，其始声势很大；但那使用木盾的民兵队，一碰到现代兵器，便如小人国的战士碰到了巨人，束手无策了。②

面对 1948 年国共两军已旗鼓相当的状况，曹在 2 月 5 日发表的评论中，把京津地区的难民潮归咎于共产党在华北地区所采取的"赶雀入林"战术，而对国共内战这一造成难民潮的根本原因却只字不提。他指出：共方"解放"了一些地方，"便把中产以上的难民赶到大城市去，增加了都市的社会负担，加速社会经济的崩溃行程"③。

在分析了共方的"三北"和"三南"战略之后，曹聚仁得出如下结论：首先，共军的"三北"战略因"国军守坚有余，攻坚不足"而无法实现。其次，共军"三南"政策只是"分兵之计"："突入江南""已经失去了时机，过去既未成功，今后更难实现"；"号召东南"也因"实力的微弱"无法实现；"影响西南"虽说"有点影子，一方面却激起了地方自卫的警觉心，对共方并未有利"。另外，他还根据 1948 年一段有待证实的判断宣称，共军已在"走下坡"，如果半年内找不到出路，"黄河以南的共军将被全部肃清"④。

第二，表面呼吁"和平"，实则诬蔑学生运动。

针对 1947 年 5 月 20 日召开的国民参政会，曹聚仁在 22 日发表的政治特写《首都的烦恼》中指出，国民参政员和学生都发出和平的呼吁，但种种呼吁之间有着"很阔的距离"。例如，"一方面，政府愿意和平，但政府不能接受'向中共投降'的和平；另一方面，认为政府是要'中共投降'的和平；而天真的学生，却巴望政府向中共去投降；双方的距离，要谈得拢来，那当然不是很容易的"。虽然各方的和平呼声不断，但曹聚仁认为和平的希望非常渺茫。他呼吁结束国共内战，因为人民"需

---

① 曹聚仁：《动荡篇（下）》，《前线日报》1947 年 5 月 26 日。

② 同上。

③ 曹聚仁：《关于"大局势"的传说种种》，《前线日报》1948 年 2 月 5 日。

④ 同上。

要真正的和平"。面对当时"反饥饿、反内战"的汹涌学潮，他表达了对未来社会动荡的殷忧，称："政党斗争正在利用青年学生为工具；从学校内部的不统一不和平，更可以推测今后三十年间，中国社会的混乱的远景。这样一来，则'和平'的希望越来越少；大屠杀的惨剧，怕的正在酝酿中呢！"他由此预测："和平问题在这次参政会中必无何种成就，而学生内部的裂痕，且将加深，那是无疑的。"①

换句话说，曹聚仁希望凭借国民参政会和政府对待"反内战"学潮的态度，为国民党树立和平民主的形象。事实上，1947年国民参政会的主要议题是要求国民政府明令戡平中共内乱，而非实现真正的和平。另外，学生发起"反内战"运动的根本原因是他们对现实不满，而且他们是自愿参加的。当时社会舆论也普遍认为，学生运动是纯洁的、自发的，学生对现实的不满是学潮的根本原因。② 然而，曹聚仁的文章罔顾事实，诬蔑学生正在沦为政党斗争的工具，并将日后可能发生的社会动荡归咎于学生内部矛盾的加剧。由此可见，曹的上述言论都与蒋介石所一再强调的"学生运动为中共所煽动"③ 如出一辙，其真实目的都是为国民政府强力镇压学生运动寻找借口、开脱罪责。

第三，既批评国民党实行"一党专政"，又批评民主党派对政治所造成的破坏。

面对1947年国民党的政治危机，曹聚仁在当年"双十节"发表《政党政治三变记——双十漫谈》一文。一方面，他对国民党"一党专政"论的认识和态度已与一年前截然相反。他不仅承认国民党自1924年改组之后即实行了"排他性的一党专政"，而且力陈国民党"一党专政"之弊。④ 另一方面，他也把批评的矛头指向民主党派，指斥其对中国政治的破坏。他写道：

> 至于其他政党（指青年党、第三党、国社党和民盟）（中略）都在一党专政的空气中秘密地或半秘密地组织起来，对于执政表示不满，成为二十年来的伏流，抗战初期的合作，也还是貌合神离，直到

---

① 曹聚仁：《首都的烦恼（一）》，《前线日报》1947年5月22日。
② 张宪文等：《中华民国史》第4卷，南京大学出版社2013年版，第139、147页。
③ 同上书，第146页。
④ 曹聚仁：《政党政治三变记——双十漫谈》，《前线日报》1947年10月10日。

去年联合政府成立，也还是一半向心，一半离心，从"政治"的效果说，积极建设之效果未见，消极破坏之恶果已熟了。①

综上所述，结合 1947 年和 1948 年的国内形势和国共军事力量对比加以分析，曹聚仁一方面挑拨共产党与民众（特别是中产阶级以上人士）之间的关系，诋毁共产党的声誉；另一方面，他片面夸大国民党军队的力量，低估人民解放军的实力，甚至凭借传言有意唱衰之。当 1947 年国民党在军事、政治、经济领域的危机日益加剧之时，他开始批评国民党"一党专政"。同时，他也将国民党自身的政治危机归咎于"第三势力"对政治的破坏。

四　1948 年行宪国民大会前后（1948 年 2 月至 5 月）

在进攻人民解放军的同时，蒋介石集团迫不及待地企图以法律形式使其独裁统治和反共内战合法化。1948 年 3 月 29 日，行宪国民代表大会在南京召开。会议主要内容是选举总统和副总统。由于选举纠纷遗留问题未能解决，因此签署提名当选的代表与中央提名落选代表绝食、示威，抬棺冲击大会会场，开幕当天就上演了一出闹剧。会议的高潮是总统和副总统选举，总统选举只是走过场，位子非蒋介石莫属。② 4 月 18 日，国大代表通过一项提案，即成为《中华民国宪法动员戡乱时期临时条款》。由此，蒋介石拥有了超越"宪法"的专制独裁权力。次日，总统选举完毕。蒋介石毫无悬念地当选总统。③

针对行宪国大的召开，曹聚仁的言论可分为如下三个阶段：

（一）行宪国大召开前（1948 年 2 月至 3 月初）

1. 就领袖气度和民治问题不断向蒋介石进言

第一，曹聚仁再度发表了他在 1946 年《领袖论》④ 中的观点，指出做政治领袖的人"要有做领袖的气度"。他重申了"做领袖的气度"的三种表征：第一种表征是领袖应高瞻远瞩，无需事必躬亲；第二种表征是

---

① 曹聚仁：《政党政治三变记——双十漫谈》，《前线日报》1947 年 10 月 10 日。
② 张宪文等：《中华民国史》第 4 卷，南京大学出版社 2013 年版，第 211—212 页。
③ 余克礼主编：《海峡两岸关系概论》，武汉出版社 1998 年版，第 220 页。
④ 曹聚仁：《领袖论》，《前线日报》1946 年 2 月 17 日。

"忍耐"；第三种表征是"好整以暇"。①

第二，阐明实现民治的长期性、必要性以及实现途径。至于实现民治的长期性，曹聚仁指出英国、美国和法国等民治国家"不是旦夕之间可以成熟的"。关于实现民治的必要性，他认为："我们是人民，就有过问政治的权利，就有选择代表的自由；我们对于政府不能放任，政府从我们手中获得了权力，放任了它，它便会运用权力来干涉我们的自由。"他强调现代的民主政治"不是对人的统治，乃是对事务的管理"②。因此，他主张通过如下途径实行"民治"：

> 这种政治的真精神，不外使政治体中的各个分子，均得觅有机会以自纳他的殊能特操于公共生活中，在国家法令下，自由一受其轨范，自进以尽其职分，以平均发展的机会趋赴公共福利的目的；官吏与公民，全为治理国家事务的人；人人都是治者，人人都非相隶属，其间没有俨若鸿沟的阶级。（中略）国家与人民间，但有意义的连系，没有强力的关系；但有公约的遵守，没有强制的拘束，政府不过是公民赖以实现自己于政治事务的工具罢了。③

值得注意的是，上述实现"民治"的途径并非曹聚仁原创，而是引述了李大钊在20世纪20年代初所提出的"平民主义"政治理论。④

2. 对共产党的暴力革命手段和阶级斗争表示不满

1948年3月，出身小农家世的曹聚仁在《谈乌特莱女士的看法》一文中批评了共产党在土改中的暴力政策。他直截了当地指出：

> 像我们这样小农家世，直到今日，还是自食其力的自耕农，决不赞成共党的恐怖政策，也不相信这政策可以完成社会革命！——一个农民，也许是顽固的，也决不相信以"流氓地痞"为干部的政党，会替我们谋利益的！⑤

---

① 曹聚仁：《谈气度——听涛室读史杂笔之一》，《前线日报》1948年2月9日。
② 曹聚仁：《"谈民治"——听涛室读史杂笔之二》，《前线日报》1948年2月16日。
③ 同上。
④ 详见王桧林《五四时期民主思想的演变》，《历史研究》1989年第3期，第35页。
⑤ 曹聚仁：《谈乌特莱女士的看法（下）》，《前线日报》1948年3月5日。

　　鉴于解放战争时期解放区土改中的"左"倾错误①，曹聚仁的上述批评也并非空穴来风。

　　在上述文章中，曹聚仁也对中共以阶级斗争压制自由主义言论的行为表示不满。他引述了1947年胡适给友人周鲠生的信，借此表达了自由知识分子对苏联由反帝、反侵略的国家变为侵略势力的失望和忧虑。同时，他指出自由知识分子的上述看法"触犯了另外一群知识分子的禁忌"，"因为这种看法带着浓厚的国家民族观念，不够前进，被嘲笑为'落伍'、'守旧'的；在阶级斗争的过程中，不容许这类'落伍'思想存在的"②。

　　（二）行宪国大召开期间（1948年3月29日至4月19日）

　　行宪国大召开期间，曹聚仁对国民党进行了更为严厉的批评。具体观点如下：

　　第一，批评国民党以官僚主义取代了孙中山的"三民主义"。曹聚仁认为，国民党党员的行止和"训政"都背离了孙中山先生的遗训。例如，"孙中山先生的训政，要同志从下层做起，从地方自治做起，现在却反其道而行之，头重脚轻，一路从上训下去。"又如，孙中山曾提出"民生主义"的救国方案，其中包括"平均地权"和"节制资本"。但孙先生的信徒们却认为平均地权"触犯了他们的忌讳"，节制资本"更冒犯了他们的利益"。因此，此救国方案在实施中已与孙中山的民生主义大相径庭。再如，国民党内部"贫富悬殊、苦乐不均"③。

　　第二，批评国民党内部派系纷争严重。曹聚仁指出，国民党内部派系"冲突利害，勇于私斗，怯于公愤"。"抬棺殉国和十位绝食代表的表演也离不了'小圈圈'火并的因素。"他坦言，造成今日国民政府"军事失利、政治无能、经济恐慌，人心惶乱"等问题的根本原因"决不是共产党作的怪，而是国民党本身，内损兼外感，弄得太虚弱了的原故"。针对上述问题，他呼吁国民党切莫"讳病"，而应正视"训政"的失败。他希

---

　　①　在中共中央的领导下，各地纠正了土改中的"左"倾错误。详见《中国的土地改革》编辑委员会编《中国的土地改革》，当代中国出版社、香港祖国出版社2009年版，第183—187页。

　　②　曹聚仁：《谈乌特莱女士的看法（中）》，《前线日报》1948年3月3日。

　　③　曹聚仁：《在政海的边缘上（二）——南京行之一》，《前线日报》1948年4月7日。

望国民党能从头做起，未为晚矣。①

（三）行宪国大闭幕后（1948 年 5 月至 7 月）

行宪国大闭幕后，曹聚仁开始对国民党、民主党派和"国大代表"予以批评，但仍寄希望于"第三条道路"。

行宪国大闭幕后一个月，即 5 月 19 日，曹聚仁慨叹国民党、民社党、青年党和民盟都"不成器"，"官僚还是官僚，政客还是政客，只有在朝在野之不同，本质上并无不同"。因此他认为，"真正的民主还在虚无缥缈之中，可望而不可即"②。他对"国大代表"大加讽刺，称他们将给人民带来恶劣影响——中华"官"国变成了"中华绅国"③。

7 月，曹聚仁公开在《前线日报》上宣扬"第三条道路"，与 1948 年的自由主义讨论相互呼应。他以中国封建帝制时期（秦汉至清朝）容许"第三条路"存在及其成功事例来论证"第三条道路"在民主共和国的合法性。他写道：

> 走第三条路未必成功，或许是的；一定要抹煞事实，以为今日政治趋向，不左则右，没有第三条路可走，其人非愚即妄，不足为训的！（下略）
>
> 这样，我们可以承认左或右以外，有很多很多其他可走的路。条条路可以通罗马，用不着那些蠢了的聪明人来牵着大家的鼻子向黑路上走！④

综上所述，从 1946 年制宪国大到 1948 年行宪国大，曹聚仁对国民党、共产党以及"第三势力"的评价已发生了微妙变化。尽管他对 1948 年蒋介石出任总统一事并未表态，但是他对国民党政权的衰颓、"第三势力"的"不成器"以及民主政治的失败表示悲观失望。但他仍寄希望于"第三条道路"，并为此卖力鼓吹。

① 曹聚仁：《在政海的边缘上（一）——南京行之一》，《前线日报》1948 年 4 月 6 日；曹聚仁：《在政海的边缘上（二）——南京行之一》，《前线日报》1948 年 4 月 7 日；曹聚仁：《在政海的边缘上（三）——南京行之一》，《前线日报》1948 年 4 月 9 日。

② 聚仁：《低沉的心情——在政海的边缘上之五》，《前线日报》1948 年 4 月 21 日。

③ 聚仁：《一月来的感想（一）》，《前线日报》1948 年 5 月 19 日。

④ 曹聚仁：《第三条道路——世变十论之五》，《前线日报》1948 年 7 月 13 日。

第四节　大决战时期的言论成因及重点
(1948 年 9 月—1949 年 3 月)

1948 年 9 月，国共进入战略大决战时期。国民党不仅在军事上一败涂地，在政治上也危机四伏，财政经济陷入崩溃绝境。国民党在大陆的统治一步步走向崩溃。在此期间，曹聚仁的关注焦点集中于两大事件：一是蒋经国奉父命于 8 月至 11 月到上海管制经济的"打虎"运动；二是蒋介石第三次宣布下野。

据曹聚仁回忆，蒋经国在上海"打虎"期间又成为海内外注意的新闻人物，若干荒唐的传说又浮了起来。① 于是他以笔名"丁舟"于 1948 年 9 月在《前线日报》发表了题为《谈蒋经国》的系列通讯，以期"消除社会上的种种误解，使大家明白蒋氏的社会、政治、人生的观点"②。然而，他的通讯并非客观中立，而是充满了对蒋经国的溢美之词。同年，上述通讯被收入《蒋经国论》一书在上海刊行。

1949 年 1 月 21 日蒋介石下野之后，曹聚仁于 2 月至 3 月间在《新希望》杂志先后发表了《今日知识分子自处之道》《论在野党之政治道德》和《论"孤愤"》三篇文章，阐明作为"中间派"知识分子的自处之道和政治主张。这一时期，曹的言论有如下三大重点：

一　赞美"打虎"英雄蒋经国

在曹聚仁笔下，蒋经国是一个"在社会主义国家成长，锻炼成熟的"、亲民的"社会改革家"。例如，蒋经国设立民众问事处，每逢周四就亲自接见民众，倾听民众肺腑之言。曹认为蒋此举是因为他"看准了力量在民众的本身，他自己和人民去接近"③。他盛赞蒋的"大仁"："这一泛人类的爱，推其原始，盖基于他对生命的了解，有如释迦证悟，油然生普度众生之念。"④ 他还指出，曾在苏联接受教育的蒋经国"甘于受苦"，是因为"他知道苏联的成功，全在于他们的韧性，他们咬紧牙关克

---

① 曹聚仁：《香港版前记》，载《蒋经国论》，人民出版社 2009 年版，第 4 页。
② 同上书，第 1 页。
③ 丁舟：《谈蒋经国（一）》，《前线日报》1948 年 9 月 14 日。
④ 丁舟：《谈蒋经国（二）》，《前线日报》1948 年 9 月 17 日。

服困难的决心"①。

在多篇通讯中，曹聚仁回顾了蒋经国在赣南新政时期的丰功伟绩。他对蒋经国的政策予以高度评价，称其代表了蒋公子的"明朗的政治作风"，"他和旧官僚绝不相同，敢于提出自己的主张。只有他，敢明朗地喊出'社会革命'的口号，不怕戴什么帽子"。他指出，在新赣南三年计划实施的第一阶段，"蒋氏（指蒋经国）贯注全副精力在这一事业上，用得着'突飞猛进'的考语"。他又称赞 1942 年以后的蒋经国"时势迫人，已不容许他做地方性的政治工程师"，"这位赣南的保姆，其志不在小，将有事于四方了"。他认为蒋的观点可说是"直接继承着民生主义的衣钵下来的"。他甚至感叹蒋在赣南那六年中"确然有领导时代的气概和抱负"②。

同时，曹聚仁对蒋经国性格的两面性作了具体分析：

> 从"人"的角度看，他是一个热力充沛富于情感的人。（中略）年青的人容易和他亲近，好似每一个人都是蒋经国的朋友。（中略）这是蒋经国的一面：年轻的蒋经国，青年人的朋友。（下略）
>
> 中国政海，风云变幻，波涛险恶；他这一叶扁舟，不能不在黑浪排天中浮沉。因此，他不能不十分机警，触到了别人的天罗地网边缘上，立即抽身而出。这残酷的现实，使他学习着成为"理智"的人，而且必须学习着成为冷酷的意志坚决的人。这是另一个蒋经国；他很快成为世故很深，和他的年龄不相称的中年人。（下略）
>
> 今日的蒋经国，至少有两种不同的灵魂：他既年青，又热情，勇敢地对着现实，气吞河岳；他又那么坦白无城府，人人感其可亲近。可是他又那么老成持重，不苟言笑。他冷冷地看着你，通过了肺腑，洞烛你的用意。他决不会轻易入你的钩中。（下略）③

换句话说，曹聚仁眼中的蒋经国近乎完美。他认为蒋经国具备年轻人的热情、勇敢、坦诚，因此容易与青年人拉近距离；又兼有中年人的机

---

① 丁舟：《谈蒋经国（三）》，《前线日报》1948 年 9 月 18 日。
② 丁舟：《谈蒋经国（四）》，《前线日报》1948 年 9 月 19 日；丁舟：《谈蒋经国（五）》，《前线日报》1948 年 9 月 20 日；丁舟：《谈蒋经国（六）》，《前线日报》1948 年 9 月 21 日；丁舟：《谈蒋经国（七）》，《前线日报》1948 年 9 月 22 日；丁舟：《谈蒋经国（八）》，《前线日报》1948 年 9 月 24 日；丁舟：《谈蒋经国（十一）》，《前线日报》1948 年 9 月 29 日。
③ 丁舟：《谈蒋经国（十）》，《前线日报》1948 年 9 月 26 日。

警、理智、世故，所以能够及时地远离政治风浪。

此外，曹聚仁不忘为蒋经国在上海实施的经济计划大做宣传。他指出，蒋氏"坦白承认采纳人家（指苏联）的建国经验，而是坚定地站在本国的立场，根据本国的国情来做的。（中略）他对于资本主义经济制度的批评，已经很明确很坚定的了！"他强调蒋经国已明确地表示要采取"计划经济"，既不是用资本主义的方式，也不是用共产主义的方式，而是"更接近孙中山先生的理想——民生主义的经济制度"。他指出，蒋氏承认其在上海的经济计划乃是一种"社会性的革命工作"，其真正的目的在于"消灭社会上的经济不平等现象"。尽管许多人怀疑蒋经国的经济政策，但蒋经国自己却坚信"用一种社会革命的手段来贯澈（彻）这一政策"，一定能够成功。[①]

针对外界对蒋经国上海"打虎"的批评，曹聚仁在 1948 年 10 月底发表的评论中为蒋氏辩解。他称赞蒋是一个"现代政人""汰除了'英雄'的观念，认识群众的力量"。他指出，蒋"把政治建设的重心放在经济的基础上，这一步骤是一般人士所没看清楚的"。在赞扬蒋在赣南新政时期的作为时，他写道："要打破绅士政治来和民众发生直接关系，可说从蒋经国开头，这是一个大胆的尝试。""蒋氏看教育文化事业比一切都重要些，他的五年计划，重心放在这一部门上，（中略）可惜蒋氏后来为外务所牵制，不能按部就班实践预定的政治计划。"他又称赞今日的蒋经国为"白帝城受命的诸葛亮"，其所领导的上海"打虎"行动是"知其不可而为之"，其抱负是"各人守住各人的防线，达到预定的使命"，"成固欣然，败并可喜"[②]。

二　告诫中国共产党谨防投机分子钻进营垒

1949 年 2 月 14 日，曹聚仁在《新希望》周刊发表《今日知识分子自处之道：复吕克难先生的信》，以国民党失败的历史教训告诫共产党谨防投机分子钻进营垒。他的告诫如下：

北伐军还没到达南京，投机分子便已侵入革命的营垒，国民党一

---

① 丁舟：《谈蒋经国（十二）》，《前线日报》1948 年 9 月 30 日。
② 曹聚仁：《我看蒋经国》，《再造（旬刊）》1948 年第 2 卷第 3 期，第 8—9 页。

天一天腐化下去，捐了三民主义的招牌，骗了民众二十年。国民党就这么给投机分子吃光的，革命同志的血是白流的。（中略）这回共产党来了，假使又给投机分子侵蚀了进去，慢慢侵蚀那点元气，社会革命的血岂不是又白流了！北伐的往事，值得大家警惕，我们总希望共产党方面"为山九仞"，不要"功亏一篑"，莫要让投机分子钻进营垒了！①

此时的曹聚仁自称从"个人之权利关系小，国家民族之得失关系大"角度考虑，"不愿见到今日的共产党像二十年来国民党一样变得腐化"，希望共产党这个"上了台的政团好好儿改造一下"②。

三 奉劝国民党承认失败，以国家民族为计

1949 年蒋介石下野月余，曹聚仁于 3 月 7 日发表《论在野党之政治道德》，奉劝国民党接受失败的现实。他给失败的国民党提出了四点忠告：

> 首先，我们唤醒国民党的理智，到了今天，国民党的应该坦坦白白的承认自己的失败，光明磊落的失败下去，比□恋政权终于灭亡的好。（下略）
>
> 其次，我们要提醒国民党人一句，过去二十年，你们抓住了政权，于国于民，过多而功少，人民也受害多而益少，（中略）我们希望你们能够真正的"闭门思过"。（下略）
>
> 又次，我们应该提出更严正的忠告：国事本非儿戏，不可逞一党之私愤，作报仇泄恨之想。（下略）
>
> 最后的忠告，我们应该从民族国家的千秋万岁着想，今日中国，第一件大事，就是要社会安定，留下一个建设的基础与机会。无论什么政党上台，我们就让他们试试看，只要能改进中国，教养民众，赶得上这个时代，我们就该各方面去帮助。（下略）③

---

① 曹聚仁：《今日知识分子自处之道：复吕克难先生的信》，《新希望》1949 年第 1 期，第10 页。

② 同上。

③ 曹聚仁：《论在野党之政治道德》，《新希望》1949 年第 4 期，第 6 页。

值得注意的是，该刊在发表此文时，还附有编者按语，强调曹聚仁的文章是国民党应该服下的"苦口的良药""国民党在今天应该无条件地尽量接受诤言，这样才有复兴的机会"。其弦外之音是，国民党败局已定，不应再贪恋政权，而应接受劝谏，退出政治舞台，以图日后重新掌权。

3月底，《新希望》公开发表了曹聚仁给易君左的信件。曹在信中重申了撰写上文的本意是以民族国家的前途为计。他强调：

> 我个人并非对国民党有所偏恶，或有所偏爱，但为了国家民族的前途，站在民众的立场，希望国民党人养成恢闳的政治气度，政治上的得失，算得了什么？（中略）要知道国共两党结仇成恨，说是救国，所救的国家如此残破，说是救民，被救的人民水深火热。每一个从事内战斗争的人，即不能自杀以谢国人，亦当闭门思过，为国家民族留点元气！①

由此可见，曹聚仁在《新希望》上发表的文章，一方面反映了他对蒋经国的一贯赞赏与肯定；另一方面也站在"中间派"立场上，强调自己以民族国家为重，根据国共两党的胜败趋向提出有针对性的谏言。

小　结

1945年8月15日，日本政府宣布无条件投降，中国人民的抗日战争取得了彻底胜利，第二次世界大战随之结束。经过抗日战争，中国共产党实力壮大，成为中国政坛上一支举足轻重的力量。为了消灭共产党，蒋介石不惜在战后违背人民的意志，坚持内战与独裁的方针。于是，抗战刚一胜利，蒋介石便加紧内战的部署。战后的国共对峙使中国面临两种道路的抉择。

在国民党"一党专政"的现实与自由主义理想相互冲突之时，政治投机性决定曹聚仁优先选择依附于处在执政地位的国民党，继续为其新闻宣传机构服务。由于战时与国民党机关报《前线日报》的渊源，他才在

---

① 曹聚仁：《论"孤愤"》，《新希望》1949年第7期，第15页。

战后顺利地成为该报的重要一员。直至国民党大势已去，《前线日报》迁往台湾，他才日渐脱离国民党新闻体制。

作为国民党宣传机器的一分子，曹聚仁的政治言论本应一贯以颂扬国民党，贬斥唱衰共产党为己任。然而，在《前线日报》撰稿期间，他关于国民党以及"第三势力"党派社团的政治立场和言论却不断变化，并常有前后矛盾之处。例如，1946年制宪国大筹备期间，他极力吹捧蒋介石，否认国民党实行"一党专政"，为国民党召开制宪国大制造了有利舆论。他站在国民党的立场上，批评反蒋的民盟；虽对亲蒋的青年党和三青团加以批评，但他对作为国民党新生代的后者寄予厚望；他对亲蒋的青年团、国民党政学系和民社党加以袒护甚至赞扬。制宪国大召开期间，他仍为国民党的"一党专政"辩解，也为参加大会的青年党和民社党代表辩白，称他们与国民政府的合作有利于宪法的制定。直到1947年"双十节"，他才开始力陈国民党"一党专政"之弊，同时把国民党的政治危机归咎于民盟、青年党、第三党和国社党等"第三势力"对政治的破坏。1948年行宪国大召开期间，他对国民党背离"三民主义"以及国民党内部严重的派系纷争进行了更为严厉的批评。1949年年初，他转而奉劝国民党承认失败。

引起曹聚仁上述政治立场和言论变化与矛盾的原因有二：

首先，战后初期国内外政局剧变，自由主义知识分子不断在幻想与现实、希望与失望之间徘徊。战后，美国开始扶植游离于国共两党之外的"第三势力"，使其发展达到鼎盛期。中国的民主宪政运动也于抗战后再掀高潮。民主建国成为战后的主流。此时的自由主义者热衷于参政议政，提出介于资本主义与社会主义之间的"第三条道路"。借助1946年年底的制宪国大以及1948年年初的行宪国大，蒋介石的专制独裁得到巩固和加强。国民党的"一党专制"挤压了自由主义者的政治活动空间，也威胁到他们的言论自由。自由知识分子希望借助中间党派来实现民主建国的幻想彻底破灭。在上述背景下，"第三势力"提出的所谓"第三条道路"在中国大陆最终破产。

其次，政治投机性决定曹聚仁的政治观点与言论的变化走向。全面内战爆发后，国共势力在内战中此消彼长，国民党日渐衰败，而共产党逐渐强盛。随着战后政局的变化，他对国民党的评价是围绕国民党在全面内战中的盛衰产生波动的。由于效力于执政党国民党的新闻宣传机构，他在战后初期的立场和言论也因此带有亲蒋、反共的政治倾向性。直到国民党在内战中逐渐失势，特别是到 1947 年国民党危机日益加重之时，他才转而对国民党的"一党专制"加以批评。1949 年春蒋介石下野，曹聚仁脱离国民党宣传机构，这才有可能奉劝国民党承认失败。与此同时，他对"第三势力"党派社团的褒贬变化也是以该党派是否"亲蒋反共"为衡量标准的。

20 世纪 40 年代中后期，自由主义者推进了中国现代化进程，主要表现在力倡政治民主化，参与民主建国，传播自由民主的文化理念。曹聚仁也积极参与其中。与其他同时代的自由主义知识分子一样，他通过报刊言论阐发了自由主义的政治诉求。他一贯反对政治斗争，尤其拒斥暴力革命；1946 年制宪国大期间，他大声呼吁实行民主宪政，并力倡政学系的"术治"；行宪国大闭幕后，他宣扬"第三条道路"，但认为国社党领袖张东荪提出的"中间性的政治路线"在战后的政治环境中行不通，因此建议取道"社会文化建设"的救国之路。

然而，自由主义知识分子所设计的自由主义道路脱离了中国实际，无法结束国民党的一党专政，实现他们所呼吁的民主宪政；当时的中国也同样无法通过文化教育提高国民性，最终摆脱帝国主义国家的侵略和遏制，建立统一的民族国家。

第七章

立场摇摆不定的香港自由主义者

20 世纪 40 年代末至 50 年代初，国内外局势发生剧变。随着全国解放，中国共产党建立的新政权取代了国民政府。蒋介石败退台湾。在美苏两大阵营的对垒中，中国与苏联结成盟友，美国扶植日本和中国台湾以遏制社会主义阵营。新中国被迫卷入朝鲜战争。

1948 年年底，国共内战进入白热化，有大批内地文人"南来"香港。然而，在 1949 年 5 月上海解放后，自由派知识分子曹聚仁并未立即离开大陆，而是留在上海"旁观"革命。1950 年 8 月，他选择离沪赴港。随后，他长期供职于香港报纸，并发表大量专栏文章，甚至在香港文化界引发一场论战。

在第六章分析的基础上，本章和第八章将以曹聚仁在香港《星岛日报》（1950—1953 年）和新加坡《南洋商报》（1953—1958 年）发表的文章为研究对象，考察他作为自由主义知识分子在海外的言论活动。

本章将剖析促成曹聚仁于 1950 年离沪赴港的动因，阐述他的"南来"与香港"第三势力运动"的关联，介绍他在香港《星岛日报》的言论和立场及其引起的论争，归纳他为该报所撰国际时评的特征。此外，还试图分析他"南来"香港后在自由主义政治观方面的微妙变化。

第一节　中华人民共和国成立后离沪赴港的动因

据报人圆慧回忆，曹聚仁早在 1949 年 10 月就有离沪赴港意愿，但又说"不是现在"。另据报人易金的记述，曹聚仁曾向他询问过赴港的方式，并索要了可助其乘渔船从海上偷渡至港的联络人住址。[1]

---

① 圆慧：《我与曹聚仁》，《大人》（香港）1972 年第 29 期，第 15 页；易金：《曹聚仁说他要回大陆》，《新闻天地》（香港）1954 年第 9 期，第 23—24 页。

关于曹聚仁 1950 年离沪赴港的原因，有多种解释，但大致分为物质和精神两个层面。丁言昭、李伟和陈建云都认为是经济压力迫使曹离沪赴港。另外，丁陈二人还认为是思想原因导致了上述后果。[①] 其中陈建云更是明确指出，决定曹南下香港的最重要原因在于他的自由主义信仰无法与新政权兼容。[②] 经过对 1949 年前后的国内外局势分析，对曹聚仁自传及他在《星岛日报》发表文章原件的研读，本研究认为 1949 年前后国内外形势的剧变影响了曹聚仁的个人选择。

一　1949 年前后的彷徨与选择

1949 年 4 月 20 日，中共中央发布"向全国进军"的命令，解放军胜利地进行渡江战役，于 23 日解放了南京，宣告了国民党政权危在旦夕。5 月 27 日上海解放。

有研究者指出，共产党人一旦握有政治权力，一定会把新闻报刊牢牢地掌握在自己手中，采取从传媒到文化到思想的统制政策。中华人民共和国成立前后，鉴于统一战线政策的需要，在相当程度上允许一部分私营媒体继续存在一段时期。新政权一方面创办党报党刊，发挥舆论引导作用；另一方面将部分私营大报大刊改组或改造为进步的"民主报刊"；同时保留少部分具有中间性质的纯文化类报纸杂志。[③]

上海一解放，中国人民解放军上海市军事管制委员会（简称"军管会"）在主任陈毅、副主任粟裕的领导下，在各个系统分别成立了军管会，实施接管和改造工作。军管会对国民党的党、政、军、特、宪及各派系所创办和直接控制的报刊、电台和通讯社等一律实行接管，立即查封，没收其财产，归国家所有，将其设备用于开办人民的新闻事业。[④] 曹聚仁曾经服务过的国民党中央通讯社上海分社和前线日报社等自然也在接管和改造之列。

① 详见丁言昭《曹聚仁：微生有笔月如刀》，上海教育出版社 1999 年版，第 139—140 页；李伟：《曹聚仁传》，河南人民出版社 2004 年版，第 267 页；陈建云：《向左走　向右走：一九四九年前后民间报人的出路抉择》，福建教育出版社 2010 年版，第 145—148 页。

② 详见陈建云《向左走　向右走：一九四九年前后民间报人的出路抉择》，福建教育出版社 2010 年版，第 146—148 页。

③ 详见杨奎松《忍不住的"关怀"：1949 年前后的书生与政治》，广西师范大学出版社 2013 年版，第 93—94 页。

④ 参见马光仁主编《上海新闻史（1850—1949）》（修订版），复旦大学出版社 2014 年版，第 1087—1088 页。

1949 年 5 月，中共接管并改造上海最大的私营报纸《大公报》。彻底向中共"投降"的王芸生以社长兼总编辑的身份继续执掌该报。① 具有国民党中宣部背景的《新闻报》被改组为《新闻日报》。6 月，金仲华被委任为该报临时管理委员会委员，并任社长兼总编辑。② 上海的私营"民主报纸"《文汇报》依然保留。6 月，徐铸成开始主持该报工作。③

由曹聚仁的自述可知，解放军到了上海，他并未立刻离开。他打定主意，准备做一个"看革命的旁观者"④。他表示，在上海解放后第一件大事就是"想改造我自己""要改变自己的生活环境，从而改造自己的意识形态"。在上海"旁观"革命的一年中，他阅读了马克思的《资本论》和列宁、斯大林的著作，老庄著述以及朱熹的《近思录》。⑤ 此外，他还研究分析共产党的总路线，以了解共产党的政策。⑥

曹聚仁宣称自己通过思想改造："明白了新的劳动观念；'士'不是'第一'，'万般皆下品，惟有做工高。'"⑦ 但他自称限于中年人的"劳役能力"，已无法完全改变自己的生活方式。他坦言，解放后"生活方式的突变对于中年以上的人是最重大的打击"，"生存技能的适应，太不容易了"⑧。

在共产党接收和改造新闻媒体阶段，曹聚仁曾努力寻找再次进入上海新闻界的机会。据冯英子的记述，徐铸成曾说过，曹聚仁在上海解放后曾给他、王芸生和金仲华写过信，希望得到工作。于是，他们就此事请示了在上海主管宣传工作的夏衍。夏衍表示看一下再说。⑨ 因此，曹重返新闻

---

① 详见杨奎松《忍不住的"关怀"：1949 年前后的书生与政治》，广西师范大学出版社 2013 年版，第 106—111 页。

② 1949 年 5 月上海解放后，金仲华参加军管会工作。6 月，被委任为《新闻日报》临时管理委员会委员，并任社长兼总编辑。1950 年接受中共委任，创办和主编中华人民共和国成立后的第一份英文报纸《上海新闻》。4 月，被任命为华东军政委员会文化部副部长。参见《浙江省新闻志》编纂委员会编《浙江省新闻志》，浙江人民出版社 2007 年版，第 875 页。

③ 1948 年 3 月徐铸成到香港筹备香港《文汇报》，9 月创刊后任总主笔兼管经济部事务。1949 年 2 月离开香港到北京，5 月回到解放后的上海。6 月开始主持上海《文汇报》。参见夏和顺《老报人的故事》，花城出版社 2012 年版，第 69 页。

④ 曹聚仁：《采访三记　采访新记》，生活·读书·新知三联书店 2007 年版，第 9 页。

⑤ 曹聚仁：《南来记（一）》，《星岛日报》1950 年 9 月 4 日。

⑥ 曹聚仁：《采访三记　采访新记》，生活·读书·新知三联书店 2007 年版，第 31 页。

⑦ 曹聚仁：《南来记（一）》，《星岛日报》1950 年 9 月 4 日。

⑧ 曹聚仁：《采访三记　采访新记》，生活·读书·新知三联书店 2007 年版，第 48—50 页。

⑨ 冯英子：《我所知道的曹聚仁先生》，《艺谭》1983 年第 3 期，第 81 页。1949 年全国解放后，夏衍担任中共上海市委常委、宣传部部长。参见浙江省中共党史学会、浙江现代革命历史文化研究基地编《红色名人印迹》，中共党史出版社 2014 年版，第 259 页。

界的请求就被搁置了。

作为"旁观"革命的知识分子，曹聚仁对新政权的切身体会如下："中共的领导政权，还是在一般知识分子手中，所以对一般知识分子不放心，苛求得厉害，尤其是对于新闻记者和大学教授。"① 至于解放后共产党对新闻界的态度，他认为："中共当局对于旧时新闻记者的意识，十二分不放心的；非经改造，决不随便任用；因此，解放后各部门人士变动之多，莫如新闻界。"针对自身情况，他更为具体地指出"新闻记者这一行饭是吃完了"，因为中共不会允许他再做新闻记者。②

此外，曾为国民党系统新闻媒体工作过的曹聚仁对解放后的"阶级斗争""清算"等口号带来的恶果以及"亲属相互告密"事件也心存忌惮。他也不能完全认同共产党所宣扬的马列主义。他在采访手记中强调：

> 中共取得了政权以后，对于现实的解释，正偏于独断。把马列主义当作唯一的共同尺度，不容许各个人有其"面观"（Perspective）的。这便是我们的看法，和中共当局的看法有极大的歧点。③

换句话说，曹聚仁深刻地认识到中华人民共和国建立后，共产党将马列主义作为意识形态的唯一指导思想。然而，他和其他自由主义者所持的自由主义思想，是与这种全新的主导思想体系格格不入的。

二　"第三势力运动"在香港的由盛转衰

在美苏冷战格局中，中国的台湾和香港地区对于美国具有极其重要的地缘政治意义。战后，美国对香港"第三势力"组织给予大力扶植，促使香港成为美国文化冷战的前线。然而，随着美国当局在朝鲜战争爆发后转向"扶台"，香港"第三势力"才逐渐式微并发生转向。

（一）战后美国对香港"第三势力"的扶植

早在 1947 年 1 月 7 日，美国总统杜鲁门的特使马歇尔在调处国共内战失败离华返美时发表声明，鼓吹在中国发展自由主义分子。1949 年前

---

① 曹聚仁：《采访三记　采访新记》，生活·读书·新知三联书店 2007 年版，第 40—41 页。

② 同上书，第 421 页。

③ 同上书，第 50—55 页。

后，美国直接支持中国"第三势力"筹组，使其活动区域由中国大陆转移到海外。自 1949 年 8 月 5 日美国国务院发表《美国与中国关系》（亦称"白皮书"）以后，美国就一面在中国台湾扶植取代蒋介石的势力，企图把中国台湾交联合国托管；另一面在香港①与海外援助"第三势力"②。

针对美国"白皮书"，8 月 14 日毛泽东发表题为《丢掉幻想，准备战斗》的社论。在此文中，毛泽东将一部分持观望态度的知识分子称为"人民中国的中间派，或右派"。毛主张，对待中间派要"用善意去帮助他们，批评他们的动摇性，教育他们，争取他们站到人民大众方面来，不让帝国主义把他们拉过去"③。

作为冷战结构的一环，1949 年兴起的"第三势力运动"除了得到美国援助，还有反蒋势力国民党政府代总统李宗仁等的暗中支持。9 月，"第三势力"组织"自由民主大同盟"（简称"大同盟"）在李宗仁的支持下在广州成立。其骨干分子是改组派与桂系立法委员，选举顾孟余为主席，童冠贤、程思远、邱昌渭、黄宇人、甘家馨、李永懋、尹述贤为干事。在"大同盟"正式成立后，顾孟余仍回香港。10 月，"因战局急转直下"，"大同盟"从广州移到香港发展，并创办机关刊物《大道》，④ 由顾孟余主编，李微尘担任编辑。该刊宣扬反蒋、反共，主张走民主自由之路。11 月，李宗仁以就医为名，从南宁乘专机飞往香港。12 月，李又乘机飞往美国，开始在美长达 16 年的流亡生涯。⑤

在美国的撮合之下，1951 年，顾孟余与宣扬"第三势力"的张发奎合作

① 在美苏冷战格局中，香港对于即将建立的新中国具有极其重要的地缘政治意义。有研究指出，解放前，中共中央根据国际形势，就形成了向苏联的"一边倒"以稳固大陆的后方安全，选择西方世界海洋"封锁"中最薄弱的链条——香港，来突破西方世界对中国的封锁。因此，中共决定不收回香港，维持其资本主义英国占领不变，以此在政治上分化美英势力。在中共的政治斗争策略中，香港在地缘政治上是中国在东南亚建立国际统一战线的重要基地。参见强世功《中国香港：政治与文化的视野》，生活·读书·新知三联书店 2014 年版，第 111—113 页。

② 参见沈骏、赵玉南主编《台湾各党派与海峡两岸关系》，华中师范大学出版社 1994 年版，第 102 页；郝在今《协商共和：1948—1949 中国党派政治日志》，中国华侨出版社 2007 年版，第 255—256 页。

③ 毛泽东：《毛泽东选集》第 4 卷，人民出版社 2009 年第 2 版，第 1485—1488 页。

④ 参见陈正茂编著《五〇年代香港第三势力运动史料搜秘》，台北：秀威资讯科技股份有限公司 2011 年版，代序第 ii 页。

⑤ 参见程思远《政坛回忆》，广西人民出版社 1983 年版，第 209—211 页；程思远《我在香港从事"第三势力"活动的前前后后（上）》，《纵横》1997 年第 6 期，第 21 页；陈予欢编著《中国留学日本陆军士官学校将帅录》，广州出版社 2013 年版，第 470 页。

筹组"自由民主战斗同盟"（简称"战盟"），同时创办《中国之声》周刊①以接替《大道》的角色。"战盟"原计划在美国中央情报局的支持下在菲律宾建立秘密基地。但因台湾当局知道顾张联盟有中情局做后盾，于是暗中破坏。"战盟"的海外基地计划遂告失败。迟至 1952 年 10 月 10 日，"战盟"才正式打出旗号。② 在"战盟"中，顾孟余、张发奎、张君劢、童冠贤、张国焘、李微尘和宣铁吾七人担任中央委员，李微尘出任秘书长，真正掌握盟务。③ 该组织的工作人员大多为"自由民主大同盟"的人马。而且还接收了程思远和甘家馨所创办的刊物《独立论坛》，作为"战盟"的机关刊物。④ 香港"第三势力"首揭反对国共两党的大旗，标榜反共、反蒋，坚持民主自由的主张。⑤

（二）美国促使香港成为文化冷战的前线

在冷战格局中，美国对中国军事、外交、经济、政治思想文化等方面实行全面围堵政策，驻港美国新闻处在 20 世纪 50 年代在香港统一策划和指挥了反共反华的"绿背（美元）文化"运动（或曰"美援文艺体制"）。台湾的反共文学和反共势力也对香港的"绿背文化"运动起到了推波助澜的作用。⑥ 有研究指出，从当时的港台文学作品中看到一种美国的"隐蔽权力"。这种权力透过上述运动介入港台文坛，从而淡化权力的政治性，将文学作品的"社会性"转化为作者的"个体性"；同时将权力

---

① 《中国之声》系"战盟"的机关刊物，于 1951 年在香港创办，社长张国焘、主编李微尘。参见张建堂《张国焘叛逃以后》，载政协萍乡市文史资料研究委员会办公室《萍乡文史资料》第 2 辑，政协萍乡市文史资料研究委员会 1984 年版，第 134 页；姚金果、苏杭《张国焘传》，陕西人民出版社 2007 年第 2 版，第 428 页。

② 参见程思远《政坛回忆》，广西人民出版社 1983 年版，第 211—214 页；高建中《毛泽东与李宗仁》上卷，华文出版社 2012 年版，第 56 页；金雄鹤编著《国民党八十四位中常委实录》上册，台海出版社 2013 年版，第 166 页。

③ 参见陈正茂编著《五〇年代香港第三势力运动史料搜秘》，台北：秀威资讯科技股份有限公司 2011 年版，第 61 页。

④ 参见 Roger B. Jeans, "United States Policy and the Chinese Third Force, 1949 - 1954", *Indian Journal of Asian Affairs*, 2001, 14（1/2）；沈骏、赵玉南主编《台湾各党派与海峡两岸关系》，华中师范大学出版社 1994 年版，第 102—104 页；张发奎口述；夏莲瑛访谈及记录；胡志伟翻译及校注《张发奎口述自传：国民党陆军总司令回忆录》，当代中国出版社 2012 年版，第 377 页。

⑤ 陈正茂：《第三势力压卷刊物——〈联合评论〉周刊介绍：兼叙中国第三势力运动简史》，《全国新书资讯月刊》2009 年第 129 期，第 14 页。

⑥ 参见王晋民《香港"绿背文化"思潮评介》，《广东社会科学》1998 年第 2 期，第 87—88 页。

所欲表达的意识形态编织在符号系统之中，隐蔽意识形态权力的运作过程。美国权力透过文学作品既"传达"又"掩饰"其反共政治目的，创造一个包括台港、东南亚和自由世界在内的反共共同体。①

中华人民共和国的建立和冷战格局的形成促使香港成为西方世界包围新生共和国的桥头堡之一。中华人民共和国诞生后，"一批对新政权持反对或疑虑态度的文化人避入香港"，与继续坚持留在香港的左翼文化人形成对垒，"其实质是在内地以新中国成立为标志的已经决出胜负了的政治斗争和军事斗争，在更广阔的冷战背景下在香港以文化的形式重新展开角力"②。1949 年前后，"南来"香港的知识分子③包括之前曾有"南来"经验的左翼文人夏衍、欧阳予倩、柯灵、戴望舒等，以及右派文人徐讦④、曹聚仁等。

根据曹聚仁及其胞弟曹艺的叙述，他在 1949 年 5 月上海解放后并未立即离开大陆，而是留在上海"旁观"革命。1950 年 8 月，他选择离沪赴港，加入了他所谓的"自由主义的圈子"⑤。据曹艺回忆，兄长曹聚仁表示要从长远计，把妻小留在上海，接受新中国的新教育，总比到海外觅

---

① 详见王梅香《隐蔽权力：美援文艺体制下的台港文学（1950—1962）》，博士学位论文，台湾清华大学，2015 年，第 303—307 页。

② 刘登翰：《论香港文学的发展道路》，载福建社会科学院科研组织处编《探索、求是、创新：福建社会科学院优秀科研成果选》，福建人民出版社 1999 年版，第 394 页。

③ 一般而论，中国知识分子南下香港，基本说来有三波：第一波在 1937—1945 年的抗日战争时期，如许地山、胡风、夏衍、戴望舒等。第二波在 1945—1949 年国共内战至政权交替前后。这一波启动了文化阵地的角力战，国共分别派遣干部进驻香港占领阵线，另一方面，左派文人因在内地已没有租界区躲避国民党特务的拘捕，英殖民地香港便成为最后的庇护地。第三波起始于 1948 年年底国共内战的白热化，止于 20 世纪 70 年代末中国改革开放。参见苏伟贞《不安厌世与自我退隐：南来文人的香港书写——从 1950 年代出发》，《四川大学学报》（哲学社会科学版）2011 年第 5 期，第 88 页。

④ 徐讦（1908—1980），浙江慈溪人。小说家。1950 年离开上海前往香港，1952 年创办创垦出版社。参见钱仲联、傅璇琮、王运熙等总主编《中国文学大辞典》，上海辞书出版社 1997 年版，第 1573 页；葛原《残月孤星：我和我的父亲徐讦》，上海文化出版社 2003 年版，第 222 页。20 世纪 50 年代，驻港美国新闻处发行的《今日世界》（World Today）成为冷战时期美国反共反华的代表刊物。徐讦和张爱玲是该刊上出现频率最高的两位作家。参见王梅香《隐蔽权力：美援文艺体制下的台港文学（1950—1962）》，博士学位论文，台湾清华大学，2015 年，第 201 页；翟韬《"冷战纸弹"：美国宣传机构在香港主办中文书刊研究》，《史学集刊》2016 年第 1 期，第 74—77 页。

⑤ 参见曹聚仁《采访三记 采访新记》，生活·读书·新知三联书店 2007 年版，第 204—205 页；曹艺《无限绮思忆不真——哥哥曹聚仁八十周岁纪念》，《新晚报》（香港）1980 年 7 月 23 日。

"冒险家的乐园"更高明些。①

综上所述，曹聚仁离沪赴港的主要原因可概括为意识形态的分歧与趋同。一方面，新中国的主流意识形态拒斥"第三势力"所倡导的自由主义。然而，曹聚仁难于像其他自由知识分子一样认同并融入中共政权，因此他只能寄希望于到海外谋求发展空间。另一方面，在美国的支持下，"第三势力运动"在香港蓬勃开展，正欢迎更多像曹聚仁这样来自大陆的自由主义者投身其中。

（三）香港"第三势力"的式微与转向

20世纪50年代初，香港"第三势力"的生存遇到两大不利变化。第一，1950年6月25日朝鲜战争爆发后，美台关系因此得到了调整。美当局转而采取"扶台政策"。然而，1950年以后，美国政府中仍有人继续表示要去寻找能够替代蒋介石的非共产主义力量。美国中央情报局就试图在朝鲜战争期间寻找并武装"第三势力"的追随者。第二，尽管美国国务院的某些工作人员希望推动"第三势力"发展，但更高层的官员斥责"第三势力"有损美国利益。② 1951年6月至8月间，美国学者查尔斯 B. 马歇尔（Charles Burton Marshall）和美国驻台公使蓝钦（Karl Lott Rankin）指出，香港"第三势力"人数不多，只有少数无关紧要的人士从事小规模的政治活动。他们并不看好香港"第三势力"，认为其无组织，无纲领，也无资金，因此建议把"第三势力"的基地由香港移至菲律宾的马尼拉，并应以东南亚海外华人而非逃离中国大陆的难民为基础进行发展。③ 这一变化显然也不利于香港"第三势力"的生存。

在1952年美国大选中，共和党获胜。1953年新上台的艾森豪威尔政府采取亲台政策，并于1954年完全放弃了对"第三势力"的支持。香港"战盟"就是该政府支持的最后一个"第三势力"团体。然而"战盟"在成立以后并无任何实质性活动。在美国断绝援助的背景下，全球范围内的"第三势力"活动陷入低潮。加之香港英国殖民当局的取缔，"战盟"

---

① 曹艺：《现代东方一但丁——陪伴先兄南行记事》，载上海市政协文史资料委员会、上海鲁迅纪念馆编《曹聚仁先生纪念集》，上海市政协文史资料编辑部2000年版，第12页。

② 参见 Charlotte Brooks, "The Chinese Third Force in the United States: Political Alternatives in Cold War Chinese America", *Journal of American Ethnic History*, 2014, 34 (1), p. 83.

③ 《查尔斯 B. 马歇尔致驻台北"总领事"肯尼斯·克伦兹》（1951年6月4日），《驻台公使蓝钦致远东事务的助理国务卿腊斯克》（1951年8月13日），FRUS, 1951, vol. VII, pp. 1653, 1780, 1781, https://history.state.gov/historicaldocuments/frus1951v07p2/d168.

在港活动日渐萧条，原来依靠美国人赞助开办的出版社、报纸、刊物也逐渐陷入困境。①

三 曹聚仁抵港后的报刊活动

南下香港后，曹聚仁应报人林蔼民②邀请为《星岛日报》③和《星岛晚报》④撰稿。1950 年 9 月—1952 年 4 月，曹在《星岛日报》开辟了"南来篇""门外谈兵"和"新事十论"等专栏（表 7 - 1）。由于"能文善变""褒贬不定"，他曾在香港引起左翼的批评和右派的攻击。

表 7 - 1 曹聚仁在《星岛日报》开辟专栏情况（1950 年 9 月—1952 年 11 月）

发表时间	专栏名称	版面位置	体裁	篇数
1950 年 9 月 4 日—1950 年 9 月 18 日	南来篇	第二版	通讯	12
1950 年 9 月 21 日—1951 年 2 月 24 日	门外谈兵	第二版	军事评论	37
1950 年 10 月 1 日—1950 年 11 月 11 日	新事十论	第二版	评论	10
1950 年 11 月 15 日—1951 年 2 月 23 日	中国内幕	第二版	杂文	25
1951 年 1 月 23 日—1951 年 3 月 5 日	与友人书	第二版	评论	5
1951 年 3 月 18 日—1951 年 7 月 11 日	读报微言	第二版	评论	10
1951 年 7 月 12 日—1952 年 4 月 9 日	时事引得	第二版	时事评论	355
1952 年 6 月 11 日—1952 年 11 月 26 日	读报新语	第二版	评论	39

---

① 参见曹聚仁《隔帘花影》，《南洋商报》1953 年 5 月 25 日；Charlotte Brooks, *op. cit.*, p. 83；高建中《毛泽东与李宗仁》上卷，华文出版社 2012 年版，第 56—57 页；杨天石《五十年代香港和北美的第三种力量》，《档案与史学》1997 年第 3 期，第 78—80 页；陈正茂编著《五〇年代香港第三势力运动史料搜秘》，台北：秀威资讯科技股份有限公司 2011 年版，第 63—68 页。

② 自 1948 年起，曾扶助胡文虎创办《星洲日报》的林蔼民出任香港星岛日、晚报的社长。1951 年，林蔼民擅自挪用公款炒商品期货。事情败露后，胡文虎迫于内外的压力，不得不将他革职。参见罗会祥《胡仙女士与她的星岛报业》，《文史精华》1999 年第 6 期，第 58 页。

③ 《星岛日报》于 1938 年 8 月 1 日由实业家胡文虎在香港创办。樊仲云、冯列山、金仲华先后任总编辑，邀约名家撰写专栏。办报宗旨为"独立自营，不偏不倚。不屈不挠，不阿谀，致力于社会服务和福利工作。"抗日战争时期，《星岛日报》积极进行抗日救国宣传。太平洋战争时期被日军接管，更名《香岛日报》。1945 年恢复原名，由胡文虎之子胡好主持。1951 年 10 月香港星系报业有限公司成立。从 20 世纪 50 年代起，胡文虎之女胡仙接管星系报业有限公司。参见程曼丽、乔云霞主编《新闻传播学辞典》，新华出版社 2013 年版，第 123 页。

④ 该报于 1938 年 8 月 13 日创刊，系《星岛日报》派生出的一个晚报，日出两大张对开。日本占领香港期间停刊。发行六万份。参见《台港澳大辞典》编委会《台港澳大辞典》，中国广播电视出版社 1992 年版，第 626 页；世界知识出版社编《外国报纸、期刊、通讯社和广播电台背景材料》，世界知识出版社 1959 年版，第 554 页。

据容若回忆，1948—1951 年，林蔼民担任《星岛日报》社长期间，该报一直由闽籍左派人士执掌。曹聚仁能在该报发表歌颂大陆"光明"的文章，有此背景。后来该报由亲共转向反共。林系人马撤出该报，曹亦随之离开。①

20 世纪 50 年代初，曹聚仁除了为《星岛日报》撰稿，还与徐訏、李微尘、朱省斋一起，借助新加坡南洋商报社②在香港中环旧东亚银行设立的驻港办事处③，于 1952 年办起了创垦出版社，出版丛书。④

据现存报刊原件可知，创垦出版社除了出版丛书，还于 1953 年 9 月 16 日在香港创办小型文学刊物《热风》半月刊。该刊为 32 开，每月 1 日和 16 日发刊。至 1957 年 10 月 16 日，共出 99 期。据罗孚、鲍耀明等人回忆，《热风》的观点左中右兼容并蓄。⑤

据《热风》撰稿人高伯雨所言，"战盟"机关刊物《中国之声》停刊后，后台老板以该刊的"剩余物资"作资本，参加《热风》，派李微尘主持。李微尘主持《热风》是"义务性质"，没有报酬。他每期撰写一两

---

① 容若：《怀念曹聚仁兼论"谬托知己"》，《前哨月刊》（香港）2000 年第 12 期，第 88 页。

② 《南洋商报》（*Nanyang Siang Pau*）由华侨陈嘉庚于 1923 年 9 月 6 日在新加坡创办，李玉荣任社长。1932 年 8 月，该报脱离陈嘉庚有限公司，改组为"南洋商报有限公司"。1942 年 2 月 15 日新加坡被日本占领前两三天，该报停刊。1945 年日本投降后，《南洋商报》于 9 月 8 日复刊。1951 年，该报开始用私人飞机，每天清晨将报纸空运到马来亚的吉隆坡、怡保与槟城等地。此后，该报业务不断拓展。参见《〈联合早报〉八十年简历》，《联合早报》2003 年 9 月 6 日。转引自夏春平主编《世界华文传媒年鉴（2005）》，世界华文传媒年鉴社 2005 年版，第 657 页。

③ 由现存的"创垦小丛书"和《热风》半月刊原件和报人高伯雨的回忆可知，创垦出版社总部设在新加坡三峇哇律 30 号。该社驻香港办事处 1952 年 7 月—1954 年 6 月设在香港中环的皇后大道中 35 号 3 楼。1954 年 7 月，驻港办事处迁至德辅道中东亚银行 10 楼 903 室，直到 1959 年 11 月办事处撤销。另外，1954 年以前，南洋商报社设立驻港办事处兼营出版事业，特派新加坡人陆康贤（陆上行）任驻港办事处经理。1954 年年底，陆被调回新加坡主持《南洋商报》在马来半岛的业务。其后南洋商报社驻港办事处不再设经理，由郭旭任主事。参见《本报在各地扩展办事处增聘通讯员/聘曹聚仁李微尘为驻港记者/遇有新闻稿件特多之日加添张数》，《南洋商报》1954 年 11 月 24 日；高伯雨《李微尘在香港的一段日子》，《大成》（香港）1978 年第 50 期，第 36—38 页。创垦出版社的图书发行人是卓永庆。总发行是南洋商报社，位于新加坡罗敏申律 45 号。

④ 参见罗孚《南斗文星高——香港文人印象》，大象出版社 2010 年版，第 278 页；鲍耀明《周作人晚年书信》编者前言，载孙郁、黄乔生主编《回望周作人：其文其书》，河南大学出版社 2004 年版，第 194 页；周兆呈《康有为须发还在人间》，http://www.zaobao.com/special/face2face/story20101121 - 28343，2010 年 11 月 21 日发布，2016 年 11 月 20 日引用。

⑤ 同上。

篇文章，并主持"热风冷雨"专栏。曹聚仁和徐讦都曾协助主编李微尘合力搞好这份没有稿酬的刊物。其中曹聚仁经常为该刊义务写稿，而且每日都要到创垦出版社一游。①

据现存《热风》半月刊第58期至第98期原件，1956年2月1日—1957年10月1日，该刊连载了曹聚仁自传《我与我的世界》的部分内容，共计31篇。

经过对《星岛日报》原件和创垦社出版物的比对可知，自1952年起，曹聚仁在该报发表的专栏文章陆续结集，由创垦出版社刊行。② 据不完全统计，从1952年至1957年，曹聚仁先后有18部著作由创垦出版社出版。其中包括《中国剪影》《中国近百年史话》《中国剪影二集》《采访外记》《采访二记》《采访三记》《采访新记》《采访本记》和《蒋畈六十年》等主要著作。③

据高伯雨回忆，到1954年创垦"已无余资可出版图书了"，所以规定"凡'社友'出书，先付印刷费三四百元，出版后，即运往新加坡交《南洋商报》代销，除交还创垦垫出的印刷费及一成手续费外，其余才归作者所有"④。

由此可见，南下香港后，曹聚仁的主要经济来源有二：一是为香港当地报刊撰稿所得稿费；二是由创垦出版社刊行著作经南洋商报社在新加坡代销后所得收益。

换言之，曹聚仁和创垦出版社形成了一种合作关系。曹聚仁以"南来"知识分子身份在《星岛日报》发表专栏，获得稿酬，提高其在香港的知名度。他与香港"第三势力"报人李微尘合办创垦出版社，又为合办刊物《热风》义务撰稿。作为对"社友"的回报，创垦出版社对曹聚仁多部文集的出版予以鼎力支持，进一步将曹聚仁言论的影响范围扩大到

---

　　① 参见高伯雨《李微尘在香港的一段日子》，《大成》（香港）1978年第50期，第37页。

　　② 1952年，曹聚仁将在《星岛日报》发表的专栏"新事十论"编刊为《新事十论》和《乱世哲学》二书，均由创垦出版社出版。他又将专栏"读报微言"和"读报新语"中的部分篇目编入《观变手记》一书。1955年，《观变手记》亦由创垦出版社付梓。

　　③ 1950年代，曹聚仁的多部著作较为集中地由创垦出版社付梓。邓珂云和曹雷整理的曹聚仁著作目录有多处年代错误。《曹聚仁著作目录》详见邓珂云、曹雷编《香港文丛·曹聚仁卷》，香港：三联书店（香港）有限公司1998年版，第306—307页。

　　④ 参见高伯雨《李微尘在香港的一段日子》，《大成》（香港）1978年第50期，第37—38页。

东南亚地区。简言之，以李微尘和创垦出版社为纽带，曹聚仁与冷战时期美国当局扶植的香港"第三势力运动"产生了千丝万缕的联系。

同为自由主义者，"南来"不久的曹聚仁是否也与其他香港"第三势力"一起反蒋、反共呢？为了回答这一问题，下文将对曹聚仁抵港后的言论趋向及其国际时评的特征进行分析。

第二节　抵港后言论趋向与国际时评特征

曹聚仁在《星岛日报》的言论涉及 20 世纪 50 年代初冷战格局下的国内外大事。本节仅选取曹有关新中国政治、经济、社会、外交方面的言论作为研究对象，其中特别关注他有关中国台湾问题和朝鲜战争的言论趋向。另外，以"时事引得"专栏为例，归纳他在《星岛日报》时期国际时评的特征。

一　关于新中国的持论

（一）新中国的政治

在香港报刊上，刚刚"南来"香港的曹聚仁对中央人民政府持正面评价。例如，针对香港杂志以"秧歌王朝"嘲讽人民政府的言论，曹在1950 年 9 月 6 日和 8 日的《星岛日报》上发表了题为《南来篇》的通讯，称上述嘲讽是由"政治偏见"造成的"错觉"。他认为秧歌代表"活泼有生命力的歌舞，朴素、简单而能深入民间"。他称赞秧歌"带来了民族生命的青春"，而新中国"将是青年人的王朝"。[1] 他大胆推断人民政府领导的中国未来必定前景美好，称："只要让人民政府稳定二十年政权，中国人民的繁荣，与幸乐是可以预期的。"此外，他赞扬人民政府"风气转变，人心向上"，中共人物生活作风良好。[2]

然而，曹聚仁也表达了对中国政治斗争现状的不满。他批评共产党的政治斗争尖锐，不允许持"非唯物史观"的史学家的存在。他坦陈：

> 就已有的中国通史来说，最有成就的，却是钱穆、吕思勉两先
> 生。钱先生近来给共产党朋友迫得有点负气了，偏偏要抛开"唯物

---

① 曹聚仁：《南来篇之三：今日上海（上）》，《星岛日报》1950 年 9 月 6 日。
② 曹聚仁：《南来篇之三：今日上海（下）》，《星岛日报》1950 年 9 月 8 日。

史观"这一观点，要看轻经济决定社会变动的力量，所以有时不免钻进牛角尖里去。否则，真正了解中国社会与文化的，所有写新史的朋友，都不是钱先生的敌手！政治斗争太尖锐化了，也不知误了多少人的事业呢！①

曹聚仁还对1950年夏在中国大陆展开的知识分子思想改造运动颇有微词。他指出，在中国大陆的大部分知识分子"脱离了生产，无以自食其力"，因此"不免带点政治色彩，无以自脱"。中华人民共和国成立后，"得志当权的知识分子，自己也是脱离了生产的，采取了心理上的报复，所以对被征服的知识分子特别苛求，要用劳动改造他们的心意的"②。例如，"若干执政人士，先前都是新闻记者，所以解放后，对于新闻记者尤其苛求"③。

（二）新中国的经济与社会

1950年香港有传言说上海在共产党接收改造后已经变成了人间地狱。针对上述传闻，曹聚仁在《南来篇之三：今日上海》中加以批驳。他以若干实例证明上海并非到了"末日"，而是有"新生的征象"。他认为上海市场"逐渐步上了正轨，健康的正常状态，既非浮肿，也不是枯萎，而是伤寒症退热后的复苏气分"④。关于上海是否是天堂的问题，曹认为今日上海人"正在铺平走向天堂的路，他们相信可以直通到天堂！人间的乐园"。"共产党的努力，自有其美丽的远景，目前一切吃苦都是为着这远景所付出的代价。"⑤

曹聚仁对共产党的经济政策表示赞许。首先他赞扬共产党的城乡经济政策有助于消灭城乡差别。他认为共产党实施的供给制生活的确很清苦。但共产党要"后天下之乐而乐，等到农民的生活水准提高了，才来提高自己的生活水准"⑥。其次，他认同共产党所采取的统制经济、计划经济的政策。他指出：

① 曹聚仁：《中国内幕：前词》，《星岛日报》1950年11月15日。
② 丁舟：《读报新语之八：儒士·知识分子（中）》，《星岛日报》1952年7月20日。
③ 丁舟：《读报新语之八：儒士·知识分子（上）》，《星岛日报》1952年7月19日。
④ 曹聚仁：《南来篇之三：今日上海（上）》，《星岛日报》1950年9月6日。
⑤ 曹聚仁：《南来篇之三：今日上海（下）》，《星岛日报》1950年9月8日。
⑥ 曹聚仁：《新事十论之十：问"城乡"（中）》，《星岛日报》1950年11月12日。

共产党采取严格的统制经济计划经济的政策，整个金融资本，粮食生产与分配，物价管制，进出口贸易都抓在政府手中；城市政府的表面是宽大的，骨子里却是十二分严厉的；他们是以经济的力量来解决经济问题的，已经没有一个民族资本家可以逃出如来佛手掌独自逍遥天外了！①

针对中国大陆的土地改革，曹聚仁于 1950 年 10 月发表《新事十论之二：谈"革命"》。他首先肯定了土改的重要性，称其为"社会革命中最重要的一环"。紧接着，他针对解放后大陆的土改提出了建议，主张除了"打倒地主"以外，还必须"把乡村的农业变为机械化生产"，"把农民送到城市中去，参加现代化的工业生产，完成了经济革命的目标；我们才会享受到社会革命的成果"。他认为："一切'革命'，只有不流血的产业革命，才是最基本的革命！"②

1952 年 9 月，曹聚仁再次谈及土改问题，指出了大陆土改政策带来的问题：

> 就农业社会及农民本身利益说，"土地改革"应该是经济的意义重于政治的意义。（下略）
>
> 我们所看见，听到，了解的过去两年间的"土改"，那是偏重于政治意义的。说明白了，即是着重土地的分配，最主要的口号是铲除地主阶级。（这一点，执行得非常强调）目前，事实上则土地所有权分散了，土地使用权也分散了；这样，农业生产率也减低了。（中略）政治的意义实现以后，经济的意义反而离题更远了。"匮乏经济"和"技术停顿"的交替现状，并不由于"土改"的完成而有所改进呢。③

因此，他主张中国大陆对于土地改革"采取温和政策，同样地扶植自耕农，使技术改进配合着组织的蜕变，不至于使农村十分骚动的"。他

---

① 曹聚仁：《新事十论之十：问"城乡"（下）》，《星岛日报》1950 年 11 月 13 日。
② 曹聚仁：《新事十论之二：谈"革命"（下）》，《星岛日报》1950 年 10 月 5 日。
③ 丁舟：《读报新语之二十：土地问题的侧面（中）》，《星岛日报》1952 年 9 月 4 日。

认为，倘若"生产技术不改进，农业生产量不增加，粮食与人口的相应，不能达成，则'土改'对于农民害多利少，对于社会也是害多利少"①。

在经济改革方面，曹聚仁主张采取"缓进"的方式。例如，他在1953 年 2 月发表的《缓急新义》中表示赞同胡适在论治学（兼及治事）中提到的"缓急"之说。他认为，胡适所说的"缓"，并不是"不动、不办"，而是"循序渐进，水到渠成，正如费边主义所说的'慢吞吞'方式"②。他指出，共产党在大陆掌权后，原本不必把土地改革、统制经济等几件大事一齐赶着做，因为社会演进需要较长时间，"要用几个五年计划一下子完成也是做不到的"。因此，他建议中国大陆"把这段改革，延长到一个世纪来完成，以英国工党的前事为例，人民一定幸福得多了"③。

（三）新中国的外交与国际关系

1949 年 7 月 1 日，毛泽东发表《论人民民主专政》，宣布了中共中央向苏联和社会主义阵营"一边倒"的决策。④ 1950 年 2 月 14 日，中苏签订《中苏友好同盟互助条约》，从而将中国与苏联的战略同盟关系以法律的形式确定下来。⑤ 中苏同盟建立以后，远东冷战格局随之变化。从 6 月开始，美策划召开对日媾和会议，并意图把中华人民共和国排斥在会议之外。中苏两国一致反对美国垄断对日和约的准备与签订。1951 年 7 月 12 日，美公布对日和约草案。⑥ 8 月 15 日，中国外交部部长周恩来发表关于美英对日和约草案及旧金山会议的声明。周恩来声明：对日和约的准备、拟制和签订，如果没有中华人民共和国的参加，无论其内容和结果如何，中央人民政府一概认为是非法的，因而也是无效的。⑦ 9 月 8 日，美国不顾中国政府的多次抗议，一手策划召开旧金山会议。会上，美、英、法等国同日本签订《对日和约》。和约签订几小时后，美、日又签订了《日美安全条约》。中国政府分别于 1951 年 9 月 18 日和 1952 年 5 月 5 日发表声

---

① 丁舟：《读报新语之二十：土地问题的侧面（下）》，《星岛日报》1952 年 9 月 5 日。

② 丁舟：《缓急新义（上）》，《星岛日报》1953 年 2 月 22 日。

③ 丁舟：《缓急新义（下）》，《星岛日报》1953 年 2 月 24 日。

④ 毛泽东：《毛泽东选集》第 4 卷，人民出版社 1991 年版，第 1473 页。

⑤ 沈志华：《冷战的转型：中苏同盟建立与远东格局变化》，九州出版社 2013 年版，第 96 页。

⑥ 翟强：《冷战年代的危机和冲突》，九州出版社 2014 年版，第 15 页。

⑦ 世界知识出版社编：《中华人民共和国对外关系文件集（1951—1953）》第 2 集，世界知识出版社 1958 年版，第 36 页。

明，不承认《对日和约》，认为它是非法的、无效的。①

在上述历史背景下，曹聚仁从 1951 年 3 月开始呼吁中华民族以"现实主义"外交政策应对美苏冷战："从利害的总和上出发的，只要中华民族能够站起身来，什么代价，我们都该付出的。"②

7 月美国公布对日和约草案之后，曹聚仁围绕远东冷战格局变化，撰写了多篇国际时评。

美国公布对日和约草案的第二天，即 7 月 13 日，曹谴责美国垄断对日和约的准备工作意在出卖中国利益。他写道：

> 我们不会忘记中国抵抗日本的军事侵略的，是在怎样孤立无助的艰苦情形下挣扎着的，谁曾出卖了我们？谁曾帮助了我们的敌人？又谁在我们最危急的日子打击了我们？我们记得清清楚楚的。当友邦（指美国）给敌人（指日本）突袭，那些黑暗的日子中，我们又怎样抛开了一切恩怨，仗义拔刀相助，一直到战事终结的。然而，在对日和约草案中，中国这个对日持久作战的国家，已经失去了发言权，一切利益都被出卖了。③

15 日，曹又阐明了对于当代国际关系的基本观点。他指出："国际之间，决无所谓'友谊'，有之，只有'时''地''人'所决定的利害关系；这一基本观念，从十八世纪来，一直没有改变过。（中略）一切道德，在国与国之际，失去了效用；谁若不站在利害线上权衡轻重，那便是头等大傻瓜！"因此，他劝诫中国为了自身利益，切莫介入美苏冷战。他举例称：二战中，土耳其"以'不介入'态度自保，倒受了实惠。前车不远，我们中国自该审慎自处，在替别人火中取栗的，仔细想一想的。"④

28 日，曹聚仁正告美国，其扶植日本抵抗苏联的计划即将落空。他认为："美国的如意算盘虽打得不错，只怕今日之日本，非二十年前之日本，战斗情绪普遍减低，而士兵厌战之情绪，也在滋长，日本本身的命运

---

①　中国大百科全书出版社编辑部编：《中国大百科全书》军事卷第 I 册，中国大百科全书出版社 1989 年版，第 222 页。

②　曹聚仁：《沉重的心情——与友人书之五》，《星岛日报》1951 年 3 月 5 日。

③　曹聚仁：《时事引得》，《星岛日报》1951 年 7 月 13 日。

④　曹聚仁：《时事引得》，《星岛日报》1951 年 7 月 15 日。

且未可知，已无从实现美方托付之军事任务了！"①

1951 年"八·一三"纪念日的第二天，曹回忆抗战往事，谴责美国对日媾和行径称："记得抗战初期，（中略）有一个国家（指美国），在我们最艰苦的日子，帮了我们的敌人；现在又扶起了我们的敌人，当作和他们共同作战的谢礼了。"②

周恩来发表关于美英对日和约草案及旧金山会议的声明后两天，即 8 月 17 日，曹聚仁表示支持中国政府的严正声明，并警告美国"不守信义的国家，结果必自食其报"③。

在《对日和约》正式签署前两天，即 9 月 6 日，曹聚仁在时评中揭露了美国为实现其远东政策，"宠爱着日本，剔除了中国"的阴谋。他进一步批评美国妄图实现霸权主义。④

9 月 18 日，中国政府发表声明不承认《对日和约》。当天，曹批评美国借旧金山会议联合英法以反对亚洲国家的独立运动。他指出：

> 亚洲的问题，最主要的还是以民族自觉运动成为主潮；殖民地时代已经过去了；谁挡住了民族自决、自觉、独立的自由，谁就是远东人民心理上的敌人。（下略）⑤

1952 年 1 月至 2 月间，曹聚仁开始把批评的矛头指向美、苏两国以及制造战争的世界各国政治家，同时呼吁全世界青年反对战争，维护和平。他谴责美、苏"向外扩展""经营新的殖民事业"，在世界各地挑起战争，威胁世界和平。⑥ 他还谴责各国政治家"玩弄手法，以苍生为刍狗，造成更大更惨之悲剧"，"牺牲下一代青年生命与幸福来满足个人或集团的政治野心"。他大声疾呼："要世界和平，只有全世界青年站起来反对战争，不问挂什么旗帜的战争。"⑦

---

① 曹聚仁：《时事引得》，《星岛日报》1951 年 7 月 28 日。
② 曹聚仁：《时事引得》，《星岛日报》1951 年 8 月 14 日。
③ 曹聚仁：《时事引得》，《星岛日报》1951 年 8 月 17 日。
④ 曹聚仁：《时事引得》，《星岛日报》1951 年 9 月 6 日。
⑤ 曹聚仁：《时事引得》，《星岛日报》1951 年 9 月 18 日。
⑥ 曹聚仁：《时事引得》，《星岛日报》1952 年 1 月 4 日。
⑦ 曹聚仁：《时事引得》，《星岛日报》1952 年 1 月 22 日；曹聚仁：《时事引得》，《星岛日报》1952 年 2 月 16 日。

在《中日双边和约》谈判揭幕前两天，即 1952 年 2 月 20 日，曹奉劝台湾当局和日本双方都不要签署和约，以免卷入美苏冷战。他坦陈：

> 今日日本所以抬头，原是美苏矛盾尖锐化这一形势所迫成的；美国扶起了日本，事实上便准备牺牲中国人的权利和福利。将来可能在大陆中国演出的战争惨祸，更十百倍于今日之朝鲜。我们为日本着想，应该置身事外，为中国着想，更应该置身事外；只有坐山看虎斗不牵入战争的任何一集团，才可以坐收卞庄子之利。假如中国人和日本人都只是替渔夫抓鱼的水鸟，中日和约，只不过是另一协定的附件，那就未免太可怕了！①

综上所述，结合中华人民共和国成立后的国际舆论分析，曹聚仁南下香港后的言论，在一定程度上澄清了外界对新中国在政治、经济和社会诸方面的不实评价。作为香港的自由知识分子，他对中国共产党及中国政府可谓"小骂大帮忙"。具体而言，他在肯定新中国统制经济政策的同时，也对政治斗争、知识分子思想改造运动和土地改革加以指摘。此外，在 1949 年至 1952 年间远东冷战格局变化的背景下，曹聚仁站在民族国家的立场上，谴责帝国主义国家媾和，支持亚洲的民族独立，并劝诫中国出于自身利益考虑，切莫介入美苏冷战。他反对战争、呼唤和平的言论在冷战时代具有一定进步意义。

二　关于台湾问题的言论

（一）1949 年前后的两岸关系

伴随着内战形势的发展，针对美国阴谋分离和侵占台湾，以及国民党残余势力企图退踞台湾、负隅顽抗，1949 年春中共中央初步形成了通过武力解放台湾的政策。3 月 15 日，新华社刊发社论，明确表示"中国人民一定要解放台湾"。中华人民共和国建立后，蒋介石集团撤离大陆，"解放海南岛、台湾和西藏，全歼蒋介石的最后残余势力"随即成为中共中央工作重心。② 1949 年，国民党退守台湾之初，全面整顿军队，防备中国人民解放

---

① 曹聚仁：《时事引得》，《星岛日报》1952 年 2 月 20 日。
② 吴仲柱：《台湾问题析论》，九州出版社 2011 年版，第 132 页。

军解放台湾，依托台湾、澎湖、金门、马祖以及浙江沿海的大陈岛、一江山岛等进行重点防御，并随时准备"反攻大陆"。① 1950 年 4 月至 5 月间，随着海南、舟山等沿海岛屿的解放，中国人民解放军"解放台湾"的任务进一步突显。直到 6 月朝鲜战争爆发，解放台湾的计划才被迫搁置。②

有学者指出，鉴于 1949 年年初中国军事形势的急剧变化，美国决策集团加快了调整对华政策的步伐，开始努力把争取停止援蒋、从中国内战"脱身"的政策意向转化为政策实践。美国逐步停止大规模援蒋政策，同时有意冷却与蒋的外交关系。③ 10 月 6 日，美国国家安全委员会第 37/8 号文件的问世说明，美国决策人已有了接受中国共产党解放台湾的心理准备。④ 另有学者指出，经过美国国务院和国防部的争论，12 月 30 日，美国通过国家安全委员会第 48/2 号文件。该文件指出，台湾的"重要性并不足以采取军事行动"，"美国应尽一切努力以加强它在菲律宾、琉球群岛和日本的总体地位"。1950 年 1 月，杜鲁门和艾奇逊宣布将台湾排除在美国的远东防御线之外。2 月中苏签订《中苏友好同盟互助条约》之后，特别是到 6 月，美国对台湾的政策已经完全转向。6 月 14 日，麦克阿瑟称台湾是美国从阿留申群岛至菲律宾的远东防线中极为重要的一环。朝鲜战争爆发后两日，即 6 月 27 日，杜鲁门总统发表声明，抛出"台湾地位未定论"，而美国第七舰队借机进驻台湾海峡。⑤ 还有学者将美国在朝鲜战争后的台海政策称之为"双重遏制政策"，既反对大陆武力统一台湾，也不允许蒋介石集团反攻大陆。⑥

（二）曹聚仁关于台湾问题的言论

曹聚仁于 1950 年 9 月 23 日在《星岛日报》上发表题为《门外谈兵》的军事评论，提醒中国大陆重视沿海岛屿的战略地位。他指出：

---

① 参见姜廷玉主编《台湾地区五十年军事史（1949—2006）》，解放军出版社 2013 年版，第 27 页。

② 吴仲柱：《台湾问题析论》，九州出版社 2011 年版，第 132 页。

③ 详见林利民《遏制中国：朝鲜战争与中美关系》，时事出版社 2000 年版，第 28—33 页。

④ 同上书，第 73 页。

⑤ 参见沈志华《冷战的转型：中苏同盟建立与远东格局变化》，九州出版社 2013 年版，第 210—228 页。

⑥ 朱听昌：《中国台湾地缘战略地位的历史和现实》，载邓晓宝主编《强国之略·地缘战略卷》，解放军出版社 2014 年版，第 312 页。

就海洋观念的岛链战略来看，仅仅保有一块宝石，散掉了所有珠玉的链子，所起的作用是不大的。假使大陆方面能够把散掉的珠子先串起来，把舟山群岛、海南岛、东西沙群岛经营起来，成为潜艇的根据地；太平洋上的军事形势，可能主客易势的。①

他呼吁中国台湾"国民政府"在世界舞台上要自强。他在 11 月 24 日的专栏"中国内幕"中写道：

在国际大圈子，当作皮球来踢的"台湾"，她的命运是悲哀的，台湾海峡上的波涛，该有一日会平静下去吧！说来什么都是空话，只有自己能够争气一点，在世界舞台上站得起来，那才能免于"人为刀俎，我为鱼肉"的恶运呢！②

1951 年 7 月美国公布对日和约草案后，曹聚仁主张缓和大陆与台湾关系。他指出，对照美国对日和约来看，台湾只是个"弃儿"，因此希望台湾"国民政府"放弃"反攻大陆"计划，大陆也能放弃"解放台湾"计划，台海两岸最终达成和解。③

12 月 6 日，李宗仁在纽约接见记者时称将返回中国，以夺取蒋介石的权力。曹聚仁推断称："在或种情势下，蒋氏事实上非交出政权不可，而李氏乃成为法统上之合格人选，也未始不可能实现的。"但他强调无论蒋、李谁当选，"都只是太平洋大局势一颗政治棋子而已"。④

1952 年 3 月中旬，曹呼吁国共两党站在人民的立场，结束两岸对峙局面："今后十年间，将为中国有史以来最惨酷的大流血时代，我们站在人民立场，希望国共当局必须彻底觉悟，早日放下屠刀才行！"⑤

综上所述，若结合美国对台政策的变化以及台海两岸关系的紧张进行分析，曹聚仁希望两岸能够认清国际时局，特别是台湾在美国的远东战略中的地位和作用。他极力反对两岸兵戎相见，并力促两岸达成和解。总

---

① 曹聚仁：《门外谈兵之三：海洋观念》，《星岛日报》1950 年 9 月 23 日。
② 曹聚仁：《中国内幕之六：台湾海峡的风雨》，《星岛日报》1950 年 11 月 24 日。
③ 曹聚仁：《时事引得》，《星岛日报》1951 年 7 月 16 日。
④ 曹聚仁：《时事引得》，《星岛日报》1951 年 12 月 7 日。
⑤ 曹聚仁：《时事引得》，《星岛日报》1952 年 3 月 15 日。

之，在关于台湾问题的论述中，曹聚仁明显表现出缓和两岸关系、防止国家分裂的意图。

三　关于朝鲜战争的言论

（一）朝鲜战争及中国出兵决策

1950 年 6 月 25 日，朝鲜战争爆发。美国继出兵台湾海峡后又大规模卷入朝鲜地面军事行动。新中国出于对国家安全的考虑，早在 1950 年 8 月就已秘密陈兵鸭绿江畔。严酷的现实使中国领导人只能在打与不打之间做两难抉择和两手准备。一方面，新中国刚诞生一年，需要和平环境，以巩固新政权并尽快恢复国民经济，同时还要解放台湾、西藏，统一全国。中国与美国在经济、军事上存在巨大差距。因此，中国领导人再三斟酌是否参战。另一方面，东北的经济和战略地位至关重要，故保卫东北更是中国维护国家安全和利益的重要一步。9 月 15 日，美军在仁川登陆，且对中方的警告置之不理，越过"三八线"北犯，又向中朝界河鸭绿江进逼，把战火延烧到中国东大门。无奈中国只得在两难之中作出了起兵应战的重大决策。[①]

在 1951 年 4 月至 5 月发动的第四、五次战役中，中国军队重创"联合国军"，但我方也付出了惨重代价。战争沿"三八线"进入胶着状态。中国领导人决定重新审视下一步的战略计划。中国政府从一开始就没有拒绝通过谈判解决问题，关键在于时机和条件。[②] 从 5 月起，美国决策人也在多方努力积极争取朝鲜停战谈判。[③] 7 月 10 日，朝鲜停战谈判在开城来凤庄开始举行。8 月 18 日，"联合国军"发动的"夏季攻势"致使谈判于 23 日中断。在"联合国军"发动的"夏季攻势""秋季攻势"均告失败后，美国不得不重新回到谈判桌上来。停战谈判于 10 月 25 日在板门店复会。[④]

（二）曹聚仁关于朝鲜战争的言论

对于朝鲜战争以及中国出兵朝鲜，香港《星岛日报》予以密切关注。曹聚仁也在该报辟专栏发表了大量相关的报道与评论。结合朝鲜战争的进程，特别是中国人民志愿军的战况，以及《星岛日报》对于战争报道和

---

① 参见林利民《遏制中国：朝鲜战争与中美关系》，时事出版社 2000 年版，第 182—187 页。

② 肖冬连：《六十年国事纪要：外交卷》，湖南人民出版社 2009 年版，第 44 页。

③ 林利民：《遏制中国：朝鲜战争与中美关系》，时事出版社 2000 年版，第 280 页。

④ 王天晞主编：《中国历代战争哲学探源》，陕西人民出版社 2006 年版，第 423 页；中共中央文献研究室编：《周恩来年谱（1949—1976）》上卷，中央文献出版社 2007 年版，第 190 页。

评论的重点，可将曹聚仁关于这场战争的言论分为两个阶段。

1. 中国人民志愿军入朝作战前的言论（1950 年 10 月 26 日之前）

曹聚仁在通讯《门外谈兵》中渲染战争的毁灭性。例如，以美国为首的联合国军在仁川登陆后第六天，即 9 月 21 日，曹聚仁在通讯中渲染朝鲜战争是一场"经济磨耗战"，"不仅要毁灭敌方的生产，而且要毁灭他的生产工具；不仅殃及国家而且殃及个人"。① 又如，志愿军入朝第一次战役爆发前两天，即 10 月 23 日，他继续称朝鲜战争为"全面消耗战"，同时从经济上消耗着战争双方。②

与此同时，他强调中国大陆在军事运输方面的劣势。如在联合国军仁川登陆后一周，即 9 月 22 日，他指出，中国军队在朝鲜战争中"最大的缺点（就军事行动言）乃在运输条件的落后"③。

2. 中国人民志愿军入朝作战后的言论（1950 年 10 月 26 日—1951 年 11 月）

首先，志愿军入朝作战初期，主张中国莫卷入朝鲜战争。志愿军入朝作战第一次战役结束前一天，即 1950 年 11 月 4 日，曹聚仁却在专栏"新事十论"中主张中国应置身于朝鲜战争之外。该文指出：

> 今后"治乱"的枢纽，依旧还在"战争"上；"内战"如再延续下去，"国际战争"，无法置身事外的话，则你我都是釜中之鱼，同归于尽，假若一念转变，从世界烽火中，求一隅之安定，把中国的命运先拯救出来，那就我们眼前，还可以看到一个"较治之世"。④

其次，在战争与谈判交替阶段，呼吁早日停止无意义的战争。1951 年 7 月中旬在开城谈判拉开序幕直到 11 月下旬，曹聚仁始终在评论专栏"时事引得"中呼吁作战双方停战。他希望参加和谈的双方能够"互让"，尽早签署停战协定。⑤ 因为，他认为朝鲜战争是"最无意义、最无价值的

---

① 曹聚仁：《门外谈兵（一）：现代性战争》，《星岛日报》1950 年 9 月 21 日。

② 曹聚仁：《门外谈兵之十三："全面消耗战"》，《星岛日报》1950 年 10 月 23 日。

③ 曹聚仁：《门外谈兵之二："苏联能够在远东做些什么？"》，《星岛日报》1950 年 9 月 22 日。

④ 曹聚仁：《新事十论之八：明"治乱"（下）》，《星岛日报》1950 年 11 月 4 日。

⑤ 例如，曹聚仁《时事引得》，《星岛日报》1951 年 7 月 30 日；曹聚仁《时事引得》，《星岛日报》1951 年 10 月 23 日；曹聚仁《时事引得》，《星岛日报》1951 年 11 月 24 日。

战争"①。当在板门店恢复停战谈判后，曹聚仁于 10 月 27 日继续呼吁双方在停火谈判中"各让一步"。此外，他在 1951 年"联合国军"夏、秋季攻势相继被粉碎后，称开城和谈开始以来四个月间的国际形势对美国较为有利，苏联集团没有决心，不敢发动大战；而战场的情势并不利于中国军队。因此，他主张中国自该找一条结束战局的道路。②

再次，对待战俘问题，态度暧昧。针对美军指控中国人民志愿军屠杀美国战俘的消息，曹聚仁在 1951 年 11 月 17 日的时评中推断此言不实，称："这一消息，依常识判断不会是真实的。因为共方对于战俘的运用，自来非常巧妙；想到了可能到来的国际大局势，与其杀戮，大不如教育起来，更能发挥重大的作用；共方决不至于授人以柄，让对方抓到一个话题来鼓舞敌忾之情的。"③ 就 19 日美国合众社传出的中国人民志愿军优待美军俘虏的电讯，曹聚仁在第二日的时评中予以回应。他并不急于对美军制造谣言的居心予以揭露，而是批评了美国朝野人士"就是那么天真，容易冲动（中略）喜怒无常，不待查明真相，便直觉地起了反应"④。21日，美军再次指控中国军队杀戮战俘。中共和朝鲜电台又控诉联军杀战俘一万七千人，并且称美国的原子武器试验中用了一千名俘虏作牺牲品。曹聚仁对美军虐待战俘的暴行并未明确表态，只是在次日时评中慨然道："这样地相互控诉，其动机又何若？其后果将如何？都是不堪说的。"⑤

由上述言论可见，在朝鲜战争爆发前后，曹聚仁的报刊言论表现出"中间派"的言论特色，立场摇摆不定。他意在以第三方的身份调和中美两国之间的矛盾，竭力避免武装冲突。例如，美国仁川登陆后，特别是中国人民志愿军入朝作战初期，曹聚仁的言论与当时美国不希望中国介入朝鲜战争的立场相互呼应，而他主张中国应置身于朝鲜战争之外的言论却与中方立场相抵牾，显露出妥协退让之意。又如，1951 年 7 月，中美双方都在谋求朝鲜战争停战，但双方一直在等待合适的时机，并寻找合适的方式对外发出这一讯息。7 月至 11 月，曹聚仁正是利用他在香港《星岛日报》的专栏，呼吁朝鲜战争停战，客观上替中美向外释放了停战消息，

① 曹聚仁：《时事引得》，《星岛日报》1951 年 10 月 9 日。
② 曹聚仁：《时事引得》，《星岛日报》1951 年 10 月 27 日。
③ 曹聚仁：《时事引得》，《星岛日报》1951 年 11 月 17 日。
④ 曹聚仁：《时事引得》，《星岛日报》1951 年 11 月 20 日。
⑤ 曹聚仁：《时事引得》，《星岛日报》1951 年 11 月 22 日。

表达了双方的共同意愿。然而，他对美国虐待战俘的战争罪行却态度暧昧。

综上所述，随着朝鲜战争陷入胶着状态，以及中美双方谋求停战谈判的共同愿望日渐强烈，曹聚仁借助香港媒体发出"中间派"的声音，其立场摇摆不定。毋庸置疑，曹的反战言论可算是敦促中美双方展开停战和谈的催化剂。然而，他对美军虐俘罪行的偏袒也隐晦地表现出某种亲美倾向。

四 《星岛日报》时期国际时评的特征

在分析曹聚仁《星岛日报》时期国际时评特征之前，先来了解他在撰写此类文章时的指导思想。1951 年 4 月，曹聚仁曾在《时事分析》一文中介绍了时事分析的写作手法。他指出：

> （分析时事）只是把这事件的来龙去脉爬梳清楚，给读者一个明确的概念，有的部分，作适当的注解。至于判断将来，也只能适可而止，不必武断的。①

换句话说，曹聚仁主张在分析时事应厘清新闻事件的来龙去脉和因果关系，并对某些读者不熟悉的内容作适当注解。至于事态的发展，他认为可以做出预测研判，但要把握分寸，不可武断地下结论。

依照上述思路，曹聚仁从 1951 年 7 月 12 日至 1952 年 3 月 31 日在《星岛日报》的第二版开辟"时事引得"专栏，每日发表国际短评三至四则，与该报的社论相互呼应。他的国际短评关注战后冷战格局，预测未来趋势，主张维护中国的国家利益，呼吁和平，反对战争。这一时期，他的国际短评有如下特点：

（一）开阔的国际视野

每当国际社会局势变幻时，曹聚仁总是及时跟进，并将某一事件置于国际格局中加以剖析。例如，1951 年 12 月 6 日，李宗仁在纽约接见记者，表示将返回中国，以夺取蒋介石手中的权力。曹聚仁在短评《蒋李之争》中评价道：

---

① 曹聚仁：《读报微言之二："时事分析"（上）》，《星岛日报》1951 年 4 月 10 日。

　　　　无论蒋或李，都只是太平洋大局势一颗政治棋子而已。①

　　由此，曹聚仁表明了自己的观点——国民党内部的派系之争脱离不了美国冷战政策的影响。他进一步指出蒋李之间的裂痕由来已久。此外，他预测这条裂痕将因国际因素的介入，而继续扩大。②

　　（二）　独到的史家眼光

　　曹聚仁以独到的史家眼光，回顾人类战争史，以史为鉴，呼吁和平，反对战争。例如，针对美国总统杜鲁门于 1952 年 2 月 15 日发表的关于"世界和平"的演说，曹聚仁发表短评《战争与青年》。他并非空谈反战，而是以两次世界大战造成青年大量伤亡的事实论证"战争与政治斗争最大的罪恶，乃是牺牲下一代青年生命与幸福来满足个人或集团的政治野心"这一观点。带着史家的人文关怀，他呼吁"全世界青年站起来反对战争"③。

　　（三）　擅用曲笔

　　曹聚仁的国际时评还以擅用曲笔为特征。他常以读者熟知的历史典故，针砭时弊。例如，1951 年美国通过召开旧金山和会与日媾和后，他在 9 月 6 日发表《美国的霸权》一文，以齐桓公为确立霸主地位而举行的"葵丘之盟"为参照，抨击美国单方面对日媾和的霸权主义行径，称："以德服人者王，以力服人者霸。"他指出"旧金山和会，表面看去，颇似齐桓公的葵丘之会，骨子里并不相似。"他断言："美国是有意建立霸权的，可是成为霸主的条件，似乎还差得远呢！"④

第三节　引左右夹攻的能文善变者

　　在为《星岛日报》和《星岛晚报》撰稿期间，曹聚仁的持论受到了香港左翼和右派的夹攻。下文将根据现存的《星岛日报》原件、相关人士的回忆以及《与曹聚仁论战》文集，试图描摹 20 世纪 50 年代初他在香港文化界引发的这场论争。

―――――――――――

　　①　曹聚仁：《时事引得：蒋李之争》，《星岛日报》1951 年 12 月 7 日。
　　②　同上。
　　③　曹聚仁：《时事引得：战争与青年》，《星岛日报》1952 年 2 月 16 日。
　　④　曹聚仁：《时事引得：美国的霸权》，《星岛日报》1951 年 9 月 6 日。

一　左翼的批评

据冯英子记述，1949 年春，渡江战役前夕，大批人员从大陆涌到香港，在香港出版的反动报刊日益增加。这些报刊大造共产党的谣言，把解放区描绘成人间地狱。于是，在夏衍的支持下，他和胡希明决心办一份周报以揭露这些反动报刊的面目。这就是 1949 年 5 月 28 日在香港出版的《周末报》。该报由胡希明任总主笔，冯英子作总编辑。①

如前所述，1950—1952 年，曹聚仁陆续在《星岛日报》上发表了"南来篇""门外谈兵"和"新事十论"等专栏。在此简要回顾一下冯英子和夏衍对上述专栏的回忆和评价。例如，对于曹聚仁的"南来篇"，冯英子评价道："平心而论，他最早的几篇文章在半捧场半讽刺之中，对解放后的上海还说了几句真话。"但是，冯英子认为曹聚仁在后来发表的"新事十论"和"门外谈兵"等专栏中的持论却"日益奇离"。② 夏衍回忆称，后来曹聚仁把新中国和蒋经国当年的"新赣南"相比，又以《门外谈兵》评说朝鲜战争，挨了左派的骂。③ 由此可见，曹聚仁所撰"南来篇""门外谈兵"和"新事十论"都是左翼批评的对象。

1950 年 9 月 21 日至 1951 年 2 月 24 日，曹聚仁发表军事评论专栏"门外谈兵"。据冯英子回忆，当时有位自称"将军"的陈孝威办了一份名为《天文台》④的小报，每期发表"门内谈兵"与曹聚仁的"门外谈兵"相配合，丑化《周末报》，"在抗美援朝军事形势紧张的时刻，起着

①　参见冯英子《〈周末报〉的来踪去迹》，载钟紫主编《香港报业春秋》，广东人民出版社 1991 年版，第 275—285 页；冯英子《我所知道的曹聚仁先生》，《艺谭》1983 年第 3 期，第 81 页。

②　冯英子：《我所知道的曹聚仁先生》，《艺谭》1983 年第 3 期，第 81 页。

③　夏衍：《怀曹聚仁》，载上海市政协文史资料委员会、上海鲁迅纪念馆编《曹聚仁先生纪念集》，上海市政协文史资料编辑部 2000 年版，第 6 页。

④　《天文台》是香港第一份由军人创办的报纸。1936 年 11 月 7 日创刊。创办人陈孝威系北洋政府泰宁镇守使、中将旅长。该报初为三日刊，逢星期三、六出版，后改为周刊，销香港及东南亚各地。1941 年 12 月 24 日停刊。1945 年 5 月在重庆复刊，改出周刊。1947 年 9 月在上海复刊。1949 年 4 月迁广州，同年 10 月迁香港复刊。该报以评论见长。在港复刊后，该报受国民党海外部领导，持亲蒋、反共立场。每期发行 6000 份（其中多销台湾及南洋一带，特别是泰国）。社长兼主笔陈孝威，原走桂系路线，到 20 世纪 50 年代已接受国民党海外部领导。总编辑白怀民属桂系。参见陈乔之主编；《港澳大百科全书》编委会编《港澳大百科全书》，花城出版社 1993 年版，第 387 页；世界知识出版社编辑《外国报纸、期刊、通讯社和广播电台背景材料》，世界知识出版社 1959 年版，第 554 页。

极大的破坏作用"①。

自 10 月中旬起，胡希明就在他执笔的专栏"三流周话"上开始了对曹聚仁的批评。10 月 14 日出版的第 73 期《周末报》的"三流周话"刊了《门内门外》和《野草闲花》两个小题。冯英子解释称，胡的上述两篇文章针对的就是陈孝威和曹聚仁二人。胡将曹比为妙玉，是不希望曹与陈为伍，希望一经针砭，曹能回头是岸。② 21 日，胡希明在"三流周话"专栏发表《文化人》，点名批评了曹聚仁的"能文善变"。他指出，曹聚仁对"文化人"的解释是，"文是指能写文章，化是指能变化，能写文而且能变化的人，名为文化人"。"之后，曹写了许多恭维蒋太子的文，许多'乌鸦'体的文，现在又正写《门外谈兵》《乱世男女》之类的文章，文采如故，变化万端，曹对'文化人'的解释，端的是痛而且快也。"③

11 月 4 日曹聚仁发表的《新事十论之八：明"治乱"》遭到了《周末报》强烈谴责。冯英子回忆称，《周末报》的编辑们联系一下当时的形势，侵入朝鲜的美国军队正在大踏步前进，陈兵鸭绿江畔轰炸我国边境，曹聚仁先生却在宣传置身国际战争的事外，这是一种什么立场，什么论调呢？他们觉得无法再缄默下去了，因而在《周末报》的多个专栏开始了对曹聚仁先生的揭露和批评。④

由此可见，曹聚仁这篇文章之所以受到谴责是因为它发表的时机和论调。如前所述，毛泽东等中国领导人在仔细权衡之后，作出了"抗美援朝、保家卫国"的战略决策。1950 年 10 月 25 日中国人民志愿军入朝作战。然而，志愿军入朝作战仅 10 天，曹聚仁却主张中国应置身于朝鲜战争之外。换句话说，在我国领土主权受到美国军队威胁之时，曹聚仁置国家和人民安全于不顾，发出了妥协退让的论调。

1950 年 12 月 28 日，曹聚仁致信冯英子，表示："可以接受批评、检讨，决不接受'诬陷'"，并要求《周末报》将"所载云云，请为更正。"⑤

①　冯英子：《离离集》，上海文艺出版社 1999 年版，第 171 页；冯英子：《春夜纪事》，花城出版社 1986 年版，第 57—58 页。

②　冯英子：《我所知道的曹聚仁先生》，《艺谭》1983 年第 3 期，第 82—83 页。

③　同上书，第 83 页。

④　同上书，第 82 页。

⑤　曹聚仁致冯英子书，转引自冯英子《我所知道的曹聚仁先生》，《艺谭》1983 年第 3 期，第 79—80 页。

1951 年 1 月 6 日，冯英子在《复曹聚仁》中称，《周末报》出版快两年了，从不曾"诬陷"过任何人。他写道："（曹聚仁）在《南来篇》中，在《听涛室杂笔》①中，在《门外谈兵》中，一连串散布着毒素。我们不能再缄默了，作为一个中国人，我们有抨击这些毒素的充分权利，指出这些毒素，提高读者警惕，作为一个新中国的新闻工作者，我们更有这些充分的权利。（中略）——这是'诬陷'吗？只要看看曹聚仁先生不安于上海的生活，看看曹聚仁先生南来后的文字，每一个读者都可以证明我们所说的决不'诬'了。"②

根据冯英子的记述，曹聚仁不曾善罢甘休，在《星岛日报》和《星岛晚报》上不断攻击《周末报》，并骂该报是"咒骂报"。《天文台》和《自由人》等刊物更发挥他们自由造谣的特点。香港左翼人士与曹聚仁的论战持续近两年，直到 1952 年胡希明、冯英子、聂绀弩离开香港才不了了之。③

二　右派的攻击

1950 年 9 月 4 日，曹聚仁发表了抵港后的第一篇文章《南来记》。其中有下面一段对话——

有人问曹："你从哪儿来？"

曹答曰："我从光明中来？"

对方又问："既已在光明中住，又为什么要到南方来呢？"

曹称自己"又惘然无以为答了"。④

这段话立即引起了香港右派的攻击。

李焰生⑤（笔名"马儿"）、天涯、D. D. T.、聂紫秋等人在《自然日

---

① 曹聚仁在《星岛晚报》开辟的专栏。参见姚春树、袁勇麟《20 世纪中国杂文史》下册，福建教育出版社 2011 年版，第 631 页。

② 冯英子：《复曹聚仁》，《周末报》1951 年 1 月 6 日，转引自冯英子《我所知道的曹聚仁》，《艺谭》1983 年第 3 期，第 79 页。

③ 冯英子：《我所知道的曹聚仁先生》，《艺谭》1983 年第 3 期，第 84 页。

④ 曹聚仁：《南来记（一）》，《星岛日报》1950 年 9 月 4 日。

⑤ 李焰生，广东合浦人。20 世纪 30 年代参加改组派，追随汪精卫、陈公博。1948 年，李在广州办了小报《小广州人报》，是广州当时最有销路的一份小报。在广东洪门忠义会头目葛肇煌的勾结下，李以《小广州人报》为这一反共秘密帮会进行宣传。1949 年后，忠义会被取缔。1949 年 10 月，广州解放，《小广州人报》停刊，李逃往香港。抵港不久，李又在香港《自然日报》任总编辑，继续与逃亡香港的反共分子葛肇煌勾结。参见《河北文史资料》编辑部编《近代中国帮会内幕》下册，河北人民出版社 1992 年版，第 88 页；蔡鸿源、徐友春编《民国会社党派大辞典》，黄山书社 2012 年版，第 359 页。

报》副刊《自然谈》发表文章，与曹聚仁展开激烈论战。① 争论主要集中于政治、文学与哲学等方面。其中最重要的是如何看待中国革命、如何评价大陆新政权问题。右派强烈攻击曹聚仁投靠共产党，抨击他既批判败落的国民政府，又歌颂新生的共产党政权。据李焰生回忆，最终易君左发表了《息争论》，这场政论才告一段落。② 1952 年 5 月，论战的部分文章被收入《与曹聚仁论战》一书，在香港出版。

李焰生指出，曹聚仁的文章"还是'中间偏左'的一套，轻于国而重于共，贱于台湾而重于北京"。"未脱旧日不肖文人之'干禄'，以不参加政党，尤其共产党为恨"，"'为孤立了二十年'而自怨自艾"。"兄（指曹聚仁）过去之所以为中共尽力，编抗战画史而撷拾共产党的宣传材料为篇幅，现在而又为毛泽东周恩来捧场，这是所谓'封建'道德，在旧社会是值得赞美，但是否为中共之所谓新社会所能容许呢？中共的报刊，已经有很好的回答了。"③ "兄好读书而不求甚解，好论事而不明其理，国家人民的前途可以不管，难道自己的荣辱死生也不管呢？况且一个通番卖国谋财害命的政权，其罪已集中国历史上汉奸巨盗的大成，此禄还可以干耶？"④

曹聚仁在《我的观点和态度》一文中回应了李焰生：

> 在政治观点上，我和你有一绝大的分歧点：你是"反共"的，而我不主张"反共"的。（中略）社会主义乃是社会上不平等的现象所激成的趋向，无论什么政治思想，政策，无论什么社会改革方案，即以费边主义和罗斯福的新政来说，也是通往社会主义社会那个终点去的。（中略）这个世界社会思潮的必然趋势，那是无可抗拒的。（下略）
>
> 我只觉得"反共"算不得是一种政治主张，单单"破"是不行的，必须要能"立"，提出自己的政治主张来。（下略）
>
> 我目前既不是一个革命的战士，也不是反革命的叛徒！我是一个

① 吕媞：《编后之言》，载马儿等《与曹聚仁论战》，香港：自由世界书局 1952 年版，第91 页。

② 马儿：《给曹聚仁》，载马儿等《与曹聚仁论战》，香港：自由世界书局 1952 年版，第3—4 页。

③ 同上书，第5—8 页。

④ 马儿：《再给曹聚仁——兼论中国革命问题》，载马儿等《与曹聚仁论战》，香港：自由世界书局 1952 年版，第12—13 页。

不革命的安于现状的人。我赞成仲长统的说法，一个政权已经安定下来了，就让安定下去为是，因为"革命"对于社会是一场突变，不仅消耗人力物力，而且耽误了建设的时间；正如一所旧房子，已经拆掉了，就让新工程师来试试看他们建筑的工程究竟怎样，好的，也是国家民族之福；坏了，那时候再谈革命也未迟。"革命"乃是变态，并非常道，我们为什么不从正面去努力作建设的工作！（下略）①

针对曹的《我的观点和态度》一文，天涯予以批驳："曹聚仁说非'靠拢'，但满口的'解放''前进'，认定今日中共之极权暴君所为而为'解放'，'前进'，这非无识无知，就是为恶人张目！"他认定曹的观点与态度是"错误的"，"并足以影响社会"，因此，"更欲请曹君将其以往之'观点'与'态度'，切实的改变，如曰不能，则最好请曹君不要再写什么'主义'、'历史'的文章，因为曹君对于这种学问懂得太少了"②！

D. D. T. 对曹聚仁的斥责带有明显的反共色彩："不独是文过饰非之辈，且还是一个佯为'中间偏左'之论，而实乃一种极为极权暴政撑腰之中国罪人，读者偶一不慎，便会上了他的大当，借着哀哀鸣鸣之声，忽而便插进一利刀来！这完全是阴险极权共产党之下流手法！报纸是社会的公物，对此妖孽，是该合力扫荡的！"③

聂紫秋对曹聚仁的投机主义进行了批评。他指出：

> 全部的人格只有投机而没有正义，说穿一句你就是贪生怕死。（中略）今日的共产党是杀人不眨眼的，对谁也不客气，你恐怕不容于中共而去国"南来"，这是你的通识时务处，（中略）也许你觉得香港这地方还是不大安稳的，所以于"彷徨困惑"之余，终于不能不瞎捧中共替自己的将来留下一点地步。④

---

① 曹聚仁：《我的观点和态度》，载马儿等《与曹聚仁论战》，香港：自由世界书局1952年版，第18—19、21页。

② 天涯：《说说曹聚仁的观点和态度》，载马儿等《与曹聚仁论战》，香港：自由世界书局1952年版，第34—36页。

③ D. D. T.：《斥曹聚仁》，载马儿等《与曹聚仁论战》，香港：自由世界书局1952年版，第50页。

④ 聂紫秋：《与曹聚仁先生论行己有耻》，载马儿等《与曹聚仁论战》，香港：自由世界书局1952年版，第59—60页。

最终，时任《星岛日报》副刊主编的易君左[①]呼吁论战双方都停止争论。他坦言："骂人是骂不倒的，打人也打不倒的，甚至于杀人也杀不倒的，只有他自己倒，才是真倒了。'任其自然'地发展下去，可以省却许多'真刀真枪'，得到不流血的胜利。"他主张"以不争为原则"[②]。

综上所述，曹聚仁南下香港后，倾向于站在自由主义者的立场上大胆发声。较之在大陆时期，他此时的言论带有更加鲜明的自由主义特征。如果说左翼对曹的批评有其合理之处，而右派对他的攻击则属无稽之谈。由右派的言辞可见，他们攻讦曹聚仁的根本原因在于曹在"反共"力度方面未能达到他们的预期。

第四节　自由主义政治思想的发展
（1950—1952 年）

据南来作家司马璐[③]的叙述，20 世纪 50 年代他曾因曹聚仁在"南来"前后政治立场的"反复无常"与其在香港《真报》展开笔战。此后，司马璐虽听曹聚仁亲口讲过已由李微尘介绍加入了"战盟"，但令他费解的是曹的政治面貌却与该政团"反蒋反共"的主张不尽相同。[④] 那么进入"自由主义的圈子"之后，曹聚仁的政治观点是否受到某个党派的左右？他对国共两党作何评价？他对自由主义又有哪些新的认识呢？本节将重点探讨上述问题。

一　反对"一党专政"

1951 年 9 月，曹聚仁南下香港已满一年。此时，他开始公开批评台

---

① 1951 年，易君左离台赴港，主编《星岛日报》副刊，和曹聚仁往来密切。参见曹聚仁《书林三话》，生活·读书·新知三联书店 2010 年版，第 301 页；王晋民、邝白曼《台湾与海外华人作家小传》，福建人民出版社 1983 年版，第 117 页。

② 易君左：《息争论》，载马儿等《与曹聚仁论战》，香港：自由世界书局 1952 年版，第 88 页。

③ 司马璐，原名马义。1937 年加入中国共产党，同年年底到达延安。以后离开延安，1941 年被开除出党。曾在重庆组织中国人民党。1949 年移居香港，从事反共宣传。参见陈乔之主编；《港澳大百科全书》编委会编《港澳大百科全书》，花城出版社 1993 年版，第 571 页；张林冬口述；田子渝整理《司马璐其人其事》，《百年潮》2006 年第 11 期，第 48 页。

④ 司马璐：《曹聚仁，一些不为人知的故事》，《前哨月刊》（香港）2001 年第 2 期，第 127 页。

湾"国民政府"依旧实行"一党专政"，是"有宪法而未还政于民的政府；有宪法而依靠着警察干涉出版、言论、思想自由的政府；有宪法而限制出入境居留自由的政府"。随即，他劝诫国民政府"接受了大陆失败的教训"，"实行宪法，还政于民，保障人权，实现言论、出版、思想自由，成为一个不折不扣的'自由'中国"①。

1952 年 10 月 10 日"战盟"成立前后，曹聚仁发表了对国共两党的批评。他谴责国民党在大陆执政期间的"一党专政"，称："由训政而宪政，而几次颁布了宪法，事实上却是一贯的一党专政，并未依照宪法来实施的。"② 同时，他也指责共产党政权为"一党专政"："到了一九四九年十月，'人民政府'在北京宣布成立，毛泽东先于七月间宣布'人民民主专政'，一党专政的政治，执行得严格，统治得冷酷；中国的政风，更和苏联相接近了。"③ 总之，曹聚仁认为在中国从事政治活动的人"都是急色儿，急急想成功；所谓'成功'，乃是抓政权，居高位，一党专政，所谓一党专政，即是'家天下'，'朕即国家'的变相政治"④。

二　宣扬自由、民主与法治的思想

1950 年 9 月底，南下香港一年的曹聚仁发表了《新事十论之一：说"自由"》一文，表示强烈地希望获得"思想自由"，但又表示"为了争取国家民族的自由，我愿意付出个人思想自由来作代价"⑤。1952 年 10 月底至 12 月底，他发表了一系列专栏文章，系统地阐述了自由、民主与法治的观念。

首先，提倡自由，为自由主义正名。曹聚仁认为，政治学范畴中的"自由"，乃是"限制统治机构，（政府或政团）的权限来保障人民的'自由'"。而今日的"集权政治，扩大了政府或政团的权力，干涉人民的'自由'；这便是人民所应反对的"。他认为，自由主义就是"理性主义"，乃是"反抗强权反对专制政权、争取思想自由的主义"，而"决不是毛泽东所攻击的'自私''散漫无组织'的个人主义。近代的自由主义，是和文艺复兴

---

① 曹聚仁：《时事引得》，《星岛日报》1951 年 9 月 3 日。
② 丁舟：《读报新语之二十九：政党政治五十年（下）》，《星岛日报》1952 年 10 月 9 日。
③ 同上。
④ 丁舟：《读报新语之二十七：苦难的中国（中）》，《星岛日报》1952 年 10 月 11 日。
⑤ 曹聚仁：《新事十论之一：说自由（中）》，《星岛日报》1950 年 9 月 30 日。

的人性自觉运动一同开始的，也可以说是'自我的觉醒运动'"①。

其次，宣扬民主，批评民主专政。曹聚仁认为，专政与民主无法并存，因为"民主了便不容许一人（独夫）一群（暴民）的专政，'专政'便不会让人民有自主的自由"。而"民主专政"乃是"专权的领袖政团欺骗人民的口号，这是民众知识落后社会的特产"。他认为，民主的本意"不仅要有大多数人民来执政，而且必须尊重人民的自由，那就是道德加权力"。而"民主专政"则是"法西士（斯）精神"，是"不道德加权力"。他指出，一切制度都有优点、缺点，但"民主政治的缺点比较少"，因此他主张"要'民主'，不要'民主专政'"②。

曹聚仁重申了1948年2月他对民主政治的观点，指出："民主政治的真精神，不外使政治体中的各个分子，均得觅有机会以自纳他的殊能特操于公共生活中，在国家法令下，自由以守其轨范，自进以尽其职分，以平均发展的机会，趋赴公共福利的目的。官吏与公民，全为治理国家事务的人，人人都是治者，人人都非隶属，其间没有严若鸿沟的阶级。"他特别指出这里所谓"治者"，即是"治理事务者"，不含有"治人"的意味。在民主政治之中，政府与人民之间"只有公约的遵守，没有强迫的压制"。政府应是"公民赖以实现自己于政治事务的工具"③。

曹进一步宣扬了20世纪50年代初在欧洲酝酿的新自由主义意识形态。他认为自由主义"给国家主义抹煞于先，给纳粹法西斯主义、无产阶级专政抹煞于后"，是"从'纳粹独裁'与'无产专政'的泥沼中站起来的"。因此，他认为新自由主义是"人类自我的再度觉醒"。他指出新自由主义带有"中间性"倾向："新自由主义在认识人的社会地位，否定机械观点上，是反共产主义的，而在承认个人受社会的约束，否定放任主义，是反资本主义的。"④

再次，谴责违背现代法理的行为。曹聚仁极力反对中国大陆所实行的"亲属告密""清算""斗争"和"公审"。他指出，"违反人性"的"亲属告

---

① 丁舟：《读报新语之三十六：谈"政"新诂之一》，《星岛日报》1952年10月30日；丁舟：《读报新语之三十七：谈"政"新诂之二》，《星岛日报》1952年11月14日。

② 丁舟：《读报新语之三十六：谈"政"新诂之一》，《星岛日报》1952年11月1日；丁舟：《读报新语之三十六：谈"政"新诂之一》，《星岛日报》1952年11月2日。

③ 丁舟：《读报新语之三十七：谈"政"新诂之二》，《星岛日报》1952年11月15日。

④ 丁舟：《新自由主义的动向（上）》，《星岛日报》1953年1月28日。

密"，"原是极权法西斯国家所倡导出来的，大陆中国也就从苏联搬过这样的恶例来。这和特务政治、公审复仇，同样的为败亡之兆"！而"清算""斗争""公审"都是"回复到原始野蛮社会的反法理时期去了"。他反问道："若以二十世纪的政府，在法院审判之外，举行野蛮部落式的'公审''清算''斗争'，鼓励人民寻仇结恨，此风一开，诚将何所底止?"①

曹指出，这几年"'国''共'相互仇杀，这又是恢复到野蛮部落的血属复仇暴戾行为，和现代法理相反的"！因此，他强调在真正的民主国家，"甲党必须容许反对党（乙丙丁各党）的存在，在野党必须在宪法下获得集会、结社的自由"②。

综上所述，南下香港后，曹聚仁虽然批评国共两党，但丝毫没有"反蒋"或"反共"意味。此外，他开始更加大胆地宣扬西方现代的自由、民主与法治思想。由此可见，这一时期曹聚仁的政治言论带有更明显的西方自由主义色彩，与香港"第三势力运动"所宣扬的民主自由思想相互呼应。

小　结

"二战"结束后，刚刚摆脱战火的世界重新被冷战的阴云所笼罩。1949 年前后，国共政权更迭，远东格局亦发生变化。在国内外局势的风云变幻中，曹聚仁的世界也经历着一场剧变。1949 年上海解放后，曹聚仁决定暂时留在上海"旁观"革命。经过一段时间的彷徨，曹聚仁与大批自由知识分子在香港"第三势力运动"的吸引下选择南下。

20 世纪 50 年代初，冷战中的国际时局剧烈动荡。1950 年 8 月，曹聚仁在美国扶植香港"第三势力"政策的吸引下进入了香港这个"自由主义的圈子"。随着朝鲜战争的爆发，美国转而扶植蒋介石的台湾当局，这对香港"第三势力"的发展极为不利。与此同时，新中国开局第一年在诸多方面取得了成功。特别是与苏联的结盟，使中国更有实力对抗美国的敌视与遏制。但随着美军在仁川登陆和朝鲜战局的变化，中国领导人不得

---

① 丁舟：《容隐与复仇（上）》，《星岛日报》1952 年 12 月 23 日；丁舟：《容隐与复仇（中）》，《星岛日报》1952 年 12 月 24 日。

② 丁舟：《容隐与复仇（下）》，《星岛日报》1952 年 12 月 25 日。

不作出了出兵朝鲜的决策。

有鉴于此,南下香港后的曹聚仁企图从言论上同时兼顾美国政府、新中国政权和台湾当局三方的利益,以香港自由报人的身份为各方释放政治"试探气球"。

例如,初到香港时,曹所发表的言论在一定程度上澄清了外界对社会主义新中国政权在政治、经济和社会诸方面的不实评价。他对于中国共产党及新生政权的批评,实际是"小骂大帮忙",有利于共产党和新中国在海外树立良好的形象。然而抵港一年后,他却开始抨击共产党搞一党专政。

又如,曹站在新中国立场上,谴责美国与日媾和,表现出强烈的民族主义色彩。他反对中国卷入朝鲜战争,呼吁中美展开停战谈判。尽管反战呼声在冷战时代具有一定进步意义,但是曹聚仁在中国人民志愿军入朝作战初期所发出的中国莫卷入朝鲜战争的言论,可谓置民族国家的利益于不顾,在国家安全受到威胁时一味妥协退让。

此外,尽管曹聚仁加入了香港"第三势力"组织"战盟",但他的言论却有悖于该组织"反蒋反共"的宗旨。他在"战盟"成立前后对国共两党都有所指责,基本立场摇摆不定,且常有自相矛盾之处。这也是曹聚仁在战后动荡的国内外政局中投机主义的又一例证。

正是由于"能文善变""褒贬不定",曹聚仁不可避免地在香港引起了左翼的批评和右派的攻击。如果说左翼对曹的批评有其合理之处,那么右派对他的攻击则属无稽之谈。由右派的言辞可见,他们攻讦曹聚仁的根本原因在于曹在"反共"力度方面未能达到他们的预期。

战后,在美国的强力支撑下,曹聚仁的自由主义政治思想与蓬勃发展的香港"第三势力运动"桴鼓相应。与以往国民党在大陆统治时期相比,曹聚仁居港初期的政治言论有了较大的发展,体现更为鲜明和强烈的自由主义特征。然而,他在报刊上所呼吁的自由、民主与法治仅仅充当一种拓展"第三势力"生存和言论空间的基本途径,而不是价值理性的觉醒。换言之,与中国大多数自由派知识分子一样,曹聚仁的自由主义思想并非出于价值理性,而是出于工具理性。

概言之,曹聚仁南下香港初期的言论正是他在战后动荡时局中自由主义思想及投机主义的例证。恰是上述言论和思想,为曹聚仁在20世纪50年代中期被国共两党选为沟通两岸关系的密使埋下了伏笔。

第八章

爱国报人与两岸密使的双重身份[*]

1953 年，身在香港的自由报人曹聚仁开始将视线从香港转向新加坡。此后 5 年间，他以新加坡《南洋商报》驻港特约记者的名义发出大量海外通讯。1956 年，他迎来了人生中的又一次机遇，开始以自由报人身份多次"北行"大陆，而实际上，他是以国共密使身份奔走于海峡两岸，为促进两岸和平统一尽一份绵薄之力。

本章将重点探究曹聚仁为何将视线从香港转向新加坡的华文报纸，如何拥有自由报人和国共密使的双重身份，分析在新加坡《南洋商报》他如何对外宣传社会主义新中国，以及在对外宣传中采取何种策略。此外，本章还将对他晚年所做工作作一概览。

第一节　工作重心转移及身份变化的原因

自 1953 年 5 月起，曹聚仁把视线由香港转向新加坡，工作重心也从新闻工作移向著述。1956 年，他又拥有了报人与密使的双重身份。这与香港"第三势力运动"由盛而衰，以及曹聚仁担任两岸和平统一的国共密使直接相关。

一　任新加坡《南洋商报》"驻港特约记者"

随着"战盟"在香港式微，李微尘和曹聚仁逐渐把视线转向新加坡。1953 年年初，曹聚仁停止为香港《星岛日报》撰稿不久，就托李微尘的

---

　　* 本章部分内容曾发表于《东南传播》2016 年第 9 期，原题为《报人曹聚仁对 1950 年代两岸关系的观察与认知——以新加坡〈南洋商报〉为例》。

关系得到新加坡华文报纸《南洋商报》的邀请。① 据报人任嘉尧的记述，曹本欲前往新加坡工作，但因新加坡当局认为他是"不受欢迎的人"而未能成行，曹只好在香港撰写特约文稿。②

表 8 - 1　　　曹聚仁在新加坡《南洋商报》开辟专栏情况
（1954 年 8 月—1958 年 6 月）

发表时间	专栏名称	版　位	体　裁	篇数
1954 年 8 月 7 日—1955 年 8 月 26 日	文坛五十年	副刊"商余"（版面不固定）	回忆录	138
1955 年 9 月 29 日—1956 年 5 月 26 日	鲁迅评传	副刊"商余"（版面不固定）	传记	198
1956 年 7 月 10 日—1957 年 6 月 20 日	北行小语	第三版、第十三版中外新闻	国际通讯	49
1956 年 7 月 20 日—1956 年 9 月 25 日	北行小简	第三版、第十四版中外新闻	国际通讯	6
1957 年 3 月 18 日—1957 年 5 月 13 日	和谈谈往	第三版、第十三版中外新闻	回忆录	15
1957 年 7 月 29 日—1958 年 1 月 31 日	整风十题	第三版、第十五版中外新闻；第三版国际通讯	国际通讯	60
1958 年 2 月 12 日—1958 年 6 月 4 日	旅行杂笔	第三版　国际通讯	国际通讯	21

自 1953 年 5 月起，曹聚仁开始以"香港特约记者"的名义，为《南洋商报》撰写新闻和国际通讯。从 1954 年年初到 1956 年上半年，他集中更多时间和精力在著述方面，并向该报副刊"商余"投稿，先后开辟"文坛五十年"和"鲁迅评传"两个专栏。（表 8 - 1）其中的"鲁迅观"颇为引人注目，并在海内外引发了长期激烈论争。（详见补章）

直到 1954 年 11 月，该报为了拓展业务，正式聘用曹聚仁和李微尘为驻港特约记者。③ 1956 年，李微尘在新加坡"第三势力"报人傅无闷④的招引

---

① 参见曹雷编订《曹聚仁年谱》，载上海市政协文史资料委员会、上海鲁迅纪念馆编《曹聚仁先生纪念集》，上海市政协文史资料编辑部 2000 年版，第 374 页。

② 参见任嘉尧《曹聚仁》，载上海市政协文史资料工作委员会、中国社会科学院近代史研究所中华民国史研究室合编《中华民国史资料丛稿·人物传记》第 10 辑，中华书局 1981 年版，第 57 页。

③ 《本报在各地扩展办事处增聘通讯员/聘曹聚仁李微尘为驻港记者/遇有新闻稿件特多之日加添张数》，《南洋商报》1954 年 11 月 24 日。

④ 傅无闷（1892—1965），福建南安人。新加坡华文报人。1908 年在厦门加入中国同盟会，曾任厦门《民钟日报》总编辑、新加坡《星洲日报》总编辑、《南洋商报》经理兼总编辑等职。参见周家珍编著《20 世纪中华人物名字号辞典》，法律出版社 2000 年版，第 183 页；中国新闻年鉴杂志社编《中国新闻年鉴 1994》，中国新闻年鉴杂志社 1994 年版，第 443 页。

下前往新加坡，任《南洋商报》编辑。1957 年，李被擢升为该报总编辑。^①

二　担任国共密使

1949 年年底蒋介石宣布退踞台湾后，台湾国民党政府在美国扶植下继续维持其反共政权，与中华人民共和国形成对峙。20 世纪 50 年代前期，台湾当局积极推行军事反攻政策，提出"确保台湾，反攻大陆"的口号，幻想依仗美国支持重返大陆。20 世纪 50 年代中期至 70 年代末，台湾当局逐步把"反攻复国"作为长期目标，将"反攻大陆"的口号改为"光复大陆"，提出"三分军事、七分政治"的反共方针，在继续保持同大陆的军事对峙情况下，偏安图存。^②

中华人民共和国成立及国民党退守台湾之后，中国共产党为继续完成新民主主义革命，反对外国势力干涉，捍卫国家领土完整，提出了"一定要解放台湾"的任务。1955 年，中共对台湾政策作出重要调整，宣布要以和平方式解放台湾。

叶永烈在研究中指出，20 世纪 50 年代曹聚仁的确成了"两岸密使"，往来于毛泽东、周恩来与蒋介石、蒋经国之间。然而，1956 年"点将"曹聚仁担任密使的是台湾方面，而非北京方面。叶氏研究发现，1952 年 4 月曹已与在台湾的蒋经国取得联系，并期望赴台面谒蒋经国。^③

据美国中央情报局披露，1955 年春周恩来曾在多个场合公开表示希望与台湾"最高当局"就该地区的地位问题进行谈判。8 月至 12 月间，曹聚仁向蒋经国发去三封密函。^④ 据称，曹发出密函意在邀请蒋经国派人赴港，由曹简要报告中共对台湾当局的和平政策。台湾当局视之为"统战"未予置理。^⑤

---

①　参见张发奎口述；夏莲瑛访谈及记录；胡志伟翻译及校注《张发奎口述自传：国民党陆军总司令回忆录》，当代中国出版社 2012 年版，第 397 页；高伯雨《听雨楼随笔》第 4 卷，香港：牛津大学出版社 2012 年版，第 30 页；《〈联合早报〉八十年简历》，转引自夏春平主编《世界华文传媒年鉴（2005）》，世界华文传媒年鉴社 2005 年版，第 657 页。

②　参见《当代中国的统一战线》编辑委员会编《当代中国的统一战线》下册，当代中国出版社、香港祖国出版社 2009 年版，第 173—174 页。

③　叶永烈：《跨过海峡查档案》，《同舟共进》2015 年第 6 期，第 61—62 页。

④　Peking-Taipei Contacts：The Question of a Possible "Chinese Solution". *CIA Intelligence Report*, RSS No. 0055/71, December 1971, pp. 1-2.

⑤　转引自杨天石《蒋介石日记中的"两岸密使"》，《同舟共进》2018 年第 9 期，第 41 页。

鉴于曹聚仁自由报人的特殊身份以及他与蒋经国的密切关系，中国共产党于 1956 年将他纳入统一战线工作，以推进两岸和平统一。

早在 1956 年 1 月 16 日，美国《时代》周刊（大西洋版）在"国外新闻"栏目刊登《谣传终结》（An End to Rumors）一文。该文章称，近几个月，有传闻国共两党将进行和平谈判，而在两岸之间斡旋的就是曹聚仁。① 这一传闻并非空穴来风。据邓珂云回忆，丈夫曹聚仁于 1956 年春寄给她一封信，内附一信，嘱她转寄北京的邵力子。在信中，曹表达了"为了两党的和好，祖国的统一，愿作桥梁，前去北京，请邵老向中央特呈此意"。不久，邵老回复一简函，由邓珂云转给曹聚仁，大意是欢迎曹回大陆。② 此时的邵力子已担任中国国民党革命委员会中央常务委员和"和平解放台湾委员会"秘书长。

1956 年 6 月 28 日，周恩来在第一届全国人民代表大会第三次会议上再次重申中国政府争取和平解放台湾的意愿，又称："我愿意在这里再一次宣布，我们对于一切爱国的人们，不论他们参加爱国行列的先后，也不论他们过去犯了多大罪过，都本着'爱国一家'的原则，采取既往不咎的态度，欢迎他们为和平解放台湾建立功勋。"杨天石在研究中指出，周恩来的讲话迅速引来了正在香港当记者的曹聚仁。③

1956 年 7 月"北行"前，北京方面通过在港从事统战工作的香港《大公报》社长费彝民④，与曹聚仁取得了联络。同时，在费彝民安排下，曹聚仁以新加坡工商考察团随团记者的名义前往北京。此后，费氏一直是中国政府指定的在香港经常与曹沟通的联络人。⑤

临行前，即 6 月 28 日，曹聚仁曾写信给一位新闻界朋友。他在信中一

① An End to Rumors. *Time*, 1956 – 01 – 16.

② 曹雷：《女儿忆"国共密使"曹聚仁》，《世纪》1998 年第 4 期，第 27 页。

③ 杨天石：《蒋介石日记中的"两岸密使"》，《同舟共进》2018 年第 9 期，第 41 页。

④ 1948 年春，《大公报》香港版复刊，胡政之任命费彝民为经理。从 1952 年香港《大公报》宣布改组到 1988 年，费彝民任香港《大公报》社长，成为中央政府驻港代表。周恩来视费氏为信得过的老记者，经常单独接见他，披露机密，也听取他对香港的意见。中华人民共和国成立后，费彝民在香港协助中共完成了海外的统一战线工作。参见程曼丽、乔云霞主编《中国新闻传媒人物志》第 7 辑，长城出版社 2014 年版，第 2—6 页；陈乔之主编，《港澳大百科全书》编委会编：《港澳大百科全书》，花城出版社 2006 年版，第 569 页。

⑤ 参见曹聚仁《北行小语：一个记者眼中的新中国》，生活·读书·新知三联书店 2002 年版，第 169 页；叶永烈《国共密使曹聚仁（上）》，《名人传记》（上半月）2009 年第 3 期，第 41 页。

再强调，这次北行是作为一个"没有党派关系的新闻记者"回到祖国，替新加坡《南洋商报》这家"民营的不带政治色彩"的报纸，到大陆去作"广泛而深入的采访"，"绝无政治上的作用"。他指出，此次访问北京"乃是站在人民立场、记者的客观地位的一本正经工作"。此外，他重申对于国共关系的立场，称"要解决中国问题，诉之于战争，不如诉之于和平"。但同时，他申明"我只是主张国共重开和谈的人，而不是发动和谈的人"①。

7月1日，南下香港六年的曹聚仁踏上了返回大陆的列车。他的公开身份是《南洋商报》的特约记者，到大陆进行采访。② 7月4日，邵力子到北京西郊机场迎接曹聚仁。与邵氏一同前往迎接的还有中央统战部办公厅副主任徐淡庐。自从这次在北京机场相识后，徐就成了曹与中国政府联络的秘密通道。后来曹北上进京，或者到中国内地各处，常由徐陪同前往。③

据美国中央情报局披露，到1956年曹聚仁于一年前写给蒋经国的密信已经被泄露。这迫使蒋向美国当局披露了上述信件的内容。④ 1957年年初，中国政府对台湾地区加大了"和平解放"的宣传。与此同时，曹聚仁于3月再次致信台湾地区国民党政要蒋经国和黄少谷，提出中国政府与台湾当局和解的六个可能性条件。⑤ 蒋经国则一再向美国官员透露他与曹之间的书信内容，并表示拒绝与大陆进行和平谈判。⑥

1956年的"北行"大陆采访可称得上曹聚仁人生中的一个重要分水岭。此后，曹聚仁曾多次以海外自由报人身份应邀回到大陆采访，实际上他还肩负沟通两岸关系的国共密使的重大使命。⑦

---

① 曹聚仁：《北行小语：一个记者眼中的新中国》，生活·读书·新知三联书店2002年版，第169—171页。

② 同上书，第169页。

③ 参见李立《台海风云：20多位部长级领导口述海峡两岸重大事件纪实》，九州出版社2011年版，第227—228页。

④ Peking-Taipei Contacts: The Question of a Possible "Chinese Solution". *CIA Intelligence Report*, RSS No. 0055/71, December 1971, pp. 7–8.

⑤ Ibid., pp. 9–11.

⑥ Ibid., p. 12.

⑦ 参见叶永烈《穿梭海峡两岸的国共秘使》，《法苑》1993年第12期，第17—19页；王光远编著《蒋介石在台湾》，中国文史出版社2008年版，第191—193页；李立《国民党沉浮台湾：从蒋氏父子到连战马英九》，台海出版社2008年版，第201—204页。

1956 年 7 月至 1958 年 6 月，曹聚仁在《南洋商报》开辟专栏，以国际通讯向台湾当局传递中国政府的对台方针，推进和平解放台湾的进程。1958 年 8 月至 10 月，他还两度在该报抢发新闻，泄露了大陆对台军事行动的机密。与此同时，他凭借这家海外华文报纸向海外读者宣传中国大陆在政治、经济、外交、军事等诸方面的情况。（表 8 - 1）

第二节 "北行"前后关于台湾问题的
观察与认知

本节拟结合 20 世纪 50 年代的历史语境，对新加坡《南洋商报》原件进行分析，试图把握曹聚仁对台湾问题的观察与认知。在分析具体文本之前，有必要对 20 世纪 50 年代中共提出和平解放台湾方针的历史背景略作交代，以便于理解曹聚仁在这期间关于台湾问题的观点和立场。

一　和平解放台湾方针提出的历史背景

随着 1953 年 7 月朝鲜战争结束以及 1954 年 7 月日内瓦会议闭幕，远东的"热战"焦点逐渐移向台湾。出于遏制共产主义扩张与威胁的战略考虑，艾森豪威尔政府加紧在该地区组织集体安全体系，并与台湾的国民党政府商订"美台共同防御条约"。[①]

中国领导人反对美国搞"两个中国"使台湾与祖国大陆分裂，认为台湾问题纯属中国内政，别国无权干涉。因此，朝鲜停战后，解放台湾的战略决策提上了重要日程。[②]

日内瓦会议结束后，中国政府加强了解放台湾的对外宣传。7 月 23 日，《人民日报》头版刊登社论《一定要解放台湾》。中国人民再一次向全世界宣布："台湾是中国的领土，中国人民一定要解放台湾。"[③] 此后，面向全国人民和全世界的解放台湾的宣传大张旗鼓地、广泛而长期地开展起来。

8 月，中共中央要求华东军区加紧准备攻打浙东沿海大陈岛，并准备

---

① 参见翟强《冷战年代的危机和冲突》，九州出版社 2014 年版，第 73 页。
② 参见杨公素、张植荣《当代中国外交理论与实践》，北京大学出版社 2009 年版，第 111 页。
③ 《社论：一定要解放台湾》，《人民日报》1954 年 7 月 23 日。

炮击金门，以显示中国政府解放台湾的决心。① 9 月 3 日，人民解放军开始炮轰金门、马祖等沿海岛屿。第一次台湾海峡危机爆发。② 9 月 22 日，中国人民解放军再次以急促的火力炮击金门。国民党军则空袭中国人民解放军炮兵阵地。在两次炮击的金门过程中，美蒋损失惨重。这引起了美国方面的极大震动。③

面对美国对台湾事务的插手，中国共产党为实现祖国统一，将对台方针由武力解放转变为和平解放，与此同时提出了"国共第三次合作"的理念。④

1955 年 4 月，周恩来在万隆亚非会议上提出同美国谈判以缓和局势的建议，并阐明了中国政府争取用和平方式解放台湾的意愿。5 月，周恩来在全国人大常委会会议上，报告亚非会议情况时指出："中国人民愿意在可能的条件下采取和平的方式解放台湾。"这标志中共对台湾政策的重要调整。⑤

1956 年 1 月 30 日，周恩来在中国人民政治协商会议第二届全国委员会第二次全体会议上宣布了中国政府和平解放台湾的决策。⑥ 6 月 28 日，周恩来在第一届全国人民代表大会第三次会议上作了《关于目前国际形势、我国外交政策和解放台湾问题》的报告，再次重申中国政府争取和平解放台湾的意愿。他代表中央政府正式表示："我们愿意同台湾当局协商和平解放台湾的具体步骤和条件，并且希望台湾当局在他们认为适当的时机，派遣代表到北京或者其他适当的地点，同我们开始这种商谈。"⑦

---

① 参见杨公素、张植荣《当代中国外交理论与实践》，北京大学出版社 2009 年版，第 111 页。

② 参见翟强《冷战年代的危机和冲突》，九州出版社 2014 年版，第 73 页。

③ 宫力：《毛泽东与中美外交风云》，红旗出版社 2014 年版，第 91 页。

④ 谭锐：《中国共产党统一战线理论与实践形式研究》，西南财经大学出版社 2012 年版，第 93 页。

⑤ 《当代中国的统一战线》编辑委员会编：《当代中国的统一战线》下册，当代中国出版社、香港祖国出版社 2009 年版，第 177 页。

⑥ 周恩来：《政治报告（1956 年 1 月 30 日，在中国人民政治协商会议第二届全国委员会第二次全体会议上）》，《人民日报》1956 年 1 月 31 日。

⑦ 详见《周恩来总理兼外交部长关于目前国际形势、我国外交政策和解放台湾问题的发言（1956 年 6 月 28 日在第一届全国人民代表大会第三次会议上）》，《人民日报》1956 年 6 月 29 日；李学昌主编《中华人民共和国事典（1949—2009）》，上海世界图书出版公司 2009 年版，第 110 页。

二　20 世纪 50 年代曹聚仁关于台湾问题的言论

根据 1953—1958 年的历史语境，以及现有的《南洋商报》原件，可将曹聚仁在该报关于台湾问题的言论分为两个阶段：第一阶段为"北行"前（1953 年 5 月至 1956 年 6 月）；第二阶段为"北行"后（1956 年 7 月至 1958 年 6 月）。

（一）"北行"前预测台湾问题的归趋

1953 年 5 月，曹聚仁开始以"香港特约记者"身份为新加坡《南洋商报》撰稿。1953 年 5 月至 1954 年 9 月，台湾海峡局势日趋紧张。曹聚仁对这一趋势予以高度关注，并预测了台湾问题的归趋。

1949 年 12 月国民党逃到台湾后，将浙东沿海的大陈岛作为屏护台湾、"反攻大陆"的重要基地，派美械装备的第 46 师防守该岛，并派 10 余艘舰艇经常在大陈岛海游弋。[1] 鉴于国民党对大陈岛的重视，曹聚仁于 1953 年 5 月发表特稿，分析了该岛的战略地位。他认为，对于国民党来说，该岛屿的战略地位无足轻重，不能和金门岛相提并论。共产党可以轻取之。[2]

1953 年 7 月，曹聚仁撰文批评美国对台援助，称"美援"的缺点在于"忽略了中国工业落后的实情，以致压迫了国军的后勤机构，促成国军的崩溃"。尽管他认为朝鲜战争爆发后三年间美国对台援助逐渐增加，但他对台湾国民党军队是否逐渐强大到足以反攻大陆仍持保留态度。他指出，随着大陆军力的增强，所谓美援，"只是把台湾的军略地位保守下去"[3]。

1953 年 9 月至 1954 年 1 月，曹聚仁两度对昔日曾经辅佐过的蒋经国表示失望。就在蒋经国准备前往华盛顿前一个月，即 1953 年 9 月，曹聚仁发表了《蒋经国往何处去？》一文，批评蒋经国与官僚主义相结合。他指出，"蒋经国一直没有干部。而且蒋经国离开赣州以后，已经和官僚主义相结合，成功的可能性就完全失去了。"因此他认为，如果蒋介石短期内去世，台湾将出现内乱，或许解放军也将渡海打到台湾。[4] 1954 年 1 月，曹聚仁撰

---

①　蔡翔、孔一龙编：《20 世纪中国通鉴》第 3 卷，改革出版社 1994 年版，第 192—193 页。
②　曹聚仁：《大陈岛——浙东沿海岛屿的战略地位》，《南洋商报》1953 年 5 月 15 日。
③　曹聚仁：《美援与台军》，《南洋商报》1953 年 7 月 1 日。
④　曹聚仁：《蒋经国往何处去？》，《南洋商报》1953 年 9 月 10 日。

文表达了对蒋经国由希望到失望的思想转变。他表示曾对蒋经国的"新赣南政治"寄予希望。但后来他发现，1944 年蒋经国将工作中心从赣州移到重庆后，他的集团也变成了"官僚集团"，和国民党"一样腐化，一样老大"。到南京时期，蒋经国已变得"犹豫不决，什么事都是进退失据似的"①。

1954 年 8 月，台湾海峡局势骤然紧张，国共之间剑拔弩张。此时，《南洋商报》于 8 月 7 日在第三版中外版的显著位置刊出曹聚仁的《中共的军事意图》和夏敏的《美台安全协定的内幕》两篇军事评论，并附有编者按，足见该报对于曹文的重视程度。编者按写道："中共当局是否将决定此时进攻台湾，抑或只是心理攻势，目前尚难判断。本栏两文，分别介绍双方状况，读者诸君不妨作一比较，或可对于此一问题有所了解。"曹聚仁在上述评论中分析了中共的军事实力以及对台作战的军事意图，以及美国第七舰队出手帮助台湾的可能性。他指出，第七舰队显然防守不了台湾沿海的整个防线的，至多也只能集中到台湾东岸的花莲港，掩护国军的最后退却。他预测，如果冲绳岛美军参加战斗，那么苏联军队将出兵威胁日美领土，美国只能"让台湾战争成为内战之一部分，而不欲加以干预了"②！

1954 年第一次台海危机爆发 11 天后，曹聚仁先后于 9 月 14 日、17 日和 22 日发表《台湾问题的归趋》《中共驻英新代办宦乡》和《艾德里谈话索隐——台湾的命运》三篇通讯。他指出，解决台湾问题不一定"经过军事流血的大手术"。尽管中共已声明解放台湾是中国的内政，反对别国干涉，亦反对将台湾交由联合国托管，他仍主张解决台湾问题还存在"另一种可能性"，即美国插手，将台湾交由联合国实行"有限托管"。③ 另外，曹聚仁预测，中共是要通过"外交手术"来解决台湾问题的。而艾德里可以"担当起'产婆'的任务"，促成中美就"解决台湾问题"和"中国进入联合国"孰先孰后问题达成一致。④

综上所述，在"北行"前，曹聚仁主要是预测中共将通过外交手段

① 曹聚仁：《〈蒋经国论〉日译本题记》，《南洋商报》1954 年 1 月 6 日。
② 曹聚仁：《中共的军事意图》，《南洋商报》1954 年 8 月 7 日。
③ 曹聚仁：《台湾问题的归趋》，《南洋商报》1954 年 9 月 14 日。
④ 曹聚仁：《中共驻英新代办宦乡》，《南洋商报》1954 年 9 月 17 日；曹聚仁：《艾德里谈话索隐——台湾的命运》，《南洋商报》1954 年 9 月 22 日。

解决台湾问题。若结合当时历史语境分析，曹对此国际问题的评论与中共的外交政策相一致。上述言论也与曹后来被国共双方选为两岸密使有着千丝万缕的联系。

（二）"北行"后宣传和平解放台湾的方针

1956 年 7 月，曹聚仁以原国民党中央通讯社记者、现《南洋商报》特派记者身份①应邀"北行"大陆进行采访，开始肩负起推动两岸和平统一的国共密使之职。此后两年多，他始终宣称是以自由主义报人的身份在海外发表通讯，以示报道与评论的真实性和客观性。② 下文将对曹聚仁"北行"后发表的关于台湾问题的言论进行梳理。

1956 年 7 月 12 日，曹聚仁在京采访了出席全国人大一届三次会议的爱国人士陈嘉庚。陈嘉庚强调今日中国政府"愿意以和平的方式解放台湾"。陈氏相信中国政府"要帮助台湾人民是出之于至诚，政府对于台湾，不是'取'的，而是'予'的"③。

7 月 13 日、16 日和 19 日，周恩来先后由邵力子、张治中、屈武④、陈毅等陪同三次接见曹聚仁。⑤ 曹聚仁在 8 月 14 日的通讯中记述了 7 月 16 日应周恩来之邀赴颐和园餐叙一事。曹入京恰好是在周总理在人民代表大会上公开发表和平解放台湾的重要演说之后。于是在 7 月 16 日的谈话中，曹聚仁便问到"和平解放"票面里的实际价值。周恩来表示"和平解放的实际价值和票面完全相符合"，而且国共有第三次合作的可能性。⑥

10 月，曹聚仁再次北行，多次受到了中央领导人的接见。3 日下午，毛泽东主席在中南海颐年堂会见曹聚仁，张治中、邵力子、徐冰、童小鹏

---

① 中共中央文献研究室编：《周恩来年谱（1949—1976）》上卷，中央文献出版社 1997 年版，第 597 页。

② 曹聚仁：《北行小简：一个自由主义者的看法》，《南洋商报》1956 年 8 月 15 日；曹聚仁：《北行小语：我的观感——"和平攻势乎？"》，《南洋商报》1956 年 12 月 11 日；曹聚仁：《关外去来》，《南洋商报》1958 年 3 月 27 日。

③ 曹聚仁：《访陈嘉庚先生——在北京马皮厂胡同寓中》，《南洋商报》1956 年 7 月 24 日。

④ 邵力子，时任中国国民党革命委员会中央常务委员；屈武，时任对外文化联络委员会副主任、全国人大常委会副秘书长。

⑤ 中共中央文献研究室编：《周恩来年谱（1949—1976）》上卷，中央文献出版社 1997 年版，第 598 页。

⑥ 详见曹聚仁《颐和园一夕谈——周恩来总理会见记》，《南洋商报》1956 年 8 月 14 日；中共中央文献研究室编《周恩来年谱（1949—1976）》上卷，中央文献出版社 1997 年版，第 598 页。

参加。《毛泽东年谱（1949—1976）》对这次会见作了详细记录。① 7 日，周恩来由张治中、邵力子、徐冰、屈武、童小朋、罗青长陪同，宴请并同曹聚仁谈话，就其所询如果通过谈判台湾归还祖国后中央政府对蒋介石等的安排问题。②

曹聚仁在 12 月 11 日的通讯中指出，中共在政治动向上定"和平"为政策，并非以"和平"为"手段"展开所谓的"和平攻势"。他推测了中共对于蒋介石和陈诚的安排。

此外，曹提请海外人士注意中共政治动向的转变。他写道：

> 在中共保持一党专政的时期，他们对于台湾的处理，那是要"除蒋某一人"的。而今中共改变了政治路向，要保留多党制的优点时，连"除蒋某一人"这一"但书"也去掉了。这是中共政治动向的最大的转变。③

1957 年 1 月至 3 月，曹聚仁发表了数篇关于台湾问题的通讯，宣传中共的两岸和平统一政策。

例如，他在 1 月 11 日通讯中介绍了中共希望直接与蒋介石政权就两岸关系进行谈判的要求。他指出：

> 中共认为蒋氏的台湾政权虽是腐败的，而且从大陆被扫荡出来了；他们却和华盛顿当局一样认为蒋氏乃是实际的政权，和其他空中楼阁的政权不相同。他们只找蒋氏做对手，要战是对蒋氏战，要和也是对蒋氏和的；所以周恩来的谈话，也只是对蒋氏在说，并不相信别的势力可以代表台湾的。④

在 2 月 22 日发表的通讯中，曹聚仁又向海外读者介绍中共为国共和

---

① 详见中共中央文献研究室编《毛泽东年谱（1949—1976）》第 3 卷，中央文献出版社 2013 年版，第 4—5 页。

② 详见中共中央文献研究室编《周恩来年谱（1949—1976）》上卷，中央文献出版社 1997 年版，第 623—624 页。

③ 同上。

④ 曹聚仁：《北行小语："张君劢致章行严函"跋尾（下）》，《南洋商报》1957 年 1 月 11 日。

谈所做的准备。他首先提到中共指示华东各省地方政府，保护照顾蒋介石、陈立夫、陈果夫以及陈诚的家乡、家族以及祠堂坟墓。他认为"此种措施，显为培养国共间的和谐空气，为和谈之精神准备云"。其次，他提到中共对未来国共和谈的设想：

> 国共和谈之一障碍，乃系国民党内部之团结问题。这一困难，技术上已获得愉快的解决方案。和谈如有成就，在北京之"民革"，（即国民党革命委员会）与台湾之"国民党"，各自独立为一民主政团。国民党方面，可推举政治协商委员，人民代表，出席北京召集之政治协商会议及人民代表大会。①

2月23日，曹聚仁重申了中国共产党对台湾问题的立场。他指出："中共所说的台湾系中国内政问题，他们就从新疆、西藏的特殊政治环境找到了路向，就是让国民党的政权所主持的台湾中国，和大陆中国在对等地位来谈判。中共当局再三申明，这不是'招降'，便是这个意思。（中略）而且中共并不要分化台湾的朝野势力。他们要台湾的朝野各方团结起来成为新中国的单元，有如美国的一个州。"他强调："中国不容许分裂为两个中国的。中共今日对于台湾当作内政来解决，迁就的尺度是很宽的，但当中国处于国际的对等地位上来看，他们决不迁就的。"②

2月25日，曹聚仁特别针对海内外关于国共和谈的传闻，奉劝读者不要轻易相信。③

3月初，曹聚仁指出中国共产党为了和平解放台湾，已着手在大陆民众心理上做准备。他指出，中国共产党对于台湾国民党"忽然要从国家民族立场，改变了敌视的路向，言归于好，便非作精神上的准备不可"。而且，他注意到，中国共产党方面至少对海外侨胞明白表示："不管对方的反应，中共的'先礼'政策是确定了的。"同时，他预测中美政府将于1957年展开争取中国民主政团的"宣传战"。④

针对海外人士把台湾与中国大陆的对立称为"敌我矛盾"的说法，

---

① 曹聚仁：《北行小语：新闻圈外》，《南洋商报》1957年2月22日。
② 曹聚仁：《"国共和谈"传说在香港》，《南洋商报》1957年2月23日。
③ 曹聚仁：《国共和谈传说在香港（二）》，《南洋商报》1957年2月25日。
④ 曹聚仁：《国共和谈传说在香港（三）》，《南洋商报》1957年3月8日。

曹聚仁于 7 月底予以纠正。他指出，过去七年间，"敌我矛盾"已经消灭，现在只有"人民生活的内部矛盾"。中国政府已经把台湾问题当作"内部矛盾"看待了。"所以，台湾当局口口声声把中共当局作'匪'看待，中共当局就一笑置之。他们早已不把蒋氏父子当作战犯，而且谈话之际，称之为蒋先生。"①

10 月，曹聚仁以在蒋介石老家奉化溪口的亲见证明，中共的确在努力改善与国民党之间的关系。他指出，人民政府对于蒋母的墓园进行了保护，而且并没有让人民仇视蒋氏的故迹。②

三　台海危机期间的泄密

1958 年 8 月至 10 月第二次台湾海峡危机期间，曹聚仁以笔名"郭宗羲"在《南洋商报》抢发独家新闻，两次泄露大陆对台军事行动的机密，一时震动海内外。据时任《南洋商报》驻香港办事处办事员郭旭回忆，当年曹聚仁从大陆把稿件传到香港，再由他传到新加坡。曹聚仁的笔名"郭宗羲"就是《南洋商报》总编辑李微尘所起。③

8 月 23 日下午 5 时 30 分，解放军地面炮兵向金门等岛屿发起约 1 小时的密集炮击。第二次台湾海峡危机正式爆发。④ 直到 10 月 6 日，中华人民共和国国防部部长彭德怀发表《中华人民共和国国防部告台湾同胞书》，大规模惩罚性炮击停止，第二次台海危机结束。⑤

据称，"八二三"金门炮战前几小时，《南洋商报》已刊发了曹聚仁以笔名"郭宗羲"撰写的金门即将炮战的消息。⑥

据罗青长回忆，"八二三"金门炮战前几天，毛泽东接见了曹聚仁。

---

① 曹聚仁：《整风十题：矛盾：敌我的矛盾、内部的矛盾》，《南洋商报》1957 年 7 月 30 日。

② 曹聚仁：《浙江六日（三）（九月十七日补记）》，《南洋商报》1957 年 10 月 14 日。

③ 参见李立《台海风云：20 多位部长级领导口述海峡两岸重大事件纪实》，九州出版社 2011 年版，第 244 页。

④ 王键：《战后美日台关系史研究 1945—1995》，九州出版社 2013 年版，第 92 页。

⑤ 张海鹏、陶文钊主编：《台湾史稿》下卷，凤凰出版社 2012 年版，第 446 页。

⑥ 李伟、卢敦基、周静等为曹聚仁所做传记均有此说，但本研究在 1958 年 8 月 23 日的《南洋商报》原件中均未找到此消息。参见卢敦基、周静《自由报人——曹聚仁传》，浙江人民出版社 2003 年版，第 326—327 页；李伟《曹聚仁传》，河南人民出版社 2004 年版，第 308 页；魏承思《两岸密使 50 年》，香港：阳光环球出版有限公司 2005 年版，第 105 页；陈建云《向左走　向右走：一九四九年前后民间报人的出路抉择》，福建教育出版社 2010 年版，第 162—163 页；李立《台海风云：20 多位部长级领导口述海峡两岸重大事件纪实》，九州出版社 2011 年版，第 244 页。

告知金门炮战主要是打给美国人看的，以避免美国人插手使台湾划海峡而治，让曹聚仁设法传递给蒋氏父子。曹聚仁也答应将消息传给蒋经国。周总理和他们也等着曹先生把消息传递给台湾。但是在金门炮战开始前，曹聚仁却在《南洋商报》上泄露了秘密。周总理对此事有些不满意，当时周总理十分重视保密工作。①

9月8日和10日，周恩来两次接见曹聚仁。9月8日，周恩来指出金门、马祖的蒋军有三条路可走。在10日的接见中，周恩来托曹次日返香港后以最快办法转告台方，"为了宽大并给予蒋方面子，我们准备以七天的期限，准其在此间由蒋军舰只运送粮食、弹药和药品至金门、马祖。但前提条件是决不能由美国飞机和军舰护航，否则我们一定要向蒋军舰只开炮。内政问题应该自己来谈判解决"。周恩来还建议国共两党"再来一次公开谈判"②。

自9月25日起，返港的曹聚仁又一次分别致信蒋经国、黄少谷和俞大维等台湾地区国民党政要。他在信中向台当局保证，中国政府将于10月6日起的一周内暂停炮击金马附近的台湾补给船只，但前提是美国军舰不得提供护航。他还在信中转达了中国政府关于和平解放台湾的几个条件。他敦促台湾当局派团赴中国大陆考察。此外，他还提及大陆在台湾和平解放后对蒋经国和陈诚的职位安排计划。蒋经国向美国官员出示了上述信件，并转告美方其父蒋介石拒绝与大陆进行直接谈判。蒋经国引用古语称，台湾"宁为玉碎，不为瓦全"。他还向美方表示台当局会对上述信件置之不理，而且台领导人希望确保美方知悉这些秘密斡旋，以防中国政府离间美台关系。③

在《告台湾同胞书》发布前一天，即1958年10月5日，《南洋商报星期刊》头版在显著位置登出一则署名为"本报驻香港记者郭宗羲"的独家消息，对外透露了上述机密。④

---

①　参见李立《台海风云：20多位部长级领导口述海峡两岸重大事件纪实》，九州出版社2011年版，第245页。

②　参见中共中央文献研究室编《周恩来年谱（1949—1976）》中卷，中央文献出版社2007年版，第168页。

③　Peking-Taipei Contacts: The Question of a Possible "Chinese Solution". *CIA Intelligence Report*, RSS No. 0055/71, December 1971, pp. 15 - 17.

④　郭宗羲：《传北京同意短期局部停火》，《南洋商报星期刊》1958年10月5日。

图 8 - 1　1958 年 10 月 5 日《南洋商报星期刊》头版
刊载独家消息《传北京同意短期局部停火》

　　10 月 6 日，中华人民共和国国防部部长彭德怀发表《中华人民共和国国防部告台湾同胞书》，向台湾、澎湖、金门、马祖军民同胞宣告暂停炮击原因。此公告内容与《南洋商报》的消息完全吻合。

　　对于曹聚仁第二次在《南洋商报》泄密，毛泽东和周恩来没有立即表态。10 月 11 日上午，毛泽东致信周恩来："曹聚仁到，冷他几天。不要立即谈。我是否见他，待酌。"[①] 直到 13 日上午，毛泽东才在周恩来的陪同下于中南海颐年堂会见曹聚仁。毛泽东不但没有就泄露机密一事批评曹聚仁，

---

　　① 中共中央文献研究室编：《毛泽东年谱（1949—1976）》第 3 卷，中央文献出版社 2013 年版，第 461 页。

而是对曹说："你还是做个自由主义者好，不要红了，要有点保护色。"①

10 月 13 日，毛泽东起草了《中华人民共和国国防部再告台湾同胞书稿》。此稿原计划以彭德怀名义发表，但因故未发表。此文证实了《南洋商报》抢发短期停止炮轰的消息，同时默许了曹聚仁的泄密行为。② 15 日和 17 日，周总理又两次接见曹聚仁。但这两次会见的内容不详。③ 曹聚仁受到毛泽东和周恩来的接见后，于 10 月 23 日致函黄少谷，转达毛泽东的意见。④ 直到 1959 年 10 月 24 日，周恩来再次接见曹聚仁时，才批评他不应将解放军停轰金门、马祖的新闻卖给《南洋商报》。⑤

综上所述，20 世纪 50 年代，自由主义报人曹聚仁以新加坡《南洋商报》为立足点，发表了大量旅行通讯，其中不乏关于台湾问题的观察与报道。1953 年至 1954 年间，曹聚仁主要预测台湾问题的未来走向，强调中共有可能以外交手段解决台湾问题。若结合历史语境分析，他对当时的台湾问题有着比较准确的把握。1956 年 7 月曹聚仁应邀到大陆采访后，他开始以海外自由主义报人与国共密使的双重身份奔走于两岸之间。自此他就开始努力凭借海外华文媒体，积极宣传中共关于和平解放台湾的方针。尽管曹聚仁于 1958 年两度在《南洋商报》泄露机密有着不为人知的动机，但是从客观效果上看，他凭借该报抢发了独家新闻，的确为大陆和平解放台湾释放了"政治试探"气球，也向世界传递了中国政府致力于推进两岸和平统一的政治信号。总之，20 世纪 50 年代，曹聚仁曾以海外报人和国共密使的双重身份，为促进两岸和平统一尽了一份绵薄之力。

第三节　"北行"后对社会主义中国的宣传
及宣传策略

在 1956 年 7 月首次前往大陆采访后的两年多时间里，曹聚仁始终宣

①　中共中央文献研究室编：《毛泽东年谱（1949—1976）》第 3 卷，中央文献出版社 2013 年版，第 466 页。

②　中共中央文献研究室、中国人民解放军军事科学院编：《建国以来毛泽东军事文稿》中卷，军事科学出版社 2010 年版，第 442—445 页。

③　中共中央文献研究室编：《周恩来年谱（1949—1976）》中卷，中央文献出版社 1997 年版，第 165 页。

④　详见杨天石《蒋介石日记中的"两岸密使"》，《同舟共进》2018 年第 9 期，第 45、50 页。

⑤　中共中央文献研究室编：《周恩来年谱（1949—1976）》中卷，中央文献出版社 1997 年版，第 263 页。

称以自由主义者的身份在海外发表国际通讯，以示报道与评论的真实性和客观性。① 下文将对曹"北行"后发表言论进行梳理，厘清他是如何对中国共产党及其领导的社会主义中国进行对外宣传的。

在分析具体文本之前，有必要对1956—1958年曹聚仁所处的历史语境与时代特征略作交代，以便于把握他在此期间所论问题和所持立场。

伴随中华人民共和国的成立，中国已经开始进入由新民主主义向社会主义过渡的历史时期。随着1956年对农业、手工业、资本主义工商业的社会主义改造基本完成，中国进入了全面建设社会主义的新阶段。基于对过去盲目学习苏联的反思和觉悟，中国共产党决定走自己的路，探索一条适合中国国情的社会主义建设道路，为此制定了一系列方针政策。进入全面建设社会主义时期，共产党和新中国的工作在指导方针上也曾有过严重失误，经历了曲折的发展过程。②

1956年7月赴大陆后，曹聚仁深切体会到中国大陆对海外记者来华采访所采取的开放政策。他于8月2日致信《南洋商报》编辑李微尘称，中国大陆对他此次访问的对象、地点和报道内容都给予了很大自由度。他指出，一到北京，政府当局就明白告诉他：可以随便访问什么人，可以到任何地方去看看。叫他"不要专说好的一面，缺点很多，可以老实不客气写出来"。而且，访问也完全由他自己做主，并没有人陪同；而被访问的客厅上，也并没有别人在座。③

在充分地享有新闻自由的前提下，曹聚仁以自由报人身份对社会主义中国进行了较为全面的报道。这一时期，他的报道以国际通讯为特色，并讲求对外宣传策略。

一　"北行"后对社会主义新中国的宣传

（一）社会与民生

1956年7月，曹聚仁首次北行，先后走访了深圳、广州、北京等重

---

① 曹聚仁：《北行小简：一个自由主义者的看法》，《南洋商报》1956年8月15日；曹聚仁：《北行小语：我的观感——"和平攻势乎？"》，《南洋商报》1956年12月11日；曹聚仁：《关外去来》，《南洋商报》1958年3月27日。

② 参见当代中国研究所《中华人民共和国史稿》第1卷，当代中国出版社2012年版，第1—4页；当代中国研究所《中华人民共和国史稿》第2卷，当代中国出版社2012年版，第1—4页。

③ 曹聚仁：《北行小简：一个自由主义者的看法》，《南洋商报》1956年8月15日。

要城市。他对新中国建设的衣食住行等诸多方面进行考察，既指出成绩，也点出问题。

例如，初到深圳，曹聚仁便感慨于深圳的建设成就，赞扬新中国"有秩序""高效""安全"①。进入广州，他惊异于交通的巨大进步以及人民的安居乐业，不缺乏生活享受且价钱便宜，但是嫖赌已经接近绝迹。② 在他看来，尽管大陆实行凭票供应，但他到过的每个城市的百姓都丰衣足食。③ 北京留给他的第一个印象是，一般市民都"穿得还不错"④。他特别强调："从新中国的建设进程来看：衣、食、住、行四字，以'行'字发展得最早、最快。"⑤

在此后的若干次北行中，曹聚仁不断赞扬新中国的政权乃是"有为而治"的政府，⑥ 在应对自然灾害、解决失业问题方面都有不俗的表现。⑦

除了赞扬中国政府在社会与民生改善方面的成绩，曹聚仁也对外介绍了中国政府所面临的问题以及所采取的对策。例如，在 1957 年 8 月初发表的通讯中，针对人口增长过快与落后生产力之间的矛盾，他介绍了中国的计划生育政策。针对农业现代化与失业的矛盾，他又介绍了政府对于农业机械化政策的变化。⑧ 又如，鉴于大陆存在的乞丐问题，他在 8 月初的通讯中分析称，通过治理黄河和改善运输条件，解决人民逃荒乞食问题不可能一蹴而就。⑨ 11 月下旬，他又强调目前中国大陆所出现的乞丐已不是旧社会的"叫花子"，而是"一时性的生活困难，在街头乞食的"。他强调中国政府正在处理这一问题。⑩

（二）经济

农民出身的曹聚仁特别关注中国的农业生产现代化问题。1956 年 9

---

① 曹聚仁：《北行小语之一》，《南洋商报》1956 年 7 月 10 日。

② 曹聚仁：《北行小语之二》，《南洋商报》1956 年 7 月 11 日；曹聚仁：《北行小语：三，看"享受"》，《南洋商报》1956 年 8 月 10 日。

③ 曹聚仁：《北行小语：四，一张粮票》，《南洋商报》1956 年 8 月 11 日。

④ 曹聚仁：《北行小语：五，穿得还不错》，《南洋商报》1956 年 8 月 22 日。

⑤ 曹聚仁：《北行小语：六，周游全国》，《南洋商报》1956 年 8 月 23 日。

⑥ 曹聚仁：《北行小语：我的观感（一）》，《南洋商报》1956 年 11 月 27 日。

⑦ 曹聚仁：《北行小语：我的观感——"足食、足兵、民信之矣"》，《南洋商报》1956 年 12 月 8 日；曹聚仁：《北行小语：我的观感——十二、怎么看？怎样写？》，《南洋商报》1957 年 1 月 7 日。

⑧ 曹聚仁：《整风十题：矛盾在那里？》，《南洋商报》1957 年 8 月 1 日。

⑨ 曹聚仁：《整风十题：关于大陆中国的乞丐问题》，《南洋商报》1957 年 8 月 6 日。

⑩ 曹聚仁：《整风十题："乞丐带来的烦恼"》，《南洋商报》1957 年 11 月 21 日。

月 1 日，他前往北京郊区南苑团河村的金星农业生产社参观。参观后，他在通讯中指出，由于团河村的生产工具的现代化，改变了生产品种，也可以说是"产业革命"。另外，他介绍了该农业生产社逐渐集中社员的居住地区、准备改良水利、增加种稻水田等做法。由此，他对农业生产现代化的未来寄予厚望，推测称：

> 到一九六二年这个农业生产社可以完全实现现代化。这一型的农业生产社肯定会推广到全国，等到黄河的水患平了，长江的水利兴了，全国电力化了，农村的生产率一定可以普遍提高。到了十五年以后一定会追上今日的丹麦、荷兰成为现代化的农业国了。①

对于 1956 年中国共产党实行的资本主义工商业社会主义改造，曹聚仁也是赞誉有加。他在当年 12 月的通讯中写道：

> 各国的共产党代表，都承认中国的社会革命替世界社会主义开出了新路；中国是第一个承认民族资本家在社会革命中的贡献，而在社会建设程序中，资本家同样地和工人是不可或缺的轮子——劳资合作建设新社会。②

1957 年 1 月，曹聚仁谈了对中国工农业发展的观感和建议。他对中国重工业生产取得的成绩给予肯定："由重工业带头，发展了轻工业，再来改进农民生活，走了正相反的路，却是事半功倍的。"此外，他建议中国努力实现城市工业化和农业机械化生产，以达到人民的"足食"。③

1957 年 6 月费孝通因《重访江村》的社会调查报告被错划为"右派"后，曹聚仁于 9 月集中发表多篇通讯指出，费孝通的调查触及中国农村经济的根本问题，并呼吁中共对此问题予以重视。

---

① 曹聚仁：《北行小简——南苑之行——团河村看农业生产》，《南洋商报》1956 年 9 月 14 日。

② 曹聚仁：《北行小语：我的观感——"中共往何处去？"》，《南洋商报》1956 年 12 月 21 日。

③ 曹聚仁：《北行小语："兵"与"食"》，《南洋商报》1957 年 1 月 17 日。

例如，9 月中旬，曹聚仁在通讯中将费孝通的调查誉为"最有分量的言论"。他认为，费氏对江村的调查"即非十分正确，至少有八九分是正确的"①。曹聚仁强调："不管费孝通先生这回调查江村的动机是什么，他这回调查，确已触到了农村经济的根本问题。"② 因此，针对费氏关于"中国农村副业生产水平比二十一年前下降"的总结论，曹聚仁呼吁中共对费氏提出的农村经济问题"应该接受的，至少该注意一下"③。

又如，针对《新观察》杂志中对费孝通的批判文章④，曹聚仁于 9 月下旬发文予以驳斥。他为费氏的研究发现辩解道：

> 我们可以批评费氏的论点，乃是农民本位的论点，但不能不承认他所列举的都是事实。（本来一面争取外汇，一面要改进农村的经济，也是难于双管齐下。为了增加粮食，就得牺牲一部分农副产；为了争取外汇，又不能不提倡农副产，这种矛盾，本来成立的。为什么不可以敞开来说呢？）⑤

曹聚仁对中共经济政策的制定和执行持肯定态度。1957 年 12 月初，他在通讯中写道：

> 中共是唯物论经济史观的信徒，他们把"经济"的因素看得特别重要，因此，对于经济作战，他们如没有把握，绝对不会轻易变动的；一种经济计划或财政政策打定了，他们一定彻底去执行，决不朝令夕改。⑥

曹聚仁认为"中国最大的成功，乃在经济稳定"⑦。他尤其赞同中共

---

① 曹聚仁：《整风十题：费孝通"重访江村"》，《南洋商报》1957 年 9 月 10 日。
② 曹聚仁：《整风十题：农业副产品问题》，《南洋商报》1957 年 9 月 11 日。
③ 曹聚仁：《整风十题：一种统计的看法》，《南洋商报》1957 年 9 月 14 日。
④ 详见周叔莲、李孚同、张思骞《透视"重访江村"》，《新观察》1957 年第 15 期；夏康农《一株毒草的解剖（费孝通的为人、治学和问政）》，《新观察》1957 年第 15 期。
⑤ 曹聚仁：《整风十题：费孝通被批判》，《南洋商报》1957 年 9 月 23 日。
⑥ 曹聚仁：《整风十题：几件中国新闻的注解》，《南洋商报》1957 年 12 月 9 日。
⑦ 同上。

的"勤俭建国"经济政策。①

1958年1月干部下放运动开始后，曹聚仁肯定了中共面对和解决农村问题的勇气。他指出，干部下放"不仅是要他们知道稼穑之艰难，体会农民的实际生活，更主要的，还要他们说服农民，接受长期建设的必然过程"②。他认为，这一"惊天动地改进农村生产方式的大运动"对于全国广大农村将起到"决定性的政治作用"。结合中华人民共和国成立以来中共农村政策的变迁，他对干部下放予以肯定，称：

> 中共的土改政策，只是消弭了农村的阶级，解决了几千年所不曾解决的政治问题，但"土改"并不曾解决农村的经济生活问题。这一回中共是要干部带着城市文化与现代生产技术到农村去的，他们要彻底扫除文盲，通过合作社制度来促进农业生产技术。③

（三）赞扬新中国领袖毛泽东

1956年12月底，曹聚仁发表《我的观感——从一角看世界》，记录了10月3日会见毛泽东的情形。他赞扬毛泽东"谦虚"，"走向超过成吉思汗的道路"。另外，他还称赞毛泽东能抛开党派之见，对政敌蒋介石采取宽容态度。他写道：

> 从这一角度看去，毛氏是从蔑视蒋介石的角度转而走向容忍蒋介石的路的。他们可以容许蒋介石的存在，而且也承认蒋氏在现在中国史有他那一段不可磨灭的功绩的。在党的仇恨情绪尚未完全消逝的今日，毛氏已经冷静下来，准备和自己的政敌握手，这是中国历史又一重大的转变呢。④

曹聚仁赞赏毛泽东能将马克思主义学说同中国具体实践相结合，成一家之言。他写道："在马克思学说的研究之中，离开了书室中的论证，而

---

① 曹聚仁：《整风十题：几件中国新闻的注解（六）》，《南洋商报》1958年1月4日。
② 曹聚仁：《整风十题：整风的新阶段（上）》，《南洋商报》1958年1月13日；曹聚仁：《整风十题　整风的新阶段（下）》，《南洋商报》1958年1月14日。
③ 曹聚仁：《旅途杂笔：看"干部下放"》，《南洋商报》1958年3月21日。
④ 曹聚仁：《北行小语：我的观感——从一角看世界》，《南洋商报》1956年12月28日。

要和社会现实相结合，毛氏自是成一家之言的。"因此，"马列主义与马毛主义，原不一定完全一致的"。他坦言："在海外七八年，并没见一个足以和毛氏抗衡的政论家，连张君劢先生也在内。这也是'反共'阵线所以脆弱的主因之一。"①

曹聚仁还对毛泽东深入基层体察民情的行动深表佩服。他指出，"毛泽东主席之为主席，还留着延安时代的作风"。据他观察，毛泽东每年只在北京住五六个月，其余半年以上的时间都是在全国各城市乡镇中巡游考察的，到各地去找政治资料，回到北京来加工的。由此他推测，"中共这一政权，一时还不会腐化下去"②。

（四）军事

曹聚仁赞扬共产党在军队建设方面所取得的成就。例如，曹聚仁在1957年1月通讯中写道："解放军，吸收最优秀的青年战斗员，他们的素质提高，他们的政治认识很强，他们却又最守纪律，最有礼貌；因此，中国的城市，看起来成为无兵的城市。"③ 又如，他在8月写道："人民政府的最大成功，就是提高解放军的素质，把士兵和一般人民同样看待；在城乡各种场合，士兵还起了示范作用。士兵触犯了法律，同样由警察来取缔。（中略）以往的汽车兵团驾驶员，乃是最会闯祸的士兵，而今也成为最守法的士兵了。"④

1958年3月中旬，曹聚仁与陈叔通、王维舟、邵力子一行到安东（今丹东）迎接中国人民志愿军回国。他在3月底、4月初发表的通讯中赞扬中国人民志愿军纪律严明，战胜了美帝国主义，树立了民族自信心。他写道："解放军就在'纪律'上抓住了'人民'的心理。（中略）志愿军在朝鲜不仅纪律好，而且严格地不惹儿女私情；这样的英雄，格外给朝鲜少女以更好的印象。志愿军在朝鲜人民心中打了胜仗，这就一切都解决了。"⑤ 他指出，抗美援朝战争让美军退守到"三八线"，从而"把东方

---

① 曹聚仁：《整风十题：几件中国新闻的注解（七）》，《南洋商报》1958年1月6日。

② 曹聚仁：《旅途杂笔：新外长陈毅》，《南洋商报》1958年3月10日；曹聚仁：《旅途杂笔：沈阳、北京途中》，《南洋商报》1958年4月2日。

③ 曹聚仁：《北行小语："兵"与"食"》，《南洋商报》1957年1月17日。

④ 曹聚仁：《整风十题：一个没有"副官"和"宪兵"的国家》，《南洋商报》1957年8月20日。

⑤ 曹聚仁：《关外去来》，《南洋商报》1958年3月27日。

人民的自信力建立起来"①。

（五）政治

1. 社会主义政治制度

中华人民共和国成立后，"中国共产党在中国革命中战胜敌人的三个法宝"之一的"统一战线"立即转化为执政建国和兴国的法宝。中国的政治制度及其形式都是从统一战线发展而来的。②

1954 年 9 月 15 日，第一届全国人民代表大会第一次会议在北京召开，确立了人民代表大会制度为根本政治制度。另外，此次会议还建立了中国共产党领导的多党合作政治协商会议制度和民族区域自治制度。③ 1956 年 4 月 25 日，毛泽东在中共中央政治局扩大会议上所作的《论十大关系》的讲话中，明确指出了中国共产党与各民主党派"长期共存，互相监督"的方针。④

1956 年"北行"后，曹聚仁向海外读者介绍了上述社会主义政治制度。

毛泽东《论十大关系》讲话发表四个月后，即 1956 年 8 月，曹聚仁称颂中共对高级知识分子的态度，他向海外读者介绍了梁漱溟、熊十力、钱穆、张东荪、章士钊和顾颉刚等大陆民主人士的近况。⑤ 通过走访在京民主人士，曹聚仁体会到中共对民主党派的尊重与照顾。他在 11 月底的通讯《民主人士处境》中指出，中共对民主党派人士可说是"最客气的"。他所说的"客气"，包括生活条件的优异以及态度上的尊重。他强调："中共正在'礼贤下士'，他们处于执政地位，对于一般文化人，即高级智识分子，都有所照顾。"⑥

在同一篇通讯中，曹聚仁特别赞扬了中共实行的政治协商制度。他指出，"国家有重大政务或军事外交上重大问题，中央当局自有所决策；但毛主席必邀请民主政党人士有所商谈，征求大家的意见"。而且他赞扬毛

---

① 曹聚仁：《旅途杂笔：沈阳、北京途中》，《南洋商报》1958 年 4 月 2 日。
② 毛泽东：《毛泽东选集》第 2 卷，人民出版社 1991 年版，第 605—606 页；李君如：《协商民主在中国》，人民出版社 2014 年版，第 64 页。
③ 参见当代中国研究所《中华人民共和国史稿》第 1 卷，当代中国出版社 2012 年版，第222—225 页；熊杏林、毛国辉主编《中国特色社会主义研究·制度篇》，解放军出版社 2013 年版，第 82—83 页。
④ 毛泽东：《毛泽东选集》第 5 卷，人民出版社 1977 年版，第 278 页。
⑤ 曹聚仁：《北行小简：一个自由主义者的看法》，《南洋商报》1956 年 8 月 15 日。
⑥ 曹聚仁：《北行小语：我的观感——民主人士的处境》，《南洋商报》1956 年 11 月 28 日。

泽东"最能接受反对派的意见",对民主人士的意见比对党内的意见更注意。他坦言:

> 今日的北京政局,中共是政策建议者,民主党派则是政策的协商者;事先有了协调,才见之于实行,并非民主党派必须跟着中共走的。①

1958 年 3 月广西壮族自治区成立后,曹聚仁又对外宣传了中国共产党实行的民族区域自治制。他强调,该制度的实施"尊重少数民族的政治地位,也争取少数民族对中枢的向心力。中共是把地方自治权力交到各少数民族的手中,这样也就增加中共中央集权的实际力量"。他对该制度予以高度评价,称其为"秦统一天下以后,最有计划的中央集权与地方自治同时发展的政治制度"②。

2. 民主与法制

曹聚仁在 1957 年 3 月的通讯中批判中国大陆的法律仍存在封建意识形态。他写道:

> 中国的法律,无论晋律,隋唐律,都是着重宗法关系的,所以,一个人犯了罪,就要株连到血缘相近的那几重关系。从西方传来的法律,不论英美的海洋法,或是罗马法大陆法,都是着重个人的,不牵及血缘的宗法关系的。大陆解放以后,法律观念反而从个人的回到宗法关系上去,也可以说是退回了好几步。③

5 月间,全国新闻工作者协会研究部和中国人民大学新闻系、北京大学新闻系、复旦大学新闻系联合在《北京日报》举行新闻工作座谈会。曹聚仁从新闻业的角度,提出了"人民办报"以利于政治建设的主张:

> 政府有了《人民日报》,各党各派有了《光明日报》《文汇报》,各专业有了《工人日报》《教师报》《青年报》《少年报》;其他就该

---

① 曹聚仁:《北行小语:我的观感——民主人士的处境》,《南洋商报》1956 年 11 月 28 日。
② 曹聚仁:《旅途杂笔:自治区》,《南洋商报》1958 年 4 月 4 日。
③ 曹聚仁:《北行小语:问题、意见、答案》,《南洋商报》1957 年 3 月 9 日。

成为反映人民意向的报纸。（中略）至于《北京日报》《长江日报》《新闻日报》……都该让人民去办的。这样才能做到"互相监督"的进步政治，才可以免于腐化。①

到了8月，曹聚仁则评价人民政府的法律条文具有弹性：

> 关于"法"，本来有"柔性""刚性"的区别，也有"守法精神"与"细密的法律条文"的轻重本末之别。人民政府，在精神上是趋向于法家的严格规律的，但在法律条文上，却比较富有弹性的。②

此外，曹聚仁还肯定了中国的社会主义民主政治。他在1958年4月的文章中指出，中共找到了"有别于资本社会的民主、封建社会的民主"的"社会主义社会的民主之道"。他推测："这一方面，中共所摸索到的道路，或许比苏联更进步些。"③

3. 整风运动、反右派斗争及其扩大化

1957年4月27日，中共中央做出了关于整风运动的指示，整风运动正式开始。④ 6月1日，各民主党派中央机关报《光明日报》总编辑储安平在统战部第十一次座谈会上作了题为《向毛主席和周总理提些意见》的发言，批评所谓"党天下"。6月2日的《光明日报》在头版刊登了这篇发言稿，成为"反右"期间最有影响和最为典型的右派言论。6月8日，中共中央发出《组织力量反击右派分子的猖狂进攻》的指示，《人民日报》同时刊登了毛泽东撰写的社论《这是为什么?》，反右派斗争就此揭开序幕。⑤ 7月1日，《人民日报》发表了社论《文汇报的资产阶级方向应当批判》，打开了反右扩大化的缺口。⑥ 由于中共中央对国内政治形

---

① 曹聚仁：《整风十题：一串倒了霉的人（九）》，《南洋商报》1957年11月14日。

② 曹聚仁：《整风十题：一个没有"副官"和"宪兵"的国家》，《南洋商报》1957年8月20日。

③ 曹聚仁：《旅途杂笔：〈观海篇〉笺注》，《南洋商报》1958年4月14日。

④ 《中国共产党中央委员会关于整风运动的指示（一九五七年四月二十七日）》，《人民日报》1957年5月1日。

⑤ 参见李彬主编《中国新闻社会史文选》，清华大学出版社2008年版，第245—246页；《社论：这是为什么?》，《人民日报》1957年6月8日。

⑥ 中国民主同盟中央委员会编：《中国民主同盟史》，群言出版社2012年版，第126页。

势做出了不切实际的估计，又采取了"大鸣、大放、大字报、大辩论"
的错误方法，不适当地在全国范围内开展了一场持续近一年时间的群众性
政治运动，把大批革命知识分子、党员干部和爱国民主人士等错划为
"右派分子"。①

自 1957 年 7 月底至 1958 年 4 月底，曹聚仁陆续在《南洋商报》发表
了关于整风运动与反右派斗争的专栏"整风十题"和"旅行杂笔"。

1957 年 7 月底，曹聚仁在《南洋商报》上撰文，明确表示反对储安
平所谓"党天下"的观点。他宣称坚决支持由中国共产党来执掌政权，
而由民主党派在野监督。② 到 10 月中旬，他进一步强调："共产党尊重高
级知识分子，要民主人士来共治天下，也是康雍乾开博学鸿胪之意，这也
是盛世治天下的法门，应该赞许的。"③

反右扩大化后，曹聚仁于 8 月 12 日、13 日连续发文，肯定了党内
整风取得的进步，但也委婉地批评了中共党内存在的官僚主义和教条主
义不良作风。15 日，他以社会学家李景汉由长期被忽视到重新被重用
为事例，赞扬中共勇于承认并改正在政治上所犯的宗派主义、教条主义
错误。对此他建议，只有制定稳定的用人任职制度，才能铲除官僚
主义。④

尽管中共虚心纳谏，但曹聚仁坚持认为"鸣放"应该有所禁忌。例
如，反右斗争扩大化之后一个月，即 7 月 29 日，曹聚仁强调共产党并非
圣人，因此存在缺点。在"鸣放"中批评中共时，应该把握尺度。他写
道："海德公园式的言论，只能在座谈会上'鸣''放'，用不着昭告天
下。"⑤ 到反右扩大化两个半月时，他再次强调"鸣放"要有限度，"进
谏的态度，最好是入宫尽言，退而一句话不说"⑥。

6 月至 8 月期间，除了罗隆基、章伯钧和储安平三位民盟成员被划为右

---

① 中共中央组织部办公厅编：《改革开放 30 年组织工作大事资料摘编》，党建读物出版社
2009 年版，第 8 页。

② 曹聚仁：《整风十题：从第十一题写起》，《南洋商报》1957 年 7 月 29 日。

③ 曹聚仁：《整风十题：让我插说一段话》，《南洋商报》1957 年 10 月 15 日。

④ 详见曹聚仁《整风十题：三害（一）官僚主义》，《南洋商报》1957 年 8 月 12 日；曹
聚仁《整风十题：三害（二）教条主义》，《南洋商报》1957 年 8 月 13 日；曹聚仁《整风十
题：李景汉教授的故事》，《南洋商报》1957 年 8 月 15 日。

⑤ 曹聚仁：《整风十题：从第十一题写起》，《南洋商报》1957 年 7 月 29 日。

⑥ 曹聚仁：《整风十题：让我插说一段话》，《南洋商报》1957 年 10 月 15 日。

派以外，包括费孝通、潘光旦在内的多位在京的民主派知识分子也被错划为右派。①

面对此种形势，曹聚仁特别强调了民主人士"自我反省"的重要性。例如，基于对反右斗争的观察，他在9月初发表的通讯中总结出来了"何为右派？"他指出："凡是下意识中对于社会主义的社会生活不相融洽、过不惯的，那就是右派的灵魂。我们自己反省一下，在下意识中，还潜伏着这一种不安的情绪吗？"②

整风严重扩大化后，曹聚仁呼吁中共与民众相互理解与宽容。首先，他呼吁民众对中共的"反右"应予以充分理解，对中共政要的"气度不足"予以宽容。③

其次，他为民主政团的"鸣放"言论加以辩护。他指出：

> 储安平、章伯钧、罗隆基诸先生，他们都是有名的政论家，执笔为文，或登坛舌辩，所说的，并不一定合乎尺度，但为着要争取群众的快意，说得加重了分量，用夸大的手法表现出来，也是政论家的惯事。若咬定了字眼来推敲，那就毛病百出了。④

再次，他呼吁民众明确整风运动的对象应该是中共党员本身，"因为毛氏一开头就说是共产党内部整风，民主人士只是帮着共产党人来整风的"⑤。

曹聚仁从社会主义观点与爱国主义观点之间的差异角度出发，分析了所谓"右派思想"的根源，将右派归入爱国主义者之列。例如，他在11月5日和8日文章中指出，一般知识分子"基于'爱国主义'的观点来支持中共的政权，和基于'社会主义'的观点来支持中共的政权，本来有很大距离的"⑥。他认为，政协中的民主政团之所以支持人民政府，与

---

① 有研究者指出，尽管章伯钧、罗隆基、储安平纷纷公开承认错误，但是由于反右派斗争在升温，这些检讨、检查都无以补救他们的过失。形势逼人，有置之死地而后快之感。参见王令金《马克思主义中国化的历史进程及其规律》（修订版），中央编译出版社2014年版，第163页。

② 曹聚仁：《整风十题：谈右派》，《南洋商报》1957年9月5日。

③ 曹聚仁：《整风十题：让我再插说一段话》，《南洋商报》1957年10月17日。

④ 同上。

⑤ 曹聚仁：《整风十题：一串倒了霉的人》，《南洋商报》1958年1月16日；曹聚仁：《整风十题：一串倒了霉的人》，《南洋商报》1958年1月20日。

⑥ 曹聚仁：《整风十题：一串倒了霉的人（六）》，《南洋商报》1957年11月5日。

其说他们"赞同社会主义的革命",不如说他们"是爱国主义者"。换言之,"今日大家之所以向心中共政权,或反对中共政权,都是从'爱国'观点出发的,并非由于对'社会主义'与'资本主义'的政治观点的差别"①。在此基础上,他从作家老舍的自我批评中总结出共产党所批判的右派思想根源在于:"一般知识分子,基于爱国主义出发的热情,已经冷却了,而基于社会主义的政治认识,并未加深,无论'清高',或'热心于名利斗争',对于政治热情就不够了。"②

配合 1958 年 1 月 28 日毛泽东宣布关于对右派"批判从严、处理从宽"的政策,曹聚仁着重宣传中共对右派分子"处理从宽"的政策。他早在 1 月 13 日的通讯中就称,中共对于"反右运动"右派分子依然沿用整风开始时"和风细雨"的尺度。③ 2 月 26 日,他再次强调中国政府对于右派分子的处置,"采取和风细雨方式,非常温和"。他把中央政府对于右派分子的宽大程度比作"古代的贬官"。他对外宣称,右派分子仍是留在北京,而且都保留着人民政治协商会议的委员地位。④

至于右派接受劳动教养的问题,曹聚仁在 4 月发表的《再论右派分子的终局》中称劳动教养并非海外论客所说的"地狱生活",而是"使身心愉快的修养",近于"佛家所谓'苦修行'"⑤。

综上所述,自 1956 年"北行"后,曹聚仁以《南洋商报》为立足点,发表了大量国际通讯,面向海外读者宣传报道社会主义新中国。他所撰写的大陆观感由浅入深,从社会民生深入到政治、经济、军事等多个层面。尽管他在这一阶段发表的报刊文章在新闻性方面有所弱化,但其言论却显示出越来越强烈的宣传意味。在报道新中国时,他以正面报道中国所取得的成就为主,以针对个别问题的对策建议为辅。即便是在反右斗争严重扩大化后,他仍站在"自由主义者"的立场,在海外报刊上竭力维护中共和民主人士的形象,试图促进中共与被划成"右派"的民主人士之间的理解与包容,以此弥合双方在理论与实践上的分歧。无论是积极呼吁两岸和平统一,还是向海外读者宣传中国的社会主义现

---

① 曹聚仁:《整风十题:一串倒了霉的人(七)》,《南洋商报》1957 年 11 月 8 日。
② 曹聚仁:《整风十题:一串倒了霉的人(六)》,《南洋商报》1957 年 11 月 5 日。
③ 曹聚仁:《整风十题:整风的新阶段(上)》,《南洋商报》1958 年 1 月 13 日。
④ 曹聚仁:《旅途杂笔:右派分子的终局》,《南洋商报》1958 年 2 月 26 日。
⑤ 曹聚仁:《旅途杂笔:再论右派分子的终局》,《南洋商报》1958 年 4 月 5 日。

代化建设，曹聚仁都在报刊言论中表现出对中国共产党及其领导政权的
支持。

二　"北行"后的对外宣传策略

如前所述，"北行"后的曹聚仁借助新加坡《南洋商报》这一海外华
文传媒作为对外宣传中国的载体。因该报的读者群主要是台湾同胞、南洋
的华人和华侨，故针对他们的宣传涉及中华文化圈内的同文化传播。但由
于上述读者来自不同国家和地区，且受到冷战格局及美国冷战宣传的不同
影响，其中有的对共产主义阵营采取敌对态度，因而对中国取得的成绩也
持怀疑态度。有的则对共产主义阵营抱着友好态度，且急于了解社会主义
中国的建设成就。从这个角度而言，此时中国的对外宣传又要兼顾跨文化
传播甚至跨意识形态的传播。为了争取海外华文读者对中国政权的理解和
接受，曹聚仁在开展对外传播活动时，就兼顾了同文化传播和跨文化传
播，采取了如下具体策略：

（一）采用适度重复的说服技巧

1956—1958 年，曹聚仁发表的国际通讯呈现出专栏发稿，且发稿数
量大和频率高的特征。这就为信息重复提供了良好的基础。但是曹聚仁在
说服受众时保持了信息的适度重复。传播学研究表明，重复是保持记忆的
有效手段，重复与传播效果之间呈曲线关系。适度的重复有助于达到理想
的传播效果。[1]

例如，在介绍中国对海外记者来华采访的开放政策时，曹聚仁先后于
1956 年 8 月和 1957 年 2 月两次提及中共政权欢迎海外报界人士前往大陆
"自由参观，自由批评，并自由报道"[2]。又如，反右斗争扩大化之后，他
先后于 1957 年 7 月底和 10 月中旬，两度强调对共产党的"鸣放"要有限
度。[3] 再如，配合 1958 年 1 月 28 日毛泽东宣布关于对右派"批判从严、
处理从宽"的政策，曹聚仁两次报道中共对右派分子所采取的"和风细

---

① ［美］沃纳·赛佛林、小詹姆斯·坦卡德：《传播理论：起源、方法与应用》，郭镇之等
译，华夏出版社 2000 年第 4 版，第 202 页。

② 详见曹聚仁《北行小简：一个自由主义者的看法》，《南洋商报》1956 年 8 月 15 日；曹
聚仁《北行小语：新闻圈外》，《南洋商报》1957 年 2 月 22 日。

③ 详见曹聚仁《整风十题：从第十一题写起》，《南洋商报》1957 年 7 月 29 日；曹聚仁
《整风十题：让我插说一段话》，《南洋商报》1957 年 10 月 15 日。

雨”的处理办法。①

（二）采取双面论证

卡尔·霍夫兰（Carl Hovland）在“二战”期间进行的“单面和双面传播”实验结果显示，当受众与传播者的观点一致，或受教育程度低，则传播者只做单面论证即可；如果受众与传播者观点不一致，或受过良好教育，则传播者从正反两面论证的效果更佳。② 对于中国政治、社会和民生、民主与法制建设的报道，曹聚仁就采取了双面论证，而非单面论证。

例如，反右扩大化后，曹聚仁既肯定了中共党内整风的成效，又批评了党内存在的官僚主义和教条主义的不良作风。他举例称，戏曲《十五贯》初到北京汇报演出时曾被冷落。一经毛泽东许为最有意义的剧曲，便轰动朝野，成为每一剧种都取为题材的好戏了。曹聚仁认为，这些正体现了“官僚主义与教条主义的气息”③。

又如，在社会民生方面，除了宣扬新中国在衣食住行诸方面取得的成就，曹聚仁也客观报道了住房问题、乞丐问题、妓女问题、人口增长过快与落后生产力之间的矛盾，以及农业现代化与失业之间的矛盾。

再如，曹聚仁一方面肯定新中国在社会主义民主与法制建设方面的成就；另一方面批判中国大陆的法律仍存在封建意识形态。他以大陆所实行的团员、党员调查关系为例，指出：他和侄儿、侄女们的关系非常淡。然而，每一回调查这些晚辈的人事关系，一定要问及他的思想问题。他对此提出质疑称：“我的思想，根本和他们不相干，然而，要他（她）们来交待，岂不是宗法观念在作祟？”④

（三）擅用类比法

若要使跨文化传播顺利实现，就需要在具体操作中适当地进行变通。变通是在对差异充分认识基础上的变通，并非毫无根据的文字游戏。⑤ 为了实现对海外受众的跨文化传播，曹聚仁时常使用类比的修辞

---

① 详见曹聚仁《整风十题：整风的新阶段（上）》，《南洋商报》1958 年 1 月 13 日；曹聚仁《旅途杂笔：右派分子的终局》，《南洋商报》1958 年 2 月 26 日。

② 程曼丽、王维佳：《对外传播及其效果研究》，北京大学出版社 2011 年版，第 133 页。

③ 曹聚仁：《整风十题：三害（二）教条主义》，《南洋商报》1957 年 8 月 13 日。

④ 曹聚仁：《北行小语：问题、意见、答案》，《南洋商报》1957 年 3 月 9 日。

⑤ 刘燕南：《跨文化传播的差异分析与因应探讨》，载刘继南主编《国际传播——现代传播文集》，北京广播学院出版社 2000 年版，第 203 页。

手法。

例如，1956 年中国共产党对大陆的资本主义工商业实行了社会主义改造。为了让海外受众能理解社会主义改造的理论依据，曹聚仁将其与英国的费边社会主义理论相比拟。[①]

又如，在宣传中国共产党对台湾问题的立场时，曹聚仁指出台湾问题是中国内政问题，而且中共希望能收回完整的台湾。此时，他将中共的意图表达为"要台湾的朝野各方团结起来成为新中国的单元，有如美国的一个州"[②]。

再如，为帮助海外受众理解中国的人民代表大会制和政治协商制度，曹聚仁将中外政治制度进行了类比。他把中国的人民代表大会比作英国的下议院，而把中国的政治协商会议比作英国的上议院。另外，他对人大、政协两会作如此介绍："中共和民主政团，也和英国的保守党、自由党、工党一样，都举行他们各自的全国代表大会的。"[③]

（四）将抽象概念具象化

在向海外读者宣传中国的社会主义政治制度的"宽严结合"时，曹聚仁将抽象的概念加以具象化的处理。例如，他在 1956 年 12 月的通讯中写道：

> 中共的中央集权是很严格的，但地方自治的幅度是很宽的。配合着中央集权制，中共又配着几种新的政治措施，一种是对民主政团的放宽尺度，所以，从今年（指 1956 年）十月起，各民主政团都吸收新血，扩大各政团的力量。一种是对知识分子的放宽尺度，除了提高技术人员的待遇，还减轻了知识分子的政治约束，教授及技术人员，对于政治性集会，可以自由参加。一种是对少数民族放松约束，无论对蒙族、回族、藏族或苗族，就对于合作社外的单灶，可以通往来，有无，并不受多大的拘束。[④]

为了让外界更准确地把握中共所提出的指导文化科学工作的"双百"方针，曹聚仁以对文化市场的观察，说明该方针的实施效果。例如，他在

---

① 曹聚仁：《北行小语：我的观感——"中共往何处去？"》，《南洋商报》1956 年 12 月 21 日。
② 曹聚仁：《"国共和谈"传说在香港》，《南洋商报》1957 年 2 月 23 日。
③ 曹聚仁：《北行小语："张君劢致章行严函"跋尾（下）》，《南洋商报》1957 年 1 月 11 日。
④ 曹聚仁：《北行小语：我的观感——"中共往何处去？"》，《南洋商报》1956 年 12 月 21 日。

1956 年 8 月 2 日写给李微尘的信中指出，在北京东安市场的旧书摊上可以找到胡适、陶希圣、陈公博、林语堂、周作人等人的著作。因此他写道："在北京，学术思想自己研究的空气是存在的，他们并不曾焚书坑儒，消灭异端。"①

　　为了证明中国进入社会主义全面建设时期后正在逐渐摆脱对苏联的盲从与依赖，曹聚仁以苏联顾问的地位为具体例证。他在 1957 年 1 月的通讯中写道："中共的社会主义建设过程，无疑的受着苏联的协助；但苏联顾问在中国的地位，只是客卿，在总决策上没有权力的。"②

　　在外交方面，曹聚仁塑造了摆脱殖民统治、珍视独立自主与国家主权、自觉参与国际事务的社会主义新中国形象。例如，为了显示新中国恢复了中国人民的民族自尊心，曹聚仁以中国人对外国人的称谓变化作为证明。他在 1957 年 3 月发表的《今日的"洋人"》一文中写道：

　　　　到了而今，民族自尊心恢复了，在我们眼前的"洋人"，既不是"洋鬼子"，也不是"洋大人"，也不是"帝国主义者"，在今日的北京，通用了一个新名词，叫做"外宾"。在新侨饭店电梯中，挂着几项守则，有一条是说我们要尊敬外宾，让外宾先行。这是一种"礼貌"，和先前的买办、仆欧把洋人看作洋大人的心理是不相同的。③

（五）采用侧面报道

　　侧面报道是指不直接报道事物本身，或不作整体的、全面的报道，而是选取其某个侧面进行间接的、配合性的报道。它对有关的重大事实的新闻报道起烘托的作用。④ 曹聚仁向海外读者报道中国社会主义建设成就时，往往把宏大的主题分解为多个角度去反映，以生动具体、浅显易懂的侧面报道，代替高调的正面宣传。

　　例如，曹聚仁在 1956 年 7 月初次"北行"时，就选择了在衣食住行

---

① 曹聚仁：《北行小简：一个自由主义者的看法》，《南洋商报》1956 年 8 月 15 日。
② 曹聚仁：《北行小语："张君劢致章行严函"跋尾（下）》，《南洋商报》1957 年 1 月 11 日。
③ 曹聚仁：《北行小语：今日的"洋人"》，《南洋商报》1957 年 3 月 1 日。
④ 冯健主编：《中国新闻实用大辞典》，新华出版社 1996 年版，第 81 页。

等方面的切身感受，间接地向海外受众展现新中国的建设成就。他在 8 月
23 日的通讯中写道：

> 记者桌边摆着一本全国铁路客运列车时刻表，不禁为之神往。这
> 样四通八达的陆上交通，在西方国家，也许习以为常，不足为奇。在
> 我们中国大陆上，居然实现了；仅仅解放了七年，国内铁路网便已完
> 成，比孙中山所预想的十万里铁路还多得多，这是一件值得特笔大书
> 的大事。①

又如，他借助 1957 年 5 月底对原国民党将领杜聿明、王耀武、康泽、
宋希濂、黄维的采访记，从侧面肯定了中国社会主义建设方面的成绩。他
写道：

> 他们（指原国民党将领）钦佩人民政府的建设精神与实事求是
> 的工作态度，自惭过去对国家贡献微薄。（他们承认对过去国民政府
> 的错误，应该负相当的责任。）所以目前生活，对他们是最好的教
> 育，在他们生命史上是最有意义的一页。②

第四节　晚年继续爱国工作

晚年的曹聚仁把主要精力集中于进行学术研究、撰写回忆录以及从事
文学创作方面，因此他在报刊上发表的文章也多为此类。与此同时，他还
依然担任两岸密使，为推进祖国统一作出努力。

一　在香港的报刊活动

花甲之年的曹聚仁决定把注意力从新加坡移回香港。1959 年 10 月 16
日，在香港工商界领袖高卓雄斥资促成下，林蔼民在香港主持《循环日
报》复刊。据曹聚仁称，该报复刊是受周恩来总理所托。此报和《香港

---

① 曹聚仁：《北行小语：六、周游全国》，《南洋商报》1956 年 8 月 23 日。
② 曹聚仁：《前国民政府五将领访问记》，《南洋商报》1957 年 6 月 6 日。

商报》①《晶报》② 同属于中国政府与中国共产党在海外宣传的外围报纸，隶属于侨务委员会，由廖承志领导。③ 据报人罗孚④回忆，这是老牌的《循环日报》以新的姿态复刊（其实是全新的创刊）。曹聚仁担任了主笔性质的工作，撰写评论、专栏、副刊等文章，多的时候一天要写四五篇。该报"以中间面貌出现的，定下来的方针是'中间偏右'，办起来却是'右'则不足，而'左'则有之"⑤。

另据报人罗孚和彦火⑥回忆，曹聚仁也替香港左派报纸写文章，不过不多。后来《循环日报》由于亏蚀太多而停办，只留下了《循环日报》派生出的香港左派报纸《正午报》。因此，曹聚仁在《正午报》的副刊开辟专栏，写作地盘大大减少了。⑦

曹聚仁于 20 世纪 50 年代末至 70 年代初为《晶报》撰写专栏，其中包括《侍卫官杂记评注》（文学评论）、《万里行记》（抗战回忆录）、《秦

① 《香港商报》（*Hong Kong Commercial Daily*）创刊于 1952 年 10 月。负责人是张学孔（张渠）。初期是纯经济性报纸、后改为综合性报纸。参见陈乔之主编；《港澳大百科全书》编委会编《港澳大百科全书》，花城出版社 1993 年版，第 389 页。

② 《晶报》（*Ching Po Daily*）由左派人士于 1956 年在香港创刊。该报走中间路线，肩负着统战任务，面向香港、台湾和海外的国民党人士。参见容若《怀念曹聚仁兼论"谬托知己"》，《前哨月刊》（香港）2000 年第 12 期，第 88 页；陈冠中《我们这一代香港人》，中信出版社 2013 年版，第 43 页；罗海雷《我的父亲罗孚：一个报人"间谍"和作家的故事》，香港：天地图书有限公司 2011 年版，第 88 页。

③ 参见曹雷编订《曹聚仁年谱》，载上海市政协文史资料委员会、上海鲁迅纪念馆编《曹聚仁先生纪念集》，上海市政协文史资料编辑部 2000 年版，第 378 页；高谪生《谪生诗集》，香港：科华图书出版公司 1998 年版，第 358 页；张金方《略评曹聚仁在香港的文化活动》，《浙江师范大学学报》（社会科学版）1990 年第 2 期，第 36 页。

④ 罗孚（1921—2014），原名罗承勋，广西桂林人。1942 年，香港《大公报》撤退来到桂林，罗孚考取了《大公报》的练习生，在徐铸成、杨刚领导下工作。后来到重庆《大公报》编副刊，一直做到香港《大公报》副总编辑。20 世纪 50 年代至 80 年代，任香港《大公报》子报《新晚报》总编辑 41 年。1947 年，参与重庆地下党工作。1948 年加入中国共产党。1947 年至 1982 年，罗孚一直从事中国共产党的统战工作。参见高林《罗孚和他的〈北京十年〉》，《读书》2015 年第 5 期，第 41—48 页。

⑤ 罗孚：《南斗文星高——香港文人印象》，大象出版社 2010 年版，第 5 页。

⑥ 彦火（1947— ），原名潘耀明，福建南安人。1957 年定居香港。1966 年中学毕业后，随即进入《正午报》工作，先后任职校对、记者、编辑。参见秦牧等主编《台港澳暨海外华文文学大辞典》，花城出版社 1998 年版，第 509 页；王景山编《台港澳暨海外华文作家词典》，人民文学出版社 2003 年版，第 702—703 页。

⑦ 罗孚：《南斗文星高——香港文人印象》，大象出版社 2010 年版，第 6 页；彦火：《我们的老师——曹聚仁先生》，《香江文坛》2003 年第 7 期，第 7 页。

淮感旧录》（小说）和《听涛室随笔》（学术随笔）。① 据罗孚的记述，《晶报》是"在左派报纸当中调子最低的"。罗孚还指出，尽管曹聚仁参加过《循环日报》的工作，"他还是愿意和左派报纸表面上保持一些距离，以显中间；而左派报纸对他的一些中间性的议论，也有些敬而远之，怕惹麻烦"②。

二　两岸统一梦未圆

虽然曹聚仁在 1959 年 11 月以后就未再踏足中国大陆，但他仍在海外为推进两岸和平统一事业做着工作。据美国中央情报局披露，从 1959 年 1 月初至 1962 年 3 月，曹聚仁又先后六次致信蒋经国，敦促台湾当局与中国政府进行和平谈判。但台当局却始终对此置若罔闻。③ 后经杨天石证实，曹聚仁先后于 1959 年 4 月 25 日、1960 年 4 月底、1962 年 7 月中旬和 11 月 26 日四次致信蒋经国，表明中共不会对台用兵，敦促蒋经国派员到大陆考察，并鼓励蒋经国处理好内部事务，致力于缓和台海情势。④

1978 年，香港《七十年代》杂志首次对外公布关于 1965 年曹聚仁参与两岸和平统一"六项条件"谈判的情况。⑤ 后经叶永烈和杨天石证实，1965 年 7 月 20 日，蒋介石、蒋经国父子在台湾日月潭涵碧楼，听取曹密访北京报告，形成一个与中共关系和平统一中国的谈判条款草案，当时称为"六项条件"。其中第一条即为蒋介石仍为中国国民党总裁，可携旧部回大陆，也可以定居在浙江省以外的任何一个省区；北京当时建议以江西庐山作为蒋介石在中国大陆的起居与办公之地。⑥ 条件虽已谈妥，但此后再无下文。

---

① 参见章念驰《章太炎·曹聚仁·鲁迅》，载上海市政协文史资料委员会、上海鲁迅纪念馆编《曹聚仁先生纪念集》，上海市政协文史资料编辑部 2000 年版，第 95—96 页；王光明《文学批评的两地视野》，北京大学出版社 2002 年版，第 199 页。

② 罗孚：《南斗文星高——香港文人印象》，大象出版社 2010 年版，第 6 页。

③ Peking-Taipei Contacts: The Question of a Possible "Chinese Solution". *CIA Intelligence Report*, RSS No. 0055/71, December 1971, pp. 21—24.

④ 详见杨天石《蒋介石日记中的"两岸密使"》，《同舟共进》2018 年第 9 期，第 50 页。

⑤ 详见王方《记一次中国统一的秘密谈判》，《七十年代》（香港）1978 年第 6 期，第 34 页。

⑥ 叶永烈：《跨过海峡查档案》，《同舟共进》2015 年第 6 期，第 61 页；杨天石《蒋介石日记中的"两岸密使"》，《同舟共进》2018 年第 9 期，第 50 页。

曹聚仁 1972 年 1 月 12 日致信《大公报》社长费彝民，提到生前遗憾是未能完成两岸统一。他写道：

> 在弟的职责上，有如海外哨兵，义无反顾，决不作个人打算。总希望在生前能完成这不大不小的事。弟在蒋家只能算是亲而不信任的人。在老人（指蒋介石）眼中弟只是他的子侄辈，肯和我畅谈的已经是纡尊了，弟要想成为张岳军（指蒋介石的终身幕僚张群），已经不可能了。老人目前已经表示在他生前，要他做李后主，这不可能的了。且看最近这一幕如何演下去。①

1972 年 7 月 23 日，曹聚仁因患癌症逝于澳门镜湖医院。26 日，曹聚仁公祭出殡仪式在镜湖殡仪馆举行，并由费彝民致悼词。悼词中"解放以后，曹先生曾从事爱国工作，有所贡献"一句对曹聚仁生前两岸密使的工作予以肯定。曹聚仁在病中和逝世前后都得到周恩来总理的亲切关怀。②

在彷徨摇摆中，曹聚仁走完了他 72 年跌宕起伏的人生历程。在他生前，两岸和谈限于各种情势一直没能实现。时至今日，他晚年所瞩望的祖国统一大业仍未完成。

小　结

20 世纪 50 年代至 70 年代初，曹聚仁一直以自由报人和国共密使身份活跃于香港和新加坡的文坛与报界。随着 20 世纪 50 年代中期香港"第三势力"活动的衰落，曹聚仁的注意力转移到了新加坡华文报纸《南洋商报》，任该报"驻港特约记者"。同一时期，台湾海峡局势日趋紧张。曹又被国共两党选为沟通两岸关系的密使。在中国共产党统一战线工作的推动下，特别是在中共中央的团结争取下，他逐步走上推动两岸和平统一，并向海外宣传社会主义新中国的道路。

---

① 曹聚仁著；绍衡编：《曹聚仁文选》下册，中国广播电视出版社 1995 年版，第 607 页；曹雷：《女儿忆"国共密使"曹聚仁》，《世纪》1998 年第 4 期，第 33 页。

② 柳哲：《亲友回忆曹聚仁》，载政协浙江省兰溪市委员会文史资料编辑委员会《兰溪文史资料》第 12 辑，政协浙江省兰溪市委员会文史资料编辑委员会 1999 年版，第 2 页。

1956 年 7 月，曹聚仁以《南洋商报》特约记者身份，应邀"北行"赴大陆采访。随着"北行"次数的增加，他有更多的机会接触中共高层领袖，探访新生的社会主义中国政权。由此，他对中国共产党的理念以及社会主义建设的成就也有较为深入的认识。在对大陆政权的观察与认知的基础上，他在海外主动参与了新中国对外宣传工作。时至今日，他在国际通讯中所采用的适度重复、双面论证、类比法、具象法以及侧面报道等对外宣传策略仍有可资借鉴之处。

1956 年首次"北行"后，曹聚仁已不在报刊上公开宣扬"自由主义"的观点。从表象上看，他将自由主义让位于民族主义和爱国主义。就政治观而言，曹聚仁声称他在 1958 年的北行后就"放弃"了自由主义。尽管他的政治观点并非与中国共产党人的完全一致，但是他在言论上支持共产党执掌政权，主张民主人士履行在野监督的职责。

总之，从言行角度考察，晚年的曹聚仁可以称得上是自由主义者中的爱国主义者。统一的民族国家是其爱国主义的逻辑支点。

第九章

曹聚仁自由主义新闻思想
起源与嬗变

既有研究多为对曹聚仁某一历史阶段新闻思想的研究，但缺乏对其思想起源与发展的考察。通过对报刊原件的梳理和归纳发现，曹聚仁的自由主义新闻思想经过了孕育、雏形和发展三个时期。

第一节　曹聚仁自由主义新闻思想的孕育期
（1931—1933 年）

一　自由主义新闻思想与新闻统制之间的张力

新文化运动时期，中国知识分子将西方自由主义思想作为否定封建文化专制主义、破除思想禁锢的工具，不断对其进行吸收和改造。在中国迅速崛起的自由主义知识分子群体高扬"言论自由"和"学术自由"的旗帜，将诸多西方学术著作译介到国内，并将包括新闻学在内的诸多学科的研究推向高潮。自由主义新闻思想也随之出现在新闻学术团体、新闻学教育、报业实践以及新闻学著作之中。

1927 年蒋介石在南京建立国民政府以后，步德、意法西斯后尘，实行新闻统制政策，制定和颁布了一大批有关新闻业的法律法规。1930 年12 月，国民政府制定了《中华民国国民政府出版法》。该法被我国新闻法学界称为"第一部完备的、综合性的新闻出版法律"[①]。1931 年 1 月，为加紧围剿革命根据地和强化法西斯统治，国民政府又颁布了《危害民国紧急治罪法》。[②]"九·一八"事变前，蒋介石南京国民政府就开始肆意践

[①]　详见孙旭培《新闻自由在中国》，香港：大世界出版公司 2013 年版，第 30 页。

[②]　李伟民编：《法学辞源》，黑龙江人民出版社 2002 年版，第 1426 页。

踏民众的言论自由。事变之后，国民政府借口民族矛盾激化，汲取德、意法西斯新闻宣传思想，进一步加强了对新闻宣传的控制，颁布了一系列新闻出版法规。1933 年之后，国民党开始推行事前预防的新闻检查制。总之，抗战初期国民党控制舆论的手段多样化，审查追惩制度逐步细化。具体手段包括：设立新闻检查所，实施邮电检查，关闭进步书店，查禁进步书报刊，迫害报人等。①

1931 年 3 月 4 日，负责发行《涛声》周刊的上海群众书店被国民政府当局查封。直到 7 月书店才判决无罪。② 在国民党新闻统制下发生的"刘煜生案"曾轰动全国。1933 年 1 月 21 日，镇江《江声日报》经理兼编辑刘煜生被江苏省政府主席顾祝同以宣传"共产"为借口，非法逮捕并枪决，引起了公愤。2 月 1 日，中国民权保障同盟举行记者招待会，指出"此种蹂躏人权破坏法纪之黑暗暴行，已明白证明顾祝同实质上与北洋军阀毫无二式"③。作为上述事件的延续，北平市国民党党部宣布中国民权保障同盟是非法组织，请军政机关不准其成立。

面对 20 世纪 30 年代初国民党的新闻统制政策，自由主义新闻流派将争取新闻自由定为自己的奋斗目标。④ 曾在 20 世纪 20 年代深受自由主义思想熏陶的曹聚仁自然而然地融入了自由主义新闻流派。自 1931 年 8 月在上海创办《涛声》直到 1933 年 11 月 25 日该周刊被迫终刊，曹聚仁在揭露国民党对内镇压暴行的同时，有了关于新闻自由思想的表述。

二　孕育中的自由主义新闻思想

针对上海群众书店被查封事件，曹聚仁在 1931 年 9 月 5 日出版的《涛声》发表了《我们的话：躲避环境》一文。他在篇末用曲笔暗示政府对新闻自由的践踏。他写道："我以为'躲避环境'应当有个躲避的去处，这样一个环境，叫我们从何去躲避呢？现在，我们深深地感到：'我们真缺少一些什么呢！'"⑤ 紧接着，在 26 日的"我们的话"专栏中，他

---

① 参见中国第二历史档案馆编《中华民国史档案资料汇编》第 5 辑第 1 编第 1 册，江苏古籍出版社 1994 年版，第 89—90、161—163 页。

② 陈思：《我们的话：躲避环境》，《涛声》1931 年第 4 期，第 1 版。

③ 程曼丽、乔云霞主编：《新闻传播学辞典》，新华出版社 2013 年版，第 98 页。

④ 参见徐培汀、裴正义《中国新闻传播学说史》，重庆出版社 1994 年版，第 280 页。

⑤ 陈思：《我们的话：躲避环境》，《涛声》1931 年第 4 期，第 1 版。

更直截了当地指出："在现代中国做人，既没有法律的保障，更谈不到言论的自由。"①

曹聚仁认为，纵然人人彻底"莫谈国事"，但国民政府当局依然践踏人民的言论自由。他在1932年1月底发表的《莫谈国事》中谈道："不过衙门里的侦探，邮电处的检查员，还有×老爷们，他们正吃得肥，闲得慌中？总会替他们的主子找些枝节出来的，即不谈国事，难道就会饶放我们吗？""约法赋予人民以言论自由，行政院颁布撤销新闻检查的命令，但《国民公论》就在这几天被邮政检查员扣留了，你看我们有言论自由吗？"②

"刘煜生案"发生后，曹聚仁对此种钳制新闻自由、蹂躏人权的行为表示愤慨。在2月11日发表的《刘煜生被杀事件》一文中，他把中国民权保障同盟对顾祝同的批判变成了顾祝同的口出狂言。他写道："咱老子要杀人便杀人，你来咬老子的×，老子实质上要和北洋军阀毫无二式，看你蔡老头子（指中国民权保障同盟副主席蔡元培）怎么样！"最后曹聚仁无奈地叹息道："这正是'生命不必有保障！民权其如军权何！'"③

中国民权保障同盟被宣布为非法组织后，曹聚仁发表《民主保障同盟》一文，以反讽的口吻称，民国政府的《出版法》《危害民国紧急治罪法》《军法》里都没有"民权保障"字样，那么这种同盟自然是非法组织，理当取缔。最后，他还不无讽刺地说："我们还是来组织蹂躏民权同盟罢！"④

1933年3月浙江省国民党党部呈请中央禁止上海《申报》和《新闻报》在杭州发行特刊发消息。6月上海大陆商场设立党政军合办的新闻检查处，致使上海当地各大报纸一经检查，常有"开天窗"的情况。曹聚仁撰文对上述政府压制新闻出版自由的行为表示强烈不满。⑤

总之，在主办《涛声》期间，曹聚仁已针对政府压制言论自由的行为，发出了争取新闻自由的呼吁，为他日后形成新闻自由思想奠定了基础。

---

① 陈思：《我们的话：我们缺少一些什么》，《涛声》1931年第7期，第1版。
② 陈思：《我们的话：莫谈国事》，《涛声》1932年第25期，第1版。
③ 韩泽：《从何说起：刘煜生被杀事件》，《涛声》1933年第2卷第5期，第2页。
④ 韩泽：《从何说起：民权保障同盟》，《涛声》1933年第2卷第6期，第6页。
⑤ 详见韩泽《从何说起：无独有偶》，《涛声》1933年第2卷第11期，第1页；聚仁《读报有感》，《涛声》1933年第2卷第22期，第1页。

第二节　曹聚仁自由主义新闻思想的雏形期
(1934—1937 年)

如第三章所述，曹聚仁曾投身于 20 世纪 30 年代的上海小型报革新运动。在此期间，他初步形成自由主义政治思想。其自由主义新闻思想也随之进入雏形期。下文将根据现存的《社会日报》，具体分析曹聚仁在全面抗战爆发前的新闻思想。

一　社会责任论的传入与应用

进入 20 世纪以后，随着西方资本主义国家大众传播事业集中和垄断的加剧，传播资源越来越集中于少数人手中。英美等国的新闻业出现了失控现象，其中滥用新闻自由就是表现之一。20 世纪 30 年代，报刊的社会责任论在美国诞生，成为对西方古典自由主义理论的重大修正，又称"新自由主义传播理论"。西方新闻学者认为，"自由主义"的新闻理论是一种"消极的自由"，而"社会责任"论是一种"积极的自由"。社会责任论者强调新闻自由是权利和义务的统一，主张实行一种"有控制的新闻自由"[1]。社会责任论一经提出，就被迅速引介到中国，并对中国报界产生了广泛影响。

据曹聚仁回忆，在小型报革新之前，小报时常因"格调低下"被国人诟病。当时人们指责小报有三宗罪状：第一罪状是小报造谣诬蔑；第二罪状是说小报专刊诲盗诲淫的社会新闻；第三罪状是小报喜欢揭人隐私。[2] 为了扭转读者对小报的陈旧认识，曹聚仁将社会责任论诉诸上海小型报《社会日报》的改革之中。首先，他从小型报的社会责任入手，为这种受到西方大众化报纸影响且兼具中国历史特性的报纸"正名"。其次，他探讨了小型报的报道内容、记者的职责以及言论自由等内容。

---

① 参见余家宏、宁树潘、徐培汀等编《新闻学简明词典》，浙江人民出版社 1984 年版，第169 页；薛中军《中美新闻传播比较研究——话语文本结构》，上海交通大学出版社 2013 年版，第 58 页。

② 曹聚仁：《谈小型报纸》，《社会日报》1935 年 9 月 21 日，社论。

二 雏形期的自由主义新闻思想

（一）关于小型报的社会责任与报道内容

1934 年 1 月，曹聚仁将小型报的职责概括为"揭示社会的侧影"，"暴露人群的矛盾"，"推动时代前进"①。1937 年 6 月，他进一步指出，民主政治与小型报的责任之间存在内在一致性：

> 民主政治的基本条件，就是民众起来管理国家，监督政府的设施；林肯所谓"By""For""of"三原则，也正是代替民众意见的报纸的三原则。②

针对所谓的小报"三宗罪"，曹聚仁一一予以批驳，并围绕小型报的报道内容展开讨论。

首先，针对"最多造谣"的问题，他指出："畸形组织之下的报纸，要完全刊载正确真实的消息，事实上决不允许。小型报所载的消息，比其他大报的消息，似乎正确可靠得多。"③

其次，对于"专刊诲盗诲淫的社会新闻"的问题，他指出，小报注重社会新闻能使读者"看见这黑暗社会的底层"，"暴露社会的丑恶"④。他强调社会新闻存在的价值在于："其实一个强盗的口供，比一个经济学家的理论，还能道破社会经济的矛盾性，一个妓女的生活史，也正是都市溃烂的最正确的注解，一个家庭的乱伦故事，比一部伦理学还能透视旧道德的暗影。"⑤

再次，针对"挖人隐私"问题，他指出："正人君子在讲台上冠冕堂皇，多么体面；然而他们同是血肉的活人，他们还有不告人的隐私。不过隐私在小报上公开公开也并不错。"⑥ 他甚至认为对文人隐私的挖掘依然不够深入。⑦ 因此，他主张《社会日报》努力"变成一面照妖镜，把那些

① 曹聚仁：《我们的扮演》，《〈社会日报〉三周纪念册》1934 年第 1 期，第 15 页。
② 曹聚仁：《理想的小型报（下）》，《社会日报》1937 年 6 月 20 日。
③ 曹聚仁：《谈小型报纸》，《社会日报》1935 年 9 月 21 日，社论。
④ 同上。
⑤ 曹聚仁：《理想的小型报（下）》，《社会日报》1937 年 6 月 20 日。
⑥ 曹聚仁：《谈小型报纸》，《社会日报》1935 年 9 月 21 日，社论。
⑦ 曹聚仁：《再论文坛消息》，《社会日报》1936 年 8 月 21 日，社论。

大文豪的灵魂都摄出来，使他们无所遁形！"①

（二）记者的职责

首先，曹聚仁认为一个记者的"职分""并不在发表自己的意见，而在综合一般的意见"。他以西安事变为例，说明记者应该"搜集材料"，说明它的"来龙"，还应该"分析现象"，指明它的"去脉"。

其次，曹聚仁指出记者的"最大职分"在于"养成一般的社会兴趣"，且肯就社会问题"发表议论"。他以对西安事变的报道与评论为例称："我的文章，实在不是写给政府当局看的，为什么不说点老老实实的话，借此机会来共同探讨探讨社会的实际问题呢？"他自称，执笔为文"认定应该站在政府的对面，做一个政府的批评贡献者"②。

（三）言论自由与"民治"

曹聚仁认为，言论自由体现了民治国家的"民治"精神。他指出："言论不是一个人的牢骚，而是一群人的申说，不是一时的'随感录'，而是对于实际问题的具体意见，不是对于或人或政府的攻击，而是对于其事其政的善意批评。""每一种言论，都代表它那一群、那一阶级的要求；那社群存在一天，那言论就有一天的意义。"③

第三节　曹聚仁自由主义新闻思想的发展期
（1939—1945 年）

全面抗战时期，曹聚仁的自由主义新闻思想进入了发展时期。从1939 年起，他的新闻思想随着战局的发展而发生转向。下文将基于《战时记者》杂志和《大江南线》通讯集，对曹聚仁在全面抗战时期的新闻思想予以分析。

一　抗战救亡大局下"战时新闻学"的兴起与影响

全面抗战爆发前后，民族危机催生了中国知识分子的民族主义焦虑，"战时新闻学"应运而生。其核心理念是强调新闻的工具理性。它认为新

---

① 曹聚仁：《也关于"小报"》，《社会日报》1936 年 9 月 20 日，社论。
② 曹聚仁：《答客问》，《社会日报》1937 年 1 月 4 日，社论。
③ 阿挺：《蜂语》，《社会日报》1937 年 2 月 22 日。

闻是民族解放斗争的重要工具。新闻界应该拿起手中的武器，担负起抗战救国的重任。[①]

在这一新闻学研究理念指引下，"战时新闻学"的研究团体纷纷成立，新闻学研究刊物也随之创刊。1938 年 4 月 12 日在金华成立的浙江省战时新闻学会就是诸多研究团体中的一家。[②] 同年 9 月 1 日"记者节"，该团体创办了机关刊物《战时记者》月刊。作为"战时新闻学"的主要研究期刊，《战时记者》肩负"自我教育"和"矫正时弊"的两大使命，"它一面要设法使新闻的工作者，取得进修的机会和工具，改善报业、报纸及报人的本质；另一则为矫正一部分人，对于新闻工作者的蔑视与轻视"[③]。

战时新闻学者普遍认为，新闻自由是以国家民族自由独立为基础的。若民族不能自由独立，新闻自由无从谈起。因此在面临民族生死存亡的时刻，战时新闻学者从国家民族大义出发，认为在战时应该接受政府的新闻统制政策，限制新闻自由。[④] 另外，"力求的报纸大众化"是战时新闻学者们在新闻写作、编辑和评论时探讨最多的话题。[⑤]

自 1938 年中国抗战从防御阶段进入相持阶段直至抗战胜利，曹聚仁进入国民党的新闻机构中央社，成为一名战地特派员，奔走于大江南北，接受抗日烽火洗礼。除了为中央社撰稿，他还于 1939 年至 1945 年以战地记者的身份，成为《战时记者》杂志的主要撰稿人之一，并为《前线周刊》[⑥] 撰稿。由于国民党的战时新闻统制的限制，以及战时新闻自由观的改变，曹聚仁进入中央社后由以前的大声疾呼"言论自由"，转为主张"有控制的新闻自由"。为了促使报纸大众化，曹聚仁注重向新闻工作者传授业务思想，同时对读者进行新闻素养教育。

二　发展期的自由主义新闻观

尽管表面上牺牲了新闻自由，但曹聚仁从"战时新闻学"视角，系

---

① 参见庄廷江《"战时新闻学"研究（1936—1945）》，湖北人民出版社 2014 年版，第 5—13 页。

② 金华市地方志编纂委员会编：《金华市志》，浙江人民出版社 1992 年版，第 1031 页。

③ 《勇敢迈进之第三年》，《战时记者》1940 年第 2 卷第 5 期，第 2 页。

④ 参见庄廷江《"战时新闻学"研究（1936—1945）》，湖北人民出版社 2014 年版，第 123 页。

⑤ 同上书，第 191 页。

⑥ 1945 年 8 月 13 日创刊，系国民党第三战区机关刊物，以宣传抗日和反共为主。参见上饶县县志编纂委员会编《上饶县志》，中共中央党校出版社 1993 年版，第 369 页。

统地总结了从事新闻报道以来的经验和教训，使其自由主义新闻思想得以发展。例如，针对报人，他从新闻伦理角度阐述了报人的社会责任，并基于新闻业务的经验总结出新闻文艺论。针对读者，他在抗战时期提出了读报素养论，着重于介绍军事新闻的读法。

（一）新闻伦理与社会责任

在长期的办报实践中，曹聚仁对报人的伦理问题颇为重视，提出如下主张：

首先，报人应归还权力于大众。曹于1940年记者节在《战时记者》特辑上发表文章《我们的冕》。他提醒记者们应正确认识自己手中的权力。他写道：

> "无冕之王"那句老譬喻是说新闻记者握有一份权力，好像从前皇帝一样，可以生杀予夺，随所欲为，社会人士怕新闻记者使用这份权力，有时虽只能忍受记者的恫吓欺骗，其实记者并不应该盗取这一份权力。记者应该认清权力的宗主，早日还之大众。①

其次，报人应独立于政治和经济利益。1939年至1940年间，曹聚仁在《战时记者》杂志上阐发了希望报人"独立自尊"，"献身于新闻事业"的基本思想。他揭露了"京派"和"海派"新闻记者给新闻界造成的恶劣影响："京派靠领津贴过日子，海派则以商店广告为生"。他认为二者都是"对于社会文化加以毒害或侮辱"。他建议，新闻从业人员把记者节当作"反省的纪念日"，检讨"我们的报道文字，写过无关社会大众的私生活没有？彼此相互标榜过没有？把新闻事业当作走上政治舞台的阶石没有？利用新闻工具来对人身攻击过没有？"他呼吁新时代的年轻记者："要于京派海派以外，另取一种作风——这作风，即是把我们的精神献给新闻事业，把新闻事业当作一件事业来做；不要把它当作升官发财的敲门砖，也不要当作一种企业。"他吁请报界同人独立于政治和经济利益，"要在新时代的开头，立下志来，不做京派的津贴蠹，不做海派的商

---

① 曹聚仁：《二十九年记者节特辑：我们的冕》，《战时记者》1940年第3卷第1期，第4页。

人奴，做一个终身献身于新闻事业的独立自尊的记者"①。

再次，报人应担负社会责任。曹在《战时记者》上指出，"报纸既有教育社会及指导社会的责任，单以满足读者好奇心理为取材标题，那是绝对错误的！"他建议记者们在撰写战地通讯时："第一件先把你自己搁在一边，你要认清新闻是社会的工具，不是你个人的工具。你的通讯写好以后，你且看一看每个读者将从你的通讯得到什么？要为读者而写，不要为你自己而写。"因为他认为，记者只有"克制滥用工具的心理，真正做到为社会而服务，这才能把新闻事业纳入正轨"。就社会新闻而言，他呼吁年轻记者"洗手不写刺激色情狂的黄色新闻"，以此"开辟新姿态之社会新闻的途径"②。

（二）读报素养论

1939年6月初，曹聚仁在《战时记者》杂志发表《战时新闻的读法》一文。他指出抗战时期读者群中普遍存在的矛盾心理，"消息传播的方式愈秘密，所获得的信任成分愈多。一般人相信里巷传说八九分，相信无线电广播六七分，对于报纸的记载至多相信三四分"。针对上述现象，他论述了记者、编者和读者之间的关系，并向读者建议了战时新闻的三种读法。③

首先，记者、编者和读者之间的关系。曹强调，在新闻产生的过程中，记者只能限于局部的消息；记者既无法知道全局，有时把局部的事看得非常重要，访稿中不免夸大或遗漏。记者访稿中的缺点，经编者的剪裁，都已纠正过来了。编者一面替记者做老师，一面又替读者做老师；他只怕读者事忙，或者看不懂，他们用各式各样的大小字体，替读者做起标题，使读者一目了然。但是编者的立场观点各有不同：有的对抗战前途抱悲观，有的却抱乐观。同一消息，乐观者和悲观者的看法不一。因此，那些大小标题、新闻排列顺序，各有各的做法。④

---

① 曹聚仁：《京派海派以外——不做津贴蠹！不做商人奴！》，《战时记者》1939年第1卷第9期，第5—6页；曹聚仁：《二十九年记者节特辑：我们的冤》，《战时记者》1940年第3卷第1期，第4页。

② 曹聚仁：《京派海派以外——不做津贴蠹！不做商人奴！》，《战时记者》1939年第1卷第9期，第6页；曹聚仁：《编报难，读报亦不易》，《战时记者》1940年第2卷第10期，第17页。

③ 曹聚仁：《战时新闻的读法》，《战时记者》1939年第1卷第10期，第6—7页。

④ 同上书，第6页。

其次，战时新闻的三种读法。曹指出，"头等读报法"是"从字里行间获得新闻"，即"求消息于消息之外，求消息于文字之外"。"次等读报法"是"参互对比"。曹称自己读报时，必同时看多种，又必把内地与沪报、港报对比阅读，以获得正确消息。例如，1938 年冬至 1939 年春，他从一些汉奸报、日文报刊中了解到日本经济的困难、军事的棘手，沦陷区域的敌情伪情，因此更坚定了抗战必胜的信念。曹称"末等读报法"为"'倭子看戏'，随人说短长"。他认为，"只要所选定的长人，真有所见，随着说说也还不错"。因此，他奉劝一些人，"当军事巨变中，与其轻信谣言，徒乱人意，不如相信报载消息为妙"①。

抗战即将结束时，曹对上述军事新闻读法进行了归纳和提炼。他于 1945 年 8 月 20 日发表了《军事新闻读法》，向新闻从业人员及一般读者介绍了军事新闻的读法。他的建议如下：甲，"不要着眼孤立的一条战讯，要着眼一个事件，看它怎样发展原来察微知著，观变知常。（中略）看过了过去的演变，就可以知道今后的趋势"。乙，"不要轻率先下推论，把自己的推论来迷惑自己的眼睛"。丙，军事有其"秘密性"，因此军事新闻"必有若干不可信的成分"，而且"文化宣传已为辅助作战的一种工具，军事新闻，有时本不求其正确，甚或伪造消息以为掩护亦无不可"。丁，"从看报那一天起，就要逐渐养成自己看报的习惯"，以培养"独立判断的能力"②。

（三）新闻文艺论

面对 20 世纪 30 年代末中国新闻界青黄不接的局面，曹聚仁认为给青年记者指示"入门的途径"是一件"切要工作"。1939 年出版的英国记者詹姆斯·贝特兰（James Bertram）的《华北前线》新闻文艺集子成了曹聚仁指导青年记者学习新闻文艺写作的范本。1940 年 7 月，曹聚仁发表了《新闻文艺论》，介绍了何谓"新闻文艺"以及如何撰写"新闻文艺"③。

曹聚仁首先界定了"新闻文艺"。他认为，新闻文艺或称报告文学（Reportage），"并不是纯文艺，乃是史笔"。因此，曹聚仁提示记者们

---

① 曹聚仁：《战时新闻的读法》，《战时记者》1939 年第 1 卷第 10 期，第 6—7 页。
② 曹聚仁：《军事新闻读法》，《前线周刊》1945 年第 1 卷第 2 期，第 13—15 页。
③ 曹聚仁：《大江南线》，战地图书出版社 1941 年版，第 1—11 页。

要注意新闻与艺术性描写在新闻文艺中的比重："它的成分，要让'新闻'占得多；艺术性的描写，只有加强对读者诱导的作用，并不能代替新闻的重要地位。"另外，他提示，记者本人除用以标示"时""地""关系"以外，不必在通讯里出现；记者的私生活"绝没有新闻的意义"，更不必写入通讯。"记者"更不应该把写通讯当作自我宣传的工作。①

曹聚仁以记者詹姆斯·贝特兰的新闻文艺集子《华北前线》为例，指出构成优秀新闻文艺的几个基本条件：一是作者透辟的观察力；二是井然的材料处置；三是秀美的描写。在此基础上，曹从"新闻眼"的养成、材料的处理、"特写"的使用及其限度三个方面展开论述。②

首先，曹指出，新闻记者必须养成透辟的观察力，即"新闻眼"。他认为，"新闻眼"的养成可遵循如下三步：第一步，先要从变动的客观现象中"构成一个鸟瞰式的轮廓和波浪式的史的概念"，"把每一件事放到一串事件的发展过程中去看，才可以明了其正确的意义"。第二步，切莫孤立的或片面的看待某一条新闻。第三步，"记者要审视被采访者所说的主观色彩成分，从'谣言'中找到'真实'。编辑也要对来自许多方面的新闻报道加以鉴别，以便重新组成一件正确的新闻"。

第二，曹强调，处理材料是新闻技术的中心，一个新闻记者的成功和失败会从这方面表现出来。他从司马迁的《史记》中得到启示，认为处理新闻材料，用之以纵的、横的或综合的叙述，其方法原不同，而有"相得益彰"之妙。

第三，曹指出，用艺术的笔触来作"特写"是新闻报道中的"辅助之笔"。新闻记者"要在加强力量，提示读者注意的地方使用艺术之笔"。例如，叙述一件事故，入到中心时，就得渲染一番，渲染处即可作一"特写"。对许多事件的报道，从正面着笔难于舒展，改为从侧面着笔时可用"特写"。又当主题未出，用阴影来衬托主题时，也常用"特写"。一切艺术的笔触都有诱导的意味，所谓引人入胜；但新闻中特写当以完成诱导作用为限度；过了这个限度，即失去了"特写"的本意。

---

① 曹聚仁：《大江南线》，战地图书出版社 1941 年版，第 2 页。
② 同上书，第 4—11 页。

小　结

在自由主义新闻思想与国民党新闻统制形成的张力之中，曹聚仁于20世纪30年代初主办《涛声》周刊期间，发出了言论自由的呼吁。这标志着曹聚仁的自由主义新闻思想先于其自由主义政治思想产生，也反映出其早期言论出版自由观带有较为浓厚的理想主义色彩。

20世纪30年代，随着资本主义传媒业竞争与垄断的加剧，"社会责任论"在美国诞生，成为对古典自由主义理论的重大修正。这一理论迅速传入中国并对中国报界产生了巨大影响。1933—1937年，曹聚仁以进步作家身份积极推动上海小型报革新运动。这一时期，他已初步形成以反对国民党的"一党专制"，呼吁自由、民主和法治为特征的自由主义政治思想。作为这一政治思想的延伸，他围绕记者职责在于"解决社会实际问题"的议题展开论述，提出将"新闻自由思想"与"社会责任论"并举的思想。最终，在以曹聚仁为代表的报人群体的共同努力下，小型报逐渐成为异于"小报"，且可与大报比肩的新型报纸。简言之，参与小型报革新时期，曹聚仁的自由主义新闻思想进入了雏形期，其中的现实主义倾向日渐明显。

全面抗战期间，曹聚仁担任了国民党新闻机构中央通讯社的战地特派记者，从而完成了由体制外到体制内的身份转换。在全民族抗战的大局下，特别是在"战时新闻学"兴起的语境中，曹聚仁的自由主义新闻思想得到进一步发展，即由以前的大声疾呼"言论自由"转为主张"有控制的新闻自由"。这一时期，他主要向国人引介了西方的报刊伦理思想、读报素养论和报刊业务思想。具体而言，他在抗战时期对新闻自由和报业伦理的相关阐述，明显受到了西方自由主义新闻理论和社会责任论的直接影响。他认识到报业所具有的"社会公器"和"经济利益实体"的二重性。他也意识到，滥用新闻自由可能对社会造成不良影响。因此，他主张以报业伦理对自由加以限制。在"读报素养论"方面，他以浅显易懂的文字，向读者介绍报纸采编过程中的"把关"以及"议程设置"，并向读者传授了战时新闻的阅读经验。此外，他还形成了以"新闻文艺论"为代表的报刊业务思想。其中，他着墨最多的"新闻眼"养成步骤具有极强的启发性和可操作性。这一时期，曹聚仁的自由主义新闻思想已然体现了强烈的现实主义取向。

　　综上所述，伴随着抗日战争的进程以及国民政府的新闻统制政策的日益强化，曹聚仁的报业实践逐步展开。他的自由主义新闻思想日臻成熟，从中体现出由理想主义向现实主义的演变。他的自由主义新闻思想也成为其自由主义政治思想的延伸与补充。纵观中国报业发展史，曹聚仁的新闻思想在抗日战争时期及国民党新闻统制的语境下具有一定代表性，在一定程度上推动了中国新闻业的发展。

结　语

> "怯弱"与"反抗"交织的精神，贯彻到我的个人言行之中，乃形成了我今日的彷徨与苦闷。
>
> ——曹聚仁，与长女曹雷书，《采访二记》前记，1954 年

> 解放以后，曹先生曾从事爱国工作，有所贡献。
>
> ——费彝民，曹聚仁公祭悼词，澳门，1972 年 7 月 26 日

综合上述各章考证与分析，在民国自由报人群像中，曹聚仁是个典型代表。他的一生基本上可以分为两个阶段。第一个阶段是在中国大陆活动时期，即从 1900 年出生开始至 1949 年中华人民共和国成立前后为止。第二个阶段是在香港活动时期，即 1950 年南下香港到 1972 年去世为止。

曹聚仁的一生跨越了清末民初以及新中国政权各时期，经历了半殖民地半封建社会向社会主义社会的过渡。可以这么说，在中国传统思想与西方现代民族主义、自由主义和社会主义等社会思潮的碰撞激荡中，不少这个时期的中国知识分子从传统士大夫阶层逐渐朝向现代知识分子转变，走上了不同的道路，呈现出不同的面貌。

从曹聚仁的个案研究中，不难发现不少中国知识分子在大时代下表现出动摇性和投机性。曹聚仁的思想和报刊活动体现出"中间派"自由主义知识分子在大时代中的不甘寂寞、无奈与摇摆，兼具革命性和妥协性的双重特点。这些特性与其说是新闻职业者、自由主义者和民族主义者三种社会角色的矛盾和冲突所致，不如说这三种社会角色只是某些知识分子为掩盖其内心的矛盾而打出的三种旗号。曹聚仁的动摇性和投机性根源在于他自身思想的混乱、动摇与彷徨，一切言行以自己的利益为依据，追求自身利益最大化。因此，他的一生常陷入错综复杂的矛盾和争议之中。

此外，曹聚仁曾在新文化运动中受到西方自由主义思想的影响，而自1925年始与自由主义知识分子周作人的交往进一步强化了他对自由主义的向往和追求。

尽管自民国初年，随着中国报业的职业化，部分自由报人已逐渐打出"不介入政党政治"的职业新闻观的旗号，但曹聚仁始终贯彻其善变的政治投机主义的方针，以"中间派"报人身份在各方政治势力之间游走。这就是他与其他自由报人的显著差异。

以上是曹聚仁一生的基本特征，以及他与其他自由主义者的差异。实际上，他在不同历史时期的身份地位、工作重点和言论特征呈现不同特征和较大差异。兹分述于下。

一　在中国大陆活动时期（1920—1949 年前后）

20世纪上半叶，世界格局动荡不安，中国政权屡次更迭。曹聚仁经历了20世纪20年代初涉报界，20世纪30年代自办刊物，抗战时期成为战地记者兼蒋经国幕僚，再到战后走向政治前线的身份变化。

以下再细分为三个时期，针对时代背景和曹聚仁言行的特征予以总结。

1. 第一期（1920 年前后至 1930 年）

早在20世纪20年代，在陈望道、邵力子等人帮助下，青年曹聚仁初涉上海报界，为《民国日报》副刊《觉悟》撰稿。由曹聚仁在该报发表的言论可见，他在20世纪20年代初已经成为具有民族主义意识的知识分子。与此同时，他开始对研究政治越来越感兴趣。他对政治的认识受到西方哲学家、思想家的影响，但仍然停留在理论层面。为《觉悟》撰稿期间，曹聚仁与当时的国共两党产生了千丝万缕的联系，他在此阶段所结识的国共师友后来影响了他一生的轨迹。其中国民党元老吴稚晖曾被他奉为精神导师。1927年国民党"清党"后，吴稚晖"首议清共"的言论令曹聚仁深刻地体会到了政治斗争的黑暗。另外，对"自由主义"的追求与向往，使曹聚仁与周作人从1925年开始交往。曹聚仁自称是周作人的"信从者"，"在消极的意义，有些近于虚无主义，在积极的意义，有些近于新自由主义"。

2. 第二期（1931—1945 年）

1927 年大革命失败后，曹聚仁经过近五年的彷徨和沉默，原本意图远离政治风暴，却与志同道合的朋友们一起于 1931 年 8 月在上海创办《涛声》周刊。该刊和胡适创办的《独立评论》汇聚了大批自由主义学人。曹聚仁在《涛声》宣扬所谓"乌鸦主义"和"虚无主义"的宗旨和态度。他所说的"乌鸦主义"是以批判的态度来对待一切。换言之，《涛声》有如乌鸦"在屋角呀呀的叫，无非'报告凶讯'，叫大家各自当心，既不恳求'赏钱'，亦不等待'奖励'"。曹聚仁的所谓"虚无主义"源于屠格涅夫《父与子》中一段对话，其中特别强调"一个虚无派不崇拜任何权威，不人云亦云的信仰任何主义"。《涛声》的宗旨和态度并非一成不变：由创刊之初的"与政治绝缘"到"九·一八事变"后的"批评政治当局"，再于 1933 年 5 月中日签署《塘沽停战协定》后恢复到"与政治绝缘"。曹聚仁的报刊言论也随之发生微妙的变化。对于 1931—1933 年日本侵华的加剧以及国民政府与学界唱和的"不抵抗主义"，曹聚仁虽然都予以批判，但是力度却有所不同。随着国民政府言论的收紧，他对政府的批评日趋隐晦委婉，并逐次消失。为稳固国民党的政权，他不忘提醒国民党注意正在崛起的共产党。对于学界鼓吹"不抵抗主义"的自由主义者丁文江和胡适等学界名流，他则加以强力批判。相较于丁、胡二人，曹聚仁以民族和国家利益为重，大声呼吁抵御外辱，救亡图存，尽显爱国情怀。在主持该刊期间，曹聚仁针对政府压制言论的行为，发出了争取新闻自由的呼吁，为日后形成新闻自由思想奠定了基础。这一时期可以说是曹聚仁自由主义新闻思想的孕育期。《涛声》最终还是难逃被当局查禁的厄运，于 1933 年 11 月 25 日终刊。

"全面抗战"初期，曹聚仁兼职为上海《社会日报》撰稿，其言论重新聚焦于抗日话题。虽然曹聚仁在"国共合作抗日"初期的言论基本保持着一贯的民族主义和爱国主义，但他却一改对汉奸（包括军政要人和知识分子）的谴责口吻，转而对"变节"的知识分子表示理解。仅就这一点，即可见曹的抗日观点和立场在保持"主流"不变的同时，其"支流"随着时局的变动而发生了微妙的"改道"。

随着 20 世纪 30 年代中期日本侵华的扩大，中国的自由主义者开始逐渐放弃以往超党派的立场而试图同国民党合作，他们当中不少人加入了国民党政权。同时，他们在国共党争中更偏袒于政府一方。在此背景下，曹聚仁的自由主义政治思想的雏形已告形成，其中杂糅了美国的新自由主义与英国的社会民主主义。尽管他在《社会日报》上呼吁自由，但他在民族国家面临存亡之际仍寄希望于蒋介石这样的专制强人。尽管曹聚仁此时关于"自由"的主张明显带有妥协性和局限性，但其政治观点在一定程度上是向国民党的"训政体制"提出挑战，在 20 世纪 30 年代的民主宪政运动中具有一定的进步意义。曹聚仁的自由主义政治思想对其新闻理念也产生了影响，主要表现为从西方引入社会责任论，并将其诉诸 20 世纪 30 年代以《社会日报》为代表的上海小型报革新运动。曹聚仁的自由主义新闻思想也随着他在该报的报业实践进入雏形期。曹聚仁在为该报撰稿期间是以国民党政府的"批评者"的姿态自居，但在实践方面他身体力行效法英国费边社成员，以迂回的表达方式向国民党委婉谏言，实质上扮演了维护国民党统治地位的谋士角色。1936 年，曹聚仁自称是动荡年代中"钟摆式"的人物。

全面抗战爆发后，曹聚仁先后以独立战地记者和国民党中央通讯社战地特派员身份奔赴战场。由此可以窥见自由报人在抗战期间的职业选择、社会流动、新闻实践及其思想变化。

1937 年"八·一三"淞沪会战期间，曹聚仁凭借与军方的私谊，获得了采访与报道的独有优势，其战地报道出现了第一次高潮，引起了较大反响。随着 1938 年中国抗战从防御阶段进入相持阶段，曹聚仁由独立战地记者一跃成为中央社的战地特派员，对于国共战场的报道与评论基本做到了客观公允，形成了战地报道的第二次高潮。值得一提的是，抗战进入相持阶段后，曹聚仁对日本的"以战养战"与"以华制华"的两大殖民政策加以猛力抨击，这对国人分辨和抵御日本殖民政策起到了警示与指导作用。尽管曹聚仁对于汪精卫及其走狗樊仲云投靠日本法西斯的汉奸行径大加挞伐，但他对于友人周作人的附逆行为却始终持暧昧态度，不分是非。这也从一个侧面反映出其思想的内在矛盾性。

1941 年，曹聚仁凭借对国民党"政治新人"蒋经国的行止及其赣南新政措施的大肆鼓吹，在短短一年时间内快速接近蒋经国，并应邀进入其幕府，主持"新赣南运动"宣传机构《正气日报》的工作。蒋经国所看重的正是曹聚仁的资历、声望、成就和能力，特别是他自由主义者的身份。主持《正气日报》一年间，曹聚仁尽心投入报纸经营管理，使其影响迅速扩大，外界也已认为曹聚仁是"太子系"人物。此时，曹聚仁却选择辞去报社一切职务。根据各种文献推断，曹聚仁离开该报原因有二：首先，他对国民党内部的政治派系斗争心生厌倦，不愿卷入其中；其次，在美国的介入下，中国各党派的力量消长尚未明朗，因此他选择退而观望。虽说曹聚仁离开了苦心经营的《正气日报》，但他仍是蒋经国的幕僚，始终与之保持着密切联系。这为曹日后担任国共密使埋下了伏笔。

供职于中央社期间，曹聚仁的自由主义新闻思想进入发展期。由于国民党的新闻统制的限制，以及战时新闻自由观的改变，曹进入中央社后由以前的大声疾呼"言论自由"，转向主张"有控制的新闻自由"。由于战时宣传的特殊需要，其报道的新闻性不得不让位于政治性。同时，为了实现战时新闻学所主张的"报纸大众化"目标，他强调对读者进行新闻素养教育的重要性。

3. 第三期（1945—1949 年前后）

1945 年抗日战争胜利后，中国的民主宪政运动再掀高潮。国共对峙使战后的中国面临资本主义和社会主义两种道路抉择。游离于两党之外的自由主义知识分子在抗战后得到美国扶植，发展达到鼎盛期。自由主义者在战后热衷于参政议政，提出介于资本主义与共产主义之间的"第三条道路"。此外，由于国民党在战后对传媒的控制有所放松，自由主义者得以将报刊作为主要舆论阵地，抨击时政，为民请命。

抗战胜利后，结束了战地记者生涯的曹聚仁不甘寂寞，以"中间派"的身份投入到政治报道与评论以及政治活动之中。继续依附于执政党国民党，为其战后重建和发展新闻宣传网效力成为曹聚仁的首选。由于选择服务于《前线日报》，他的政治言论呈现出维护国民党，贬斥共产党的主要基调。随着战后政局的变化，他对各党派及团体的评价发生了微妙的变化：对蒋介石、蒋经国及国民党由极力赞扬逐渐转为奉劝其承认失败；对共产党的态度则由一味贬斥转为告诫其掌权后谨防腐化；对"第三势力"党派和社团的评价则褒贬不定，并常有前后矛盾之处。直到国民党大势已去，《前线日报》撤往台湾，曹聚仁才不得不逐渐脱离国民党新闻体制。

在战后重塑时期，曹聚仁以 1945 年重庆谈判、"双十协定"以及1946 年年初的政治协商会议为契机，在维护国民党统治的前提下，竭力在报刊上为"第三势力"争取战后的政治生存空间。

借助 1946 年年底的制宪国民大会以及 1948 年年初的行宪国民大会，蒋介石的专制独裁得到巩固和加强。国民党"一党专制"挤压了自由主义者的活动空间，也威胁到其言论自由。曹聚仁与其他自由主义知识分子一样，在战后通过报刊言论阐发了自由主义的政治诉求，如反对政治斗争，尤其拒斥暴力革命。有所不同的是，他经常提出标新立异的观点，以获得外界的关注。例如，他呼吁民主宪政，提倡所谓"术治"。换言之，他试图将中国的法家思想与西方现代自由民主思想融为一体，以显示他在自由主义政治思想上的独特性。又如，尽管他宣扬"第三条道路"，但他否定了民社党所提出的"中间性的政治路线"，而建议取道"社会文化建设"的救国之路。

1949 年前后，国共政权更迭，远东格局亦随着世界冷战格局的变化而变化。经过一段时间的彷徨，曹聚仁最终选择到海外谋求发展空间。

二　在香港活动时期（1950—1972 年）

1950 年 8 月，曹聚仁在美国扶植香港"第三势力"政策的吸引下进入了香港这个"自由主义的圈子"。从 20 世纪 50 年代至 70 年代初，曹聚仁一直以自由报人和国共密使身份活跃于香港和新加坡的文坛与报界。

1950—1953 年，南下香港的曹聚仁为香港《星岛日报》《星岛晚报》撰稿。同时，他也与以美国为靠山的香港"第三势力"知识分子产生了千丝万缕的联系。

抵港初期，曹聚仁的自由主义政治观得以发展。在自由主义的圈子里，他开始更加大胆地在香港报刊上阐发反对一党专政，宣扬自由、民主与法治的自由主义价值观。较之在大陆时期，他此时的言论带有更加鲜明的自由主义特征。这些言论恰与香港"第三势力运动"所鼓吹的民主自由主张相互呼应，成为拓展"第三势力"生存和言论空间的重要途径。

随着朝鲜战争的爆发，美国转而扶植台湾蒋介石政权，这对香港"第三势力"的发展极为不利。与此同时，中华人民共和国成立第一年在诸多方面取得了成功。特别是与苏联的结盟，使中国更有实力对抗美国的敌视与遏制。但随着美军在仁川登陆和朝鲜战局的变化，中国领导人不得不作出了出兵朝鲜的决策。

随着 1950 年至 1952 年间远东冷战格局的变化，曹聚仁在《星岛日报》专栏中的言论立场摇摆不定，且常有自相矛盾之处，因而在香港文化界引发了一场论争。但不可否认的是，曹聚仁在《星岛日报》的专栏在一定程度上澄清了外界对社会主义新中国的不实言论。他对于中国共产党及新生政权的批评，实际上是"小骂大帮忙"。整体而言，他居港初期的报道与评论有利于共产党和新中国在海外树立良好的形象。

另外，尽管这一时期曹聚仁对国共两党都有所指责，但是他声称不"反蒋"也不"反共"。这一点也是他与香港"第三势力运动"的显著差异。

自 1953 年始，曹聚仁以"驻港特约记者"的名义偶尔为新加坡华文报纸《南洋商报》撰写新闻和国际通讯，其中他对台湾问题的某些评论与中共的外交政策不谋而合。此外，他开始花更多时间和精力在著述方面，并在《南洋商报》副刊《商余》开辟专栏连载其著作。1954 年，曹聚仁在给长女曹雷的信中描述了当时的心境称，"'怯弱'与'反抗'交织的精神，贯彻到我的个人言行之中，乃形成了我今日的彷徨与苦闷"。

1954—1956 年，曹聚仁在该报先后开辟"文坛五十年"和"鲁迅评传"两个专栏。其中的"鲁迅观"颇为引人注目，并在海内外引发长期激烈论争，其影响绵延至今。

正因为曹聚仁的自由主义者身份，使他成为国共两党拉拢和争取的对象。当 20 世纪 50 年代台湾海峡局势日趋紧张之时，他被台湾国民党当局和大陆的中国共产党政府同时重用，担负起沟通两岸关系的密使之职。1956 年 7 月，曹聚仁以《南洋商报》特约记者身份，应邀"北行"赴大陆采访。自此，他开始拥有自由报人和国共密使的双重身份。

随着"北行"次数的增加，他有更多的机会接触中共高层领袖，更加深入地探访新生的社会主义中国。由此，他对共产党的理念以及社会主义建设的成就也有较为深入的认识。他立足《南洋商报》，应用了同文化与跨文化的传播策略，向海外华人、华侨宣传报道中国社会主义建设成就，并有针对性地向中国共产党提出对策建议。即便是在反右斗争严重扩大化后，他仍站在"自由主义者"的立场上，在海外报刊上竭力维护共产党和民主人士的形象，试图促进中共与被划成"右派"的民主人士之间的相互理解与包容，以此弥合双方在理论与实践上的分歧。在 1958 年台海危机期间，他以自由报人的身份，在《南洋商报》抢发独家新闻，为推进两岸和平统一发挥了积极作用。无论是积极呼吁两岸和平统一，还是向海外读者介绍中国在社会主义现代化建设中的成就与问题，曹聚仁都在报刊言论中表现出对中国共产党及其领导政权的理解与支持。

1956 年首次"北行"后，曹聚仁已不在报刊上公开宣扬"自由主义"的观点。从表象上看，他将自由主义让位于民族主义和爱国主义。就政治观而言，曹聚仁声称在 1958 年的"北行"后就"放弃"了自由主义。尽管他的政治观点与共产党的迥异，但他在报刊言论上支持共产党执掌政权，主张民主人士履行在野监督的职责。而且，他也以亲身实践完成了在野监督的工作。总之，从言行角度分析，晚年的曹聚仁可以称得上是爱国主义者。统一的民族国家是其爱国主义的逻辑支点。

曹聚仁的思想、言论与行动，彻头彻尾充满了矛盾、彷徨与苦闷。与许多处于半殖民地半封建语境乃至 1949 年新中国成立前后的自由主义知识分子一样，他选择在政党政治和大国博弈中谋求生存与发展的空间。这源于他们在自由主义的理想与中国现实政治之间的抉择。与其他自由主义知识分子不同的是，曹聚仁的游离性和投机性更为明显。这源于他对政党政治的矛盾心理：他一面惧怕政治的残酷，一再声称要远离政治；一面又不甘寂寞，主动去接近政治权力的中心。当某一党派或团体乘势而上时，他会选择主动依附；而一旦这个党派或团体大势已去，他会见风转舵，另投他门。简言之，中国政党政治的现实政治压力与利益驱使是曹聚仁不断调整政治站位的根本出发点。

另外，在曹聚仁的言行中，资产阶级民族主义与自由主义之间的矛盾和紧张始终无法消解。抗日战争时期，以毛泽东为代表的中国共产党第一代领导人充分认识到了国际主义与民族主义的一致性，实现了二者的有机统一。在共产党推动建立的抗日民族统一战线旗帜下，中国人民的抗日战争既表达出中华民族捍卫领土与主权的民族主义诉求，又彰显了对世界反法西斯战争无私贡献的国际主义精神。在此时期，曹聚仁的资产阶级民族主义与无产阶级的国际主义基本重合。从抗战至冷战时期，基于维护其所在自由主义者圈子及其靠山的利益，他的民族主义立场不时让位于自由主义，表现出动摇妥协的一面。

就思想而言，像曹聚仁这样缺乏西学背景的中国知识分子，与其说是以西方自由主义的框架、理念来设计自己的行动，不如说是在时代思潮的冲击下，逐步明确自己行动的方向，进而推动其独特的自由主义思维的成长。曹聚仁的自由主义思想集中体现在政治观与新闻观两个方面。而这二者呈现出一种互动与互补的关系。具体而言，在国际局势变幻以及国共两党方针政策变化及其力量消长的共同作用下，曹聚仁在报刊上阐发了以民主宪政为核心的自由主义政治观。与此同时，他的自由主义政治观又直接影响他的新闻理念，并间接作用于他在各时期的报刊实践，其中包括报刊言论与报刊经营管理。自由主义在曹聚仁的报刊实践中仅仅充当一种寻求或拓展自由主义者生存空间和言论空间的实用主义的工具。

补　章

20 世纪 50 年代曹聚仁"鲁迅观"引发的论争与影响
——以曹著《文坛五十年》《鲁迅评传》为考察重点

自 20 世纪 50 年代曹聚仁的文学专栏"文坛五十年"和"鲁迅评传"在海外发表并结集出版以来，就不断在海内外引发争议。有人认为曹聚仁是鲁迅先生的朋友，称他为"研究鲁迅的专家"。有人却指出曹聚仁对鲁迅形象的歪曲，贬低了鲁迅的历史地位。本文试图结合历史大背景，对曹聚仁有关鲁迅的著述进行深层剖析。

一　曹聚仁"鲁迅观"发表的背景、影响因素与经过

（一）战后曹聚仁"鲁迅观"公之于众的时代背景

在美苏冷战格局中，中国的台湾和香港地区对于美国具有极其重要的地缘政治意义。在美国的扶植下，香港先后出现了"自由民主大同盟"和"自由民主战斗同盟"等"第三势力"组织。这些组织标榜反共、反蒋，坚持民主自由的主张。在上述组织中，自由主义者李微尘崭露头角。①

此外，美国还促使香港成为其文化冷战的前线。美国对中国军事、外交、经济、政治思想文化等方面实行全面围堵政策，驻港美国新闻处于20 世纪 50 年代在香港统一策划和指挥了反共反华的"绿背（美元）文

① 参见陈正茂编《五〇年代香港第三势力运动史料搜秘》，台北：秀威资讯科技股份有限公司 2011 年版，代序第 ii—iii 页，第 61 页；陈正茂《第三势力压卷刊物——〈联合评论〉周刊介绍：兼叙中国第三势力运动简史》，《全国新书资讯月刊》2009 年第 129 期，第 13—14 页；张建皋《张国焘叛逃以后》，载政协萍乡市文史资料研究委员会办公室《萍乡文史资料》第 2 辑，政协萍乡市文史资料研究委员会 1984 年版，第 134 页；姚金果、苏杭《张国焘传》，陕西人民出版社 2007 年第 2 版，第 428 页。

化”运动。[1]

中华人民共和国成立后，一批对新政权持反对或疑虑态度的文化人，如徐訏[2]、曹聚仁避入香港，与抗战后继续坚持留在香港的夏衍、戴望舒等左翼文化人形成对垒之势，以文化形式展开角力。[3] 1950 年移居香港后的曹聚仁应邀为《星岛日报》和《星岛晚报》撰稿。20 世纪 50 年代初，他在《星岛日报》开辟专栏。由于“能文善变”“褒贬不定”，他在香港引起了左翼的批判和右派的攻击。此外，曹聚仁于 1950 年至 1953 年间与香港“第三势力”领袖李微尘一起创办创垦出版社、出版丛书和《热风》杂志，因此与李结下私谊。[4] 自 1952 年起，曹聚仁在《星岛日报》的专栏文章陆续结集，由创垦出版社刊行。

然而，美国当局在朝鲜战争爆发后转向“扶台”。全球范围内的“第三势力”活动在美国援助断绝的背景下趋于低潮。加之港英殖民当局的取缔，“战盟”在港活动日见萧条。原来依靠美国人赞助开办的出版社、报纸、刊物也逐渐陷入困境。[5] 随着“第三势力”组织在香港的式微，李微尘和曹聚仁将视线转向新加坡。1953 年年初，曹聚仁停止为《星岛日报》撰稿。不

---

① 参见王晋民《香港“绿背文化”思潮评介》，《广东社会科学》1998 年第 2 期，第 87—88 页；王梅香《隐蔽权力：美援文艺体制下的台港文学（1950—1962）》，博士学位论文，台湾清华大学，2015 年，第 303—307 页。

② 徐訏（1908—1980）中国小说家。1950 年离开上海前往香港。参见钱仲联、傅璇琮、王运熙等总主编《中国文学大辞典》，上海辞书出版社 1997 年版，第 1573 页；葛原《残月孤星：我和我的父亲徐訏》，上海文化出版社 2003 年版，第 222 页。1950 年代，驻港美国新闻处发行的《今日世界》（World Today）成为冷战时期美国反共反华的代表刊物。徐訏和张爱玲是该刊上出现频率最高的两位作家。参见王梅香《隐蔽权力：美援文艺体制下的台港文学（1950—1962）》，博士学位论文，台湾清华大学，2015 年，第 201 页；翟韬《“冷战纸弹”：美国宣传机构在香港主办中文书刊研究》，《史学集刊》2016 年第 1 期，第 74—77 页。

③ 参见刘登翰《论香港文学的发展道路》，载福建社会科学院科研组织处编《探索、求是、创新：福建社会科学院优秀科研成果选》，福建人民出版社 1999 年版，第 394 页；苏伟贞《不安厌世与自我退隐：南来文人的香港书写——从 20 世纪 50 年代出发》，《四川大学学报》（哲学社会科学版）2011 年第 5 期，第 88 页。

④ 参见周兆呈《康有为须发还在人间》，http://www.zaobao.com/special/face2face/story20101121 - 28343，2010 年 11 月 21 日发布，2016 年 11 月 20 日引用；罗孚《南斗文星高——香港文人印象》，大象出版社 2010 年版，第 278 页；鲍耀明《周作人晚年书信》编者前言，载孙郁、黄乔生主编《回望周作人：其文其书》，河南大学出版社 2004 年版，第 194 页；高伯雨《李微尘在香港的一段日子》，《大成》（香港）1978 年第 50 期，第 37—38 页。

⑤ 参见曹聚仁《隔帘花影》，《南洋商报》1953 年 5 月 25 日，第 3 版；Charlotte Brooks, "The Chinese Third Force in the United States: Political Alternatives in Cold War Chinese America", *Journal of American Ethnic History*, Vol. 34, No. 1, 2014, p. 83；高建中《毛泽东与李宗仁》上卷，华文出版社 2012 年版，第 56—57 页；杨天石《香港和北美的第三种力量》，《档案与史学》1997 年第 3 期，第 79 页；陈正茂编著《五〇年代香港第三势力运动史料搜秘》，台北：秀威资讯科技股份有限公司 2011 年版，第 63—68 页。

久，他就托李微尘的关系得到为新加坡华文报纸《南洋商报》① 撰写特约文稿的邀请。② 据报人任嘉尧回忆，曹聚仁本欲前往新加坡工作，但因新加坡当局将他视为"不受欢迎的人"而未能成行，曹只好在香港撰写特约文稿。③

（二）曹聚仁"鲁迅观"的影响因素

首先，应该指出的是，曹聚仁的政治观及其"鲁迅观"深受周作人的影响。

1925 年年底，曹聚仁开始与周作人书信来往。那时周作人在语丝社刊物《语丝》周刊④担任主要撰稿人。据曹聚仁回忆，语丝社当年"表现他们的自由主义的表征"。他自称"也十分醉心这一种独往独来的精神，做他们的喽啰，呐喊过几阵的"。对"自由主义"的追求与向往恰是日后曹周二人交往的思想基础。⑤

1930 年 9 月 19 日，曹聚仁致信周作人，表达了自己在过去两三年间的彷徨与苦闷，并自称是周作人的"信从者"。他自认为，"在消极的意义，有些近于虚无主义，在积极的意义，有些近于新自由主义"⑥。在周作人的影响下，曹聚仁自 20 世纪 30 年代开始奉"虚无主义"为人生信条。

在日后发表的专栏"鲁迅评传"中，曹聚仁曾多次引用周作人的观点，并表示赞同。例如，在记录鲁迅的生平事实方面，如鲁迅对家乡人物及风物的态度、鲁迅少年时代的文学修养、鲁迅在青年时期所受西方文学的熏

---

① 《南洋商报》（*Nanyang Siang Pau*）由华侨陈嘉庚于 1923 年 9 月 6 日在新加坡创办，李玉荣任社长。1932 年 8 月，《南洋商报》脱离陈嘉庚有限公司，改组为"南洋商报有限公司"。1942 年 2 月 15 日新加坡被日本占领前两三天，该报停刊。1945 年日本投降后，《南洋商报》于 9 月 8 日复刊。1951 年，该报开始用私人飞机，每天清晨将报纸空运到马来亚的吉隆坡、怡保与槟城等地。此后，该报业务不断拓展。参见夏春平主编《世界华文传媒年鉴（2005）》，世界华文传媒年鉴社 2005 年版，第 657 页。

② 参见曹雷订订《曹聚仁年谱》，载上海市政协文史资料委员会、上海鲁迅纪念馆编《曹聚仁先生纪念集》，上海市政协文史资料编辑部 2000 年版，第 374 页。

③ 参见任嘉尧《曹聚仁》，载上海市政协文史资料工作委员会、中国社会科学院近代史研究所中华民国史研究室编《中华民国史资料丛稿·人物传记》第 10 辑，中华书局 1981 年版，第 57 页。

④ 1924 年 11 月 17 日创刊于北京，由孙伏园、周作人先后任主编，主要撰稿人有鲁迅、周作人、刘半农、林语堂、钱玄同、章依萍等，由北新书局出版发行。参见黄镇伟编著《中国编辑出版史》，苏州大学出版社 2014 年第 2 版，第 275 页。

⑤ 参见钱理群《曹聚仁与周作人》，《文教资料》1999 年第 3 期，第 3 页；曹聚仁：《我与我的世界：曹聚仁回忆录（修订版）浮过了生命海》，生活·读书·新知三联书店 2011 年版，第 347—348 页。

⑥ 曹聚仁：《致周作人》（1930 年 9 月 19 日），转引自孙郁、黄乔生主编《回望周作人：其文其书》，河南大学出版社 2004 年版，第 169 页。

陶以及鲁迅对《新青年》杂志的态度的转变及其原因，曹聚仁依次引用了周作人在《鲁迅小说里的人物》（1954）、《关于鲁迅》《关于鲁迅之二》（1936）、《鲁迅的青年时代》（1956）和《鲁迅的故家》（1952）等著述中提供的事实和观点。① 又如，在对鲁迅的性格与社会观进行评价时，曹聚仁主要参考了周作人1936年发表的《谈鲁迅》和《关于鲁迅》两篇文章。②

　　值得注意的是，《谈鲁迅》是1936年10月19日周作人就鲁迅逝世接受北平《大晚报》记者采访时的谈话。周作人在此文中指出，鲁迅的思想"起初可以说是受了尼采③的影响很深，就是树立个人主义，希望超人的实现，可是最近又有变转到虚无主义上去了。因此，他对一切事，仿佛都很悲观"④。周作人的上述观点在日后深刻地影响了曹聚仁的"鲁迅观"。

　　其次，中华人民共和国成立前后中国文学界的变化促使曹聚仁抛出其"鲁迅观"。

　　中华人民共和国成立后，新文学史著作大量出版，并在海内外产生影响。例如，1951年王瑶⑤推出的《中国新文学史稿》（开明书店）⑥是中

---

　　① 曹聚仁：《鲁迅评传　绍兴——鲁迅的家乡（上）》，《南洋商报》1955年10月3日，第8版。详见周遐寿《鲁迅小说里的人物》，上海出版公司1954年版，第171页；曹聚仁：《鲁迅评传　少年时代的文艺修养（上）》，《南洋商报》1955年10月12日，第14版。详见周作人《关于鲁迅》，《宇宙风》1936年第29期，第262—263页；曹聚仁：《鲁迅评传　在日本（中）》，《南洋商报》1955年10月15日，第16版。详见知堂《关于鲁迅之二》，《宇宙风》1936年第30期，第305—306页；周启明《鲁迅的青年时代》，《中国青年报》1956年第12期，第3页；周启明《鲁迅的青年时代》，《中国青年报》1956年第14期，第3页；曹聚仁：《鲁迅评传　〈新青年〉时代（上）》，《南洋商报》1955年10月28日，第7版。详见周遐寿《补树书屋旧事》，载《鲁迅的故家》，上海出版公司1952年版，第418—419页。

　　② 曹聚仁：《鲁迅评传　印象记（中）》，《南洋商报》1955年12月17日。详见周作人《谈鲁迅》，转引自钟叔河编订《周作人散文全集》第7卷，广西师范大学出版社2009年版，第365—366页。曹聚仁：《鲁迅评传　社会观（二）》，《南洋商报》1955年12月30日。详见周作人《关于鲁迅》，《宇宙风》1936年第29期，第265页。

　　③ 尼采（1844—1900）德国哲学家、唯意志论的主要代表，主张个性主义，提出"弃弱就强"的"超人"学说。他鼓吹战争，赞同建立暴虐的专政以对付革命运动。他的思想被后来的法西斯主义利用，他本人则被法西斯主义尊为思想先驱。参见罗肇鸿、王怀宁主编《资本主义大辞典》，人民出版社1995年版，第926页。

　　④ 参见周作人《谈鲁迅》，转引自钟叔河编订《周作人散文全集》第7卷，广西师范大学出版社2009年版，第365—366页。

　　⑤ 王瑶（1914—1989）中国左翼青年作家。1934年冬加入中国左翼作家联盟北方部，为清华大学左联小组成员。参与筹组文学刊物《新地》。1936年11月1日《清华周刊》第45卷第1期起任总编辑，并在这期周刊上发表《悼鲁迅先生》一文。

　　⑥ 参见陈希、姚玳玫编《一个人与一门学科：黄修己教授的学术旅程》，中山大学出版社2015年版，第171页；谢泳《现代文学的细节》，北岳文艺出版社2015年版，第51—52页。王瑶指出中国新文学史的基本性质是"新民主主义的"，因为新文学"本来是为新民主主义革命以及新民主主义社会的建设而服务的。"新文学的领导思想是"无产阶级的马克思列宁主义思想"。详见王瑶《中国新文学史稿》上册，新文艺出版社1954年版，第10页。

华人民共和国成立后最早出版的新文学史专著，是第一部以毛泽东的
《新民主主义论》《在延安文艺座谈会上的讲话》为指导所编写的新文学
史。该书在国内影响巨大，并被译成日文，在日本出版。又如，蔡仪①的
《中国新文学史讲话》（新文艺出版社，1952）运用马克思主义观点研究
现代文学理论，强调了共产党对新文学运动的领导作用。他主张"站在
革命的阶级立场"，也就是"要用马克思列宁主义的观点"去认识中国新
文学。除了国内，该书在海外（日本、越南）亦影响巨大。②

　　中华人民共和国成立前后，中国大陆涌现出一批鲁迅研究的学者
和著作。中华人民共和国成立前，瞿秋白③、艾思奇④、聂绀弩⑤、范文

---

① 蔡仪（1906—1991）中国马克思主义美学家、文艺理论家。1945 年加入中国共产党。
1948 年在华北大学讲授现代文学史。长期从事文学理论的研究工作，1952 年出版文学理论著作
《中国新文学史讲话》。参见中国社会科学院研究生院教务处《名师荟萃——中国社会科学院
研究生院博士生导师简介》第 1 卷，中国经济出版社 1998 年版，第 539 页；万里主编《湖湘文
化辞典》第 4 册，湖南人民出版社 2011 年版，第 120 页。

② 参见中国社会科学院研究生院教务处《名师荟萃——中国社会科学院研究生院博士生导
师简介》第 1 卷，中国经济出版社 1998 年版，第 539 页；万里主编《湖湘文化辞典》第 4 册，湖南
人民出版社 2011 年版，第 120 页；杜书瀛《我的学术生涯：学坛所见所闻所知》，二十一世纪出版
社 2015 年版，第 46—47 页；蔡仪《中国新文学史讲话》，新文艺出版社 1952 年版，第 4—5 页。

③ 瞿秋白（1899—1935）中国现代作家、文艺理论家。积极参与新文化运动，较早接受马
克思主义思潮影响。1922 年参加中国共产党。1931 年夏—1933 年，在上海期间与鲁迅结下了深
厚友谊，并肩战斗，一同领导左翼文艺运动。1933 年，以笔名"何凝"1933 年所写《〈鲁迅杂
感选集〉序言》是一篇运用马克思主义观点评述鲁迅思想与杂文创作的重要论文，在鲁迅研究
史上产生了深远的影响。参见马良春、李福田总主编《中国文学大辞典》第 8 卷，天津人民出版
社 1991 年版，第 6403 页。

④ 艾思奇（1910—1966）中国哲学家。原名李生萱。两次东渡日本求学，研究西方哲学原
著和马克思列宁主义著作，并参加中共东京支部组织的社会主义学习小组。1931 年"九·一八"
事变后弃学回国。1932 年在上海参加反帝大同盟。1935 年 10 月加入中国共产党。1935—1937 年
任上海《读书生活》杂志编辑，出版《新哲学论集》《思想方法论》《哲学与生活》等著作。参
见朱贻庭主编《伦理学大辞典》，上海辞书出版社 2002 年版，第 85—86 页。

⑤ 聂绀弩（1903—1986）中国作家和报纸副刊主编。1931 年"九·一八"事变后参加
"左联"。1934 年加入中国共产党。3 月至 10 月，主编《中华日报》副刊《动向》，广泛团结左
翼作家，为该刊撰稿，由此结识鲁迅先生。此后与鲁迅的工作交往密切。1936 年 1 月 20 日，鲁
迅主编的《海燕》文学月刊在上海创刊，与胡风等参加编辑。10 月 19 日鲁迅逝世，参加治丧工
作和葬礼。作悼文《关于哀悼鲁迅先生》，驳斥对鲁迅的种种攻击诬蔑。参见邱沛篁、吴信训、
向纯武等主编《新闻传播百科全书》，四川人民出版社 1998 年版，第 1776—1777 页；姚辛编著
《左联词典》，光明日报出版社 1994 年版，第 197—198 页。1944 年 10 月，聂绀弩为鲁迅逝世四
周年撰写了纪念文章《鲁迅——思想革命与民族革命的倡导者》。此文对鲁迅的思想做了概括，
把鲁迅呼唤的"人的觉醒"解释为民权与民族思想的统一。他还应用阶级分析的观点，针对
"鲁迅先生的思想就是资产阶级的思想"的说法进行了辩解，指出了鲁迅思想的进步性，而声明
并没有硬给鲁迅戴上"无产阶级"或"马列主义"的帽子。参见聂绀弩著；王存诚编注《聂绀
弩集》上册，花城出版社 2016 年版，第 22 页。

澜①、胡绳②、王士菁③、冯雪峰④和李何林⑤等学者对鲁迅的思想发展进行了研究，为鲁迅研究奠定了"革命"的主基调。中华人民共和国成立后，他们在前人的基础上继续拓展鲁迅研究，取得了新的成果。如1953年，朱彤⑥的《鲁迅作品的分析》三卷本由东方出版社刊行。在该书前记中，朱彤介绍了他所参考的一手资料和二手资料，并说明自己从解放

① 范文澜（1893—1969）中国历史学家。毕业于北京大学。终生从事中国史研究，是中国最早运用马克思主义观点进行史学研究的学者之一。1926年加入中国共产党。后因中共天津党组织被破坏而失掉与组织的联系。积极参加抗日救亡运动。1939年9月，重新加入中国共产党。1940年1月到延安，开始专门从事历史学的研究，负责编撰《中国通史简编》和《中国近代史》等专著。他是中国首先运用马克思主义唯物史观进行中国史研究的学者之一，为在中国建立马克思主义历史科学作出了贡献。1943年调中共中央宣传部工作。解放战争时期，到晋冀鲁豫边区任北方大学校长兼历史研究室主任。参见刘景泉主编《中国抗日战争人物大词典》，天津大学出版社1999年版，第370—371页。1946年，范文澜在《北方杂志》的"纪念鲁迅先生逝世十周年纪念特辑"发表短评《学习鲁迅先生的硬骨头》，号召文化新军的战士们继承鲁迅先生的"硬骨头"，以"攻心战配合人民军队的自卫战"，一定要战胜当前的美蒋敌人。参见范文澜《学习鲁迅先生的硬骨头》，《北方杂志》1946年第1卷第5期，第2页；范文澜《学习鲁迅先生的硬骨头》，《群众》1947年第38期，第12页。

② 胡绳（1918—2000）中国马克思主义理论家、历史学家。早年投身于爱国救亡运动。20世纪40年代曾任《读书日报》主编、《新华日报》编辑。1948年发表论文《鲁迅思想发展的道路》。参见伍杰主编《中国当代文化名人小传》，辽宁人民出版社1993年版，第369—370页。详见胡绳《鲁迅思想发展的道路》，《动力文丛》1948年第1期，第3—14页。

③ 王士菁（1918—2016）中国现代文学作家、鲁迅研究家。1943年毕业于国立西南联合大学中文系。课外，在楚图南、李何林支持下，组织鲁迅读书小组；在党领导下，参加学生民主爱国运动。解放前，曾从事党报的编辑和记者工作。解放前，还著有《鲁迅传》（1949）。参见国务院学位委员会办公室编《中国社会科学家自述》，上海教育出版社1997年版，第559页。

④ 冯雪峰（1903—1976）中国文艺理论家、鲁迅研究专家、诗人、作家。1927年6月加入中国共产党。1928年5月，他针对当时创造社、太阳社对待鲁迅和"五四"文学传统的错误态度，发表了第一篇文学论文《革命与知识阶级》，表现了他的理论活动的历史感和现实感。同年11月，开始与鲁迅交往，日渐成为鲁迅的学生和战友。1929年年底起，参加中国左翼作家联盟的筹备工作。从1930年至1933年年底，是左翼文化战线的重要领导人之一。中华人民共和国成立后，他的主要精力集中于宣传、研究鲁迅，主持鲁迅著作的编辑出版。参见廖盖隆、孙连成、陈有进等主编《马克思主义百科要览》下卷，人民日报出版社1993年版，第1847—1848页。

⑤ 李何林（1904—1988）中国文学史家。解放后曾任鲁迅博物馆馆长。1957年参加中国共产党。长期致力于研究鲁迅和中国现代文学史。1930年编印的《中国文艺论战》《鲁迅论》和1940年出版的论著《近二十年中国文艺思潮论》均产生较大影响。20世纪50年代出版的《中国新文学史研究》和《关于中国现代文学》曾引起论争。20世纪70年代至80年代，出版了《鲁迅先生的生平和杂文》《鲁迅〈野草〉注解》《李何林选集》《李何林文论选》等。参见马良春、李福田总主编《中国文学大辞典》第4卷，天津人民出版社1991年版，第2745—2746页；鄂基瑞等《中国现代文学词典》，上海辞书出版社1990年版，第165—166页。

⑥ 朱彤（1916—1983）中国现代作家、文学理论家。1944年加入中国民主同盟。新中国成立后，主要从事鲁迅及美学研究，著有《鲁迅作品的分析》（三卷本）和《鲁迅创作艺术技巧》等。参见《江苏省高等学校教授录》编委会编《江苏省高等学校教授录》，南京大学出版社1989年版，第41页；郑乃臧、唐再兴主编《文学理论词典》，光明日报出版社1989年版，第605页。

前后李何林、雪苇、陈涌、冯雪峰等阐扬鲁迅思想和作品的论文和专集之中"获得了不少的印证和启发";在传记和考证方面,注意欧阳凡海、王士菁、林辰和平心的著作;还将毛泽东发表的有关鲁迅的讲话和指示、瞿秋白的《鲁迅杂感选集》序言作为学习的最重要的资料。朱彤引证 20 世纪 30 年代至 50 年代瞿秋白、艾思奇、冯雪峰对鲁迅思想的评价,以此证明鲁迅在思想上发生的本质变化是毋庸置疑的。① 又如,徐中玉②所撰《现代中国文学作家与作品研究》的第一卷《鲁迅生平、思想及其代表作研究》(1954)是专门研究鲁迅先生的生平、思想及其代表作品,而以代表作品的分析讨论为重心的。他指出,鲁迅一生的思想和文学发展的道路,是完全和中国人民的革命发展道路相吻合的。他认同于瞿秋白在1933 年所作的《鲁迅杂感选集序言》里对鲁迅思想发展所作的结论。③

---

① 详见朱彤《鲁迅作品的分析》第 1 卷,东方书店 1953 年版,前记第 1—3 页、第 3—4 页。朱彤探索的并不是已经有了结论的鲁迅思想发展的性质问题,而是鲁迅思想的发展过程、主要特征,以及促使其思想发展的主客观因素。朱彤认为,1927 年是鲁迅思想发展的"重大的分水岭"。1927 年以前,"进化论"仍然居于鲁迅思想斗争的矛盾的主要方面,尽管它是"在逐渐加深的动荡和扬弃之中";1927 年以后,鲁迅的思想矛盾的主要方面已转变为"阶级论"。紧接着,鲁迅逐步地解决了"文艺的阶级性"问题,解决了"阶级的转向"问题。到 1929 年年尾,鲁迅在思想上"已经走到了科学的共产主义者"。1930 年年初,由于鲁迅先后参加了共产党所领导的革命团体——中国自由民主大同盟、特别是中国左翼作家联盟——他"更在政治态度上公表了自己的阶级立场"。朱彤指出三大影响因素推动和刺激了鲁迅的思想发展:其一,工人阶级的影响是个渗透到各个时期各个阶段,起着"主导作用"的"决定的因素";其二,就 1927 年而言,"国民党反动派叛变的刺激是巨大的";其三,1927 年以后鲁迅的"自我批评的精神促使他迅速地向阶级论发展"。详见朱彤《鲁迅作品的分析》第 1 卷,东方书店 1953 年版,第 5、62、63 页。

② 徐中玉(1915—2019)中国现当代作家、古典文学研究家。1934 年考入国立山东大学中文系,开始在《东方杂志》《国闻周报》《独立评论》《人间世》等刊物上发表论文、小说、散文等,并曾编辑天津《益世报》副刊《益世小品》。后考入中山大学研究院文科研究所。1941 年毕业,获硕士学位。毕业后在多家高校任教。中华人民共和国成立后,曾出版《鲁迅生平思想及代表作研究》(1954 年)、《关于鲁迅的小说、杂文及其他》(1957 年)、《鲁迅遗产探索》(1983 年)等著作。参见马良春、李福田总主编《中国文学大辞典》第 7 卷,天津人民出版社1991 年版,第 4877 页。

③ 徐中玉对鲁迅思想发展的道路作了如下归纳:在五四以前,进化论和个性主义还是鲁迅的思想的基本;自 1918 年起的十年间,鲁迅在自我改造的过程中接近了无产阶级的道路;以1927 年为界,鲁迅完成了从革命的小资产阶级的立场向无产阶级立场的转变。徐中玉强调,鲁迅之所以积极赞助和参加中国共产党领导的革命斗争,"一方面是由于他对党的正确认识,以革命的利益为利益,一切都服从于革命利益的崇高品质;另一方面,也由于党对他的影响,领导,支持,爱护,使他的天才得以充分的发挥,给了他无穷的力量"。在对鲁迅的小说和杂文代表作进行分析后,徐中玉指出鲁迅作品的两大根本特色是"革命的爱国主义"和"革命的现实主义"。详见徐中玉《鲁迅生平、思想及其代表作研究》,台湾:自由出版社 1954 年版,第 31、51—60、64—67 页。

此外，1954年9月，以山东大学中文系毕业生李希凡、蓝翎批判俞平伯的《红楼梦研究》为导火索，中国共产党在意识形态领域展开了对胡适思想的大规模批判运动。1955年年初的批判活动主要针对胡适的主观唯心主义的实用主义哲学观点、庸俗进化论和改良主义的社会学观点、历史唯心主义观点等方面展开，形成了学习马克思主义理论、批判资产阶级唯心论的热潮。①

针对中华人民共和国成立后居主流地位的新文学史专著高度评价鲁迅的动向，曹聚仁并不认同。他尤其对共产党给予胡适、周作人等自由主义者在历史地位、文化史地位的评价深表不满。这些观点明显地露于曹聚仁的《文坛五十年》和《鲁迅评传》的著述缘起部分，容后详述。

（三）曹聚仁"鲁迅观"发表的经过

自1953年5月起，曹聚仁开始以"驻港特约记者"②的名义为《南洋商报》撰写新闻和国际通讯。从1954年年初到1956年上半年，他集中更多时间和精力在著述方面，并在该报副刊《商余》版辟了《文坛五十年》和《鲁迅评传》两个专栏。前者是以作者的师友为中心的文坛回忆录，描述了中国近现代文学相关的思潮、流派、作家、作品，揭示了各种文学体裁的演变历程。此专栏连载138天，每日刊出约1700字左右。后者则是从作者的视角观察与记叙鲁迅生平事实，并谈了对鲁迅的看法，如鲁迅的性格及其成因、社会关系与社会地位、人生观、世界观和政治观等。此专栏连载198天，每日刊出约1500字左右。上述两个专栏的共同点在于，作者大段引述作家原作及相关分析后，加以简短的评论。其中曹聚仁的"鲁迅观"颇为引人注目，并在海内外引发巨大反响。

1955年，曹聚仁的专栏《文坛五十年》由香港新文化出版社结集，分"正编"和"续编"出版，但删去了"革命与革命文学"和"另外的一页"两章。此后《文坛五十年》一书多次再版，均无此部分。无独有

---

① 参见当代中国研究所《中华人民共和国史稿》第1卷，当代中国出版社2012年版，第268—271页。

② 1954年11月，《南洋商报》为了拓展业务，正式聘用曹聚仁和李微尘为驻港特约记者。参见《本报在各地扩展办事处增聘通讯员/聘曹聚仁李微尘为驻港记者/遇有新闻稿件特多之日加添张数》，《南洋商报》1954年11月24日。

偶的是，曹的另一专栏《鲁迅评传》在次年由香港世界出版社刊印时也被删去了"闲话"一章中的 8 篇以及"质疑"全章的 15 篇。① 日后《鲁迅评传》也多次再版，均不见被删节部分。

值得注意的是，被完全删节的"质疑"部分恰是曹聚仁对其"鲁迅观"的高度概括。他写道："着笔之前，我就知道其中有若干要点，一定不会为若干认识所同意的。（A）鲁迅并不是圣人，他的思想本来有若干矛盾；思想上的矛盾，并无碍于其在文学史上的伟大的。一定要把这些矛盾之点掩盖起来，或是加以曲解，让矛盾解消掉，那是鲁迅所不会同意的。鲁迅赞许刘半农送他的对联'魏晋文章，托尼学派'，那就一切歪解都没有用了。（B）我们得承认鲁迅自始至终是'同路人'，并不是马克思主义的信徒；（中略）作为一个'同路人'，鲁迅在革命道路的贡献，也是同样伟大的。（C）若干文化工作写在鲁迅的史中，对于他，也只能算是一种莫名其妙的讽刺。（D）我再三说到鲁迅所攻击的人士，有时他批评得非常尖刻，那一类人，也只是《儒林外史》中的迂腐书生，却不一定是'坏蛋'。"②

换句话说，曹聚仁这段文字意在表明，鲁迅并非"圣人"，但他仍是"伟大"的作家。鲁迅的思想受到托尔斯泰和尼采的影响，其思想充满矛盾性。鲁迅始终是革命的"同路人"，未曾转向信仰马克思主义。鲁迅对中国文化工作的领导作用是有限的。此外，曹聚仁再三强调鲁迅所批判的文人只是一介书生，并不一定都是"坏人"。由此可见，曹聚仁对 20 世纪 50 年代大陆出版的新文学史著作和鲁迅研究者的主流观点持保留、不认可乃至全盘否定的态度。

二　曹著《文坛五十年》《鲁迅评传》的主要观点与特征

尽管曹聚仁发表的《文坛五十年》和《鲁迅评传》两个专栏在内容上各有侧重，但两者的核心观点有诸多共通之处。

---

① 专栏《鲁迅评传》被删节部分的某些内容，如鲁迅在文学创作和翻译方面的贡献，后被编入曹聚仁所著《鲁迅年谱》（香港三育图书文具公司，1967 年）的"鲁迅研究述评"一节。

② 曹聚仁：《鲁迅评传　质疑（六）》，《南洋商报》1956 年 5 月 16 日。

（一）阐明著文论述之缘起

1. 否定既有的鲁迅研究，鼓吹胡适和周作人的地位与成就

在专栏《文坛五十年》中，曹聚仁开门见山，指出 20 世纪 50 年代中国大陆的社会文化都卷入了国共"两党斗争的政治漩涡中"，因此大陆的历史学家们"受了政治成见所拘束，处处在歪曲事实"。他进一步表示，"治现代中国文学史的，如陈子展、李何林、钱杏邨（阿英）都曾在史料上下过搜集、整理工夫，也曾有过著述。而今都要一翻旧案，颠倒当日之是非（下略）"。对于文艺界，他尖刻地批评道："政治死缠着文艺的风气，的确于今为烈"，并指责"今日所谓进步的文艺批评家，其颠倒黑白，抹煞事实的例子，正如两宋儒士的诬陷王荆公，还待后人加以考证的"①。

曹聚仁强调历史上中国文人之间就"有着很深的门户之见"，"到了现代渗上了政治性的党派成见，那更容易颠倒黑白"。例如，他将鲁迅对于"现代评论派"作家的批评，尤其是对陈西滢夫妇的批评，称为"苛责之词"。他进一步指出，"追随鲁迅的后继作家，更是党同伐异，以党的尺度来衡量作品的长短"。因此，他认为正是上述门户之见与党派成见导致"若干文学史，如王瑶的《中国新文学史稿》和王平陵②的《中国新文艺史话》，立场虽不同，其颠倒黑白的态度倒是相同的"③。

在 1954 年全国展开对胡适资产阶级唯心主义思想的大规模批判运动的背景下，曹聚仁于同年 11 月初在《文坛五十年》专栏中指出，在 20 世纪 50 年代初中国大陆的文化史学者不再像过去那样重视陈独秀和胡适两人对现代中国文化的领导地位，"似乎有意把那时（指五四运动时期）的文化重心移到李大钊、鲁迅的身上去"。他在上述专栏中详细介绍并肯

　　①　曹聚仁：《文坛五十年　我在上海的日子（上）》，《南洋商报》1955 年 2 月 7 日；曹聚仁：《文坛五十年　另外的一页（一）》，《南洋商报》1955 年 8 月 17 日。

　　②　王平陵（1898—1964）1924 年主编《时事新报》副刊《学灯》。1928 年任上海暨南大学教授，后又任国民党南京《中央日报》副刊编辑、电影检查委员会委员。1930 年 6 月，与国民党中央军校教导团军官黄震遐等人鼓吹"民族主义文学"，对抗左翼文学运动，受到鲁迅、瞿秋白、茅盾等人的批评。1949 年 11 月去台湾。参见邱沛篁、吴信训、向纯武等主编《新闻传播百科全书》，四川人民出版社 1998 年版，第 1723 页；详见刘长鼎、陈秀华《中国现代文学运动史》，山东文艺出版社 2013 年版，第 250—256 页。

　　③　曹聚仁：《文坛五十年　写实主义的小说（续二）》，《南洋商报》1955 年 3 月 5 日。

定了胡适在新文化运动中的历史作用，例如，向中国人介绍个人主义的人生观，从美国引入实验主义，提出"文学革命"这一口号，在历史考证学、整理国故、白话文学史以及旧小说的考证方面取得的成就等。①

例如，曹聚仁详述了胡适凭借《新青年》向中国人介绍了挪威戏剧家易卜生及其刻画娜拉的经过，并指出"许多人以为《新青年》是倡导社会主义的，其实初期的《新青年》，倒是倡导独立自主的个人主义的"。此后，他着重介绍了胡适在《易卜生主义》中所提倡的"一个健全的个人主义的人生观"。在上述逻辑的延长线上，曹聚仁强调胡适的思想对《新青年》产生了至关重要的影响，"《新青年》这一派文化战士，也等到胡适回国了，才有井然一套完全的社会观、人生观、宇宙观以及方法论"。紧接着，他征引了胡适对社会和国家的基本看法："社会、国家是时刻变迁的，所以不能指定哪一种方法是救世的良药。十年前用补药，十年后或者须用泄（泻）药了；十年前用凉药，十年后或者须用热药了。况且各地的社会、国家都不相同，适用于日本的药，未必完全适用于中国，适用于德国的药，未必适用于美国。只有康有为那种'圣人'，还想用他们的'戊戌政策'来救戊午的中国；只有辜鸿铭那班怪物，还想用二千年前的'尊王大义'来施行于 20 世纪的中国。"② 对于胡适的上述理论，曹聚仁盛赞之为"代表着《新青年》全盛时期的共同观点"③。

又如，曹聚仁为胡适的历史地位被降低而鸣不平，称："新近一些写现代中国史的人，似乎有意地把胡适在新文化中的领导地位减低下来；这在历史家眼前，那是不能认为十分正确的。当一般人只是醉心新文化而认识并不清楚之时，胡适已经有系统地介绍他的思想方法（实验主义），自然主义人生观（人本主义，一个健全的个人主义）。""到了后来，胡适的实验主义被贬为资产阶级的方法论，辩证法唯物史观成为正统的无产阶级方法论，那已经是'五四'运动后二十年的事了。"他称赞胡适的研究以"历史的方法"的成就最为显著，其所建立的新的考证学的成就也最高。④

此外，曹聚仁还将胡适和鲁迅在新文化运动中的影响和作用进行比较，

① 详见曹聚仁于 1954 年 11 月初至 12 月下旬在《南洋商报》专栏《文坛五十年》中发表的关于《新青年》、新文化运动、新文学运动、胡适与鲁迅等的若干章节。

② 胡适：《易卜生主义》，《新青年》1918 年第 4 卷第 6 期，第 506 页。

③ 曹聚仁：《文坛五十年　〈新青年〉（中）》，《南洋商报》1954 年 11 月 9 日。

④ 曹聚仁：《文坛五十年　新文化运动（中）》，《南洋商报》1954 年 11 月 17 日。

意在说明尽管在文艺上的造诣、对青年人的影响和文体方面，鲁迅高于胡适，但二人"并不如有些人所想象的，水火不相容"，他们都诉之于"理性"，都是"新青年的前驱战士"，而且"在学问上是彼此相推重的"①。

与之类似，曹聚仁也肯定了周作人在文学史上的成就，如主张为人生而艺术，提倡个人主义、趣味主义。曹聚仁称"言志派"是"新文学运动的主潮"，而周作人是"言志派大师"。他还将周氏兄弟相互比较，意在证明两人在若干方面的相同之处比相异性显著得多。他甚至对周作人的艺术风格大加赞扬，称"周作人在现代作家之中，真的能继续鲁迅风的，只有一个人，那便是他的弟弟周作人。但周作人的隽永风格，却在鲁迅之上，'启明风'的韵味，和鲁迅风虽不相同，却是瑜亮一时，各不相下的"②。

与对胡适和周作人的大加赞扬截然不同的是，曹聚仁对鲁迅被赋予的文学史地位深表不满："鲁迅在现代中国文学史上的地位，可说占得很重要的；但是，一定要说他的历史地位，比梁启超、胡适、王国维更重要，那也不见得；正如高尔基虽和列宁并肩而立，在俄国文学史上，还是比不上托尔斯泰、屠格涅夫、陀思妥耶夫斯基，甚至还比不上契诃夫的。鲁迅的文艺修养，和他的弟弟周作人，都是很深的；但他们所蔑视所攻击的文坛敌人，如梁实秋、陈西滢，也并不见得比他更差些。文人原有相轻的恶劣风气，党见可以抹煞文艺作家的真正成就，我却相信到了一百年以后，决不会让党见的云雾永远蒙住了真实的。"③

针对当时已出版的新文学史著作，如王瑶的《中国新文学史稿》和蔡仪的《中国新文学史讲话》，曹聚仁将之定性为"都是宣传性的东西，其人不独没有史识，也没有史才，更说不上史德；他们只能转述几个主持中共文艺政策的人的独断话，半点自己的意见也不敢下"④。他还长篇论述了鲁迅并非大众语运动的领导，指出王瑶著作中所称鲁迅领导大众语运

---

① 曹聚仁：《文坛五十年　胡适与鲁迅（中）》，《南洋商报》1954 年 12 月 20 日。
② 详见曹聚仁《文坛五十年　章太炎与周作人（下）》，《南洋商报》1954 年 12 月 30 日；曹聚仁《文坛五十年　言志派的兴起（一）》，《南洋商报》1955 年 3 月 14 日；曹聚仁《文坛五十年　言志派的兴起（三）》，《南洋商报》1955 年 3 月 16 日；曹聚仁《鲁迅评传　"鲁迅风"——他的创作艺术（本章完）》，《南洋商报》1956 年 2 月 1 日。
③ 曹聚仁：《文坛五十年　史料述评（三）》，《南洋商报》1955 年 8 月 25 日。
④ 同上。此段文字在结集出版时被大幅删削。

动、领导统一战线，"都是胡说八道，和事实完全不合的"①。

关于鲁迅的生平，曹聚仁认为许广平和冯雪峰等人都"牵于政治成见，以及故意要捧高鲁迅的地位，反而把真实的材料糟蹋掉了"。他指出许广平"写作能力并不很好，剪裁得也不十分恰当，所以她的回忆，反而显得十分噜苏"。因此在他心目中，连许广平都不是适宜写鲁迅的人。②另外，他表示原本寄希望于冯雪峰为鲁迅作传，但一看冯著《回忆鲁迅》③"就十分失望了"。他认为冯雪峰的笔下"好似给什么缠住似的，简直不能说出什么来"④。

至于王士菁，曹聚仁更是大加贬斥。他指出，王士菁"完全不懂"鲁迅思想，其所著《鲁迅传》"由于政治的动机，要想利用鲁迅的心更切，真的鲁迅反而在这么多的史料掩没掉了"。他甚至称王书"实在穿凿得太离谱"，是"最坏的鲁迅传"，因为作者"简直不懂得剪裁"。总之，曹聚仁将王书斥为"无论史才、史识、史笔都是不及格的一部乱糟糟的传记"⑤。

对于郑学稼的《鲁迅正传》⑥，曹聚仁也是嗤之以鼻，称此传记"更是胡说八道，那种书，也只能让 M 国（指美国）资本的出版社⑦去刊行的"⑧。

曹聚仁自述 1950 年离沪赴港的目的之一，就是"为了要写许多人的传记，连自传在内，才到香港来的。第一部，就是要写《鲁迅评传》"。随后，他对给鲁迅作传的人士加以指责，认为在中国大陆"谈鲁迅的，

①　曹聚仁：《鲁迅评传　晚年（七）》，《南洋商报》1955 年 12 月 9 日；曹聚仁：《鲁迅评传　晚年（本章完）》，《南洋商报》1955 年 12 月 13 日。

②　曹聚仁：《文坛五十年　另外的一页（一）》，《南洋商报》1955 年 8 月 17 日。

③　此文最初在北京《新观察》杂志的 1951 年第 1 期至 1952 年第 7 期上连载。

④　曹聚仁：《文坛五十年　史料述评（三）》，《南洋商报》1955 年 8 月 25 日。

⑤　曹聚仁：《鲁迅评传　绍兴——鲁迅的家乡（上）》，《南洋商报》1955 年 10 月 3 日；曹聚仁：《鲁迅评传　质疑（六）》，《南洋商报》1956 年 5 月 16 日。

⑥　郑学稼的《鲁迅正传》是在鲁迅去世后比较早出版的一部鲁迅传记。初版是在 1943 年由胜利出版社付印。1953 年，《鲁迅正传》被香港亚洲出版社重排出版，并在亚洲华文圈里传播，也曾在台湾发行。参见李浩《关于郑学稼之〈鲁迅正传〉》，载上海鲁迅纪念馆；王锡荣主编《上海鲁迅研究》2013 年夏，上海社会科学院出版社 2013 年版，第 110—111 页。

⑦　20 世纪 50 年代，美国亚洲基金会在香港设有专门办公室，积极协助美国驻香港新闻处，展开各种针对东南亚华侨的情报和教育活动。参见刘雄《艾森豪威尔政府亚洲政策研究》，岳麓书社 2009 年版，第 142 页。1952 年 10 月，香港亚洲出版社由上述基金会资助建立。1953 年郑著《鲁迅正传》由该社重排出版。参见王金城、袁勇麟主编《中国当代文学编年史》第 10 卷上册，山东文艺出版社 2012 年版，第 53 页。

⑧　曹聚仁：《鲁迅评传　质疑（六）》，《南洋商报》1956 年 5 月 16 日。

也只能让聂绀弩、王士菁、郑学稼之流去颠倒黑白，乱说一阵了"①。

对于王士菁和冯雪峰的鲁迅研究，曹聚仁评价道："对于鲁迅的思想，王士菁可说是完全不懂的，所以他的批评都是可笑的。而冯雪峰呢，或许可以说是了解得不少，但对于个人主义的轻蔑，正阻碍着他对于鲁迅思想的真正了解。"他认为，"鲁迅之所以成为伟大的作家，并不一定要求他在思想上完全随着革命思想的。而他的个人主义与虚无色彩，也并不减低他在思想上的崇高地位"②。

此外，曹聚仁还毫无根据地批评朱彤和徐中玉"替鲁迅作品做高头讲章""低能无识"，称他们的文章"实在可笑得很"③。

2. 盛赞周作人所提供"史料"的可靠性，并阐述自己的文学史观

对于周作人所著鲁迅史料，曹聚仁评价称周作人因其文艺修养以及和鲁迅的密切关系，所提供的都是"第一手史料"，而且称赞周作人是现代收集关于鲁迅史料"最完备的一人"。例如，周作人在20世纪50年代初所写的《鲁迅的故家》《鲁迅小说中的人物》提供了"最好的直接史料"，填补了鲁迅史料方面的空白。④曹聚仁认为，以往替鲁迅作传的，对于鲁迅的童年"都不曾说得很切实"。直到1952年周作人的《鲁迅的故家》一书出版，"才把影响鲁迅幼年生活的几件大事交代清楚了"⑤。

在《文坛五十年》中，曹聚仁自称"以史人的地位在文坛一角上作一孤立的看客"⑥。在阐述文学史观时，他写道："史家文艺观，必须撇开党的政治成见来说的"，"一部文学史的真正价值就看这位史家所保持的公正程度，一手绝不能掩盖天下人耳目的"。他自称是"站在史的观点，给各家学说以客观的论列"，因此他认为自己的文学史"和胡适的文学史相接近"⑦。他自称是"一直以旁观者的冷静的立场在批判"中国文坛的

①　曹聚仁：《鲁迅评传　性格（上）》，《南洋商报》1955年12月21日。

②　曹聚仁：《鲁迅评传　质疑（三）》，《南洋商报》1956年5月12日。

③　曹聚仁：《鲁迅评传　"鲁迅风"——他的创作艺术（三）》，《南洋商报》1956年1月24日。

④　曹聚仁：《文坛五十年　另外的一页（一）》，《南洋商报》1955年8月17日；曹聚仁：《鲁迅评传　引言（上）》，《南洋商报》1955年9月29日；曹聚仁：《鲁迅评传　他的家族（一）》，《南洋商报》1956年3月1日。

⑤　曹聚仁：《鲁迅评传　他的童年（上）》，《南洋商报》1955年10月6日。

⑥　曹聚仁：《文坛五十年　前词》，《南洋商报》1954年8月7日。

⑦　曹聚仁：《文坛五十年　我在上海的日子（上）》，《南洋商报》1955年2月7日。

进展过程，号称要著一部"公正"的中国现代文学史。① 在此专栏的结尾，他写道："把鲁迅奉为天人，那也是一种政治宣传的手法，至于真的鲁迅，也是不容易亲近的。本史之作，聊以存真；因为笔者也在文坛边沿占了一角，有所知闻，不甘于和那些政治宣传的人们一鼻孔出气的！"②

在随后发表的专栏《鲁迅评传》的引言部分，曹聚仁进一步分析了"鲁迅传"不容易写的两个原因："一、鲁迅本人的言行，并不合乎士大夫的范畴的，所以画他的都不容易像他；二、中共当局要把他当作高尔基捧起来，因此，大家一动笔就阻碍很多，有一时期，鲁迅被革命文学家判定为'反动'文学的，而且闹得很久。"为阐明大家不敢动笔写"鲁迅传"的第二个原因，曹聚仁引用了周作人于 1936 年 10 月 24 日为纪念兄长鲁迅所作的《关于鲁迅》。③ 随后，曹聚仁承认自己的治史方法和态度"很受胡适、梁启超的影响"④。

曹聚仁认为"那些接近鲁迅的人，都已没有胆量把真实的鲁迅说出来了"，而自称自己的鲁迅传的若干章节，坦直地"记叙鲁迅生平事实，总想冷静地撇开个人的成见，从直接史料中找出真实的鲁迅"。他同时表示，他在鲁迅"印象记"一章对鲁迅的看法，"不一定苟同前人的评论，也不一定要立异以为高的"⑤。谈及对鲁迅的印象时，他坦言："笔者虽是一个史人，有志于写比较合理近情的传记；但我知道我自己也无法成为一面镜子，反映出那真实的形容来。我有我的偏见，我自以为很公正的批判，也正是透过了'中尘'的'私论'。"⑥ 在该专栏的"质疑"一章中，曹聚仁辩称他的鲁迅传"可能说错"，原因在于"识力不够"，"但决不是

---

① 曹聚仁：《文坛五十年 另外的一页（一）》，《南洋商报》1955 年 8 月 17 日。

② 曹聚仁：《文坛五十年 史料述评（全书完）》，《南洋商报》1955 年 8 月 26 日。

③ 曹聚仁：《鲁迅评传 引言（中）》，《南洋商报》1955 年 9 月 30 日。周作人的原文如下："不久在中国文坛上又起了《阿 Q 正传》是否反动的问题。恕我记性不好，不大能记得谁是怎么说的了，但是当初决定《正传》是落伍的反动的文学的，随后又改口说这是中国普罗文学的正宗者，往往有之。这一笔'阿 Q 的旧账'至今我还是看不懂，本来不懂也没有什么要紧，不过这切实的给我一个教训，就是使我明白这件事的复杂性，最好还是不必去问。（中略）现在鲁迅死了，（中略）要骂的捧的或利用的都已失了对象，或者没有什么争论了亦未可知。"详见周作人《关于鲁迅》，《宇宙风》1936 年第 29 期，第 261—266 页。

④ 曹聚仁：《鲁迅评传 引言（下）》，《南洋商报》1955 年 10 月 1 日。

⑤ 曹聚仁：《鲁迅评传 印象记（上）》，《南洋商报》1955 年 12 月 17 日。

⑥ 曹聚仁：《鲁迅评传 印象记（下）》，《南洋商报》1955 年 12 月 20 日。

有意来歪曲"，且"尽可能撇去政治的成见"①。

综上所述，曹聚仁对中华人民共和国成立后的一些新文学史专著以及鲁迅研究者表示不满，甚至毫无根据地加以诋毁和攻击。此外，他常以"公正"的"史家"自我标榜，而且对胡适和周作人等自由主义知识分子的历史地位和贡献加以鼓吹，特别是对胡适在新文化运动中的影响和作用、周作人的文学成就及其所著鲁迅史料的价值大加赞扬。

（二）对鲁迅的重新定位

在评论历史人物方面，曹聚仁曾在专栏《文坛五十年》中指出："文艺作家和其他有血有肉的活人一样，有他们的光明面，也有他们的黑暗面。"② 在后来发表的专栏《鲁迅评传》中，曹聚仁就对鲁迅的性格及其形成根源进行了剖析，并对鲁迅与外界的各种关系以及思想体系加以分析和评价。

1. 对鲁迅性格及其形成根源之剖析

曹聚仁认为对鲁迅的性格影响最大的是其祖父"介孚公"。这一观点受到周作人《鲁迅的故家》的影响。他引用周作人在此书中对介孚公的评价称，"介孚公爱骂人，（中略）他的骂人是自昏太后呆皇帝（指慈禧太后和光绪皇帝）直至不成材的子侄辈（中略）我推想也可能是师爷学风的余留"③。对此，曹聚仁评价道："这一段叙述，非常重要，可以使我们了解鲁迅的抑郁心境的由来；他们的'介孚公'性格，一部分也在他的精神中再现；而那家庭环境，也使他自幼觉得社会的冷酷。（中略）鲁迅的骂人，有着他们祖父风格，也可说是有着绍兴师爷的学风，这是不必为讳的。"④

曹聚仁在描述鲁迅的性格时夹杂着对其年纪、籍贯和家族的奚落，称鲁迅是"世故老人"，"他年纪不大，看起来总显得十分苍老"；"周氏兄弟的性格与文章风格，都是属于绍兴，有点儿刑名师爷的调门的"；"鲁迅的骂人，有着他们祖父风格，也可说是有着绍兴师爷的学风"；"在文艺王国中，他的笔锋是不可以触犯，他是不饶人的"；"至于鲁迅自己的为人呢，我以为他是坐在坦克车里作战的，他先要保护起自己来，再用猛

---

①　曹聚仁：《鲁迅评传　质疑（六）》，《南洋商报》1956 年 5 月 16 日。

②　曹聚仁：《文坛五十年　鲁迅在上海（上）》，《南洋商报》1955 年 2 月 7 日。

③　周遐寿：《补树书屋旧事》，载《鲁迅的故家》，上海出版公司 1952 年版，第 165 页。

④　曹聚仁：《鲁迅评传　他的童年（上）》，《南洋商报》1955 年 10 月 6 日。

烈火力作战，他爬得很慢，但是压力很重。（中略）毕竟他是绍兴师爷的天地中出去，每下一着棋，都有其谋略的"①。在曹聚仁笔下，大革命失败后的鲁迅，"就有着袭来的悲凉之感"，"这位时代的先知，已经看到了自己的命运了"②。1927 年大革命失败前后的鲁迅"是一个比较懂得世故的文人"，"依旧想退出阵线，沉默下去"③。

曹聚仁还多次称鲁迅对于民族性和中华民族的前途颇为"悲观"，对社会政治是"失望"的。他认为鲁迅的性格是"抑郁"的，心理上是"彷徨""不甘寂寞"、热衷于派系斗争的，且思想上存在"矛盾"。④

曹聚仁将鲁迅和郭沫若之间的矛盾简单归结为"文学研究会"和"创造社"的"私怨"，是文人气量的"偏狭"，"文人，或许比其他阶级的人，更没有容人之量"。他又将鲁迅在小说、杂文、书信中对陈西滢、梁实秋、顾颉刚的讽刺，以及周氏兄弟之间的彼此攻击说成"睚眦必报的偏激之情"⑤。另外，他认为鲁迅派和胡适派之间的斗争是"门户之见"，是"不足取的"。他进一步称，"中国士大夫党同伐异，气量偏狭"，鲁迅"并不能跳出这一圈子"⑥。换句话说，曹聚仁眼中的鲁迅和其他文人一样存在性格偏狭的弱点。

由此可见，曹聚仁挖掘了鲁迅在性格方面的缺陷，如爱骂人、世故、悲观、抑郁、矛盾、不甘寂寞、偏狭。他把鲁迅的上述问题归因于家族、

---

　　①　曹聚仁：《鲁迅评传　绍兴——鲁迅的家乡（中）》，《南洋商报》1955 年 10 月 4 日；曹聚仁：《鲁迅评传　他的童年（上）》，《南洋商报》1955 年 10 月 6 日；曹聚仁：《鲁迅评传　性格（中）》，《南洋商报》1955 年 12 月 22 日；曹聚仁：《鲁迅评传　性格（下）》，《南洋商报》，1955 年 12 月 23 日。

　　②　曹聚仁：《文坛五十年　革命与革命的文学（下）》，《南洋商报》1955 年 1 月 19 日。

　　③　曹聚仁：《鲁迅评传　上海十年间（三）》，《南洋商报》1955 年 11 月 23 日。

　　④　曹聚仁：《鲁迅评传　他的童年（上）》，《南洋商报》1955 年 10 月 6 日；曹聚仁：《鲁迅评传　民初的潜修生涯（上）》，《南洋商报》1955 年 10 月 18 日；曹聚仁：《鲁迅评传　在北京（下）》，《南洋商报》1955 年 11 月 3 日；曹聚仁：《鲁迅评传　南行——在厦门（下）》，《南洋商报》1955 年 11 月 16 日；曹聚仁：《鲁迅评传　广州九月（中）》，《南洋商报》1955 年 11 月 18 日；曹聚仁：《鲁迅评传　广州九月（下）》，《南洋商报》1955 年 11 月 19 日；曹聚仁：《鲁迅评传　上海十年间（三）》，《南洋商报》1955 年 11 月 23 日；曹聚仁：《鲁迅评传　上海十年间（五）》，《南洋商报》1955 年 11 月 21 日；曹聚仁：《鲁迅评传　上海十年间（八）》，《南洋商报》1955 年 11 月 29 日；曹聚仁：《鲁迅评传　性格（下）》，《南洋商报》1955 年 12 月 23 日；曹聚仁：《鲁迅评传　社会观（一）》，《南洋商报》1955 年 12 月 29 日；曹聚仁：《鲁迅评传　质疑（二）》，《南洋商报》1956 年 5 月 11 日。

　　⑤　曹聚仁：《文坛五十年　我在上海的日子（上）》，《南洋商报》1955 年 2 月 7 日。

　　⑥　曹聚仁：《鲁迅评传　南行——在厦门（中）》，《南洋商报》1955 年 11 月 15 日。

籍贯、人际圈子以及社会的影响。

2. 关于鲁迅与外界的关系

曹著《文坛五十年》和《鲁迅评传》也将鲁迅与外界的关系作为论述重点，内容涉及如下方面：

（1）关于鲁迅与封建军阀、国民政府之间的关系

曹聚仁在"鲁迅评传"的中强调，鲁迅自 1912 年搬到北京的十四年里，主要的职务是北洋政府的教育部佥事，但"外人知道的很少"。另外，鲁迅到上海后五年间还是"国民政府教育部的工作人员之一"，在教育部属下的中央研究院供职。①

1925 年"女师大风潮"和 1926 年"三·一八"惨案中，鲁迅都挺身而出，支持青年学生反对北洋军阀段祺瑞封建专制暴政的斗争，用杂文抨击帝国主义和段祺瑞的罪行，鞭挞段政府的司法总长兼教育总长章士钊，因而遭到段祺瑞政府的通缉迫害。然而，曹聚仁的两个专栏却完全不写鲁迅在"三·一八"惨案中的坚定立场和表现，却含糊地用"'新与旧''复古'与'进步'斗争的痕迹"② 将"女师大风潮"一笔带过，并未提及鲁迅离京南下的政治原因。③ 此外，曹聚仁对于同一时期鲁迅所领军的新文学营垒同以章士钊为首的"甲寅派"展开的论争④也是语焉不详。

1927 年 1 月，在北伐战争胜利进军的形势的鼓舞下，鲁迅离开厦门，前往革命策源地广州。《华盖集续编》所收杂文，就是鲁迅 1926 年同帝国主义、北洋军阀及现代评论派文人战斗的部分记录。⑤ 同样的，曹聚仁也并未提及鲁迅离开厦门前往广州的上述历史背景，只是提到 1927 年年初鲁迅准备离开厦门时的"彷徨"。

在《鲁迅评传》中，曹聚仁指出鲁迅所讽刺的人都是文人，"他的笔

① 曹聚仁：《鲁迅评传　在北京（上）》，《南洋商报》1955 年 11 月 1 日；曹聚仁：《鲁迅评传　在北京（中）》，《南洋商报》1955 年 11 月 2 日；曹聚仁：《鲁迅评传　上海十年间（二）》，《南洋商报》1955 年 11 月 22 日；曹聚仁：《鲁迅评传　质疑（十二）》，《南洋商报》1956 年 5 月 23 日。

② 曹聚仁：《鲁迅评传　在北京（下）》，《南洋商报》1955 年 11 月 3 日。

③ 参见刘家鸣《评曹聚仁的〈鲁迅评传〉》，载北京鲁迅博物馆鲁迅研究室编《鲁迅研究资料》第 10 册，天津人民出版社 1982 年版，第 395 页。

④ 详见刘长鼎、陈秀华《中国现代文学运动史》，山东文艺出版社 2013 年版，第 122—125 页。

⑤ 参见鲁迅《鲁迅文集　导读本》第 9 卷，黑龙江人民出版社 2004 年版，第 3 页。

那么辛辣，而且反反复复，一直那么纠缠下去，因此，在读者的印象中是很深的"。曹聚仁认为，"鲁迅对于真正的黑暗势力，如段祺瑞、蒋介石、汪精卫，他攻击得并不利害，读者反而得不到什么印象"①。他更是将 20 世纪 30 年代国民党当局文化"围剿"和鲁迅参与的反文化"围剿"斗争全部遮蔽，而称 1933 年 6 月中国民权保障同盟会执行委员杨杏佛被暗杀，但同为执行委员的鲁迅却不会被暗杀，就因为"他是和政治无关的"②。

在论述鲁迅与北洋军阀、国民政府之间关系时，曹聚仁最后总结道："鲁迅也和一般士大夫相同，不一定生活与思想完全调和的。我们不要从他的文章，就推断他的为人如何如何。他也和我们一样，也要在这个社会活下去的，把他想象得如伯夷叔齐一样，以不食周粟为高的。他当然对北洋军阀的作风疾首痛心的，但他一直在北洋政府的教育部中做事，直到段执政时代为止。他对于蒋介石政权，也是十分头痛的；但他也在国民政府教育部属下的中央研究院供职，直到'一·二八'的炮火震破了南京为止。为了'生存'，抱关击柝，我们都可以做的。因为鲁迅也和我们一样是'手不能提肩不能挑'，没有别的生存技能的人。（一定要把鲁迅想象为高不可攀的人，也是可笑的。）"③

换句话说，曹聚仁一方面不断强调鲁迅曾为北洋政府和国民政府工作，和其他知识分子一样为了"生存"在思想上充满矛盾与彷徨；另一方面他却模糊或抽掉了历史语境，遮蔽了鲁迅在大革命前后与封建军阀和国民党当局之间的斗争的部分重要史实。

（2）关于鲁迅与自由主义文人之间的关系

曹聚仁称鲁迅"虽是操守很严的人，待人有时实在过于苛刻，尤其是他的笔尖"，"骂起人来更是不留情"。他特地提醒读者注意，"并不是鲁迅所骂的都是坏人，如陈源（西滢）、徐志摩、梁实秋，都是待人接物很有分寸，学问很渊博，文笔也不错，而且很谦虚的"，"顾颉刚也是笃实君子，做考证，十分认真；比之鲁迅，只能说各有所长，不必相轻"④。在谈到"新月派"的形成及其与鲁迅的关系时，曹聚仁写道：1927 年，《北晨》副刊和《现代评论》社派的人士中的一部分人"在《新月》旗

---

① 曹聚仁：《鲁迅评传　社会观（五）》，《南洋商报》1956 年 1 月 5 日。
② 曹聚仁：《鲁迅评传　闲话（十）》，《南洋商报》1956 年 4 月 14 日。
③ 曹聚仁：《鲁迅评传　质疑（十二）》，《南洋商报》1956 年 5 月 23 日。
④ 曹聚仁：《鲁迅评传　南行——在厦门（中）》，《南洋商报》1955 年 11 月 15 日。

帜之下集合起来的，有胡适、梁实秋、罗隆基、徐志摩等。他们和鲁迅辩论过了一阵，但《新月》社本身，也受蒋政权的迫害，胡适的处境在那时期，并不比鲁迅更自由些"①。

由此可见，曹聚仁虽谈及"新月派"与"现代评论派"的渊源，但措辞含糊，且对"新月派"的性质闭口不谈。另外，对于鲁迅与胡适、梁实秋、罗隆基、徐志摩等"新月派"成员的辩论，曹在"鲁迅评传"中也是一笔带过，却一味强调他们同样受到蒋介石政府的迫害。

针对 20 世纪 30 年代关于杂文的论争②，曹聚仁写道：当林语堂和周作人提倡闲适幽默的小品文之际，"我们（鲁迅、陈望道、叶圣陶、茅盾、夏丏尊、徐懋庸、陈子展和笔者）就在《自由谈》《太白》《芒种》等刊物，提倡战斗性的杂文，这是一九三二——一九三六年间文坛很明显的分歧的趋向。但是，我们不能离开时代环境来凭空立论，那是国难最严重的时期，日军已经统治了关外，而且踏进关内，在冀东建立的（伪）组织，华北岌岌可危之时，实在在情绪上闲适不下来的时候。假使要闲适，也只是自己麻醉着自己而已"。他指出鲁迅的《小品文的危机》已经对林语堂派的小品文作正面的批判，是一篇"极重要的文献"。他又指出"这一篇战斗性的文学，几乎成为我们那一群人的宣言了"③！此外，曹聚仁特别强调林语堂"并不有意与鲁迅为敌，却也不曾尊崇鲁迅"。林语堂"推尊"的是周作人。对于林语堂的闲适文学，"鲁迅批评得最多"，林语堂也"很少还手"④。

（3）关于鲁迅与共产党及左翼文学革命运动

首先，在谈到鲁迅从 1927 年秋到 1936 年秋在上海的经历时，曹聚仁批判王瑶在《新文学史稿》中"把那一段时期，当作鲁迅领导文学运动的时期"是"错误的"。他指出，鲁迅并非左翼文学运动的领导，"鲁迅

①　曹聚仁：《鲁迅评传　上海十年间（二）》，《南洋商报》1955 年 11 月 22 日。
②　20 世纪 30 年代初，已是国难当头，林语堂却一味提倡"幽默""闲适"的"性灵小品"，被鲁迅在《小品文的危机》中指为"麻醉性的""小摆设"。鲁迅指出，"生存的小品文，必须是匕首，是投枪，能和读者一同杀出一条生存的血路的东西"。鲁迅的这篇杂文最初发表于 1933 年 10 月《现代》第 3 卷第 6 期。详见鲁迅《小品文的危机》，载《鲁迅全集》（编年版）第 7 卷，人民文学出版社 2014 年版，第 333—336 页。
③　曹聚仁：《文坛五十年　〈人间世〉与〈太白〉〈芒种〉（上）》，《南洋商报》1955 年 3 月 19 日。
④　曹聚仁：《鲁迅评传　上海十年间（二）》，《南洋商报》1955 年 11 月 22 日。

的领导地位，他自己既辞了又辞，不曾自居，而在文人相轻的环境中，各以所长，相轻所短，也未必甘于奉鲁迅为盟主"。"中共在上海的文化工作，无论左翼作家联盟，或是社会科学工作者联盟，或戏剧工作者联盟，都有主要负责人，如瞿秋白、周扬、潘汉年，他们对于鲁迅，只当作同路人看待，处于尊而不亲的地位。他们有其领导文化运动路线，并非要鲁迅来领导。""鲁迅与中共之间也不一定十分协调。不过，中共懂得争取群众，争取鲁迅这样一个文化斗士，有时颇迁就他迎合他的意向的。"此外，曹聚仁特别强调"鲁迅一生，总是'荷戟独彷徨'的日子为多，他是天空的飞鹜，并非蚁群的首领呢！""真正围攻过"鲁迅的倒是创造社、太阳社"那一群提倡革命文学的人"。鲁迅和创造社成员的"争辩"，"都已动了意气，各以所长相轻所短了"。至于鲁迅与"左联"的关系，曹聚仁的最终结论是："'左联'依靠着鲁迅，而不是鲁迅领导'左联'。"①

其次，在曹聚仁看来，鲁迅于1932年至1936年接近中国共产党既是当时政治环境所迫，也是个性使然。他写道："那时期的政治环境，在国共政治斗争尖锐化的当中，迫着他非接近一方面不可，因此，他就接近了被压迫的一面，成为中共的同路人。（这也是他的倔强个性使然。）"他强调自己的看法和冯雪峰的"正相反"，认为鲁迅"还是孤军作战的，并不受中共的领导"②。

再次，当评论鲁迅和徐懋庸在全面抗战爆发前的关系时，曹聚仁写道：从1930年到1936年，徐懋庸和鲁迅交往密切，"十分契合，十分投机"，"然而为了胡风和黄源的事，徐懋庸写了一封信给鲁迅，心中火气满纸；而鲁迅回信中的'火气'更大，他们几乎凶末隙终了"③。

3. 对鲁迅的政治观和世界观之分析

就政治观而言，曹聚仁强调鲁迅受到西方资产阶级进化论的影响，所以他的政治观"早年已经成熟"，"他理解中国社会的黑暗面，自比马克思学说的继承人，深刻得多"④。曹聚仁又称自己的政治观和鲁迅"有点

---

① 曹聚仁：《鲁迅评传　上海十年间（二）》，《南洋商报》1955年11月22日；曹聚仁：《鲁迅评传　上海十年间（三）》，《南洋商报》1955年11月23日；曹聚仁：《鲁迅评传　上海十年间（四）》，《南洋商报》1955年11月24日；曹聚仁：《鲁迅评传　上海十年间（七）》，《南洋商报》1955年11月28日。

② 曹聚仁：《鲁迅评传　晚年（五）》，《南洋商报》1955年12月7日。

③ 曹聚仁：《文坛五十年　我在上海的日子（上）》，《南洋商报》1955年2月7日。

④ 曹聚仁：《鲁迅评传　政治观（下）》，《南洋商报》1956年1月20日。

相近"，并详加阐述道："我认为政治的进步或落伍，和民智开发的进度有密切关系。至于政治学说、主义的内容如何，并不十分相干的。孙中山把三民主义、建国方略说得天花乱坠，结果，国民政府的黑暗政治，比北洋军阀时代还不如。而贪污程度，远过于当年的交通系；对政治完全失望，也是民初人士所共同的。"①

为了阐明鲁迅的政治观，曹聚仁还引述了 1919 年鲁迅在《新青年》杂志上对中国政治病态的批判，并征引了鲁迅对黄郛关于中国人"二重思想"这一病根的剖析。② 然而，在与鲁迅原著对比后发现，曹聚仁在引述鲁迅观点时省略了如下一句"要想进步，要想太平，总得连根的拔去了'二重思想'。因为世界虽然不小，但彷徨的人种，是终竟寻不出位置的"③。由此可见，曹聚仁在征引鲁迅原著时，对其进行剪裁取舍，舍本逐末。他所剔除的恰是鲁迅为医治中国政治病态所开的药方，这也是鲁迅此文的核心所在。

从政治思想角度出发，曹聚仁对鲁迅进一步评价称："笔者在这儿整理鲁迅的史料，可说十分小心，不敢带点主观的成分，只怕歪曲了鲁迅的本来观点。我们也曾讨论过鲁迅的政治主张，他只能说是自由主义者，正义感很强烈，不一定是社会主义的前驱战士。"他认为，鲁迅的一生"无论对辛亥革命、'五四'运动以及后来的解放运动，都只是革命的同路人。所以他参加了'左联'，并不加入共产党"。他引述了鲁迅于 1927 年年底在暨南大学的演讲《文艺与政治的歧途》以及在次年 4 月间发表的《文艺与革命》（并冬芬来信）④ 的部分内容，意在证明"说鲁迅是自由主义者，一点也不带附会的成分的"⑤。曹聚仁此处所言"同路人"指的是"因革命中所含有的英雄主义而接受革命，一同前行，但并无彻底为革命而斗争，虽死不惜的信念，仅是一时同道的伴侣罢了"⑥。

换句话说，曹聚仁强调鲁迅的政治观深受西方资产阶级进化论的影

---

① 曹聚仁：《鲁迅评传　政治观（上）》，《南洋商报》1956 年 1 月 18 日。
② 曹聚仁：《鲁迅评传　政治观（下）》，《南洋商报》1956 年 1 月 20 日。
③ 鲁迅：《随感录五十四》，载《新青年》1919 年第 6 卷第 3 号。转引自《鲁迅全集》（编年版）第 1 卷，人民文学出版社 2014 年版，第 712 页。
④ 最初发表于 1928 年 4 月 16 日《语丝》第 4 卷第 16 期。
⑤ 曹聚仁：《鲁迅评传　文艺观（十一）》，《南洋商报》1956 年 2 月 15 日；曹聚仁：《鲁迅评传　文艺观（本章完）》，《南洋商报》1956 年 2 月 17 日。
⑥ 曹聚仁：《鲁迅评传　闲话（十一）》，《南洋商报》1956 年 4 月 16 日。

响，并逐步将鲁迅归入了自己所属的自由主义者行列，拉开鲁迅与革命斗争之间的距离。

同样的，针对鲁迅的世界观，曹聚仁也有近似的说法。

孙伏园在《鲁迅先生逝世五周年杂感二则》中对鲁迅早期思想的评价称，鲁迅先生在学生时代，很受托尔斯泰的"大爱主义"和尼采的"超人论"学说的影响。而两种思想是"正相反对的"。[①] 在20世纪50年代，冯雪峰对鲁迅思想的阐扬极具代表性和影响力。他将鲁迅的思想以1927年为界分为前后两个阶段，认为鲁迅前期思想从建立在个人主义思想基础上的小资产阶级的立场出发；同时又从他所承认的进化论出发，把革命主要希望寄在青年身上。[②] 王士菁则认为："鲁迅的作品之所以伟大的根本原因，是在于它密切地和革命相结合，即：为着党或中国人民的反帝反封建的伟大的历史任务而斗争，并且光辉地发挥了它的战斗作用。"[③]

曹聚仁则对上述文学界的主流观点表示异议。

在《鲁迅评传》的"托尼学派"一章中，曹聚仁表示据他所知道和所了解的"和孙氏的观感颇有距离"，因此对于孙氏的说法"作相当的保留"。他指出19世纪的哲学从叔本华到尼采都属"悲观哲学"，导源于佛学。他强调"鲁迅的思想、性格，正有着叔本华的影子"。"鲁迅接受尼采学说，也正是接受叔本华与佛家的悲观哲学。"[④] 曹聚仁强调自己与孙伏园的分歧在于，他认为从马克思主义观点看来，托尔斯泰的大爱主义和尼采的个人主义是"矛盾的"；从无政府主义观点看来，二者是"相互发明的"。此外，他指出鲁迅在早期作品《人之历史》中介绍了进化论；鲁迅还先于胡适向国人介绍易卜生主义，并且"推尼采为个人主义哲学的杰出之士"。他进一步指出，1908年鲁迅发表的《文化偏至论》[⑤] 便是"提倡极端个人主义的"。由此可见，曹聚仁经过长篇论述，旨在阐明鲁

---

① 详见孙伏园《鲁迅先生逝世五周年杂感二则》，载《鲁迅先生二三事》，作家书屋1944年版，第71—73页。

② 详见冯雪峰《回忆鲁迅》，转引自《1928—1936年的鲁迅·冯雪峰回忆鲁迅全编》，上海文化出版社2009年版，第79页。此文最初在北京《新观察》杂志的1951年第1期至1952年第7期上连载。

③ 曹聚仁：《鲁迅评传 质疑（一）》，《南洋商报》1956年5月10日。

④ 曹聚仁：《鲁迅评传 托尼学说（上）》，《南洋商报》1955年10月25日。

⑤ 最初发表于1908年8月日本东京出版的《河南》月刊第七号。转引自《鲁迅全集》（编年版）第1卷，人民文学出版社2014年版，第127—140页。

迅思想兼具所谓"托尼学说"。他得出结论称，"鲁迅的思想，受叔本华、尼采学说的影响，在他自己乃是顺理成章，井然有其一贯体系的"①。

在上述逻辑的延长线上，曹聚仁又在《鲁迅评传》的多个章节强调鲁迅的思想和文章风格都受到尼采的影响。他认为，鲁迅在语丝社中是个"坚强的个人主义者"，并强调"不要以为个人主义的战士，就比社会主义战士逊色些"②。对于冯雪峰所著《回忆鲁迅》，曹聚仁批评道，"初以为他所写的一定有很多珍贵的史料；谁知他只在他自己的观点上发议论，要让鲁迅所戴的纸糊帽子更高一点。其实，鲁迅的伟大，并不在于他的更接近马克思主义，他不一定把马克思学说看得比'托尼学说'更有价值的。（这些话，还得等政治狂热过去了再来理解的。）"③。曹聚仁提出与冯氏看法的不同之处，"我以为鲁迅的观察深刻与眼光远大，并不由于接受了唯物史观的论据，而由于他的科学头脑以及尼采超人哲学的思想。我们不必阿附时政，替他带上一顶不必有的帽子的"④。他表示，"一定要把鲁迅算得是马克思主义的信徒，好似他的主张，没有一点不依循这一范畴，这是多余的。马克思学说之进入他的思想界，依然和托尼学说并存，他并不如一般政治思想家那么入主出奴的"⑤。他断言鲁迅"徘徊于人道主义与个人主义之间"⑥。他认为，"扬弃了个人主义，固然是鲁迅的进步；但骨子里还保存着尼采精神，也正是鲁迅之所以为鲁迅"⑦。

在曹聚仁心目中，鲁迅的思想体系兼容了托尔斯泰、尼采和马克思的思想，因此他强调"一定要用马克思的尺度来剪去尼采的成份，这就不成其为鲁迅了"。对于王士菁的前述观点，曹聚仁评价称其为"教条式的说法"，"简直可笑得很"。他指出"要懂得鲁迅的思想，必须懂得尼采的超人哲学，否则即算是把马列主义搅得十分通了，也还是搅不通鲁迅的思

①　曹聚仁：《鲁迅评传　托尼学说（上）》，《南洋商报》1955年10月25日；曹聚仁：《鲁迅评传　托尼学说（中）》，《南洋商报》1955年10月26日；曹聚仁：《鲁迅评传　托尼学说（下）》，《南洋商报》1955年10月27日。

②　曹聚仁：《鲁迅评传　〈北晨〉副刊与〈语丝〉（中）》，《南洋商报》1955年11月10日；曹聚仁：《鲁迅评传　〈北晨〉副刊与〈语丝〉（下）》，《南洋商报》1955年11月11日。

③　曹聚仁：《鲁迅评传　上海十年间（七）》，《南洋商报》1955年11月28日。

④　曹聚仁：《鲁迅评传　社会观（一）》，《南洋商报》1955年12月29日；曹聚仁：《鲁迅评传　政治观（下）》，《南洋商报》1956年1月20日。

⑤　曹聚仁：《鲁迅评传　文艺观（一）》，《南洋商报》1956年2月2日。

⑥　曹聚仁：《鲁迅评传　人生观（七）》，《南洋商报》1956年2月25日。

⑦　曹聚仁：《鲁迅评传　质疑（十一）》，《南洋商报》1956年5月22日。

想的"①。他认为"鲁迅之所以成为伟大的作家,并不一定要求他在思想上完全随着革命思想的。而他的个人主义与虚无色彩,也并不减低他在思想上的崇高地位"②。对于冯雪峰关于鲁迅思想转变的结论,曹聚仁也认为"过于轻率而武断"。他指出:"个人主义也可以说是崇高的理想,未始对于社会没有益处的;退一步说:也是生物所以图生存的本能,利他而不图个体的生存,也是违反天理的。"他进一步指出:"鲁迅所以那么坚强,(中略)倒不一定由于社会主义的信仰者,而是由于他是尼采信徒,一个独立而不倚的强者。"③ 他坚称个人主义是鲁迅"思想体系的核心","尼采学说对于他(指鲁迅)的影响,还在马克思学说之上"④。

1951 年至 1952 年间,冯雪峰在《新观察》杂志上连载《回忆鲁迅》,检讨自己对鲁迅评价和认识中存在的错误,例如,"机械地把鲁迅派定为所谓'同路人'","完全没有认识鲁迅先生的战斗与工作的巨大的革命价值""并没有明确地承认鲁迅先生对于革命的积极作用和价值,同时也没有提出应该如何团结他的建议"。冯雪峰纠正了认为鲁迅是"很矛盾的""很难接近的"的"主观""片面"的印象。⑤

然而,曹聚仁批判冯雪峰上述纠正观点的做法是"政治观点在作祟",因为他并不认为冯雪峰对鲁迅的理解有任何错误。他指出:"鲁迅本来只是同路人,并不一定要派他是革命的积极分子的。而一个同路人对于推动社会进步的效果,也不一定在一个积极分子之下的。"他认为冯雪峰对鲁迅思想"或许可以说是了解得不少","但对于个人主义的轻蔑,正阻碍着他对于鲁迅思想的真正了解"⑥。

对于鲁迅的思想,曹聚仁作出如下结论:"鲁迅的见解,在《新青年》杂志以前,已经完全成熟了,到了他的中年,有所补充、修正,那是看得见的;但一定要说鲁迅的晚年思想,就抛弃了尼采学说,和马列主义完全一致也是不可能的。"⑦

---

① 曹聚仁:《鲁迅评传 质疑(一)》,《南洋商报》1956 年 5 月 10 日。
② 曹聚仁:《鲁迅评传 质疑(三)》,《南洋商报》1956 年 5 月 12 日。
③ 曹聚仁:《鲁迅评传 质疑(四)》,《南洋商报》1956 年 5 月 14 日。
④ 曹聚仁:《鲁迅评传 质疑(五)》,《南洋商报》1956 年 5 月 15 日。
⑤ 详见冯雪峰《回忆鲁迅》,转引自《1928—1936 年的鲁迅·冯雪峰回忆鲁迅全编》,上海文化出版社 2009 年版,第 61—62 页。
⑥ 曹聚仁:《鲁迅评传 质疑(二)》,《南洋商报》1956 年 5 月 11 日。
⑦ 曹聚仁:《鲁迅评传 质疑(十五)》,《南洋商报》1956 年 5 月 26 日。

　　综上所述，曹聚仁强调鲁迅的世界观深受尼采个人主义学说和达尔文进化论的影响，并且从未抛弃尼采学说而转向马克思主义。

　　在分析鲁迅的人生观、政治观和世界观的同时，曹聚仁也阐发了自己关于东西方哲学思想的观点。

　　曹聚仁对东西方文化思想相互影响的迹象作了分析和论证，指出进化论、尼采的个人主义和社会主义思想都源于老庄的道家思想，而托尔斯泰的大爱主义源于佛家思想。他认为上述思想都是相通的。他指出 16 世纪以后，欧洲的自然主义哲学"导源乃由于老庄道家思想的西行"，在其影响下产生了卢梭的"民约论"和达尔文、赫胥黎的"进化论"。"19 世纪欧洲的社会主义思想，可以说是无政府主义全盛时期，溯其源也和老庄思想有血缘上的关系，而叔本华、尼采的个人主义哲学，也和道家哲学相通。""托尔斯泰的大爱主义，出于佛家思想。""无政府主义固是社会主义的一派，却是极端尊重个人主义，和尼采思想相通。"[①] 曹聚仁还认为："唯物史观也可以说是达尔文的进化学说在人类社会的适用。"[②]

三　曹聚仁"鲁迅观"在海内外引发的争议

　　20 世纪 50 年代曹聚仁的"鲁迅观"发表后，在海内外引发了广泛争议。

　　新加坡的马华新文学（马华新文学是马来亚［包括新加坡］华文新文学的简称）史家方修[③]在 1956 年 8 月 14 日撰写《鲁迅为什么被称为新中国的圣人？》一文，对曹聚仁在《南洋商报》发表的专栏文章《鲁迅评

---

　　① 详见曹聚仁《鲁迅评传　托尼学说（中）》，《南洋商报》1955 年 10 月 26 日。

　　② 曹聚仁：《鲁迅评传　政治观（下）》，《南洋商报》1956 年 1 月 20 日。

　　③ 方修（1922—2010）新加坡华人作家、文学评论家，新加坡的马华新文学史研究奠基人。原名吴之光，另有笔名观止、任辛等。祖籍广东潮州。1938 年南渡马来亚谋生。在《新国民日报》《民声报》及《中华晚报》任记者。1946 年迁往新加坡。1951 年 2 月进《星洲日报》任新闻编辑，同年 4 月创办并主持《星洲周刊》。1956 年年中起，调编"南洋新闻"版，每年为《星洲日报》新年特刊撰写一篇关于新马文艺的总结性文字。又先后兼编《星洲日报》多个副刊。从 20 世纪 50 年代起，发掘和整理马华文学史料，写成《马华新文学史稿》。20 世纪 60 年代后期着手编撰《马华新文学大系》。1966—1978 年，曾任新加坡大学中文系兼职讲师，负责"马华新文学""中国新文学"及"鲁迅研究"等课程。参见《东南亚历史词典》编辑委员会编《东南亚历史词典》，上海辞书出版社 1995 年版，第 71 页；王景山编《台港澳暨海外华文作家词典》，人民文学出版社 2003 年版，第 129 页。

传》予以猛烈的抨击："标新立异，胡说八道，被人家批评了几句，就说是受了侮辱性的攻击。其实，当地一两位作者对于曹氏的批评，比起他对于别人的攻讦来，倒是客气得多的。在他那篇所谓《鲁迅评传》中，充满着对于一些新文学史著以及有关鲁迅的研究文章的作者（如王士菁、王瑶、蔡仪、朱彤等）的诋毁，对于一些赞扬鲁迅的文字的曲解，对于敬仰鲁迅的青年们的诬蔑，以及对于鲁迅本人的歪曲和侮辱。那一连串的肤浅的见解，荒谬的论调，我们正应该尽量地加以揭发出来，让大家看看这位所谓'史人'的颠倒黑白的手法。"①

方修指出，曹聚仁不仅"利用一个人的生活琐事来施展他的曲解诬蔑的伎俩"，而且在"质疑"一章中"提到鲁迅的思想问题，妄想从这方面来'充实'他的谬论"。例如，曹聚仁说："鲁迅并不是圣人，他的思想本来有若干矛盾的。"方修对此反驳道，很多人已经指出鲁迅先生在某些时期、某些问题上曾有思想上的剧烈冲突，大家"没有替他（指鲁迅）隐讳过"，"只有曹聚仁才少见多怪，撷拾别人研究的心得，当作自己的创见"。方修进一步强调，尽管鲁迅有过若干思想上的矛盾，"却没有在这些矛盾的阶段上停留不前，相反的，倒是勇敢地在这方面展开剧烈的自我斗争，自我批评，而且随着客观情势的推移，主观认识的提高，逐一地克服了这些矛盾，不停地跟着时代前进"②。

在台湾地区，曹聚仁的著作经历了从被禁到解禁的过程。1949 年 5 月 20 日，台湾地区进入了国民党军事控制的"戒严时期"③。20 世纪 50 年代初，左翼文学在台湾地区受到严厉的查禁。作为左翼文学的代表，鲁迅作品的传播及其研究在台湾受到极大的影响④。正如台湾作家陈映真所强调的，在 20 世纪 50 年代全球反共的、冷战的时代的台湾，"左翼的、激进的，经中国（19）30 年至（19）40 年发展下来的反帝、反封建的文

---

① 方修：《鲁迅为什么被称为新中国的圣人？》，载《评论五试》，辽宁教育出版社 1997 年版，第 16 页。

② 同上书，第 18 页。关于方修的鲁迅观，详见祝东力《论方修的鲁迅观》，载甄供编《方修研究论集》，雪兰莪：董教总教育中心 2002 年版，第 178—185 页。

③ 参见马齐彬等编《中国国民党历史事件·人物·资料辑录》，解放军出版社 1988 年版，第 217 页。

④ 参见李浩《关于郑学稼之〈鲁迅正传〉》，载上海鲁迅纪念馆编；王锡荣主编《上海鲁迅研究》2013 年夏，上海社会科学院出版社 2013 年版，第 111 页。

学思潮"，"受到全面压制"①。

曹聚仁之女曹雷回忆称，《鲁迅评传》出版后，在海外及台湾盗版甚多。当时，曹聚仁的书在台湾属于禁书，但仍有台湾的出版商改了作者名字，将书内容作了删节，并将书中所提到的公元纪年改为"民国"年号，偷偷出版。直到 20 世纪 80 年代，台北天元出版社在征得曹家同意后，得到了版权，将该书在台湾再版。②

1958 年 5 月 20 日，身在中国大陆的周作人致信移居香港的曹聚仁，对曹著《鲁迅评传》给予高度评价称："《鲁迅评传》现在重读一过，觉得很有兴味，与一般的单调者不同，其中特见尤为不少，以谈文艺观及政治观为尤佳，云其意见根本是虚无的，正是十分正确。"③

与之形成鲜明对比的是，从 20 世纪 50 年代到 70 年代末，中国大陆海关曾将曹聚仁在香港出版的著作当作反动著作扣检。

1978 年以后，特别是 20 世纪 80 年代，有关曹聚仁的研究在大陆进入一个新的历史时期。80 年代，大陆有多位鲁迅研究者撰文批驳曹聚仁的著作《鲁迅评传》。

1981 年，黄曼君从鲁迅在对敌斗争中的态度，鲁迅是不是超阶级、超党派的以及马克思主义对鲁迅思想的重大作用这三大原则问题入手，驳斥了曹著《鲁迅评传》中对鲁迅评价的错误和不妥之处。黄曼君依据鲁迅原著指出，鲁迅一生同帝国主义、封建势力、买办阶级和代表他们利益的反动文人进行了不屈不挠的斗争；鲁迅在半封建半殖民地的特定历史条件下，从被压迫民族和人民的立场出发，对尼采的思想既有接受也有批判。20 世纪 20 年代末，鲁迅在政治思想上接受了无产阶级社会革命论，在哲学思想上逐步掌握和运用了辩证唯物主义和历史唯物主义的根本原理；"鲁迅决不是超然于党派利益之上的'自由主义者'，也决不是只与革命主力同走一段路的'同路人'。"后期鲁迅对"同路人"的历史作用和阶级局限性的全面分析是"站在党性和党的政策的立场上来看待'同路人'"④。

---

① 陈映真：《陈映真作品集》第 8 卷，台湾：人间出版社 1988 年版，第 214 页。
② 曹雷：《三联版后记》，载曹聚仁《鲁迅年谱》（校注本），生活·读书·新知三联书店 2011 年版，第 265 页。
③ 曹聚仁：《知堂老人的晚年》，《文教资料》1999 年第 3 期，第 16 页。
④ 详见黄曼君《对鲁迅精神应作实事求是的科学评价——评曹聚仁先生的〈鲁迅评传〉和〈鲁迅年谱〉》，《华中师院学报》（哲学社会科学版）1981 年第 4 期，第 56—69 页。

1982 年，唐弢在论及现代文学史问题时指出，曹著《鲁迅评传》是"自我吹捧，自我标榜，的确没有什么可取。但他还是在香港做了一些好事。我们不能说好就一切都好，说坏就一切都坏，要实事求是，具体分析"①。

同年，李何林指出，曹聚仁的思想实际上有不少是周作人的。周作人对鲁迅的歪曲与曹聚仁的思想对照起来，在很多方面是一致的。②

刘家鸣则指出曹聚仁在撰写《鲁迅评传》时对史料的记叙和取舍并不客观、公允。

第一，曹聚仁回避、少写甚或不写鲁迅参加政治斗争的史实。如在 1925 年"女师大学潮"和 1926 年"三·一八"惨案中，鲁迅挺身而出支持学生反对北洋军阀封建专制暴政的斗争，用杂文抨击帝国主义和封建军阀的罪行，鞭挞章士钊、陈源之流，因而遭到军阀政府的通缉迫害；1927 年鲁迅在广州时，蒋介石叛变革命，在广州进行"四·一五"大逮捕大屠杀，鲁迅因营救被捕学生不成，愤而辞职离开中山大学；鲁迅晚年长住上海，在日本帝国主义侵略和蒋介石集团法西斯专政的白色恐怖里，他不仅写了大量杂文揭露日寇的侵略野心，抨击蒋介石集团对内镇压、对外投降的罪行，并积极投身政治斗争。然而，曹聚仁却对鲁迅在 20 世纪 20 年代至 30 年代参加政治斗争的英勇表现"讳莫如深，不置一词"③。

第二，曹聚仁回避、少写甚或不写鲁迅指导文学运动和文学思想斗争的史实。在记叙鲁迅进行文学活动的史实时，曹聚仁把鲁迅对封建复古派和资产阶级文学流派的论争，说成是由于鲁迅"不能跳出""中国士大夫党同伐异、气量偏狭"的小圈子造成的；而赞美被鲁迅所批判的文人的学问和品德；否认国民党反动派对鲁迅的反革命文化"围剿"；否认鲁迅对左联的领导作用。在评论鲁迅的思想和创作时，曹著否认鲁迅的世界观从民主主义向共产主义的转变，否认马克思主义对鲁迅思想的影响并在后期成为他的主导思想。而始终强调鲁迅是尼采学说的信徒，强调鲁迅思想中消沉、伤感、寂寞甚至虚无的因素。刘家鸣认为曹聚仁关于鲁迅思想的

---

① 详见唐弢《从香港"中国现代文学研讨会"谈到我的一点看法》，载《唐弢文集》第 9 卷，社会科学文献出版社 1995 年版，第 359—360 页。

② 详见李何林《清除鲁迅研究中普及与提高的思想障碍》，载《李何林全集》第 1 卷，河北教育出版社 2003 年版，第 141—147 页。

③ 详见刘家鸣《评曹聚仁的〈鲁迅评传〉》，载北京鲁迅博物馆鲁迅研究室编《鲁迅研究资料》第 10 卷，天津人民出版社 1982 年版，第 394—410 页。

观点"与鲁迅思想的实际进程大相径庭"。他指出 1927 年大革命失败前后，鲁迅的世界观从进化论转向马克思主义的阶级论。他并不讳言鲁迅早期曾接受过尼采学说的影响，且在"五四"新文化运动时期还赞同过尼采的某些观点。然而，他指出鲁迅也曾结合中国实际对尼采学说加以改造后使之成为反对封建专制的思想武器。此外，刘家鸣还提醒人们注意鲁迅和尼采在如何对待人民群众和专制统治等诸多方面存在观点的对立。因此，他指出鲁迅对尼采学说中部分内容进行了自觉的扬弃。到后期，鲁迅掌握了马克思主义，对尼采学说更是大加批判。[①]

此外，曹聚仁在斥责新中国的鲁迅研究家的同时，却极力赞扬自由主义者周作人，称他最适合为鲁迅写传记，并在书中不断地征引周作人对鲁迅及其创作的评价。周作人也赞扬曹聚仁的《鲁迅评传》。因此刘家鸣直截了当地批评称，曹聚仁"吹捧周作人，实在令人费解，纳闷，反感"[②]。

1986 年，姜德明在专著《活的鲁迅》中强调，周作人一再咒骂鲁迅，与曹聚仁相互吹捧。[③]

对于曹聚仁的"鲁迅观"，方修又于 1988 年在自选集的"校后记"中指出："虽然近年间有人提出了比较宽厚的论调，但这是学术研究领域的正常现象，而且实际上出现的歧见也很有限。另一方面，具有强烈是非观、正义感、爱憎分明、态度严正的文章看来还是占了大多数，甚至有方兴未艾之势。"紧接着，方修又向海外读者介绍了李何林和姜德明的上述著述，并予以肯定。方修在谈到自己对曹聚仁及其鲁迅研究的看法时说："我也不认为由于曹聚仁晚年在某一方面'好像表现还不错'就应该避开学术思想问题不谈。再说，纵使曹聚仁晚年在某一点上有了些少'表现'，他在鲁迅研究这一方面却始终是一个死硬派，其谬托知己，歪曲鲁迅的作为是至死不变的，需要给予正视的。"[④]

1996 年，上海东方出版中心征得曹聚仁长女曹雷授权，在大陆首次正式出版曹著《文坛五十年》。在序言中，陈鸣树从文学史角度评价该著"以

---

① 详见刘家鸣《评曹聚仁的〈鲁迅评传〉》，载北京鲁迅博物馆鲁迅研究室编《鲁迅研究资料》第 10 卷，天津人民出版社 1982 年版，第 394—410 页。

② 同上。

③ 姜德明：《周作人晚年书信》，载《活的鲁迅》，上海文艺出版社 1986 年版，第 276 页。

④ 详见方修《方修自选集（1955—1977）》，（新加坡）新天书局、（北京）现代出版社 1988 年版，第 277—282 页。

其独特的构架，独特的审视眼光，更贴近当时文坛生活的感受，更具有历史意识和文化意识，显示其独特的光彩"①。2000 年，余力文评价曹著《文坛五十年》与新中国建立后唐弢主编的《中国现代文学史》"分道扬镳，另辟蹊径"，"以'史家'笔法勾勒出了现代文学的是是非非、跌宕起伏、潮涨潮落、风云变幻的历史画面"。他指出了全书的三个特点，一是"积淀了丰厚的'史料'"；二是"一部现代文坛'点将录''文人谱'"，"左中右人物纷纷登台'亮相'"；三是"视点独特，眼界宏阔，其民族凝聚力很强"②。同年，潘颂德评价曹著《文坛五十年》不是"一般的文坛回忆录"，而是具备了"德、识、才、学"的"史家"所撰的"一种亚文学史"。尤其是中国大陆自 20 世纪 50 年代起在"左"的政治路线影响下全盘否定胡适在"五四"文学革命中的历史功绩的背景下，曹聚仁"以史家的眼光，实事求是地肯定了胡适在新文学运动中的作用"。另外，曹氏还"充分肯定鲁迅在中国文学史上的地位"，但反对将鲁迅"神化"③。

　　1999 年，上海东方出版中心在大陆首次正式出版了曹著《鲁迅评传》。2000 年，孙郁撰文评价此书是"治现代史的人必读之书"。"曹氏写鲁迅，有可信的一面，常态的东西多。既贴近性格，又超于象外"，"在史料、观点上，没有极端的东西"④。2004 年，多位大陆学者在编著鲁迅生平研究史时指出曹著《鲁迅评传》有偏颇和失实之处，但从整体上肯定了曹聚仁"在当时对鲁迅客观公允的评价和以事实为依据的治学态度"⑤。2006 年，李世琦为曹著《鲁迅评传》撰写书评称其"名不虚传，允称力作"，但也指出该书的缺点，例如，"只谈托尔斯泰、尼采对鲁迅的影响，而不谈马克思主义对晚年鲁迅的重要影响，就显见得有些矫

　　① 详见陈鸣树《曹聚仁〈文坛五十年〉序》，曹聚仁著《文坛五十年》，东方出版中心1997 年版，序第 2 页。

　　② 详见余力文《云雾不会永远蒙住真实——读曹聚仁的〈文坛五十年〉》，载上海市政协文史资料委员会、上海鲁迅纪念馆编《曹聚仁先生纪念集》，上海市政协文史资料编辑部 2000 年版，第 244—249 页。

　　③ 详见潘颂德《独具特色的现代文学史——读曹聚仁〈文坛五十年〉漫记》，载上海市政协文史资料委员会、上海鲁迅纪念馆编《曹聚仁先生纪念集》，上海市政协文史资料编辑部 2000 年版，第 236—243 页。

　　④ 孙郁：《自由者的书写》，载上海市政协文史资料委员会、上海鲁迅纪念馆编《曹聚仁先生纪念集》，上海市政协文史资料编辑部 2000 年版，第 134 页。

　　⑤ 王吉鹏、田宇、王大慧编著：《追踪伟大人生的轨迹》，吉林人民出版社 2004 年版，第153 页。

枉过正了"①。2009 年，朱正②撰文批评曹聚仁虽自称为"史人"，但他自诩为"史书"的《鲁迅评传》却透露出曹聚仁"不懂史学，不善剪裁，不会组织，不成样子"。朱正逐一列举曹著《鲁迅评传》中存在的史实错误之类的"硬伤"③。2018 年，付雪丽称，曹聚仁在《鲁迅评传》中对于鲁迅"同路人"身份的重新定位"无疑又是一个新的观点和概念，也为鲁迅文学研究提供了一个新的思路"。在对该书的史料丰富、翔实给予肯定的同时，她也指出了其中的史实失误。例如，曹聚仁关于周作人是"鲁迅风"文体的唯一继承者的论断完全没有事实依据。④

综上可知，曹聚仁的"鲁迅观"曾在不同历史时空下产生了巨大的反响，其中有的甚至针锋相对。新加坡学者方修率先对曹聚仁"鲁迅观"加以批驳。与此相反，曹著《鲁迅评传》出版后，率先对曹聚仁及其著作大加赞扬的，不是别人，而是曹聚仁崇拜的周作人。此书在台湾地区和中国大陆经历了从被查禁到解禁的过程，但原因截然不同。20 世纪 80 年代，大陆有多位鲁迅研究者撰文批驳曹聚仁的著作《鲁迅评传》。到了世纪之交，大陆对曹聚仁的"鲁迅观"仍有争议，但批判的声音相较于 20 世纪 80 年代似有削减之趋势。

四　对曹聚仁"鲁迅观"及其论争的辨析

前述海内外学者对曹聚仁"鲁迅观"的批判各有侧重，基本涵盖了主要方面和重要问题。

首先是怎样看待鲁迅与封建军阀、国民政府、自由主义文人之间的关系。

黄曼君在这方面的论述颇具代表性。他并不像曹聚仁那样孤立地分析鲁迅与封建军阀、国民政府、自由主义文人之间各自的关系，而是将几者

---

① 李世琦：《曹聚仁眼中的鲁迅》，《书屋》2006 年第 7 期，第 32—33 页。

② 朱正（1931—　）鲁迅研究家。主要著作有：《鲁迅传略》（1956 年，作家出版社，1982 年修订，人民文学出版社）、《鲁迅回忆录正误》（1979 年，湖南人民出版社）、《鲁迅手稿管窥》（1981 年，湖南人民出版社）。另外，还参加了《鲁迅大辞典》的编纂工作。

③ 详见朱正《"史人""妄人"曹聚仁——且说他〈鲁迅评传〉的硬伤》，载褚钰泉主编《悦读 MOOK》第 10 卷，二十一世纪出版社 2009 年版，第 33—41 页。

④ 详见付雪丽《论曹聚仁〈鲁迅评传〉的优缺点》，《北方文学》2018 年第 3 期，第 152—153 页。

联系在一起，置于中国近现代反帝反封建的背景下，阐释鲁迅与帝国主义、封建势力、买办阶级和代表他们利益的反动文人之间的斗争。

此外，该文还对曹聚仁在《鲁迅评传》中避而不谈的"新月派"的性质予以剖析，并对鲁迅与"新月派"之间论争的起因予以说明。

针对上述问题，刘长鼎与陈秀华所撰《中国现代文学运动史》给出了答案。据两位学者的研究，"新月派"原先是依附于北洋军阀的"现代评论派"中人纷纷于1927年春由北京南下，投靠"新的战胜者"蒋介石的一群资产阶级知识分子为主体的松散组合。它并非单纯的文学流派，而是涉及政治、思想、学术、文艺等各个领域的派别。该社团带有鲜明的资产阶级自由主义特点，反对无产阶级革命文学运动。至于鲁迅与"新月派"主将徐志摩的纠葛，就要追溯到1927年春"新月派"利用鲁迅的声望做广告，推销其自由主义的新刊物《闲话》。此外，徐志摩在所撰"新月派"发刊词中宣称"没有什么组织"。然而，鲁迅却揭露了该派别以此来隐藏其反对无产阶级组织、集团的真实意图。①

1929年年初，南京国民政府表面上统一全国后，发布所谓保障人权的命令。胡适便在《新月》上连续发文批评国民政府不保障人权，没有思想言论自由；要求尽快实行宪政。对此，国民政府以"批评党义""触犯党讳"对胡适加以"警戒"，并查禁胡适著作。② 当"新月派"的言论自由遭到国民政府压迫时，他们并没有强烈反抗，只由其成员罗隆基在9月初发表《告压迫言论自由者》，以示对政府的警告。有鉴于此，鲁迅批评"新月派"是为政府作"诤友"，批判胡适的人权运动是"粉饰一下反动的统治"③。

1927年年底到1930年，鲁迅和"新月派"文艺理论家梁实秋展开了关于人性论与阶级论的论辩。针对梁实秋提出的文学的"人性论"和"文学无阶级性"，鲁迅在《"硬译"与文学的阶级性》中加以驳斥。鲁迅的这篇驳论文也成为20世纪30年代一篇马克思主义的典范文稿。④

---

① 详见刘长鼎、陈秀华《中国现代文学运动史》，山东文艺出版社2013年版，第257—264页。

② 参见李松林主编；凡理撰写：《中国国民党史大辞典》，安徽人民出版社1998年版，第136页。

③ 详见刘长鼎、陈秀华《中国现代文学运动史》，山东文艺出版社2013年版，第263—264页。

④ 同上书，第265—275页。

据曹聚仁自述，他于 1933 年至 1936 年间曾在《申报》副刊《自由谈》发表大量杂文，对抗战时局加以观照。此外，他还关注农民和知识分子，并持续阐发他在 20 世纪 20 年代酝酿并提出的所谓"适然史观"。①尽管曹聚仁标榜自己和鲁迅等人一起"提倡战斗性的杂文"，但他在杂文中所反映出的"虚无历史"的唯心史观引发了广泛论争，对"五四"以来传入中国的马克思主义唯物史观形成了挑战。

其次是怎样看待鲁迅与共产党和左联之间的关系。

曹聚仁一再强调共产党争取鲁迅，有时颇"迁就""迎合"鲁迅，但只把鲁迅当作"同路人"看待，因此鲁迅处于"尊而不亲"的地位，并非左翼文学革命运动的领袖。鲁迅接近共产党则是政治环境所迫。

然而，早在 20 世纪 50 年代初冯雪峰就纠正了自己对鲁迅是"同路人"的机械论断，20 世纪 80 年代初黄曼君则以鲁迅对"同路人"所做的批判，进一步否定了曹聚仁所谓的鲁迅是"同路人"的观点。然而，付雪丽却在近年指出曹聚仁对鲁迅"同路人"的身份定位值得肯定，称其"无疑又是一个新的观点和概念，也为鲁迅文学研究提供了一个新的思路"。这种论断有意无意地暗合了 20 世纪 50 年代曹聚仁对鲁迅的诬蔑之词，有可能将鲁迅研究重新引入歧途。此外，20 世纪 80 年代刘家鸣用寥寥数语勾勒出鲁迅同中国共产党人之间存在的"亲密的关系"，并回顾了鲁迅在左联的领导工作，以此反驳曹聚仁的上述错误观点。

由此可见，自 20 世纪 50 年代至 80 年代，国内学者们大多倾向认为鲁迅并非革命的"同路人"，而是与共产党关系密切且对左联起到领导作用的作家。然而，近年又有学者重提并肯定了曹聚仁关于鲁迅是"同路人"的观点。

在大革命失败后的革命低潮期，创造社和太阳社于 1927 年提出了"革命文学"的口号，开始了从文学革命向革命文学的转换。从"转换"开始，中国新文学就向左翼的革命文学进发，开始了近十年的左翼文学运

---

①　1935 年，曹聚仁在《自由谈》发表的《论因缘》《五四的霉菌》《"五四霉菌"补正》等文章促使有关"适然史观"的论争达到高潮。王淑明、杨潮、聂绀弩和胡绳等进步知识分子对曹聚仁上述史观中存在的"机械论"以及贬低"五四"时期知识分子的错误思想进行了批判。鲁迅出于团结"非左联"的"进步作家"曹聚仁的考虑而加以干涉，才使这场论争于 1935 年 10 月落下帷幕。详见贺心颖《曹聚仁"适然史观"及其论争》，载毛章清、阳美燕、刘泱育编《北大新闻史论青年论衡》，清华大学出版社 2015 年版，第 292—311 页。

动。从 1928 年起，创造社受到国际"左"倾思潮的影响，为了达到"扳倒鲁迅，抬出自己"的目的，于是联合太阳社把批判的矛头对准"五四"以来的新文学，对新文学代表人物鲁迅展开围攻。①

然而，创造社和太阳社出于"扳倒鲁迅，抬出自己"的目的而围攻鲁迅的行为，恰好证明鲁迅在文坛上的重要地位和巨大影响力。若不深入剖析两社围攻鲁迅的历史语境和真实目的，而如曹聚仁一般将这次围攻笼统地称之为"那一群提倡革命文学的人"的行为，则是以拼凑的细节否定了事件的本质，虚无了历史，模糊了是非界限。

对于上海文坛的这场混战，中国共产党给予了充分关注。1928 年秋，周恩来就直接对此事加以干预。周恩来委托中共江苏省委宣传部部长李富春代表中共直接与上海文化界接触，表明党对上海文艺界的论争的原则立场，以制止这场论争和对鲁迅的攻击。1929 年 9 月，李富春约见创造社成员阳翰笙，指出创造社、太阳社围攻鲁迅是错误的，"一定立即停止论争，与鲁迅团结起来"，"象鲁迅这样一位老战士、一位先进的思想家，要是站到党的立场方面来，站在左翼文化战线上来，该有多么巨大的影响和作用"②。10 月，中共中央宣传部部长李立三指示，要团结鲁迅，联合其他左翼作家，筹建新的革命文艺团体。③

综上所述，可以看出，在中国左翼作家联盟成立前夕，中国共产党已高度评价鲁迅对"五四"以来文学运动所作的贡献，并将鲁迅确立为即将来临的左翼文化革命运动的旗手。

1931 年，瞿秋白参与"左联"领导工作后也特别推崇鲁迅。1933 年瞿秋白以笔名"何凝"在《〈鲁迅杂感选集〉序言》中称赞鲁迅"是封建宗法社会的逆子，是绅士阶级的贰臣，而同时也是一些浪漫谛克的革命家的净友"④！他号召文艺界"为着文艺战线的新的任务（中略）我们应当向他学习，我们应当同着他前进"⑤。瞿秋白的这篇序言树立了鲁迅作为左翼文化革命运动的领军人物的权威。

---

① 参见刘长鼎、陈秀华《中国现代文学运动史》，山东文艺出版社 2013 年版，第 168 页。

② 详见阳翰笙《中国左翼作家联盟成立的经过》，载中国社会科学院文学研究所左联回忆录编辑组编《左联回忆录》，知识产权出版社 2010 年版，第 49 页。

③ 宋彬玉等：《创造社 16 家评传》，重庆出版社 1998 年版，第 287 页。

④ 何凝：《何凝编录并序》，载《鲁迅杂感选集》，青光书局 1933 年版，序言第 3 页。

⑤ 同上书，序言第 25 页。

由此可见，中国共产党的确将鲁迅作为尊重、团结和学习的对象，而曹聚仁的所谓共产党"迁就""迎合"鲁迅的意向的说法，显然昧于史实。

面对国民党的白色恐怖，鲁迅基于对所属阶级和政治现实的批判于 1932 年 4 月庄严宣告："只是原先是憎恶这熟识的本阶级（指中产的智识阶级分子），毫不可惜它的溃灭，后来又由于事实的教训，以为惟新兴的无产者才有将来。"① 1932—1933 年，鲁迅又曾在家中多次接待共产党的早期领导人瞿秋白夫妇，并曾秘密会见红军高级将领陈赓。② 1936 年春，当得知工农红军取得东征胜利后，鲁迅和茅盾向中共中央发出贺信，郑重宣言："我们热烈地拥护中共、中苏的号召，我们认为只有实现中共、中苏的抗日救国大计，中华民族方能解放自由！"③ 由鲁迅的上述言行可知，他接近共产党是在当时政治环境中的主动选择。

另外，鲁迅与徐懋庸的矛盾冲突并非曹聚仁所言的私人恩怨，其矛盾焦点也远非"火气"二字就可以概括。下文将从矛盾发生的背景、性质及其影响展开分析。

在抗日救亡的声浪中，中国文学界先后于 1934 年和 1936 年提出了"国防文学"和"民族革命战争的大众文学"两大口号。鲁迅、冯雪峰等人的"民族革命战争的大众文学"的新口号提出后，很快引起了周扬、徐懋庸等"国防文学"论者的强烈反对。随即形成了两个口号的长短优劣之争。论争的中心问题是哪个口号有利于组成文艺界最广泛的统一战线，把汉奸以外的所有作家团结起来，为抗日救亡而努力创作。④

1936 年 8 月 1 日，徐懋庸致信鲁迅，对鲁迅、胡风、黄源等进行指责和攻击。28 日，鲁迅在写给杨霁云的信中全面回应了徐懋庸的种种指责，重申对于抗日统一战线的态度，明确对文艺界统一战线的态度，批评徐懋

　　① 鲁迅：《二心集》序言，载《鲁迅全集》（编年版）第 6 卷，人民文学出版社 2014 年版，第 745 页。

　　② 鲁迅：《一生太平凡：鲁迅自述》，北方文艺出版社 2016 年版，第 221 页；曹子西主编：《北京历史人物传》下册，北京燕山出版社 2014 年版，第 804 页。

　　③ 鲁迅：《1936 年 3 月 29 日鲁迅、茅盾致红军贺信》，转引自《鲁迅全集》（编年版）第 10 卷，人民文学出版社 2014 年版，第 506 页。

　　④ 参见刘长鼎、陈秀华《中国现代文学运动史》，山东文艺出版社 2013 年版，第 354—369 页。

庸等人"含血喷人"的恶劣态度，并为胡风、黄源、巴金等人正名。①

事实上，在鲁迅这篇答复文章公开发表后，对全面抗战爆发前文艺界关于"两个口号"的论争带来了积极影响，是非日趋分明，意见已渐趋统一。②

由曹聚仁对鲁迅与徐懋庸关系的判断可知，曹聚仁有意在专栏《鲁迅评传》中遮蔽二人矛盾发生的背景、性质及其影响，意在造成疏离鲁迅与中国共产党及其领导的左翼文学革命运动之间的关系的效果。

除此之外，曹聚仁"鲁迅论"另一引起人们争议的是有关尼采对鲁迅思想影响的深度。

曹聚仁在两个专栏中始终强调鲁迅是个自由主义者，其政治观与世界观受进化论和尼采个人主义影响，并没有转变为马克思主义的信徒。这也是他与中华人民共和国成立后居于主流的新文学史论著和鲁迅研究者的最显著的分歧。

瞿秋白早在 1933 年就提出了鲁迅思想发展的两阶段说，即鲁迅"从进取的争求解放的个性主义进到了战斗的改造世界的集体主义"。在前期，鲁迅发现"贵族阶级和租佃官僚制度之下的农奴阶级之间的对抗"；到了后期，鲁迅"更清楚的见到那种封建式的阶级对抗之外，正在发展着资本和劳动的对抗"③。此后，艾思奇于 1937 年延续了瞿秋白的两阶段说，指出鲁迅"从个人主义到集团主义，从人道主义到社会主义，从进化论到史的唯物论"④。

1948 年，胡绳发表长篇论文《鲁迅思想发展的道路》，概括出鲁迅思想发展的主要线索。他认为鲁迅的思想是发展的：扬弃了前期的进化论和

① 详见鲁迅《答徐懋庸并关于抗日统一战线问题》，转引自《鲁迅全集》（编年版）第 10 卷，人民文学出版社 2014 年版，第 93—105 页。

② 据徐懋庸自述，1938 年 5 月 23 日毛泽东在延安接见他并听取关于两个口号论争的汇报。毛泽东评价论争的性质是"革命阵营内部的争论，不是革命与反革命之间的争论"。在后续论断中，毛泽东既批评了周扬、徐懋庸等人的错误，又肯定了鲁迅在"中国无产阶级革命文艺运动"中的"旗手"地位，希望文艺界对鲁迅予以"尊重"。详见徐懋庸《回忆录〔三〕：第七章　我和鲁迅的关系的始末》，《新文学史料》1980 年第 4 期，第 41 页；徐懋庸《回忆录〔四〕：第八章　我和毛主席的一些接触》，《新文学史料》1981 年第 1 期，第 25—27 页。

③ 1933 年，瞿秋白以笔名"何凝"在《〈鲁迅杂感选集〉序言》对鲁迅思想发展进行了分析。详见何凝《鲁迅杂感选集》，青光书局 1933 年版，序言第 15—16 页。

④ 详见艾思奇《民族的思想上的战士——鲁迅先生》，转引自《实践与理论》，读书出版社 1939 年版，第 45—56 页。

个性主义，逐渐转向阶级论和集体主义。此外，胡绳指明当时流行的一些对鲁迅思想片面的、错误的观点是如何"有害于我们来接受中国新文艺中的这一份最可贵的遗产"。他明确地指出，像周作人那样以为鲁迅是"对于中国民族抱着一片黑暗的悲观"的看法"自然是极糊涂的"①。

20 世纪 50 年代，冯雪峰、朱彤、徐中玉、李何林基本赞同上述鲁迅思想发展的两阶段说，并对其加以补充和完善。他们认为，鲁迅的前期思想受到进化论和尼采个人主义的影响，后期则受到马克思主义的影响。朱彤和徐中玉还证明了鲁迅在后期积极赞助和参加中国共产党领导的革命斗争的事迹。② 20 世纪 70 年代至 80 年代，李何林、黄曼君、刘家鸣延续前说，批判了曹聚仁所提出的抹杀鲁迅思想质变的观点。③

此外，曹聚仁还在其"鲁迅观"中反复强调尼采思想与鲁迅思想的一致性。然而，在探究鲁迅早期思想与尼采思想的相近性之外，中日两国的鲁迅研究者更加着重阐述二者的本质区别。

早在 20 世纪 30 年代王元化④就曾对鲁迅与尼采的关系作出了专论。20 世纪七八十年代，张华和乐黛云⑤的研究则聚焦于尼采与中国现代文学的关系。三位学者一致认为，尼采对中国现代文学有一定影响，这种影响

---

① 详见胡绳《鲁迅思想发展的道路》，《动力文丛》1948 年第 1 期，第 3—14 页。

② 详见冯雪峰《回忆鲁迅》，转引自《1928—1936 年的鲁迅·冯雪峰回忆鲁迅全编》，上海文化出版社 2009 年版，第 33—34 页；朱彤《鲁迅作品的分析》第 1 卷，东方书店 1953 年版，第 62—63 页；徐中玉《鲁迅生平、思想及其代表作研究》，台湾：自由出版社 1954 年版，第 51—60 页；李何林《五四时代社会主义现实主义的萌芽》，载《关于中国现代文学》，新文艺出版社 1956 年版，第 10—20 页。

③ 详见李何林《鲁迅的生平及杂文》，转引自《李何林全集》第 2 卷，河北教育出版社 2003，第 16—19 页；黄曼君《对鲁迅精神应作实事求是的科学评价——评曹聚仁先生的〈鲁迅评传〉和〈鲁迅年谱〉》，《华中师院学报》（哲学社会科学版）1981 年第 4 期，第 65—69 页；刘家鸣《评曹聚仁的〈鲁迅评传〉》，载北京鲁迅博物馆鲁迅研究室编《鲁迅研究资料》第 10 册，天津人民出版社 1982 年版，第 394—410 页。

④ 王元化（1920—2008）现代作家、文学评论家。笔名洛蚀文、方典、函雨等。在 1937 年"八·一三"淞沪抗战和上海沦为"孤岛"后，一直坚持抗敌救亡文艺活动。1938 年加入中国共产党，翌年发表论文《鲁迅与尼采》。解放前，曾任上海地下党文委委员。参见刘建业主编《中国抗日战争大辞典》，北京燕山出版社 1997 年版，第 1145 页；王庆生主编《中国当代文学辞典》，武汉出版社 1996 年版，第 53 页。

⑤ 乐黛云（1931— ）中国现代文学研究家、比较文学研究家。1948 年考入北京大学中文系，1949 年加入中国共产党。1952 年大学毕业留校任教。1978 年被选为中国现代文学研究会秘书长。1980 年加入中国作家协会北京分会，为鲁迅研究会理事。参见阎纯德主编《中国文学家辞典》现代第五分册，四川人民出版社 1992 年版，第 145—146 页。

随时代和政治需要的不同而发生变化。鲁迅早期思想受到尼采的影响，但二人在意识形态和世界观方面存在着本质区别。"五四"时期，鲁迅接受尼采思想是把它当作一种彻底反帝反封建的武器，意在改造国民精神，提倡奋发自强，以挽救垂危的祖国。①

20 世纪 80 年代末至 90 年代初，日本鲁迅研究的代表人物伊藤虎丸关于鲁迅个人主义思想的研究曾对中国的鲁迅研究界产生过影响。② 伊藤虎丸在两篇文章中指出，鲁迅在《破恶声论》中提出的"伪士"概念就来自尼采。鲁迅所批判的"伪士"是"标榜'科学'和'正信'而缺少'精神'的知识分子"，具体指的是"保皇派的改良主义者等"。他认为鲁迅的"个人主义"既接受了尼采的"近代"思想，同时又接受了对 19 世纪文明（"第二次浪潮"）的批评，即"反近代"（现代）的思想。③

2002 年，日本鲁迅研究的另一位代表人物尾崎文昭表示几乎完全赞同伊藤虎丸提出的"伪士"概念，并将其扩展到一般意义上的所谓"启蒙人士"④。

另外，曹聚仁认为进化论、尼采的个人主义和社会主义思想都源于老庄的道家思想。托尔斯泰的大爱主义，源于佛家思想。他认为上述思想都是相通的。唯物史观"也可以说是达尔文的进化学说在人类社会的适用"。但是他的上述论证和观点存在不少问题。

---

① 详见洛蚀文《鲁迅与尼采》，《新中国文艺丛刊》1939 年第 3 期，第 40—71 页；张华《鲁迅与尼采》，《齐鲁学刊》1978 年第 1 期，第 33—39 页；乐黛云《尼采与中国现代文学》，《北京大学学报》（哲学社会科学版）1980 年第 3 期，第 20—33 页。

② 参见尚晓岚《日本人怎样阅读鲁迅？视其为"国民作家"》，《北京青年报》，https://culture. china. com/11170621/20161014/23768655. html，2016 年 10 月 14 日发布，2019 年 1 月 17 日引用。

③ 详见伊藤虎丸《早期鲁迅的宗教观》，《鲁迅研究动态》1989 年第 11 期，第 14—15 页；伊藤虎丸《亚洲的"近代"与"现代"——关于中国近现代文学史的分期问题》，转引自《鲁迅、创造社与日本文学：中日近现代比较文学初探》，孙猛等译，北京大学出版社 2015 年版，第 17 页。此文原载于《二十一世纪》1992 年 12 月号总第 14 期。

④ 尾崎文昭以"伪士"泛指那些"依靠外来的权威理论作为自己的（理论?）资本，又转而作为自己的现实物质资本，居高临下，以权威的面孔待人，对无知者和怀疑者进行无情地压抑，以此来维持自己的社会地位。对他来说感兴趣的只是怎么能出风头、吓倒别人、爬到社会上层、当名人、支配别人而已，不是真正追求真理本身或者解决现实问题。'伪士'学习西欧的精神内容并向别人说教，可是一点都不懂得其精神本身和支撑其精神的思惟（维）方式。"详见尾崎文昭《二十一世纪里鲁迅是否还值得继续读?》，http://bbs. tianya. cn/post-books-41622-1. shtml，2004 年 2 月 22 日发布，2019 年 1 月 14 日引用。原文发表于"韩国中语中文学第一次国际学术发表会"论文集《两岸中国语文学五十年研究之成就与方向》。

　　曹聚仁关于东西方思想相通的论证暗含了如下内在逻辑：社会主义是无政府主义的全盛时期，无政府主义极端尊重个人主义，和尼采的个人主义是相通的。因此，社会主义也和尼采的个人主义相通。然而，曹聚仁自鸣得意之处，却存在以偏概全的逻辑错误，即以无政府主义这个"部分"代替社会主义这个"整体"。

　　由20世纪90年代出版的《马克思主义哲学史》和《中华文化通志·哲学志》等研究可见，曹聚仁对唯物史观与进化学说关系的认识并非首创，而相近于五四运动时期某些人对马克思主义唯物史观的误解。这种错误观点把马克思主义唯物史观看成是一种自然进化学说。研究显示，新文化运动早期涌现出来的一批激进民主主义者，几乎都主张历史进化论。由于受到俄国十月革命的影响，李大钊和陈独秀等民主主义者在"五四"时期先后接受马克思主义，完成了从进化史观到唯物史观的转变。李大钊根据唯物史观的基本原理，克服进化史观的唯心主义观点和抽象的生物学观点，这标志着中国近代进化史观向马克思主义唯物史观的转变。陈独秀则以经济基础决定上层建筑的基本原理，驳斥了将马克思主义唯物史观等同于自然进化学说的错误观点。①

五　结语

　　在20世纪50年代初美苏冷战以及国内对胡适思想展开全面批判的历史语境下，南下香港的曹聚仁以中国文坛为回忆和研究对象，在新加坡华文报纸《南洋商报》特辟《文坛五十年》和《鲁迅评传》两个专栏，藉此阐发其"鲁迅观"。他的观点一方面深受周作人的影响；另一方面是针对中华人民共和国成立前后中国文学界的变化而阐发的。

　　由两个专栏可见，曹聚仁对20世纪50年代大陆出版的新文学史著作和鲁迅研究者的主流观点持保留、不认可乃至全盘否定的态度。他常以"公正"的"史家"自我标榜，而且对胡适和周作人等自由主义知识分子的历史地位和贡献加以鼓吹。此外，他更加着力于对鲁迅的重新定位。他

---

　　①　详见黄楠森等主编《马克思主义哲学史》（修订版）第6卷上册，北京出版社1996年，第52页；中华文化通志编委会编；李存山、邝柏林、郑家栋《中华文化通志·哲学志》，上海人民出版社1998年版，第394—397页。

由剖析鲁迅的性格入手，指出鲁迅爱骂人、世故、悲观、抑郁、矛盾、不甘寂寞、偏狭的性格缺陷，并将其归因于鲁迅的家族、籍贯、人际圈子以及社会的影响。在分析和评价鲁迅与外界关系时，曹聚仁一再强调鲁迅曾为北洋政府和国民政府效过力。虽论及鲁迅与自由主义文人之间的矛盾和论争，但曹聚仁却笼统地将其称为"门户之见"和"私怨"。虽谈及"新月派"与"现代评论派"的渊源，但曹聚仁措辞含糊，对"新月派"的性质闭口不谈，更多强调该派别文人与鲁迅同样受到蒋介石政权的迫害。此外，曹聚仁宣称鲁迅因政治环境所迫和倔强个性才去接近共产党，但始终是革命的"同路人"，且并非左翼文学运动的领导。在论及鲁迅的思想体系时，曹聚仁将鲁迅早年信奉的尼采个人主义、托尔斯泰的大爱主义和达尔文进化论等作为其一成不变的思想观念，意在强调鲁迅从未抛弃上述思想而转向信仰马克思主义。

　　曹聚仁的"鲁迅观"一经发表并结集出版以来，就在海内外引发了巨大反响，招致部分鲁迅研究者的猛烈抨击。从 20 世纪 50 年代各界对曹聚仁的批判不难看出曹聚仁的"鲁迅观"与中华人民共和国成立后主流的文学理论格格不入。海内外学者对曹聚仁"鲁迅观"的批判各有侧重，基本涵盖了主要方面和重要问题。各方批判首先围绕怎样看待鲁迅与封建军阀、国民政府、自由主义文人之间的关系问题展开。与曹聚仁孤立地分析鲁迅与上述对象各自之间的关系不同，20 世纪 80 年代以来国内学界倾向于在中国近现代反帝反封建的语境下，阐释鲁迅与帝国主义、封建势力、买办阶级和代表他们利益的反动文人（如"新月派"）之间的斗争。此外，学者们还论证了"新月派"与"现代评论派"之间的渊源，并对该自由主义派别投靠蒋介石政权，反对无产阶级革命文学运动的史实加以陈述。其次，至于鲁迅与共产党和左联之间的关系，20 世纪 50 年代以来国内学者大多否定了曹聚仁关于鲁迅只是革命的"同路人"的说法，并指出鲁迅与中国共产党人密切合作，并担任了左联的领导工作。然而，近年又有学者重提并肯定了曹聚仁关于鲁迅是"同路人"的论断。这一观点需要学界审慎对待。再次，在有关尼采对鲁迅思想影响的深度问题上，曹聚仁与中华人民共和国成立后居于主流的新文学史论著和鲁迅研究者的观点呈现显著的分歧。早在 20 世纪 30 年代，国内学界已就此问题开展研究，指出鲁迅以反帝反封建为目标，对尼采思想先后进行了吸收、改造和批判，经历了一个不断自觉扬弃的过程。自 1933 年瞿秋白提出鲁迅思想发展的两阶段说以后，国内学界基本认可了瞿秋白的观点，并对此加以补充和完善。中日两国的鲁迅研究者除了探究鲁迅早期思想与尼采思想的相近性之外，更加着重阐述二者在意识形态和世界观方面的本质区别。

　　时至今日，曹聚仁及其"鲁迅观"引发的争议仍在继续，余波未平。这是个值得中国学界正视与深思的议题。许多问题还有待学者们日后开展更加深入的研究与分析。

参考文献

一 中文报纸、期刊原件

1. 《大公报》（天津），1935 年 7 月—1936 年 7 月

2. 《大公报》（上海），1937 年 12 月

3. 《大晚报》（上海），1937 年

4. 《独立评论》（北平），1932—1937 年

5. 《福建教育》（福州），1940 年 6 月

6. 《观察》（上海），1946 年 9 月

7. 《国衡》半月刊（南京），1935 年

8. 《国文月刊》（昆明），1940 年 9 月

9. 《华商报增刊》（香港），1949 年

10. 《华声》半月刊（长春），1946 年

11. 《红旗》周报（上海），1931 年

12. 《抗战》半月刊（上海），1937 年

13. 《抗战》三日刊（武汉），1938 年

14. 《抗战文艺》三日刊（汉口），1938 年 5 月

15. 《客观》半月刊（上海），1935 年

16. 《立报》（上海），1937 年

17. 《立报》（香港），1938—1939 年

18. 《民国日报》（上海），1920—1928 年

19. 《民众周报》（上海），1945 年创刊号

20. 《南洋商报》（新加坡），1953—1958 年

21. 《飘》周刊（上海），1946 年 4 月

22.《前线日报》（江西上饶、上海），1944—1949 年

23.《前线周刊》（江西铅山），1945 年

24.《人民日报》（北京），1954—1957 年

25.《社会日报》（上海），1931—1937 年

26.《社会新闻》（上海），1934 年 1 月

27.《申报》（上海），1931—1939 年、1942 年 10 月、1946 年 7 月

28.《十日谈》（上海），1934 年

29.《涛声》（上海），1931—1933 年

30.《文摘战时旬刊》（上海），1938 年 4 月

31.《新赣南月刊》（江西赣县），1940 年

32.《新观察》（北京），1957 年

33.《新华日报》（汉口），1937 年 8 月

34.《新垒》（上海），1934 年 10 月

35.《新人周刊》（上海），1936 年 3 月

36.《新希望》（上海），1949 年 2—3 月

37.《新阵地》旬刊（金华），1938 年 10 月

38.《星岛日报》（香港），1950—1953 年

39.《血路》旬刊（上海），1938 年 3 月、1939 年 2 月

40.《野草》（桂林），1940 年

41.《野草》（香港），1947 年

42.《野草文丛》（香港），1948 年

43.《益世周报》（昆明），1938 年 12 月

44.《宇宙风》（上海），1937 年 11 月

45.《杂志》半月刊（上海），1938—1940 年

46.《再生》周刊（北平），1946 年 6 月

47.《再造》半月刊（香港），1949 年 1 月

48.《再造》旬刊（上海），1948 年 7—10 月

49.《战时记者》（金华），1938—1940 年

50.《战时联合旬刊》（上海），1937 年

51.《真善美》（广州），1949 年 2 月

52.《正气日报》（江西赣州），1941—1943 年

53.《正气周刊》（江西赣县），1943 年 1—3 月

54. 《周报》（上海），1945 年 10 月

55. 《周末报》（香港），1951 年 1 月

56. 《自修大学》（上海），1937 年 5—7 月

二 文献、文集、日记、年谱、回忆录等

1. 艾思奇：《实践与理论》，读书出版社 1939 年版。

2. 鲍耀明：《曹聚仁与我》，《鲁迅研究月刊》2008 年第 12 期。

3. 鲍耀明：《曹聚仁早年来信五封》，《香港文学》（香港）1999 年第 7 期。

4. 鲍耀明：《"有人视他为圣人（如鲍耀明）"吗?》，《鲁迅研究月刊》2008 年第 3 期。

5. 鲍耀明：《周作人晚年书信》编者前言，载孙郁、黄乔生主编《回望周作人：其文其书》，河南大学出版社 2004 年版。

6. 璧华编著：《曹聚仁作品评论集》，香港：香港文学评论出版社 2009 年版。

7. 曹景滇：《拂去历史的烟尘——让真实的曹聚仁从后台走出来》，《新文学史料》2000 年第 4 期。

8. 曹景滇：《拂去历史的烟尘——让真实的曹聚仁从后台走出来》，《传记文学》（香港）2000 年第 8 期。

9. 曹景滇：《一个真实的曹聚仁》，《文史精华》2000 年第 9 期。

10. 曹景行：《父亲和我见证的台海波涛》，《两岸关系》2009 年第 11 期。

11. 曹聚仁：《北行小语：一个记者眼中的新中国》，生活·读书·新知三联书店 2002 年版。

12. 曹聚仁：《笔端》，生活·读书·新知三联书店 2010 年版。

13. 曹聚仁：《采访本记》，生活·读书·新知三联书店 2008 年版。

14. 曹聚仁：《采访三记　采访新记》，生活·读书·新知三联书店 2007 年版。

15. 曹聚仁：《采访外记　采访二记》，生活·读书·新知三联书店 2007 年版。

16. 曹聚仁：《曹聚仁杂文集》，生活·读书·新知三联书店 1994 年版。

17. 曹聚仁：《大江南线》，战地图书出版社 1941 年版。

18. 曹聚仁:《观变手记》,香港:香港创垦出版社 1955 年版。

19. 曹聚仁:《蒋经国论》,人民出版社 2009 年版。

20. 曹聚仁:《鲁迅年谱》,香港:三育图书文具公司 1967 年版。

21. 曹聚仁:《鲁迅年谱》(校注本),生活·读书·新知三联书店 2011 年版。

22. 曹聚仁:《鲁迅评传》(修订版),生活·读书·新知三联书店 2011 年版。

23. 曹聚仁:《乱世哲学》,香港:创垦出版社 1955 年版。

24. 曹聚仁:《上海春秋》,生活·读书·新知三联书店 2007 年版。

25. 曹聚仁:《书林三话》,生活·读书·新知三联书店 2010 年版。

26. 曹聚仁:《听涛室人物谭》,生活·读书·新知三联书店 2007 年版。

27. 曹聚仁:《文笔散策　文思》,生活·读书·新知三联书店 2007 年版。

28. 曹聚仁:《文坛三忆》,生活·读书·新知三联书店 1999 年版。

29. 曹聚仁:《文坛五十年》,东方出版中心 1997 年版。

30. 曹聚仁:《文坛五十年》,生活·读书·新知三联书店 2011 年版。

31. 曹聚仁:《我们的扮演》,《〈社会日报〉三周纪念册》1934 年第 1 期。

32. 曹聚仁:《我与我的世界》,人民文学出版社 1983 年版。

33. 曹聚仁:《我与我的世界:曹聚仁回忆录(修订版)浮过了生命海》,生活·读书·新知三联书店 2011 年版。

34. 曹聚仁:《我与我的世界》(选载一),《新文学史料》1981 年第 1 期。

35. 曹聚仁:《我与我的世界》(选载二),《新文学史料》1981 年第 2 期。

36. 曹聚仁:《我与我的世界》(选载三),《新文学史料》1981 年第 3 期。

37. 曹聚仁:《我与我的世界》(选载四),《新文学史料》1981 年第 4 期。

38. 曹聚仁:《我与我的世界》(选载五),《新文学史料》1982 年第 1 期。

39. 曹聚仁:《新事十论》,香港:创垦出版社 1952 年版。

40. 曹聚仁:《新书信》,香港:太平洋图书公司 1956 年版。

41. 曹聚仁:《知堂老人的晚年》,《文教资料》1999 年第 3 期。

42. 曹聚仁:《致周作人(1930 年 9 月 19 日)》,载孙郁、黄乔生主编《回望周作人:致周作人》,河南大学出版社 2004 年版。

43. 曹聚仁:《中国剪影》,新加坡:创垦出版社 1952 年版。

44. 曹聚仁:《中国剪影二集》,香港:创垦出版社 1954 年版。

45. 曹聚仁:《中国近百年史话　蒋畈六十年》,生活·读书·新知三联书店 2010 年版。

46. 曹聚仁等：《东线血战记》，战时出版社 1938 年版。

47. 曹聚仁等：《轰炸下的南中国》，战时出版社 1938 年版。

48. 曹聚仁著；曹雷编：《天一阁人物谭》，上海人民出版社 2000 年版。

49. 曹聚仁著；绍衡编：《曹聚仁文选》，中国广播电视出版社 1995 年版。

50. 曹雷：《父亲的梦》，《文汇报》（香港）1992 年 11 月 12 日。

51. 曹雷：《父亲的文稿》，《文汇报》（香港）1992 年 3 月 22 日。

52. 曹雷：《女儿忆"国共密使"曹聚仁》，《世纪》1998 年第 4 期。

53. 曹雷：《深深的怀念——回忆父亲曹聚仁》，《新晚报》（香港）1980
    年 7 月 22 日。

54. 曹艺：《无限绮思忆不真——哥哥曹聚仁八十周岁纪念》，《新晚报》
    （香港）1980 年 7 月 23 日。

55. 曹艺：《无限绮思忆不真——哥哥曹聚仁八十周岁纪念》，《新晚报》
    （香港）1980 年 7 月 24 日。

56. 陈灵犀：《社会日报杂忆》，载中国社会科学院新闻研究所《新闻研究
    资料》编辑室编《新闻研究资料丛刊》1981 年第 4 辑，新华出版社
    1981 年版。

57. 陈灵犀：《社会日报杂忆（续）》，载中国社会科学院新闻研究所《新
    闻研究资料》编辑室编《新闻研究资料丛刊》1982 年第 4 辑，新华出
    版社 1982 年版。

58. 陈伟中主编：《肖同兹和中央通讯社》（常宁文史资料第 4 辑），政协
    湖南省常宁县委文史委 1988 年版。

59. 陈映真：《陈映真作品集》第 8 卷，台湾：人间出版社 1988 年版。

60. 程曼丽、乔云霞主编：《中国新闻传媒人物志》第 7 辑，长城出版社
    2014 年版。

61. 程思远：《我在香港从事"第三势力"活动的前前后后（上）》，《纵
    横》1997 年第 6 期。

62. 程思远：《政坛回忆》，广西人民出版社 1983 年版。

63. 程思远：《政坛回忆》，《学术论坛》1982 年第 1 期。

64. 重庆世界日报：《走第三条路！》，《现代文丛》1947 年第 1 卷第 6 期。

65. 邓珂云：《他与他的世界——〈我与我的世界〉后记》，《新文学史
    料》1982 年第 4 期。

66. 邓珂云、曹雷编:《香港文丛·曹聚仁卷》,香港:三联书店(香港)有限公司 1998 年版。

67. 杜书瀛:《我的学术生涯:学坛所见所闻所知》,二十一世纪出版社 2015 年版。

68. 范文澜:《学习鲁迅先生的硬骨头》,《北方杂志》1946 年第 1 卷第 5 期。

69. 冯雪峰:《1928—1936 年的鲁迅·冯雪峰回忆鲁迅全编》,上海文化出版社 2009 年版。

70. 冯英子:《春夜纪事》,花城出版社 1986 年版。

71. 冯英子:《离离集》,上海文艺出版社 1999 年版。

72. 冯英子:《我所知道的曹聚仁先生》,《艺谭》1983 年第 3 期。

73. 傅柒生、陈杭芹主编:《闽西革命史文献资料》第 9 辑,古田会议纪念馆 2013 年版。

74. 高伯雨:《李微尘在香港的一段日子》,《大成》(香港)1978 年第 50 期。

75. 高伯雨:《听雨楼随笔》第 4 卷,香港:牛津大学出版社 2012 年版。

76. 高谪生:《谪生诗集》,香港:科华图书出版公司 1998 年版。

77. 葛原:《残月孤星:我和我的父亲徐讦》,上海文化出版社 2003 年版。

78. 广州市地方志编纂委员会编:《广州市志》第 16 卷,广州出版社 1999 年版。

79. 郭沫若、曹聚仁等:《前线归来》,民光书店 1937 年版。

80. 国立复旦大学反美帝抗日抢救民族危机大会编印:《不屈的行列》,国立复旦大学反美帝抗日抢救民族危机大会 1948 年版。

81. 韩泽编:《敌军战场日记》,群众图书公司 1946 年版。

82. 何凝:《何凝编录并序》,载《鲁迅杂感选集》,青光书局 1933 年版。

83. 胡风:《鲁迅书信注释——涉及我和与我有关的情况》,《新文学史料》1981 年第 3 期。

84. 胡绳:《鲁迅思想发展的道路》,《动力文丛》1948 年第 1 期。

85. 胡适:《胡适全集》第 34 卷,安徽教育出版社 2003 年版。

86. 胡适:《易卜生主义》,《新青年》1918 年第 4 卷第 6 期。

87. 胡适著;曹伯言整理:《胡适日记全编》第 6 卷,安徽教育出版社 2001 年版。

88. 胡雄飞：《本报三年来的总报告》，《社会日报纪念专刊》1934 年第 1 期。

89. 黄药眠：《动荡：我所经历的半个世纪》，上海文艺出版社 1987 年版。

90. 嘉尧：《我所知道的曹聚仁——纪念曹老逝世十三周年》，《华人月刊》（香港）1985 年第 9 期。

91. 姜德明主编；曹雷选编：《曹聚仁书话》，北京出版社 1997 年版。

92. 江南：《念聚公》，《新晚报》（香港）1980 年 8 月 12 日。

93. 江西省文化厅革命文化史料征集工作委员会编：《江西抗战文化史料汇编》，江西省文化厅革命文化史料征集工作委员会 1997 年版。

94. 金辰：《曹聚仁，你可以休了!》，《真善美》（广州）1949 年第 16 期。

95. 金东吉主编：《张海鹏先生七秩初度纪念文集》，社会科学文献出版社 2008 年版。

96. 金华市地方志编纂委员会编：《金华市志》，浙江人民出版社 1992 年版。

97. 金雄鹤编著：《国民党八十四位中常委实录》上册，台海出版社 2013 年版。

98. 聚仁等：《封锁线上的冒险家》，正始出版社 1945 年版。

99. 李彬主编：《中国新闻社会史文选》，清华大学出版社 2008 年版。

100. 李何林：《李何林全集》第 1 卷，河北教育出版社 2003 年版。

101. 李何林：《李何林全集》第 2 卷，河北教育出版社 2003 年版。

102. 李立：《台海风云：20 多位部长级领导口述海峡两岸重大事件纪实》，九州出版社 2011 年版。

103. 李齐念主编：《广州文史资料存稿选编》第 6 辑，中国文史出版社 2008 年版。

104. 李雨生：《哀曹聚仁》，《新闻天地》（香港）1972 年第 8 期。

105. 莲子：《曹聚仁数典不忘祖》，《大地周报》1946 年第 38 期。

106. 梁启超：《梁启超全集》第 4 册，北京出版社 1999 年版。

107. 列宁：《列宁全集》第 25 卷，人民出版社 1988 年第 2 版。

108. 列宁：《列宁全集》第 27 卷，人民出版社 1990 年第 2 版。

109. 列宁著；中国社会科学院民族研究所编：《列宁论民族问题》上册，民族出版社 1987 年版。

110. 刘季伯：《曹聚仁在香港当记者的日子——感旧录》，《争鸣》（香港）1983 年第 9 期。

111. 鲁迅：《鲁迅全集》（编年版）第 1 卷，人民文学出版社 2014 年版。

112. 鲁迅：《鲁迅全集》（编年版）第 6 卷，人民文学出版社 2014 年版。

113. 鲁迅：《鲁迅全集》（编年版）第 7 卷，人民文学出版社 2014 年版。

114. 鲁迅：《鲁迅全集》（编年版）第 10 卷，人民文学出版社 2014 年版。

115. 鲁迅：《一生太平凡：鲁迅自述》，北方文艺出版社 2016 年版。

116. 陆诒：《战地萍踪》，人民日报出版社 1985 年版。

117. 马儿等：《与曹聚仁论战》，香港：自由世界书局 1952 年版。

118. 马齐彬等编：《中国国民党历史事件·人物·资料辑录》，解放军出
版社 1988 年版。

119. 马蹄疾、陈漱渝主编：《二十世纪中国作家怀人散文·曹聚仁集》，
知识出版社 1997 年版。

120. 马学之：《与丁文江、胡适、胡启三先生论"苏俄革命外交史的一页
及其教训"》，《客观》1935 年第 5 期。

121. 毛泽东：《毛泽东选集》第 2 卷，人民出版社 1991 年版。

122. 毛泽东：《毛泽东选集》第 4 卷，人民出版社 1991 年版。

123. 毛泽东：《毛泽东选集》第 4 卷，人民出版社 2009 年第 2 版。

124. 毛泽东：《毛泽东选集》第 5 卷，人民出版社 1977 年版。

125. 聂绀弩著；王存诚编注：《聂绀弩集》上册，花城出版社 2016 年版。

126. 千里：《曹聚仁中计》，《文汇报》（香港）1982 年 1 月 7 日。

127. 秦似：《回忆〈野草〉》，《新文学史料》1979 年第 2 期。

128. 秦孝仪主编：《中华民国重要史料初编——对日抗战时期》绪编，台
北：中国国民党中央委员会党史委员会 1981 年版。

129. 全国政协文史和学习委员会编：《回忆民国党政府资源委员会》，中
国文史出版社 2015 年版。

130. 全国政协文史资料委员会编：《文史资料存稿选编》第 23 辑，中国
文史出版社 2002 年版。

131. 任嘉尧：《曹聚仁》，载上海市政协文史资料工作委员会、中国社会
科学院近代史研究所中华民国史研究室编《中华民国史资料丛稿·人
物传记》第 10 辑，中华书局 1981 年版。

132. 任嘉尧：《曹聚仁先生二三事》，《新文学史料》1980 年第 2 期。

133. 任嘉尧：《曹聚仁在港时及其他（上）》，《新晚报》（香港）1980 年

6 月 5 日。

134. 任嘉尧：《曹聚仁在港时及其他（下）》，《新晚报》（香港）1980 年
6 月 6 日。

135. 容若：《怀念曹聚仁兼论"谬托知己"》，《前哨月刊》（香港）2000
年第 12 期。

136. 容若：《怀念曹聚仁兼论"谬托知己"（续）》，《前哨月刊》（香港）
2001 年第 1 期。

137. 上海市政协文史资料委员会、上海鲁迅纪念馆编：《曹聚仁先生纪念
集》，上海市政协文史资料编辑部 2000 年版。

138. 《上海中华职业教育社志》编辑组：《上海中华职业教育社志》，上
海古籍出版社 2007 年版。

139. 上饶县县志编纂委员会编：《上饶县志》，中共中央党校出版社 1993
年版。

140. 沈从文：《习作举例二、从周作人鲁迅作品学习抒情》，《国文月刊》
1940 年第 1 卷第 2 期。

141. 沈谱、沈人骅编著：《沈钧儒年谱》，群言出版社 2013 年版。

142. 世界知识出版社编：《外国报纸、期刊、通讯社和广播电台背景材
料》，世界知识出版社 1959 年版。

143. 世界知识出版社编：《中华人民共和国对外关系文件集》第 2 集，世
界知识出版社 1958 年版。

144. 世界知识出版社编：《中美关系资料汇编》第 1 辑，世界知识出版社
1957 年版。

145. 舒宗侨、曹聚仁编著：《中国抗战画史》，中国书店 1988 年版。

146. 司马璐：《曹聚仁，一些不为人知的故事》，《前哨月刊》（香港）
2001 年第 2 期。

147. ［日］松本重治：《上海时代》，曹振威、沈中琦等译，上海书店出
版社 2010 年版。

148. 孙伏园：《鲁迅先生逝世五周年杂感二则》，载《鲁迅先生二三事》，
作家书屋 1944 年版。

149. 孙郁：《自由的书写者》，载上海政协文史资料委员会、上海鲁迅纪
念馆编《曹聚仁先生纪念集》，上海市政协文史资料编辑部 2000 年版。

150. 唐弢：《唐弢文集》第 9 卷，社会科学文献出版社 1995 年版。

151. 唐弢、卢豫冬:《周木斋遗著〈消长新集〉序跋》,《福建师大学报》（哲学社会科学版）1984 年第 1 期。

152. 唐沅、韩之友、封世辉等编著:《中国现代文学期刊目录汇编》第 3 卷,知识产权出版社 2010 年版。

153. 汀雨:《曹聚仁与香港报纸》,《新晚报》（香港）1996 年 3 月 4 日。

154. 汀雨:《曹聚仁与香港报纸》,《新晚报》（香港）1996 年 3 月 5 日。

155. 外论社:《九九社》,《正气》1936 年第 1 卷第 8 期。

156. 王春翠:《一个虚无主义者》,载《竹叶集》,上海天马书店 1936 年版。

157. 王方:《记一次中国统一的秘密谈判》,《七十年代》（香港）1978 年第 6 期。

158. 王韦编:《中国文学史资料全编（现代卷）徐懋庸研究资料》,知识产权出版社 2010 年版。

159. 王瑶:《悼鲁迅先生》,《清华周刊》1936 年第 45 卷第 1 期。

160. ［马来西亚］温梓川著;钦鸿编:《文人的另一面——民国风景之一》,广西师范大学出版社 2004 年版。

161. 吴其敏:《曹聚仁故事琐忆》,《大公报》（香港）1982 年 1 月 4 日。

162. 夏春平主编:《世界华文传媒年鉴（2005）》,世界华文传媒年鉴社 2005 年版。

163. 萧向荣、曹聚仁、王景琦著;无暇编:《战地日记:火线上的写实》,之初书店 1938 年版。

164. 行止:《曹聚仁传略》,《晋阳学刊》1983 年第 2 期。

165. 徐懋庸:《回忆录［三］:第七章　我和鲁迅的关系的始末》,《新文学史料》1980 年第 4 期。

166. 徐懋庸:《回忆录［四］:第八章　我和毛主席的一些接触》,《新文学史料》1981 年第 1 期。

167. 徐懋庸:《徐懋庸回忆录》,人民文学出版社 1982 年版。

168. 徐铸成:《徐铸成自述:运动档案汇编》,生活·读书·新知三联书店 2012 年版。

169. 彦火:《我们的老师——曹聚仁先生》,《香江文坛》（香港）2003 年第 7 期。

170. 姚士彦:《曹聚仁印象》,《观察与思考》2000 年第 3 期。

171. 圆慧：《我与曹聚仁》，《大人》（香港）1972 年第 29 期。

172. 云南省政府秘书处：《奉行政院通缉樊仲云陈中孚梅哲之等附逆有据
一案令仰一体严缉务获归案究办》，《云南省政府公报》1940 年第 12 卷
第 26 期。

173. 易金：《曹聚仁说他要回大陆》，《新闻天地》（香港）1954 年第
9 期。

174. 张发奎口述；夏莲瑛访谈及记录；胡志伟翻译及校注：《张发奎口述
自传：国民党陆军总司令回忆录》，当代中国出版社 2012 年版。

175. 张建皋：《张国焘叛逃以后》，载政协萍乡市文史资料研究委员会办
公室《萍乡文史资料》第 2 辑，政协萍乡市文史资料研究委员会 1984
年版。

176. 张菊香、张铁荣编著：《周作人年谱（1885—1967）》，天津人民出
版社 2000 年版。

177. 张耀杰：《曹聚仁的"南来"与"北行"》，《传记文学》（香港）
2007 年第 7 期。

178. 《浙江省新闻志》编纂委员会编：《浙江省新闻志》，浙江人民出版
社 2007 年版。

179. 政协江西省委、赣州市委文史资料研究委员会编：《江西文史资料选
辑》第 35 辑，政协江西省委、赣州市委文史资料研究委员会 1989
年版。

180. 政协萍乡市文史资料研究委员会办公室：《萍乡文史资料》第 2 辑，
政协萍乡市文史资料研究委员会 1984 年版。

181. 政协浙江省兰溪市委员会文史资料编辑委员会：《兰溪文史资料》第
12 辑，政协浙江省兰溪市委员会文史资料编辑委员会 1999 年版。

182. 郑子瑜：《我和曹聚仁的交往》，《文教资料》1999 年第 3 版。

183. 知堂：《关于鲁迅之二》，《宇宙风》1936 年第 30 期。

184. 中共中央马克思、恩格斯、列宁、斯大林著作编译局研究室编：《五
四时期期刊介绍》第 1 集上册，生活·读书·新知三联书店 1978 年版。

185. 中共中央文献编辑委员会：《周恩来选集》下卷，人民出版社 1984
年版。

186. 中共中央文献研究室编：《毛泽东年谱（1949—1976）》第 3 卷，中
央文献出版社 2013 年版。

187. 中共中央文献研究室编：《周恩来年谱（1949—1976）》上卷，中央文献出版社 1997 年版。

188. 中共中央文献研究室编：《周恩来年谱（1949—1976）》中卷，中央文献出版社 1997 年版。

189. 中共中央文献研究室编：《周恩来年谱（1949—1976）》上卷，中央文献出版社 2007 年版。

190. 中共中央文献研究室编：《周恩来年谱（1949—1976）》中卷，中央文献出版社 2007 年版。

191. 中共中央文献研究室、中国人民解放军军事科学院编：《建国以来毛泽东军事文稿》中卷，军事科学出版社 2010 年版。

192. 中共中央组织部办公厅编：《改革开放 30 年组织工作大事资料摘编》，党建读物出版社 2009 年版。

193. 中国第二历史档案馆编：《中华民国史档案资料汇编》第 5 辑第 1 编第 1 册，江苏古籍出版社 1994 年版。

194. 中国人民政治协商会议江西省上饶市委员会文史资料研究委员会：《上饶市文史资料》第 4 辑，中国人民政治协商会议江西省上饶市委员会文史资料研究委员会 1985 年版。

195. 中国社会科学院近代史研究所中华民国史研究室编：《中华民国史资料丛稿大事记》第 17 辑，中华书局 1983 年版。

196. 中央社六十年社编：《中央社六十年》，台北"中央通讯社" 1984 年版。

197. 周启明：《鲁迅的青年时代》，《中国青年报》1956 年第 12 期。

198. 周启明：《鲁迅的青年时代》，《中国青年报》1956 年第 14 期。

199. 周遐寿：《鲁迅的故家》，上海出版公司 1952 年版。

200. 周遐寿：《鲁迅小说中的人物》，上海出版公司 1954 年版。

201. 周作人：《关于鲁迅》，《宇宙风》1936 年第 29 期。

202. 周作人：《谈鲁迅》，载钟叔河编订《周作人散文全集》第 7 卷，广西师范大学出版社 2009 年版。

203. 周作人、曹聚仁：《周曹通信集》，香港：南天书业公司 1973 年版。

204. 子春：《纪念曹聚仁兄》，《南北极》（香港）1972 年第 8 期。

205. 左行：《第三势力与民主运动》，《民众周报》（上海）1945 年创刊号。

206. 左行：《中国第三势力之史的分析——中国政党运动史之一页》，《申报月刊》1945 年复刊第 3 卷第 6 期。

三　研究和杂著

1. ［英］艾耶尔：《二十世纪哲学》，李步楼、俞宣孟、苑利均等译，上海译文出版社 2015 年版。

2. ［法］白吉尔：《上海史：走向现代之路》，上海社会科学院出版社 2014 年版。

3. 白寿彝总主编；王桧林、郭大钧、鲁振祥主编：《中国通史》第 12 卷近代后编，上海人民出版社 2015 年第 2 版。

4. 蔡鸿源、徐友春主编：《民国会社党派大辞典》，黄山书社 2012 年版。

5. 蔡翔、孔一龙编：《20 世纪中国通鉴》第 3 卷，改革出版社 1994 年版。

6. 蔡仪：《中国新文学史讲话》，新文艺出版社 1952 年版。

7. 曹书乐：《批判与重构：英国媒体与传播研究的马克思主义传统》，清华大学出版社 2013 年版。

8. 曹子西主编：《北京历史人物传》下册，北京燕山出版社 2014 年版。

9. 陈冠中：《我们这一代香港人》，中信出版社 2013 年版。

10. 陈汉才：《康门弟子述略》，广东高等教育出版社 1991 年版。

11. 陈建云：《向左走　向右走：一九四九年前后民间报人的出路抉择》，福建教育出版社 2010 年版。

12. 陈乔之主编；《港澳大百科全书》编委会编：《港澳大百科全书》，花城出版社 1993 年版。

13. 陈天绶、李一凯：《抗战以来闽城风云——抗日解放战争时期中共闽浙赣边区组织城市工作概述（1937 年 7 月—1949 年 9 月）》，福建师范大学出版社 2006 年版。

14. 陈玮：《邹韬奋与〈抗战〉三日刊》，载龙华烈士纪念馆编《烈士与纪念馆研究》第 10 辑，上海人民出版社 2006 年版。

15. 陈希、姚玳玫编：《一个人与一门学科：黄修己教授的学术旅程》，中山大学出版社 2015 年版。

16. 陈予欢编著：《中国留学日本陆军士官学校将帅录》，广州出版社 2013 年版。

17. 陈玉堂编：《中国近现代人物名号大辞典》（全编增订本），浙江古籍出版社 2005 年版。

18. 陈正茂：《敝帚自珍陈正茂教授论文自选集》，台北：秀威资讯科技股份有限公司 2009 年版。

19. 陈正茂编著：《五〇年代香港第三势力运动史料搜秘》，台北：秀威资讯科技股份有限公司 2011 年版。

20. 程曼丽、乔云霞主编：《新闻传播学辞典》，新华出版社 2013 年版。

21. 程曼丽、王维佳：《对外传播及其效果研究》，北京大学出版社 2011 年版。

22. "从五四运动到人民共和国成立" 课题组：《胡绳论 "从五四运动到人民共和国成立"》，社会科学文献出版社 2001 年版。

23. 《当代中国的统一战线》编辑委员会编：《当代中国的统一战线》下册，当代中国出版社、香港祖国出版社 2009 年版。

24. 当代中国研究所：《中华人民共和国史稿》第 1 卷，当代中国出版社 2012 年版。

25. 当代中国研究所：《中华人民共和国史稿》第 2 卷，当代中国出版社 2012 年版。

26. 丁言昭：《曹聚仁：微生有笔月如刀》，上海教育出版社 1999 年版。

27. 丁子江：《罗素与中华文化：东西方思想的一场直接对话》，北京大学出版社 2015 年版。

28. 《东南亚历史词典》编辑委员会编：《东南亚历史词典》，上海辞书出版社 1995 年版。

29. 董璐编：《传播学核心理论与概念》，北京大学出版社 2008 年。

30. 方汉奇：《报史与报人》，新华出版社 1991 年版。

31. 方汉奇：《方汉奇先生文集》，汕头大学出版社 2003 年版。

32. 方汉奇：《新闻史的奇情壮彩》，华文出版社 2000 年版。

33. 方汉奇主编：《中国新闻事业通史》第 2 卷，中国人民大学出版社 1996 年版。

34. 方衡主编：《中华民族抗日战争史大事记》上编，香港：香港天马图书有限公司 2003 年版。

35. 方蒙：《范长江传》，中国新闻出版社 1989 年版。

36. ［新加坡］方修：《方修自选集（1955—1977）》，新加坡新天书局、北京现代出版社 1988 年版。

37. 封汉章：《东祸西渐与华北社会——"华北自治运动"研究》，国际文化出版公司 2004 年版。

38. 冯健主编：《中国新闻实用大辞典》，新华出版社 1996 年版。

39. 高建中：《毛泽东与李宗仁》上卷，华文出版社 2012 年版。

40. 高力克：《自由与国家：现代中国政治思想史论》，浙江大学出版社 2016 年版。

41. 高清海主编：《文史哲百科辞典》，吉林大学出版社 1988 年版。

42. 宫力：《毛泽东与中美外交风云》，红旗出版社 2014 年版。

43. 古远清：《香港当代文学批评史》，湖北教育出版社 1997 年版。

44. 郭汝瑰、黄玉章主编：《中国抗日战争正面战场作战记》（修订版）上册，江苏人民出版社 2015 年版。

45. ［美］哈罗德·拉斯韦尔：《社会传播的结构与功能》，何道宽译，中国传媒大学出版社 2013 年版。

46. 韩戍：《储安平传》，香港：牛津大学出版社 2015 年版。

47. 郝在今：《协商共和：1948—1949 中国党派政治日志》，中国华侨出版社 2007 年版。

48. 《河北文史资料》编辑部编：《近代中国帮会内幕》下册，河北人民出版社 1992 年版。

49. 何炳彪、梁慧群编：《方修编著资料辑录》，新加坡：新加坡国家图书馆 2008 年版。

50. 何承艰、王德树、胡尔湖：《马克思主义人物辞典》，中国广播电视出版社 1989 年版。

51. 胡绳：《从鸦片战争到五四运动》上册，人民出版社 2010 年版。

52. 黄楠森等主编：《马克思主义哲学史》（修订版）第 6 卷上册，北京出版社 1996 年版。

53. 黄镇伟编著：《中国编辑出版史》，苏州大学出版社 2014 年第 2 版。

54. 贾大泉主编：《四川历史辞典》，四川教育出版社 1993 年版。

55. 姜德明：《周作人晚年书信》，载《活的鲁迅》，上海文艺出版社 1986 年版。

56. 姜廷玉主编：《台湾地区五十年军事史（1949—2006）》，解放军出版社 2013 年版。

57. 焦国标：《名士风流——文化名人的报刊生涯》，福建人民出版社1999年版。

58. 靳文翰等主编：《世界历史词典》，上海辞书出版社1985年版。

59. 军事科学院军事历史研究部：《中国抗日战争史》，解放军出版社2015年版。

60. 军事科学院军事历史研究所编著：《中国人民解放军八十年大事记（1927—2007）》，军事科学出版社2007年版。

61. ［美］柯博文：《向"最后关头"——中国民族国家构建中的日本因素（1931—1937）》，马俊亚译，社会科学文献出版社2004年版。

62. 蓝瑛主编：《社会主义政治学说史》上编，上海人民出版社2014年版。

63. 黎惠英主编：《中国现代经济史》，吉林大学出版社1991年版。

64. 李帆主编：《民国思想文丛　现代评论派　新月人权派》，长春出版社2013年版。

65. 李光一等主编：《中国现代史》，河南人民出版社1988年版。

66. 李何林：《关于中国现代文学》，新文艺出版社1956年版。

67. 李健、陈炳岑、张自旗主编：《爝火集：东南诗与散文选（1937—1949年)》，江西省社科院赣文化研究所1998年版。

68. 李杰琼：《半殖民主义语境中的"断裂"报格：北方小型报先驱〈实报〉与报人管翼贤》，中国社会科学出版社2015年版。

69. 李景田主编：《中国共产党历史大辞典1921—2011新民主主义革命时期》，中共中央党校出版社2011年版。

70. 李君如：《协商民主在中国》，人民出版社2014年版。

71. 李立：《国民党沉浮台湾：从蒋氏父子到连战马英九》，台海出版社2008年版。

72. 李松林主编：《中国国民党史大辞典》，安徽人民出版社1993年版。

73. 李松林主编；凡理撰写：《中国国民党史大辞典》，安徽人民出版社1998年版。

74. 李伟：《曹聚仁传》，河南人民出版社2004年版。

75. 李伟民编：《法学辞源》，黑龙江人民出版社2002年版。

76. 李新、陈铁健主编；张静如分卷主编：《中国新民主革命通史》第3卷，上海人民出版社2001年版。

77. 李新、孙思白、朱信泉等主编；中国社会科学院近代史研究所中华民国史研究室编：《中华民国史人物传》第 1 卷，中华书局 2011 年版。

78. 李勇：《曹聚仁研究》，贵州人民出版社 1991 年版。

79. 廖盖隆、孙连成、陈有进等主编：《马克思主义百科要览》下卷，人民日报出版社 1993 年版。

80. 林利民：《遏制中国：朝鲜战争与中美关系》，时事出版社 2000 年版。

81. 刘长鼎、陈秀华：《中国现代文学运动史》，山东文艺出版社 2013 年版。

82. 刘大禹：《国民政府行政院的制度变迁研究（1928—1937）》，社会科学文献出版社 2012 年版。

83. 刘建业主编：《中国抗日战争大辞典》，北京燕山出版社 1997 年版。

84. 刘景泉主编：《中国抗日战争人物大词典》，天津大学出版社 1999 年版。

85. 刘笑盈：《国际新闻学：本体、方法和功能》，中国广播电视出版社 2010 年版。

86. 刘雄：《艾森豪威尔政府亚洲政策研究》，岳麓书社 2009 年版。

87. 卢敦基、周静：《自由报人——曹聚仁传》，浙江人民出版社 2003 年版。

88. 罗孚：《南斗文星高——香港文人印象》，大象出版社 2010 年版。

89. 罗海雷：《我的父亲罗孚：一个报人“间谍”和作家的故事》，香港：天地图书有限公司 2011 年版。

90. 罗元铮主编：《中华民国实录：际会风云》上册，吉林人民出版社 2005 年版。

91. 罗肇鸿、王怀宁主编：《资本主义大辞典》，人民出版社 1995 年版。

92. 马光仁主编：《上海新闻史（1850—1949）》（修订版），复旦大学出版社 2014 年版。

93. 马洪武等主编：《中国革命史辞典》，档案出版社 1988 年版。

94. 马克昌等主编；《刑法学全书》编委会编：《刑法学全书》，上海科学技术文献出版社 1993 年版。

95. 马良春、李福田总主编：《中国文学大辞典》第 4 卷，天津人民出版社 1991 年版。

96. 马良春、李福田总主编：《中国文学大辞典》第 7 卷，天津人民出版社 1991 年版。

97. 马良春、李福田总主编：《中国文学大辞典》第 8 卷，天津人民出版社 1991 年版。

98. 马志春主编；刘广金、朱军华编著：《铁证：吹响全民抗战号角的国统区报刊》，浙江工商大学出版社 2015 年版。

99. 苗士心编：《中国现代作家笔名索引》，山东大学出版社 1986 年版。

100. 穆欣：《历史巨变中的周恩来》，中国青年出版社 2013 年版。

101. 彭承福主编：《中国革命和建设史辞典》，重庆出版社 1989 年版。

102. 彭敦文：《反法西斯战争时期的中国与世界研究》第 4 卷，武汉大学出版社 2010 年版。

103. 钱其琛主编：《世界外交大辞典》（下册，M ~ Z），世界知识出版社 2005 年版。

104. 钱仲联、傅璇琮、王运熙等总主编：《中国文学大辞典》，上海辞书出版社 1997 年版。

105. 强世功：《中国香港：政治与文化的视野》，生活·读书·新知三联书店 2014 年版。

106. 邱沛篁、吴信训、向纯武等主编：《新闻传播百科全书》，四川人民出版社 1998 年版。

107. 荣孟源：《蒋家王朝》，中国青年出版社 1980 年版。

108. 尚海等主编：《民国史大辞典》，中国广播电视出版社 1991 年版。

109. 沈骏、赵玉南主编：《台湾各党派与海峡两岸关系》，华中师范大学出版社 1994 年版。

110. 沈志华：《冷战的转型：中苏同盟建立与远东格局变化》，九州出版社 2013 年版。

111. 沈志华：《冷战在亚洲：朝鲜战争与中国出兵朝鲜》，九州出版社 2013 年版。

112. 石毕凡：《近代中国自由主义宪政思潮研究》，山东人民出版社 2004 年版。

113. 宋彬玉等：《创造社 16 家评传》，重庆出版社 1998 年版。

114. 苏朝纲、王志昆、陈初蓉：《中国抗战大后方出版史》，重庆出版社 2015 年版。

115. 孙健：《报刊客观性：一种崇高的理想——民国报刊的客观性思想研

究》，上海社会科学院出版社 2014 年版。

116. 孙树松、林人主编：《中国现代编辑学辞典》，黑龙江人民出版社 1991 年版。

117. 孙旭培：《新闻自由在中国》，香港：大世界出版公司 2013 年版。

118. 谭锐：《中国共产党统一战线理论与实践形式研究》，西南财经大学 出版社 2012 年版。

119. 谭仲池主编：《长沙通史》现代卷，湖南教育出版社 2013 年版。

120. 唐志宏：《成舍我先生年谱简编》，载《成舍我先生文集》港台篇，台北：世新大学舍我纪念馆暨新闻史研究中心 2007 年版。

121. 田嵩燕：《国家主义派政治思想研究（1924—1930）》，中共中央党校出版社 2008 年版。

122. 童兵、陈绚主编：《新闻传播学大辞典》，中国大百科全书出版社 2014 年版。

123. 万里主编：《湖湘文化辞典》第 4 册，湖南人民出版社 2011 年版。

124. 汪朝光：《中国近代通史》第 10 卷，江苏人民出版社 2013 年版。

125. 王德志等：《清末宪政思潮研究》，山东文艺出版社 2012 年版。

126. 王光明：《文学批评的两地视野》，北京大学出版社 2002 年版。

127. 王光远编著：《蒋介石在台湾》，中国文史出版社 2008 年版。

128. 王吉鹏、田宇、王大慧编著：《追踪伟大人生的轨迹》，吉林人民出版社 2004 年版。

129. 王键：《战后美日台关系史研究（1945—1995）》，九州出版社 2013 年版。

130. 王捷、杨玉文、杨玉生等主编：《第二次世界大战大词典》，华夏出版社 2003 年版。

131. 王金城、袁勇麟主编：《中国当代文学编年史》第 10 卷上册，山东文艺出版社 2012 年版。

132. 王晋民、邝白曼：《台湾与海外华人作家小传》，福建人民出版社 1983 年版。

133. 王景山编：《台港澳暨海外华文作家词典》，人民文学出版社 2003 年版。

134. 王令金：《马克思主义中国化的历史进程及其规律》（修订版），中央编译出版社 2014 年版。

135. 王奇生：《党员、党权与党争：1924—1949 年中国国民党的组织形态》（修订增补本），华文出版社 2010 年版。

136. 王庆生主编：《中国当代文学辞典》，武汉出版社 1996 年版。

137. 王荣华主编：《上海大辞典》中册，上海辞书出版社 2013 年版。

138. 王士菁：《鲁迅传》，生活·读书·新知三联书店 1949 年版。

139. 王天晞主编：《中国历代战争哲学探源》，陕西人民出版社 2006 年版。

140. 王瑶：《中国新文学史稿》上册，新文艺出版社 1954 年版。

141. 王云五主编；万良炯编著：《中日问题》，商务印书馆 1937 年版。

142. 王宗华主编：《中国现代史辞典》，河南人民出版社 1991 年版。

143. 魏承思：《两岸密使 50 年》，香港：阳光环球出版有限公司 2005 年版。

144. 卫春回：《理想与现实的抉择：中国自由主义学人与"中间道路"研究（1945—1949）》，中国社会科学出版社 2010 年版。

145. 魏定仁、傅思明：《宪法发展简史》，江苏人民出版社 2014 年版。

146. 闻黎明：《第三种力量与抗战时期的中国政治》，上海书店出版社 2004 年版。

147. ［美］沃纳·赛佛林、小詹姆斯·坦卡德：《传播理论：起源、方法与应用》，郭镇之等译，华夏出版社 2000 年第 4 版。

148. 吴汉全：《李大钊与中国社会现代化新道路》，吉林人民出版社 2011 年版。

149. 吴俊等主编：《中国现代文学期刊目录新编》下册，上海人民出版社 2010 年版。

150. 吴廷俊：《考问新闻史》，复旦大学出版社 2013 年版。

151. 吴廷俊：《新记〈大公报〉史稿》，武汉出版社 1994 年版。

152. 吴雁南、冯祖贻、苏中立、郭汉民主编：《中国近代社会思潮（1840—1949）》第 4 卷，湖南教育出版社 2011 年版。

153. 吴仲柱：《台湾问题析论》，九州出版社 2011 年版。

154. 伍杰主编：《中国当代文化名人小传》，辽宁人民出版社 1993 年版。

155. 夏和顺：《老报人的故事》，花城出版社 2012 年版。

156. 夏衍：《懒寻旧梦录》，生活·读书·新知三联书店 1985 年版。

157. 肖冬连：《六十年国事纪要：外交卷》，湖南人民出版社 2009 年版。

158. 谢泳：《储安平与〈观察〉》，中国社会出版社 2005 年版。

159. 谢泳：《逝去的年代——中国自由知识分子的命运》，文化艺术出版社 1999 年版。

160. 熊杏林、毛国辉主编：《中国特色社会主义研究·制度篇》，解放军出版社 2013 年版。

161. 徐辉琪、付建成：《宪政史话》，社会科学文献出版社 2012 年版。

162. 徐培汀、裘正义：《中国新闻传播学说史》，重庆出版社 1994 年版。

163. 徐友春主编：《民国人物大辞典》，河北人民出版社 1991 年版。

164. 徐中玉：《鲁迅生平、思想及其代表作研究》，台湾：自由出版社 1954 年版。

165. 许纪霖编选：《现代中国思想史论》下册，上海人民出版社 2014 年版。

166. 许纪霖等：《近代中国知识分子的公共交往（1895—1949）》，上海人民出版社 2008 年版。

167. 薛中军：《中美新闻传播比较研究——话语文本结构》，上海交通大学出版社 2013 年版。

168. 杨公素、张植荣：《当代中国外交理论与实践》，北京大学出版社 2009 年版。

169. 杨奎松：《国民党的"联共"与"反共"》，社会科学文献出版社 2008 年版。

170. 杨奎松：《抗战前后国共谈判实录》（修订版），新星出版社 2013 年版。

171. 杨奎松：《忍不住的"关怀"：1949 年前后的书生与政治》，广西师范大学出版社 2013 年版。

172. 杨立强、刘其奎主编：《简明中华民国史辞典》，河南人民出版社 1989 年版。

173. 姚春树、袁勇麟：《20 世纪中国杂文史》下册，福建教育出版社 2011 年版。

174. 姚金果、苏杭：《张国焘传》，陕西人民出版社 2007 年第 2 版。

175. 姚辛编著：《左联词典》，光明日报出版社 1994 年版。

176. 俞凡：《新记〈大公报〉再研究》，中国社会科学出版社 2016 年版。

177. 余家宏、宁树潘、徐培汀等编：《新闻学简明词典》，浙江人民出版社 1984 年版。

178. 余克礼主编：《海峡两岸关系概论》，武汉出版社 1998 年版。

179. 俞祖华、赵慧峰：《离合之间：中国现代三大思潮及其相互关系》，人民出版社 2015 年版。

180. 翟强：《冷战年代的危机和冲突》，九州出版社 2014 年版。

181. 张岱年主编：《中国哲学大辞典》，上海辞书出版社 2010 年版。

182. 张光宇主编：《中国社团党派辞典》，陕西人民出版社 1992 年版。

183. 张海鹏、陶文钊主编：《台湾史稿》下卷，凤凰出版社 2012 年版。

184. 张海鹏主编：《中国近代史论著目录（1979—2000）》，上海人民出版社 2005 年版。

185. 张继良：《近代中国政治社会变革研究》，北京大学出版社 2013 年版。

186. 张静庐等编：《五四以来历史人物笔名别名录》，陕西人民出版社 1986 年版。

187. 张宪文等：《中华民国史》，南京大学出版社 2013 年版。

188. 张宪文、方庆秋等主编：《中华民国史大辞典》，江苏古籍出版社 2001 年版。

189. 张宪文、张玉法主编：《中华民国专题史》第 2 卷，南京大学出版社 2015 年版。

190. 张宪文、张玉法主编：《中华民国专题史》第 16 卷，南京大学出版社 2015 年版。

191. 张育仁：《自由的历险——中国自由主义新闻思想史》，云南人民出版社 2002 年版。

192. 张作耀、蒋福亚、邱远猷等主编：《中国历史辞典》第 1 册，国际文化出版公司 2000 年版。

193. 浙江省中共党史学会、浙江现代革命历史文化研究基地编：《红色名人印迹》，中共党史出版社 2014 年版。

194. 郑乃臧、唐再兴主编：《文学理论词典》，光明日报出版社 1989 年版。

195. 中共中央党史研究室：《中国共产党历史》第 1 卷下册，中共党史出版社 2010 年版。

196. 中国大百科全书出版社编辑部编：《中国大百科全书》军事卷第 I

册，中国大百科全书出版社 1989 年版。

197. 《中国的土地改革》编辑委员会编：《中国的土地改革》，当代中国出版社、香港祖国出版社 2009 年版。

198. 中国第二历史档案馆、《中国抗日战争大辞典》编写组：《中国抗日战争大辞典》，湖北教育出版社 1995 年版。

199. 中国民主同盟重庆市委员会编：《重庆民盟史》，群言出版社 2014 年版。

200. 中国民主同盟中央委员会编：《中国民主同盟史》，群言出版社 2012 年版。

201. 中国中共党史人物研究会编：《中共党史人物传精选本》第 12 卷下册，中共党史出版社 2010 年版。

202. 中华文化通志编委会编；李存山、邝柏林、郑家栋撰：《中华文化通志·哲学志》，上海人民出版社 1998 年版。

203. 钟紫主编：《香港报业春秋》，广东人民出版社 1991 年版。

204. 周家珍编著：《20 世纪中华人物名字号辞典》，法律出版社 2000 年版。

205. 周勇主编：《西南抗战史》，重庆出版社 2013 年版。

206. 朱汉国、杨群主编：《中华民国史》第 9 册，四川人民出版社 2006 年版。

207. 朱实梁编：《二十世纪中国作家笔名录》（增订版），台北：汉学研究中心 1989 年版。

208. 朱彤：《鲁迅作品的分析》第 1 卷，东方书店 1953 年版。

209. 朱贻庭主编：《伦理学大辞典》，上海辞书出版社 2002 年版。

210. 庄廷江：《"战时新闻学"研究（1936—1945）》，人民出版社 2014 年版。

211. ［新加坡］卓南生：《中国近代报业发展史（1815—1874）》（增订新版），中国社会科学出版社 2015 年版。

四　论文

1. 艾华：《曹聚仁〈大江南线〉研究》，硕士学位论文，南京大学，2016 年。

2. 陈正茂：《第三势力压卷刊物——〈联合评论〉周刊介绍：兼叙中国第三势力运动简史》，《全国新书资讯月刊》2009 年第 129 期。

3. 戴雄：《有关张群出任南京国民政府外交部长期间中日交涉的一组史料》，《民国档案》1988 年第 2 期。

4. 丁言昭：《曹聚仁与蒋经国的交往》，《世纪》1998 年第 2 期。

5. 杜成煜：《见证历史的个人书写——论曹聚仁香港时期的现代文坛回忆》，硕士学位论文，福建师范大学，2010 年。

6. 杜竹敏：《〈民国日报〉文艺副刊研究（1916—1924）》，博士学位论文，复旦大学，2010 年。

7. ［新加坡］方修：《鲁迅为什么被称为新中国的圣人?》，载《评论五试》，辽宁教育出版社 1997 年版。

8. 付雪丽：《论曹聚仁〈鲁迅评传〉的优缺点》，《北方文学》2018 年第 3 期。

9. 高林：《罗孚和他的〈北京十年〉》，《读书》2015 年第 5 期。

10. 高郁雅：《国民党的新闻宣传与战后中国政局变动（1945—1949）》，博士学位论文，台湾大学，2002 年。

11. 古远清：《在左右夹攻中的曹聚仁——香港五十年代发生的一场论战》，《黄石教育学院学报》1996 年第 2 期。

12. 顾关林：《论中间派的历史性转折》，《近代史研究》1986 年第 3 期。

13. 贺心颖：《报人曹聚仁对 1950 年代两岸关系的观察与认知——以新加坡〈南洋商报〉为例》，《东南传播》2016 年第 9 期。

14. 贺心颖：《曹聚仁"适然史观"及其论争》，载毛章清、阳美燕、刘泱育编《北大新闻史论青年论衡》，清华大学出版社 2015 年版。

15. 贺心颖：《全面抗战初期曹聚仁新闻思想与实践管窥——以"八·一三"淞沪会战报道为例》，《青年记者》2016 年第 36 期。

16. 胡德坤：《武汉会战时期的日本对华政策研究》，《武汉大学学报》（人文科学版）2008 年第 2 期。

17. 胡伟希：《第四章 中国近代自由主义思潮的产生与发展》，《中国思潮评论》2014 年第 1 期。

18. 黄曼君：《对鲁迅精神应作实事求是的科学评价——评曹聚仁先生的〈鲁迅评传〉和〈鲁迅年谱〉》，《华中师院学报》（哲学社会科学版）1981 年第 4 期。

19. 黄志辉：《战地记者曹聚仁探微》，《国际新闻界》2013 年第 6 期。

20. 江抗美、曾支农：《试论第二次国内革命战争时期的中间派》，《华中师院学报》（哲学社会科学版）1984 年第 5 期。

21. 蒋永敬：《顾维钧与"九·一八"事变》，载中国抗日战争史学会编《抗日战争与中国历史："九·一八"事变 60 周年国际学术讨论会文集》，辽宁人民出版社 1994 年版。

22. ［日］菊池贵晴：《中国革命时期第三势力的成立与展开》，张惠才、韩凤琴译，载中共中央党史研究室科研局编译处编《国外中共党史中国革命史研究译文集》第 1 集，中共党史出版社 1991 年版。

23. 兰梁斌：《20 世纪中国自由主义思潮研究》，博士学位论文，西北大学，2013 年。

24. 李浩：《关于郑学稼之〈鲁迅正传〉》，载上海鲁迅纪念馆编；王锡荣主编《上海鲁迅研究》2013 年夏，上海社会科学院出版社 2013 年版。

25. 李杰琼：《论民国时期平津民营报刊营业化转型的局限——以〈实报〉在南京国民政府"不抵抗政策"时期的言论为个案》，载程曼丽主编《北大新闻与传播评论》第 8 辑，北京大学出版社 2013 年版。

26. 李金铨：《记者与时代相遇：以萧乾、陆铿、刘宾雁为个案》，载李金铨编《报人报国：中国新闻史的另一种读法》，香港：香港中文大学出版社 2013 年版。

27. 李世琦：《曹聚仁眼中的鲁迅》，《书屋》2006 年第 7 期。

28. 李伟：《曹聚仁的最后岁月》，《传记文学》（香港）1997 年第 11 期。

29. 李伟：《曹聚仁身后余波》，《传记文学》（香港）2005 年第 2 期。

30. 李伟：《曹聚仁研究的回顾》，《世界华文文学论坛》1996 年第 4 期。

31. 李伟：《首本〈曹聚仁传〉问世始末》，《钟山风雨》2012 年第 6 期。

32. 李伟：《"台儿庄大捷"新闻的首发者》，《新闻与写作》1995 年第 7 期。

33. 李欣：《胡适对中日关系认识的轨迹——1915—1937 年的考察》，硕士学位论文，东北师范大学，2013 年。

34. 廖大伟：《论抗战时期中间党派政治态度的转变》，《安徽史学》1987 年第 3 期。

35. 刘登翰：《论香港文学的发展道路》，载福建社会科学院科研组织处编《探索、求是、创新：福建社会科学院优秀科研成果选》，福建人民出版社 1999 年版。

36. 刘家鸣：《评曹聚仁的〈鲁迅评传〉》，载北京鲁迅博物馆鲁迅研究室编《鲁迅研究资料》第 10 册，天津人民出版社 1982 年版。

37. 刘宪阁：《报人张季鸾研究：历史、现状与展望》，载《首届中国人物传播家大会暨第二届中国人物传播学研讨会论文集》，陕西省传播学会 2010 年版。

38. 刘宪阁：《报人张季鸾研究——一个学术史的回顾》，载《新闻学论集》编辑部编《新闻学论集》第 25 辑，经济日报出版社 2010 年版。

39. 刘燕南：《跨文化传播的差异分析与因应探讨》，载刘继南主编《国际传播——现代传播文集》，北京广播学院出版社 2000 年版。

40. 柳哲：《回忆曹聚仁——纪念曹聚仁先生在澳门逝世 27 周年》，《华文文学》1999 年第 4 期。

41. 罗会祥：《胡仙女士与她的星岛报业》，《文史精华》1999 年第 6 期。

42. 罗时平：《宦乡与〈前线日报〉》，《文史杂志》1992 年第 5 期。

43. 洛蚀文：《鲁迅与尼采》，《新中国文艺丛刊》1939 年第 3 期。

44. 闵大洪：《曾虚白与上海〈大晚报〉》，《新闻记者》1987 年第 9 期。

45. ［日］平野正：《评菊池贵晴的〈中国第三势力史论〉》，《现代外国哲学社会科学文摘》1990 年第 2 期。

46. 齐辉：《"中央通讯社"与中国现代新闻业的嬗变》，载倪延年主编《民国新闻史研究 2014》，南京师范大学出版社 2014 年版。

47. 钱理群：《曹聚仁与周作人》，《文教资料》1999 年第 3 期。

48. 沙健孙：《论全国解放战争时期的中间路线》，《北京大学学报》（哲学社会科学版）1987 年第 2 期。

49. 沈卫威：《中国式的"费边社"议政——胡适与"平社"的一段史实》，《史学月刊》1996 年第 2 期。

50. 沈文冲：《民国书刊鉴藏录续集》，上海远东出版社 2010 年版。

51. 施复亮：《何谓中间派》，《文汇报》1946 年 7 月 14 日，载蔡尚思主编《中国现代思想史资料简编》第 5 卷，浙江人民出版社 1983 年版。

52. 施复亮：《今后的第三方面》，《民讯》1946 年第 2 期。

53. 施复亮：《论中间派》，《国讯旬刊》1945 年第 405 期。

54. 施复亮：《我的答案》，《新华日报》1946 年 1 月 1 日，载四川大学马列主义教研室中共党史科研组；卓兆恒等编《政治协商会议资料》，四川人民出版社 1981 年版。

55. 史建国：《〈民国日报·觉悟〉研究》，博士学位论文，南京大学，
2005 年。

56. 苏伟贞：《不安厌世与自我退隐：南来文人的香港书写——从 1950 年
代出发》，《四川大学学报》（哲学社会科学版）2011 年第 5 期。

57. 孙健：《民国时期报刊客观性思想研究》，博士学位论文，上海大学，
2012 年。

58. 田武恩：《试述我国民主党派在解放战争时期的历史贡献》，《史学月
刊》1991 年第 3 期。

59. 王桧林：《五四时期民主思想的演变》，《历史研究》1989 年第 3 期。

60. 王晋民：《香港"绿背文化"思潮评介》，《广东社会科学》1998 年第
2 期。

61. 王丽：《曹聚仁报刊活动研究》，硕士学位论文，安徽大学，2012 年。

62. 王龙志：《赣南〈正气日报〉研究》，硕士学位论文，南昌大学，
2010 年。

63. 王梅香：《隐蔽权力：美援文艺体制下的台港文学（1950—1962）》，
博士学位论文，台湾清华大学，2015 年。

64. 王淑江：《两岸和平统一进程中的国际因素研究》，硕士学位论文，北
京师范大学，2006 年。

65. 奚萌萌：《抗战时期曹聚仁战地通讯史传风格研究》，硕士学位论文，
黑龙江大学，2013 年。

66. 夏庶琪：《〈涛声〉研究》，硕士学位论文，浙江工业大学，2014 年。

67. 徐世强：《1931 年轰动上海的〈爱棠村事件〉》，《档案时空》2009 年
第 9 期。

68. 阳翰笙：《中国左翼作家联盟成立的经过》，载中国社会科学院文学研
究所左联回忆录编辑组编《左联回忆录》，知识产权出版社 2010 年版。

69. 杨奎松：《七七事变前部分中间派知识分子抗日救亡主张的异同与变
化》，《抗日战争研究》1992 年第 2 期。

70. 杨圣清：《日本帝国主义的"以华制华"和"以战养战"政策》，载
中国抗日战争史学会编《抗日战争与中国历史："九·一八"事变 60
周年国际学术讨论会文集》，辽宁人民出版社 1994 年版。

71. 杨天石：《蒋介石日记中的"两岸密使"》，《同舟共进》2018 年第

9 期。

72. 杨天石：《五十年代香港和北美的第三种力量》，《档案与史学》1997
年第 3 期。

73. 叶永烈：《穿梭海峡两岸的国共秘使》，《法苑》1993 年第 12 期。

74. 叶永烈：《跨过海峡查档案》，《同舟共进》2015 年第 6 期。

75. 叶永烈：《国共密使曹聚仁（上）》，《名人传记》（上半月）2009 年
第 3 期。

76. 叶永烈：《毛泽东和金门炮战》，《南风窗》1993 年第 11 期。

77. ［日］伊藤虎丸：《亚洲的“近代”与“现代”——关于中国近现代
文学史的分期问题》，转引自《鲁迅、创造社与日本文学：中日近现代
比较文学初探》，孙猛等译，北京大学出版社 2015 年版。

78. ［日］伊藤虎丸：《早期鲁迅的宗教观》，《鲁迅研究动态》1989 年第
11 期。

79. 袁义勤：《〈前线日报〉11 年》，《新闻与传播研究》1990 年第 2 期。

80. 袁咏红、罗福惠：《对胡适与室伏高信对话的回顾与分析》，《近代史
研究》2008 年第 3 期。

81. 乐黛云：《尼采与中国现代文学》，《北京大学学报》（哲学社会科学
版）1980 年第 3 期。

82. 翟韬：《“冷战纸弹”：美国宣传机构在香港主办中文书刊研究》，《史
学集刊》2016 年第 1 期。

83. 张华：《鲁迅与尼采》，《齐鲁学刊》1978 年第 1 期。

84. 张金方：《略评曹聚仁在香港的文化活动》，《浙江师范大学学报》
（社会科学版）1990 年第 2 期。

85. 张书其：《周恩来对抗日民族统一战线形成和发展的重大贡献》，载中
共重庆市委统一战线工作部、重庆市统一战线理论研究会《抗战时期
周恩来统战思想和实践论文选》，重庆大学出版社 1989 年版。

86. 张勇：《历史场景与言外之意：也说“民主与独裁”论战》，《清华大
学学报》（哲学社会科学版）2010 年第 6 期。

87. 张直心、王平：《曹聚仁论衡——纪念曹聚仁诞辰 110 周年》，《杭州
师范大学学报》（社会科学版）2010 年第 4 期。

88. 张忠：《民国自由报人的社会角色探析》，《云南社会科学》2010 年第
2 期。

89. 赵海啸：《胡适与〈独立评论〉》，《新闻研究资料》1983 年第 2 期。

90. 郑大华：《九一八事变后中国民族主义的新变化》，载中国社会科学院近代史研究所《第三届近代中国与世界国际学术研讨会论文集》第 3 卷，社会科学文献出版社 2010 年版。

91. 郑大华：《论中国近代民族主义的思想来源及形成》，《浙江学刊》2007 年第 1 期。

92. 周山仁、王言虎：《民主与独裁的论战：以〈独立评论〉为中心》，《中北大学学报》（社会科学版）2016 年第 3 期。

93. 朱听昌：《中国台湾地缘战略地位的历史和现实》，载邓晓宝主编《强国之略·地缘战略卷》，解放军出版社 2014 年版。

94. 朱正：《曹聚仁与周氏兄弟》，《鲁迅研究月刊》2009 年第 6 期。

95. 朱正：《"史人""妄人"曹聚仁——且说他〈鲁迅评传〉的硬伤》，载褚钰泉主编《悦读 MOOK》第 10 卷，二十一世纪出版社 2009 年版。

96. 祝东力：《论方修的鲁迅观》，载甄供编《方修研究论集——"方修作品国际学术研讨会"资料汇编》，雪兰莪：董教总教育中心 2002 年版。

97. 左玉河：《最后的绝唱：1948 年前后关于自由主义的讨论》，载郑大华、邹小站主编，中国社会科学院近代史研究所思想史研究室主办《中国近代史上的自由主义》，社会科学文献出版社 2008 年版。

五　外文文献与档案

1. Brooks, Charlotte, "The Chinese Third Force in the United States: Political Alternatives in Cold War Chinese America", *Journal of American Ethnic History*, 2014, 34 (1).

2. Central Intelligence Agency of the United States, Intelligence Report, RSS No. 0055/71, December 1971.

3. Chang, Carsun, *The Third Force in China*, New York: Bookman Associates, 1952.

4. N. d. Records of the Office of Chinese Affairs, 1945 – 1955 Collection, U. S. National Archives, Archives Unbound.

5. Jeans, Roger B., "United States Policy and the Chinese Third Force, 1949

– 1954", *Indian Journal of Asian Affairs*, 2001, 14 (1/2) .

6. *The New York Times*, 1937.

7. *The Times*, 1937.

8. *Time*, 1956.

9. Department of State, *The Foreign Relations of the United States* (*FRUS*), https: //history. state. gov/historicaldocuments.

附录 I 曹聚仁大事年表[*]

1900 年

6 月 26 日，出生在浙江省浦江县蒋畈村（现划归兰溪县）。

1913 年

到金华的浙江省立第七中学就读。

1916 年

秋，考入杭州的浙江省立第一师范学校（简称"杭州一师"）。

1919 年

受五四运动影响，编刊《钱江评论》。

参与并报道杭州一师学潮。学潮后，主编小册子《浙潮第一声》。

1920 年

秋，开始主持学生自治会工作。

1922—1928 年

长期为邵力子主编的《民国日报》副刊《觉悟》撰稿。

---

* 参考卢敦基、周静著《自由报人——曹聚仁传》（浙江人民出版社 2003 年版）、李伟著《曹聚仁传》（河南人民出版社 2004 年版）中的"曹聚仁大事年表"，以及邓珂云、曹雷编《香港文丛·曹聚仁卷》（三联书店（香港）有限公司 1998 年版）中的"曹聚仁著作目录"，并对部分内容进行了订正。

1925 年

年底，开始与周作人书信来往。

1931 年

8 月 15 日，创办《涛声》周刊，以"乌鸦"为标记，标榜"虚无主义"。

1932 年

"一·二八"淞沪抗战发生。1 月 30 日《涛声》停刊。

10 月 15 日，《涛声》复刊。

1933 年

为《申报》副刊《自由谈》和陈灵犀主编的《社会日报》撰文。

11 月 25 日，《涛声》被查禁停刊，罪状是"袒护左翼，诽谤中央"。

1935 年

8 月至 1937 年 1 月，为上海《社会日报》撰写社论，几乎每天一篇。因言论激烈，主张抗日，常被当局新闻检查机关查禁，以致"开天窗"。

1937 年

1 月，开始为《社会日报》撰写时评和战地通讯，直至 11 月淞沪全线总撤退，离开上海。

"八·一三"淞沪会战爆发。以战地记者身份直接进入战线（驻第八十八师孙元良的司令部），以独立战地记者身份为上海《立报》和《大晚报》撰写战地通讯。

11 月，与郭沫若等人合著的"淞沪战地特写"《前线归来》由上海民光书店出版。

11 月底，淞沪战后，离开上海，取道宁波、金华，寻找八十八师；以中央社战地特派员身份，参加随军组工作。

12 月，杭州失守，随部队撤退。在中央社随军组工作，直到 1945 年抗战胜利。

1938 年

春，前往武汉，谒见中央社社长萧同兹。

春，兼任香港《星岛日报》战地特派员，成为"星"字系报纸的成员。

3 月底，以中央社战地特派员身份到徐州前线。4 月初，参与报道台儿庄战役。

4—10 月，以香港《立报》战地特派记者身份，为该报撰写战地通讯。

7—12 月，辗转于鄂、湘、赣、浙等地进行战地采访。

8 月，初识蒋经国于南昌。

与人合著"战时小丛刊"《轰炸下的南中国》和《东线血战记》，并由战时出版社出版。

与人合著《战地日记：火线上的写实》，由之初书店出版。

抗战通讯报道集《战地日记：火线上的写实》出版，其中收录了曹聚仁的《东战场上的日记》（5 篇）。

1939 年

旧历新正，与蒋经国重晤于赣州。

在赣、浙、皖、闽等地进行战地采访。

5—8 月，以香港《立报》战地特派记者身份，为该报撰写战地通讯。

1940 年

春节期间，蒋经国来访，邀请曹聚仁主持《正气日报》。

主要在赣、粤、湘等地开展战地采访。

将 1938 年武汉会战前后至 1940 年太平洋战争爆发前的战地通讯进行整理，汇成《大江南线》一书。

1941 年

《大江南线》一书由上饶战地图书出版社出版。

1942 年

7 月初，从浙东回到赣南，应蒋经国之邀，参加了《正气日报》的新闻工作。

7 月 22 日，正式入主《正气日报》，任总经理、总主笔和总编辑。

1943 年

3 月 18 日，随蒋经国前往陪都重庆，并在此居住一月。

7 月 21 日，辞去《正气日报》总编辑兼主笔职务，调为正气出版社副主任。

1944 年

冬，赣州失守，举家前往江西乐平。

1945 年

1—3 月，为江西铅山《前线周刊》撰稿。

3 月，为江西上饶《前线日报》撰稿。

8、9 月间，任《前线周刊》主编，并撰稿。

8 月，抗战胜利。经上饶至杭州，以中央社战地特派员身份采访受降典礼。

9 月初，开始为上海《前线日报》撰稿，直到 1948 年 10 月。

9 月底，定居上海，兼职为香港《星岛日报》撰写通讯。

1946 年

年初，开始在《前线日报》主持笔政。

4 月，编著的《敌军战场日记》由上海群众图书公司出版。

自夏起半年，和《联合画报》主编舒宗侨编写《中国抗战画史》。

11—12 月，作为《前线日报》记者赴南京采访制宪国民代表大会。

年底，结束中央社的战地采访工作。

1947 年

5 月，与舒宗侨合作编辑的《中国抗战画史》由上海联合画报社出版。

1948 年

《前线日报》创刊 10 周年，马树礼创办前进中学，邀曹聚仁任校长。

4 月，作为《前线日报》记者赴南京采访行宪国民代表大会。

9 月，在《前线日报》发表题为《谈蒋经国》的系列通讯。

10 月，将通讯《谈蒋经国》收入《蒋经国论》一书，由上海联合画报社刊行。

10 月，为国民党"再造派"刊物《再造》旬刊撰稿。

1949 年

1 月 8 日，《前线日报》改名为《前线日报晚刊》。

2 月，易君左主编的《新希望》杂志在上海创刊。曹聚仁任"编委"，并撰稿。

4 月，《前线日报晚刊》停刊。结束在该报代理编务工作，转到《金融日报》《商报》撰写专栏。

5 月，上海解放后，并未立即离开大陆，而是留在上海"旁观"革命。

1950 年

8 月，南下香港。

9 月，任香港《星岛日报》《星岛晚报》编辑，从事新闻和著述工作。在《星岛日报》连续发表《南来篇》《新事十论》《门外谈兵》等专栏文章，引起香港右派的攻击和左翼的批评。

与徐讦、李微尘和朱省斋共同创办创垦出版社。与徐讦一起协助李微尘办《热风》半月刊。

1952 年

7 月，《中国剪影》一书由新加坡创垦出版社出版。

8 月，由专栏《新事十论》编刊的《乱世哲学》由香港创垦出版社出版。

1953 年

3 月底，结束在《星岛日报》的撰稿工作。

5 月，托李微尘关系，开始以"香港特约记者"之名，为新加坡《南洋商报》撰写专栏。

1954 年

8 月初至 1955 年 8 月底，所著《文坛五十年》在《南洋商报》副刊"商余"连载。

11 月，与李微尘一起被《南洋商报》正式聘为"驻港特约记者"。

1955 年

9 月底至次年 5 月下旬，所著《鲁迅评传》在《南洋商报》副刊"商余"连载。

专栏《文坛五十年》结集为《文坛五十年》一书，由香港新文化出版社分"正编"和"续编"出版。出版时有删节。

《观变手记》《采访外记》《采访二记》和《采访三记》由香港创垦出版社付梓。

1956 年

1 月，《采访新记》由香港创垦出版社刊行。

专栏《鲁迅评传》结集为《鲁迅评传》一书，由香港世界出版社刊印。出版时有删节。

春，写一信，由妻邓珂云转寄北京邵力子，提出愿为祖国统一做桥梁，前往北京。不久，收到由妻转来邵氏简函。邵氏表示欢迎。

北京方面通过香港《大公报》社长费彝民，与曹聚仁取得了联络。在费彝民安排下，曹聚仁以新加坡工商考察团随团记者的名义前往北京。此后，费氏一直是中国政府指定的在香港经常与曹沟通的联络人。

7 月 1 日抵广州，7 月 4 日飞北京。以新加坡《南洋商报》特派员和新加坡工商代表团的随团记者身份，作南下香港后的首次"北行"。

7 月 13 日、16 日、19 日，先后由邵力子、张治中、屈武、陈毅等陪同，受到周恩来三次接见。7 月 16 日，周恩来在颐和园接见，谈和平解放台湾及第三次国共合作事宜。

7—9 月，在《南洋商报》发表国际通讯《北行小语》和"北行小简"。

8 月中旬，专栏《鲁迅评传》受到新加坡马华新文学史家方修批评。

10 月 3 日，毛泽东在中南海居仁堂接见。

10 月 7 日，周恩来宴请并同曹聚仁谈话。

1957 年

7 月底至 1958 年 1 月底，在《南洋商报》发表国际通讯《整风十题》。

《采访本记》《蒋畹六十年》由香港创垦出版社刊行。

《北行小语》由香港三育图书文具公司刊行。

1958 年

2 月 12 日，到达北京。在《南洋商报》发表国际通讯《旅行杂笔》直到 6 月初。

3 月中旬，与陈叔通、王维舟、邵力子一行到安东（今丹东）迎接从朝鲜回国的中国人民志愿军。

5 月 20 日，周作人致信曹聚仁，对其《鲁迅评传》一书给予高度评价。

8 月，台湾海峡局势紧张。再次抵京。受到毛泽东接见。

9 月 8 日，周恩来接见。

9 月 10 日，周恩来接见。

9 月 25 日起，分别致函蒋经国、俞大维、黄少谷等台湾地区国民党政要，转达周恩来的意见。

10 月 5 日，以笔名"郭宗羲"在《南洋商报星期刊》头版发表大陆准备短期停止炮轰金门的独家消息。此后，结束在《南洋商报》撰稿工作。

10 月 13 日，周恩来陪同毛泽东在中南海颐年堂会见曹聚仁。

10 月 15 日，周恩来接见。

10 月 17 日，周恩来接见。

10 月 23 日，致函黄少谷，转达毛泽东的意见。

1959 年

1 月初至 1962 年 3 月，又先后六次致信蒋经国，敦促台湾当局与中国政府进行和平谈判。但台当局却始终对此置若罔闻。

10 月 16 日，与林蔼民在香港创办《循环日报》《循环午报》《循环晚报》，后改为《正午报》。

10 月 24 日，周恩来接见。

20 世纪 50 年代末至 70 年代初

在香港《晶报》连载专栏。

1960 年

《北行二语》由香港三育图书文具公司刊行。

5 月，《北行三语》由香港三育图书文具公司刊行。

1963 年

8 月，《人事新语》由香港益群出版社出版。

1965 年

7 月 20 日，蒋介石、蒋经国父子在台湾日月潭涵碧楼，听取曹聚仁密访北京报告，形成一个与中共关系和平统一中国的谈判条款草案，时称"六项条件"。

1966 年

9 月，《万里行记》由香港三育图书文具公司刊行。

1969 年

6 月，《浮过了生命海》由香港三育图书文具公司刊行。

1972 年

7 月 23 日，因癌症病逝于澳门镜湖医院。

7 月 26 日，在镜湖殡仪馆举行公祭仪式，费彝民致悼词。

附录Ⅱ 曹聚仁的主要报刊活动

时　间	报刊名称	工作性质与职位	文章体裁	版　位	备　注
1922—1928 年	《民国日报》副刊《觉悟》（上海）	长期兼职撰稿人	时评、书评、杂文、随感、通信	多见于第一、二、四版；1928 年在《觉悟》元旦特刊第一版发表评论。	综合性副刊，于 1919 年 6 月 16 日创刊。1920 年 5 月 20 日起，改出八开四页单张，随报附送。
1931 年 8 月—1933 年 11 月	《涛声》周刊（上海）	长期兼职主编、撰稿人	评论、时评	主要见于第 1 卷各期的第一、二版；第 2 卷各期的第一至四页。	该刊 1931—1932 年出版的第 1 卷（第 1—27 期）为八开四页小报版式；1933 年第 2 卷（第 1—46 期）改为十六开八页本。
			文学评论、诗歌、杂文等	不固定	
1933—1939 年	《申报》（上海）	长期兼职撰稿人	评论、杂文、人物特稿	副刊《自由谈》	《自由谈》为中国历史最悠久的副刊之一。
1933 年 6 月—1937 年 11 月	《社会日报》（上海）	长期兼职撰稿人	评论、时评、文学评论、论文	第二、三、四版（1933 年 6 月—1935 年 1 月）	20 世纪 30 年代，推动上海小型报革新运动，使该报成为革新运动的先驱。
			社论	头版（1935 年 8 月—1937 年 1 月 17 日）	
			时评、战地通讯、战争评论	第一、二版（1937 年 1 月 18 日—1937 年 11 月）	
1937 年 9—11 月	《立报》（上海）	特约战地记者	战地特讯	头版	报道和评论"八·一三"淞沪会战。
			战争评论	第二版	
1937 年 8—10 月	《大晚报》（上海）	特约战地记者	战地通讯	第一、二版	报道和评论"八·一三"淞沪会战。

续表

时 间	报刊名称	工作性质与职位	文章体裁	版 位	备 注
1937 年 11 月 — 1946 年 12 月	中央通讯社	专职战地特派员	战地通讯、军事评论	国内各报刊	参与报道台儿庄战役。
1938 年 4 月 — 1939 年 8 月	《立报》（香港）	特约战地记者	战地特讯	第二版	参与报道台儿庄战役。
1942 年 7 月 — 1943 年 7 月	《正气日报》（江西赣州）	兼职总经理、总主笔和总编辑	回忆录、时评	第四版副刊《新地》	该报为蒋经国"新赣南运动"的宣传机构。
			政治通讯	第三版	
1943 年 1—3 月	《正气周刊》（江西赣县）	兼职总编、撰稿人	回忆录	专栏	该刊共出三期。
1945 年 3 月 — 1948 年 10 月	《前线日报》（江西上饶、上海）	长期兼职撰稿人、主编"社会·思想·人生"和"书报评论"两个副刊	政治特写	不固定	国民党军报
			评论	副刊"新闻战线"和"书报评论"	
1945 年 8—9 月	《前线周刊》（江西铅山）	兼职主编、撰稿人	时评、评论、通讯	第二页"每周述评"、其他版面	该刊共出六期。
1950 年 9 月 — 1953 年 4 月	《星岛日报》（香港）	长期兼职撰稿人	通讯、评论、时评	第二版专栏	1950 年 9 月南下香港，先后发表《南来篇》《门外谈兵》《新事十论》《中国内幕》《与友人书》《读报微言》《时事引得》等专栏。
1953 年 4 月 — 1958 年 10 月	《南洋商报》（新加坡）	驻港特约记者	回忆录、通讯	第三版中外版、中外新闻；副刊版（版面不定）	1954—1958 年，先后发表《文坛五十年》《鲁迅评传》《北行小语》《北行小简》《和谈谈往》《整风十题》《旅行杂笔》等专栏。

其他发稿刊物一览（1923—1949 年）

《暨南周刊》（1925—1929）、《语丝》（1927）、《秋野》（1928）、《中华基督教教育季刊》（1928）、《南洋研究》（1928）、《华侨教育》（1929、1931）、《中国出版》（1933）、《救国通讯》（1933）、《铁路月刊：津浦线》（1933）、《文学期刊》（1934）、《人间世》（1934）、《十日谈》（1934）、《绸缪月刊》（1934）、《新语林》（1934）、《法政半月刊》（1934）、《崇俭》（1934）、《太白》（1934）、《芒种》（1935）、《兴华》（1936）、《论语》（1936—1937）、《谈风》（1936）、《好文章》（1937）、《生活学校》（1937）、《国民周刊》（1937）、《自修大学》（1937）、《抗战半月刊》（1937）、《战时联合旬刊》（1937）、《抗战》半月刊（1937）、《抗战》三日刊（1938）、《东方杂志》（1938）、《新阵地》（1938）、《益世周报》（1938）、《血路》（1938—1939）、《战时记者》（1938—1940）、《杂志》半月刊（1938—1940）、《星岛周报》（1939）、《时事半月刊》（1939—1940）、《公余》半月刊（1939）、《现实》半月刊（1939）、《大公报》香港版（1939）、《财政评论》（1939）、《战地文化》半月刊（1940）、《福建教育》（1940）、《新军》半月刊（1940—1941）、《野草》（1940）、《学生月刊》（1940）、《战地》半月刊（1941）、《文摘月报》（1941）、《苏讯》（1942）、《贸易月刊》（1942）、《时代中国》（1943）、《新学生》（1944）、《新知识月刊》（1944）、《周报》（1945—1946）、《华声半月刊》（1946）、《智慧》（1946）、《西北实业》（1946）、《机联会刊》（1946）、《中外春秋》（1946）、《导报》（1946）、《万象》（1946）、《茶话》（1946）、《上海文化》（1946）、《台湾月刊》（1946）、《新潮》（1946）、《粤秀文垒》（1946）、《台湾训练》（1947）、《联合画报》（1947）、《读者》（1947）、《再造》旬刊（1948）、《广播周报》（1948）、《生活周报》（1948）、《现实文摘》（1948）、《书报精华》（1948）、《中美周报》（1948—1949）、《新希望》（1949）。

附录Ⅲ 曹聚仁笔名举隅[*]

笔　名	发表刊物	文章体裁
聚　仁	《民国日报》（上海）	评论
	《涛声》周刊（上海）	评论、时评、杂文
	《崇俭》（上海）	论文
	《兴华》周报（上海）	时评
	《社会日报》（上海）	短评、通讯
	《战时记者》（浙江金华）	论文
	《自修大学》（上海）	评论
	《正气日报》（江西赣县）	短评、国际时评
	《前线周刊》（江西上饶）	述评
	《前线日报》（上海）	随笔
陈　思	《涛声》周刊（上海）	评论、时评、杂文
	《社会日报》（上海）	评论、短评、通讯
	《前线日报》（上海）	短评
	《前线周刊》（江西铅山）	通讯
思	《涛声》周刊（上海）	时评、杂文
韩　泽	《涛声》周刊（上海）	评论、时评、杂文、诗歌
	《社会日报》（上海）	社论
（无署名）	《立报》（上海）	战地特讯
彭观清	《社会日报》（上海）	论文
阿　挺	《社会日报》（上海）	短评

---

* 此处的归纳并不完全，而且也不包括直接署名曹聚仁的情况。

续表

笔　名	发表刊物	文章体裁
丁　舟	《前线日报》（上海）	论文
	《星岛日报》（香港）	论文
袁大郎	《再造旬刊》（上海）	通讯
土老儿	《机联会刊》（上海）	随笔
懋　生	《涛声》周刊（上海）	评论
尾　生		
郭宗羲	《南洋商报》（新加坡）	专讯
姬　旦	《循环日报》（香港）	随笔
沁　园	《正午报》（香港）	（不详）
赵天一	（不详）	（不详）
天　龙	（不详）	（不详）
丁　秀	（不详）	（不详）
听　涛	（不详）	（不详）

资料来源：

1. 曹聚仁：《我与我的世界：曹聚仁回忆录（修订版）浮过了生命海》，生活·读书·新知三联书店 2011 年版。

2. 陈玉堂编：《中国近现代人物名号大辞典》（全编增订本），浙江古籍出版社 2005 年版。

3. 苗士心编：《中国现代作家笔名索引》，山东大学出版社 1986 年版。

4. 容若：《怀念曹聚仁兼论"谬托知己"》，《前哨月刊》（香港）2000 年第 12 期。

5. 张静庐等编：《五四以来历史人物笔名别名录》，陕西人民出版社 1986 年版。

6. 朱实梁编：《二十世纪中国作家笔名录》（增订版），台北：汉学研究中心 1989 年版。

附录Ⅳ 中国自由主义报刊与报人

报刊名称	时　期	发行地	编　者	性　质	立　场	备　注
《醒狮》周报	1924 年 10 月 10 日—1930 年 9 月	上海	曾琦、左舜生、陈启天创办	中国国家主义青年团的机关刊物	鼓吹国家主义，批判国民党"联俄联共"政策。	中国国家主义青年团由曾琦、李璜、何鲁之等创办。
《涛声》周刊	1931 年 8 月—1933 年 11 月 25 日	上海	曹聚仁任主编、撰稿人	民营自由主义刊物	提出了所谓"乌鸦主义"和"虚无主义"。揭露国民党对内镇压暴行，提倡新闻自由。揭露帝国主义国家的侵略本质，号召国人奋起反抗。对于国民政府与学界唱和的"不抵抗主义"，曹聚仁虽然都予以批判，但是力度却有所不同。	汇聚了大批自由主义学人。
《世界晚报》《世界日报》《世界画报》	1924—1949 年	北京重庆	成舍我任社长	民营自由主义报刊	北平《世界晚报》提出"言论公正、不畏强暴、不受津贴、消息灵确"四项宗旨。但实际接受过政府津贴。重庆《世界日报》对国共两党都有所批评，因此触怒国民党当局。战后，重庆《世界日报》宣扬"第三条道路"。	出成舍我创办的民营小型报，形成"成氏报系"。

续表

报刊名称	时 期	发行地	编者	性 质	立 场	备 注
《立报》	1935 年 9 月 20 日—1941 年 12 月 18 日	上海 香港	成舍我任社长、总经理	民营自由主义报纸	抗日战争期间，宣传抗日救国。	抗日战争期间，该报上海版和香港版都曾聘曹聚仁撰写战地特讯和战争评论。《立报》香港版创刊初期，曾得到中共香港工委的支持。
《新中国日报》	1938 年 1 月 15 日—1949 年 12 月 7 日	汉口 成都	李璜、宋涏波先后任社长，赵毓松、左干臣先后任主编	中国青年党的机关刊物	《新中国日报》在抗日战争期间，持抗日立场。随着1946 年青年党退出民盟，该刊表明反共立场。	中国青年党的领导者包括：李璜、左舜生等（国内）、曾琦等（香港）。
《探海灯》	不 详	香港	不 详			
《中华论坛》	1945 年 2 月—1946 年 12 月	重庆 上海	章伯钧任主编	民族解放行动委员会的机关刊物	宣传民族解放行动委员会的民主抗战主张，反对国民党独裁内战政策，要求民主自由。	民族解放行动委员会的领导者为：章伯钧（国内）、宋庆龄等（香港）。
《国讯》	1931 年 12 月 23 日—1948 年 4 月 9 日	上海 重庆 桂林 香港	发行人黄炎培、主编杨卫玉、俞颂华	中国职业教育社的机关刊物	主张抗日，宣传民主政治。	原名《救国通讯》，1934 年改为《国讯》。中国职业教育社的领导者：黄炎培（国内）、吴涵真、俞寰澄（香港）。
《再生》	1932 年 5 月 20 日—1949 年 4 月	北平 汉口 重庆 上海 广州	张君劢创办，再生杂志社发行	中国国家社会党的机关刊物	宣扬国家社会主义。	中国国家社会党的领袖有：张君劢、张东荪（国内）、徐傅霖（香港）。
《国家社会报》	不 详	香港	不 详			
《新月》	1928—1932 年	上海	徐志摩主编，罗隆基、胡适、梁实秋等编辑	自由主义期刊	向国民党政府提出保障人权、制定约法、实行民主政治的要求，发起了"人权"运动。	"新月派"的领导者为胡适、罗隆基。

续表

报刊名称	时　期	发行地	编　者	性　质	立　场	备　注
《救亡情报》	1936 年 5 月 6 日—12 月 25 日	上海	全国各界救国联合会编辑、发行	全国各界救国联合会的机关刊物	推动抗日救亡。	中国共产党在抗日战争期间推动成立的抗日救国团体，由上海文化界救国会、上海妇女界救国会、上海职业界救国会、上海各大学教授救国会和上海国难教育社组成。
《光明报》	1941 年 9 月 18 日—1947 年 7 月 1948 年 3 月—1949 年 9 月	香港	社长梁漱溟、经理萨空了、总编辑俞颂华	中国民主政团同盟的机关刊物	抗战期间力主继续抗战，反对妥协投降，主张团结，反对分裂，要求民主自由，反对独裁；抗战胜利后，积极宣传和平民主，反对内战，反对分裂，反对一党专政。	中国民主政团同盟由黄炎培、左舜生创立，1944 年 9 月改名为"中国民主同盟"。1943 年 11 月，民盟接办青年党左舜生创办的《民宪》杂志。
《宪政》月刊	1944 年 1 月 1 日—1945 年	重庆	黄炎培发行，张志让主编，编委王芸生、傅斯年等		抗战后期宣传民主宪政的主要刊物之一。	
《民宪》	1943 年 11 月创刊	重庆	由张澜、张君劢、沈钧儒、李璜、罗隆基、章伯钧、张申府、梁漱溟、左舜生组成编委会		抗战后期宣传民主宪政的主要刊物之一，对国民党在战后的行宪有所期待和建言。	
新记《大公报》	1926 年 9 月—1949 年	天津重庆	由吴鼎昌、胡政之、张季鸾创办。张季鸾、王芸生先后任主笔。记者范长江、萧乾	民营自由主义报纸	标榜"不党、不卖、不私、不盲"的"四不主义"，在"依附"和"独立"之间在蒋介石国民党政府之间左右摇摆。对国民党"小骂大帮忙"。反对共产党的意识形态，不拥护共产党领导的革命，也不赞成一个由中共主持的政府。	

续表

报刊名称	时　期	发行地	编　者	性　质	立　场	备　注
《客观》	1945 年 11 月 11 日—1946 年	重庆	张稚琴和储安平创办，主编储安平	民营自由主义期刊	采取"民主、自由、进步、理性"的立场。	由教育界、文化界、报界、政治界的知名人士担任撰稿人。
《观察》	1946 年 9 月 1 日—1948 年 12 月 24 日	上海	储安平任发行人兼主编	民营自由主义期刊	采取"民主、自由、进步、理性"的立场。战后抨击国民党的"一党专政"、宣扬"中间路线"。	
《独立评论》	1932 年 5 月 22 日—1937 年 7 月 25 日	北京	胡适、丁文江等创办	自由主义期刊	既要维护国民党政权的存在，又要批评其政策，以促使其改善。认为共产党有存在的必要，反对国民党对中共的武力镇压。认为共产党所要解决的社会问题是符合时代要求的，但十分不认同共产党所采取的暴力方法。	独立评论社社刊，北方学人议政的中心。
《时与文》	1947 年 3 月 14 日—1948 年 9 月	上海	程博洪为发行人、主编，编辑汤德明、周天行	自由主义期刊	战后宣扬"中间路线"。	
《新路周刊》	1948 年 5 月 15 日—12 月 18 日	上海	编辑周炳霖、吴景超、刘大中等	中国社会经济研究会的机关刊物	战后宣扬"中间路线"。	
《自由中国》	1949 年 11 月—1960 年 9 月	台湾	发行人胡适，社长雷震，编辑毛子水、张佛泉、殷海光、夏道平、许冠三等	自由主义期刊	宣传反共、民主和自由的刊物，曾被国民党当局利用来改善其形象，但逐渐转向对国民党独裁专制的批判。	
《大道》	1949 年 10 月创办	香港	主编顾孟余，编辑李微尘	自由民主大同盟的机关刊物	宣扬反蒋、反共，主张走民主自由之路。	顾孟余为主席，童冠贤、程思远、邱昌渭、黄宇人、甘家馨、李永懋、尹述贤为干事。

续表

报刊名称	时　期	发行地	编　者	性　质	立　场	备　注
《独立论坛》	1950 年 4 月 1 日创刊	香港	主编黄宇人、程思远、甘家馨和涂公遂等	自由民主战斗同盟的机关刊物	宣扬反蒋、反共，主张走民主自由之路。	自由民主战斗同盟以顾孟余、张发奎、张君劢、童冠贤、张国焘、李微尘、宣铁吾等七人为中央委员。其中李微尘出任秘书长。李掌控盟务，排挤张国焘。
《中国之声》	1951 年创刊	香港	社长张国焘、主编李微尘			
《再生》	不　详	香港	主编王厚生	香港"第三势力"刊物	宣扬反蒋、反共，主张走民主自由之路	
《自由阵线》周刊、半月刊	1949 年 12 月 3 日— 1959 年 6 月	香港	负责人左舜生、谢澄平，编辑司马长风、许冠三、陈濯生等	香港"第三势力"刊物	宣扬反蒋、反共，主张走民主自由之路。	发行时间最长，高举反共、反蒋旗帜最鲜明的第三势力刊物。
《联合评论》	1958 年 8 月 15 日— 1964 年 10 月 23 日	香港	督印人黄宇人，总编辑左舜生	香港"第三势力"刊物	反共、批蒋，强调遵守宪法与民主至上。	香港"第三势力运动"后期主要代表刊物。
《自由人》三日刊	1951 年 3 月 7 日创刊	香港	王云五、成舍我等人创办，首任主编成舍我	香港"第三势力"刊物	宣扬反共，但立场稍偏台湾"国民政府"。	

参考资料：

1. 安平：《编辑后记》，《客观》1945 年第 1 期。

2. 本社同人：《我们的立场》，《客观》1945 年第 1 期。

3. 编者：《我们的志趣和态度》，《观察》1946 年第 1 卷第 1 期。

4. 陈正茂：《敝帚自珍陈正茂教授论文自选集》，台北：秀威资讯科技股份有限公司 2009 年版。

5. 陈正茂编著：《五○年代香港第三势力运动史料搜秘》，台北：秀威资讯科技股份有限公司 2011 年版。

6. 程曼丽、乔云霞主编：《新闻传播学辞典》，新华出版社 2013 年版。

7. 重庆世界日报：《走第三条路！》，《现代文丛》1947 年第 1 卷第 6 期。

8. 方汉奇：《新闻史的奇情壮彩》，华文出版社 2000 年版。

9. 广州市地方志编纂委员会编：《广州市志》第 16 卷，广州出版社 1999 年版。

10. 贾大泉主编：《四川历史辞典》，四川教育出版社 1993 年版。

11. 金东吉主编：《张海鹏先生七秩初度纪念文集》，社会科学文献出版社 2008 年版。

12. 金雄鹤编著：《国民党八十四位中常委实录》上册，台海出版社 2013 年版。

13. 李景田主编：《中国共产党历史大辞典 1921—2011 新民主主义革命时期》，中共中央党校出版社 2011 年版。

14. 李松林主编；凡理撰写：《中国国民党史大辞典》，安徽人民出版社 1998 年版。

15. 马志春主编；刘广金、朱军华编著：《铁证：吹响全民抗战号角的国统区报刊》，浙江工商大学出版社 2015 年版。

16. 尚海等主编：《民国史大辞典》，中国广播电视出版社 1991 年版。

17.《上海中华职业教育社志》编辑组：《上海中华职业教育社志》，上海古籍出版社 2007 年版。

18. 沈文冲：《民国书刊鉴藏录续集》，上海远东出版社 2010 年版。

19. 中国第二历史档案馆、《中国抗日战争大辞典》编写组：《中国抗日战争大辞典》，湖北教育出版社 1995 年版。

20. 许纪霖等：《近代中国知识分子的公共交往（1895—1949）》，上海人民出版社 2008 年版。

21. 杨天石：《五十年代香港和北美的第三种力量》，《档案与史学》1997 年第 3 期。

22. 姚金果、苏杭：《张国焘传》，陕西人民出版社 2007 年第 2 版。

23. 俞凡：《新记〈大公报〉再研究》，中国社会科学出版社 2016 年版。

24. 章清：《"胡适派学人群"与现代中国自由主义》，上海古籍出版社 2004 年版。

25. 张宪文、张玉法主编：《中华民国专题史》第 2 卷，南京大学出版社 2015 年版。

26. 中国民主同盟重庆市委员会编：《重庆民盟史》，群言出版社 2014 年版。

27. 左行：《中国第三势力之史的分析——中国政党运动史之一页》，《申报月刊》1945 年复刊第 3 卷第 6 期。

后　　记

　　本书是在笔者博士论文的基础上，于 2017 年夏开始动笔改写，几经调整、修订而成。

　　笔者开始接触新闻史研究要追溯到 2010 年。那年暑假，我有幸成为北京大学新闻学研究会第二届"全国新闻史论师资特训班"学员。在方汉奇老先生、卓南生教授、程曼丽教授等新闻史研究前辈的谆谆教诲下，我理解了何为"大翻书，乱翻书"，如何"培养问题意识"，怎样"多打深井，多作个案研究"。自此，北京大学新闻学研究会就成了我的"精神家园"。

　　2010 年秋，我师从北京大学新闻与传播学院程曼丽教授开始为期一年的访学交流。在程老师的指导下，我参与并完成了中国外文出版发行事业局《2010 年美国主流报刊中的中国国家形象评估》项目，这是我在新闻史论与国际传播领域的重要成果。此外，程老师的学术研究和个人风采让我如沐春风，获益良多。

　　2011 年，我考取了中国传媒大学国际新闻专业的博士研究生，师从何兰教授，研究方向为"国际问题与新闻报道"。进入博士研究生学习阶段后，何老师鼓励我多读书、勤思考、经常参与学术交流活动。导师尤其支持我参加北京大学新闻学研究会的各种活动。

　　有了导师的支持，我在读博期间经常回北大"充电"。我于 2011 年秋开始参加卓南生教授组织的"北京大学华文传媒读书会"。有幸结识了卓老师的爱人——东南亚史学家蔡史君教授。无论是读书会，还是学术研讨会，蔡老师经常与卓老师一起给我们带来一场场学术盛宴。

　　让我记忆犹新的是，读书会上精读的第一本书就是曹聚仁所撰《中国近百年史话》。在卓老师的启发下，我在懵懂中开始接触并关注这位具有报人、作家、学者、社会活动家多重身份的民国知识分子。经过一段时间的"大翻书"和"乱翻书",我发现曹聚仁的经历与众不同,外界对他的评价也褒贬不一。面对曹聚仁在不同时代、不同领域、不同研究者眼中呈现出的诸多面相,我脑海中产生了一个大大的问号:曹聚仁究竟是怎样的一个人?有了研究兴趣的驱动,我决定对报人曹聚仁的报刊活动及思想进行个案研究。我的研究方向和兴趣开始转向民国新闻史的人物研究。

我的导师何兰教授是历史学和国际关系方面的专家。当我惴惴不安地将偏向民国新闻史的选题告诉何老师时,获得了老师积极的赞许和肯定。在论文的撰写过程中,何老师在研究方法、篇章布局和问题阐述方面给予了重要的指导,极大地帮助了论文的完成。何老师严谨扎实的治学精神使我受益匪浅。老师谦和、豁达、友善的长者风范让每次交谈都轻松愉悦。

在博士论文构思选题、撰写到本书的修订、出版,卓南生教授给我诸多富有启发性的建议。2013 年秋季学期,我有幸旁聆听了卓老师主讲的《新闻史研究方法》课程。卓老师以分享研究心得的方式讲授方法论,同时现场答疑解惑,使我获益匪浅。这门课程的笔记成了我的研究宝典。

第一次作博士论文的人,心中难免惴惴不安,感觉无从下手。在卓老师的点拨下,我翻阅了曹聚仁自传和采访手记,找准了研究对象所处的历史时空。根据主要文献,我列出了曹聚仁大事年表,并逐渐厘清了他在文坛、政界和新闻界的人际圈。随后,我从中国传媒大学图书馆、北京大学图书馆和国家图书馆搜集了大量报刊原件、缩微文献及相关资料。与此同时,请托学生于乐帮忙搜集曹聚仁在海外的出版物,又亲赴香港中文大学搜集了有关曹聚仁的期刊文章。往后,又在大英图书馆、伦敦大学亚非学院图书馆搜集新加坡《南洋商报》原件、缩微胶片以及相关资料。上述珍贵资料,为我的个案研究提供了丰富的线索和根据。

当真正面对浩如烟海的文献,开始着手研究时,我却时常感觉无从下手、力不从心。感到迷茫之时,卓南生教授和何兰教授当年为撰写博士论文研读一手材料的经历给了我极大的启发和激励。我一边对文献进行梳理与深挖,一边努力探索切实可行的研究路径。每每与两位教授探讨,我都会从宏观的视角重新审视我的研究对象,并试图透过表象洞悉其背后的深层次原因。

随着研究的深入,困惑接踵而至。每当踟蹰之际,卓老师和蔡老师的指导总能如期而至。特别是在书稿修订期间,卓老师经常打来长途电话,或趁短暂的回京时间与我面谈,为我指点迷津。此外,卓老师还赠予我多部专著，并为我提供宝贵的研究线索和珍贵的研究资料。特别是卓老师的专著《中国近代报业发展史（1815—1874）》及其增订新版，不仅是中国新闻史研究领域的重要成果，也给我作了优秀的学术示范，让我充分理解了何为问题意识，如何处理历史观与史料之间的关系，何为具有史德的史家。蔡老师则从史家的视角审视日本和东南亚关系史，洞悉日本文化侵略的手段及实质，并对大时代下知识分子的言行加以批判。这些都启发我从全新的维度认识、理解、评价历史人物。针对我的研究兴趣，蔡老师也常发来参考资料，并与我展开讨论。

在求学途中，有程教授、何教授、卓教授和蔡教授四位一同引我入门，这是何等幸事。唯有怀着感恩之心，继续努力耕耘，才能不辜负恩师多年的教诲和期待。

我的博士学位论文中的部分章节作为曹聚仁研究的阶段性成果，分别发表在《北大新闻史论青年论衡》《东南传播》《青年记者》和学术研讨会上。在此过程中，我获得诸多学者的点拨。由衷感谢吴廷俊教授、李彬教授、彭家发教授、刘宪阁副教授和白文刚副教授给予我的启发、指导和帮助。感谢香港中文大学的梁丽娟博士在我赴港搜集报刊文献时给予帮助，还要感谢梁老师的助理吴哲恬同学费心帮助复制《星岛日报》的部分文章。同时还要感谢北京市教委 2014 年北京市属高校人才强教项目的资助，使我有机会赴英国收集和整理资料，并撰写论文初稿。从博士论文开题到答辩的过程中，感谢刘笑盈教授、展江教授、李智教授、刘小燕教授、林利民教授、董秀丽教授、蔡帼芬教授、朱晓宏教授和涂晓华副教授提供了许多宝贵且有益的指导意见。

此外，还要特别感谢一路走来的"小伙伴"们。我们因北京大学新闻学研究会主办的新闻史论师资特训班和同窗会结下了深厚的学术情谊，形成了新闻史论研究的学术圈。诸位"同窗"都曾与我交流研究心得，并提供了深刻的观点和独到的视角。记得从刘扬师兄、李杰琼、李松蕾、阳美燕、刘宪阁和刘晶晶诸位那里得到的是关心、帮助与启发；记得陈开和教授在读书会发表时展现的开阔视野和带来的启迪；记得毛章清扎实的史学功底和敏锐的学术思维；记得郑保国师兄的校友情谊和研究心得分享；记得刘泱育的勤奋和真诚；记得蒋蕾老师和李时新老师的热情鼓励；还有王明亮从暨南大学图书馆复印并寄来的台版书；师妹邓德花和师弟王保平在我答辩期间给予我的帮助；记得同门师弟陈枫利用赴美访学的机会帮我查找 1937 年淞沪抗战期间出版的《纽约时报》；记得与王保平和王雪驹两位小友一起分享研究资料、交流研究心得的快乐时光。特别要感谢我的博士同学、好友赵乐平和范松楠，是你们赋予我坚定的信念，给予我温暖的扶持。

在我供职的首都经济贸易大学，各位领导与同事给予我的是一如既往的支持和肯定。请容许我在此特别感谢孙国平教授、李丽娜教授、石刚教授、郭媛媛教授、朱琳教授、张小乐教授、彭利芝教授、郑文明教授、陆彦明副教授、付琳博士、周迈博士在我求学期间给予我的诸多启发与帮助。

最后，我要由衷感谢父母的养育之恩。当我遇到人生的困惑时，是他们理解我、关爱我、宽慰我。父母坚韧、勤奋、乐观的性格让我获益终生。换言之，他们始终是我学术研究的强大后盾。

拙作能够入选"北京大学新闻学研究会学术文库"，得感谢北京大学新闻学研究会及程曼丽教授、卓南生教授等前辈的栽培与扶持。本书得以顺利出版，要感谢首都经济贸易大学给予的经费支持，同时要感谢中国社会科学出版社田文编辑的不断推动和助力。

在未来的研究之路上，我愿与师友们一如既往、相互勉励、携手同行。

贺心颖

2019 年 2 月 16 日于北京

北京大学新闻学研究会学术文库

主编：程曼丽 ［新加坡］ 卓南生